彩虹当空

吉夫 —— 著

文汇出版社

目录

今夜月正圆 / 1
爱之真谛 / 57
彩虹当空 / 92
爱人的背影 / 143
新宅疑云 / 198
病房里的影子 / 239
秦原和六十个亿 / 275
老秦和他的商界朋友们 / 298
相逢不是梦 / 341

今夜月正圆

1

"是岑果吗?"

一个轻柔而又带着磁性的嗓音从身后传来。虽说此刻的机场休息区人群熙攘,但这一声陌生却又熟悉的轻唤还是叩击了他的心弦。循声回望,一位气韵雅致的美女正浅笑着望着他。

"肖文静?"

女子微微颔首,笑容愈加灿烂。

"巧了!"岑果认出来了,他回过身下意识地朝她身后望了望。

"航班提前到了,接的人还没来。助理正在联系他们。我想喝杯咖啡休息一下。"肖文静稍稍扬了扬纤细的柳眉。

"噢,我刚送几个朋友。"岑果说着,把褐色手包换到左手,腾出右手去接对方的一只小型拉杆箱,米黄色,她偏爱的色系,"前边那一家的咖啡还可以。我陪你过去。"

肖文静松开了手,依旧含笑打量着他:"都快有十五年了,你一点都没变。"

"老喽。"岑果推着拉杆箱,不经意间流露出了往事不堪回首的神情。

其实他刚在楼上国际出发大厅将已离异三年的前妻和爱女送走。这会儿想通过到达大厅直接去停车库。

"高升了吧?"肖文静拖后半步随着他,捕捉到了他转瞬即逝的情绪。

"公仆,公仆。"岑果似乎也意识到了什么,半开玩笑道。

"能称自己公仆的,一般都不会是我们这些小老百姓。"肖文静面露一丝俏皮的神色,"一起喝杯咖啡?"低低的,如耳语一般。

"好,我来请你。"岑果抬了抬拿着手包的左手,白色长袖衬衣的袖口还是遮住了那块腕表。

"现在是八点一刻。"肖文静说。

"没问题。"

两人在机场大厅用齐腰高的木栅栏和绿植分隔出来的粤式餐厅"申港轩",找了个看得见门口的卡座落了座。"你还是喜欢清咖?"岑果拿过菜谱本扫视着,问道。

"清咖。"

"还要点什么吗?"

"不要了。飞机上用过了。"

趁着肖文静给助理发微信的当口,岑果跟服务员把账结了,不忘关照能否快一点。

肖文静把手机放在桌面上:"我们加个微信吧。以后还少不了请你关照呢。"

"你扫我吧。"岑果打开手机微信,搁到对方面前,又拉开手包,掏出个名片盒,取出张名片递了过去,"上面还有我的 Email。"

"哇,当区长了!"肖文静有点夸张地用手掩住粉唇,小声叫道,顺势朝他左手无名指瞄了一眼。

"副的,副的。"岑果低声纠正。

"既然已经是副的,那离正的还会远吗?"

"你啊,还是那样。"岑果被调侃得有点尴尬。

"官做大了,就不能戴婚戒了?"肖文静故作神秘地低声问道。

"呵呵,没这项规定。"岑果朝椅背上仰了仰,打岔道,"你这次回来有何公干?"

肖文静用会心的目光盯着他,嘴角浮起一丝莫名的笑意。

正巧两杯飘散着浓郁香气的咖啡端上来了,岑果自我解围道:"来,喝咖啡。"

肖文静收回了目光,向岑果介绍起此番回国的使命。作为大洋基金(Ocean Fund)大中华区事业部总经理,她受董事会之命与本市N区政府要敲定一个大型城市综合体的开发项目。前期的多轮洽谈基本完成,他们的资金实力、海外已获成功的业绩和这次的综合方案似乎都能保证他们在这次N区36号街坊土地招标中拔得头筹。董事会要她再来实地考察,并有几个关键性指标需要再协调。形势发展太快,在国外一些发达地区类似的城市综合体早就又有了升级版,N区的若干指标有点过时。

端详着Ms Ella Xiao的名片,岑果的心怦怦跳动了起来。就在昨晚区委秦书记找了他,有意让他去分管区里的经济。虽说现在不唯GDP,而要更注重区域的协调发展,更要把民生放到重要位置,但若没有足够的财力支撑,其他事业可就没了基础。他所在的S区经济一直领跑各中心城区,土地资源基本开发殆尽。一方面着力打造一流的营商环境,一方面也要在物理空间上挖潜,毕竟后者见效更快。最近结合城区改造,他们腾出了一块占地两百亩可作商业开发的28号街坊,按现在规划所给的容积率,那可就有近五十万平方米的商业商务面积,再与毗邻的市级商圈——景河商业商务区连成一体,规模效应可想而知。岑果从市里调到区,又到街道担任领导,在基层一线走出了一条地区综合治理的新路,两年前就地提拔任副区长,又分管城市建设,在全市率先完成二级旧里改造,受到嘉奖。"28号街坊是我区为数不多的一块宝地,需要高手来操盘哪。这块地要拼的是综合方案。你几个领域都干过,情况熟,有闯劲,脑好使。看来——"秦书记满怀热望地望着他。原来分管经济的邵副区长刚升任兄弟区区长,这一岗位正空着。这大概也算得是"临危受命"吧。岑果想到这里,一腔热血涌上了心头:"秦书记,我听组织的。"

"如果——N区那几个土地参数不能动的话——"岑果斟酌着用词,望着肖文静,不动声色。

"你负责哪一摊?"肖文静绕开了话题,依旧含笑望着他。

这个小女人洞幽烛微的本领高着哪。那年他故意戴着那枚提前戴上去的婚戒与她会面,她就猜测到了他想要对她表示什么。一周后她就从他身边不辞而别了。

"岑果区长,你好啊!又让你领先一步了。"一个浑厚低沉的男中音蓦地在两人头上响起。

两人抬头一望,是N区分管经济的副区长庞伟国。岑果曾在城区环境整治中遇到两家注册在N区的企业的拆违,庞区可是给了大力支持。他立马站了起来,微笑着和对方握了握手,说道:"我和艾拉是老——老同学。真巧遇上。"

一旁肖文静的助理蒯小姐忙把庞区介绍给了也一同站起身的肖文静。肖文静也伸出手和对方握了握,笑道:"庞区长,幸会。原来你和岑果很熟呵。那以后还真得请您多关照了。"

"那以后我们可是'亲上加亲'了。"庞区又朝岑果望了望,一副自来熟的样子。

"放心,兄弟,我不会横刀夺爱。"岑果说道,拍了拍庞区宽厚的肩膀。

肖文静望了望他们两人,含笑不语。

"嘻,我庞某人是这么小心眼的吗?"庞区朝肖文静又咧嘴笑了笑。

"庞区百忙之中亲自来接机,这种服务企业的精神值得我们学习呵。"岑果说道。

"你可比以前更会说了。"肖文静笑嗔道。

庞区长扬起眉毛,朝两人来回瞧了几眼,嘴角闪过一丝狡黠的笑意。

2

一场暴雨过后,千山如洗,满目青翠。岑果仰靠在中巴的椅背上,眺望着车窗外起伏连绵的山峦和掩映在葱郁森林中飞泻而下的瀑布,在阳光的映照下,一道彩虹在水雾蒸腾处横空出世,宛如一幅三维古典山水画卷。他打开车窗,任凭清冽的山风扑面而来。好好地洗个肺吧。此刻的他正尽情享受着大青山三日游给他带来的好心情。拿到博士学位后岑果直接考取了市政府一个职能部门,试用期满就提为正科。高兴之余,他给自己放了个假。很想独享这份好时光,他特地单独报了一家旅行社半自由行性质的项目。同行的都是一帮年纪相仿的年轻人,青春焕发,活力四射,让他这个进机关一年多的人恍惚又回到了校园生活。一天不到,大家就混熟了,于是绰号满天飞。他被弄了个"老夫子"的雅号,虽然心里不爽,但不想败了大家的兴致,一声声应得也蛮快的。

就在大家一面欣赏着自然美景,一面谈天说地神聊的时候,一场大祸突然降临了。车在离深谷百余米处,刚拐过一个弯道,只听得一声沉闷的隆隆声传来,紧接着车辆右侧的山体就黑压压地朝他们头顶坍塌下来。司机大哥急忙往左打了一把,车身就地转了小半圈,接着就被涌下来的山石泥块的巨大冲力推下了左侧的山崖。

一阵天旋地转,跟着重重地一震,车上的人被悬在了倒置着的座椅上,一股浓烈的汽油味在车厢里弥漫开来。所幸大家上车时都听从导游要求扣好了保险带,没有人被甩出。大家互相帮衬着往窗外爬去,岑果殿后。他人爬出窗外还没站起来,只听得外号叫"白骨精"的女孩不顾脸上淌着血,哭叫道:"'林妹妹'还在里面!""林妹妹"就是那个小美女,只因她举手投足颇像来自宝岛的那位女影星,就被安了这个大号。车头在嗞嗞冒着青烟,浓烈的汽油味也已传到了车厢外。一条鲜活的生命啊!岑果顾不得浑身疼痛,一个转身又爬回车里,透过越来越浓的烟雾,他终于在车头后方发现了一个蜷曲着的身体。他艰难地扒开震落下来的货架等杂物，挨到近旁，只见"林妹妹"已昏厥过去，保险带的搭扣因座椅变形被卡死了。车外有人在使劲砸着车窗玻璃，边喊叫着，就要爆炸啦，快出来！岑果把两个手臂硬生生塞进保险带里，抵住椅背，使出洪荒之力，随着一声狮吼，啪嗒一声，保险带搭扣崩裂了，"林妹妹"的身子整个压在他身上。他无力地跌坐到了倒置过来的车内顶棚上，顿时屁股上一阵钻心的刺痛，他不禁惨叫了一声，两手却还是牢牢抱住那软软的身子，让她压在自己身上。紧跟着爬进来的几个伙伴把他们及时救了出去。他们刚撤离车子没几步，车子就轰地爆炸了，说时迟那时快，岑果本能地甩开"悟空"扶着他的手，飞身扑到"林妹妹"身上，一块滚烫的铁皮飞落到他后背上，"嗞"，一股刺鼻的皮肉烤焦味，"啊！"一声撕心裂肺般哀号从他胸腔蹦出。

  十一个男女都是骨折和皮肉外伤。岑果最严重，一根尖锐的金属杆子扎进他的屁股足有两寸深，脊背上灼伤要植皮。旅行社蛮负责，把他们当晚就送回本市三甲医院——和济医院，全部住进普外科病区，四个女的住三楼，七个男的住四楼。

  这些个驴友大难不死就变成了真正的"生死之交"，互相之间发自内心的关照呵护，羡慕煞周边的一众病友。"林妹妹"当时是被吓晕的，伤势居然最轻，一天后就出院了，但她还是每天赶来医院看望大家，看着看着人就不知不觉挨到岑果那边去了。救命恩人哪！"悟空"和另几个驴友开始还很为她的记情不忘所感动，但后来就发觉那两人有点不对劲。记得是岑果植好皮的当晚，岑果的堂兄弟向护工交代好后回家休息去了，病房里大家都在闭目养神，等待睡意降临。这个时候，"林妹妹"拿着岑果洗干净的衣裤踅进来了，她先是和大家打了通招呼，随后凑在岑果床头低语了一会儿，接着就悄悄把床边布帘拉了起来。男人好热闹，平时睡觉基本都不拉布帘子。"悟空"有点酸不拉叽，悄悄示意邻床的几个驴友："他们什么意思？""林妹妹"出去打了一盆水进来，接着是绞毛巾的声音，跟着是岑果好像带点夸张的压抑着的痛苦呻吟,再接着好像是"林妹妹"低低的时断时续的啜泣声。蓦地"吱呀"一声,那个床好像被移动了一下,一切复归于静寂。"悟空"似有点躺不住了,这档子好事怎么就让他"老夫子"摊上了?另几个驴友用目光喝住了他,人家可是用性命和鲜血换来的哦,你早干吗去了?刚踏上大青山的那阵,"悟空"是如何变着法子向"林妹妹"献殷勤的,大家可都是看在眼里的。这天晚上,"林妹妹"没有回家,披着岑果的外套,趴在岑果的病床边守了一宿。

出院后,驴友们经常来往,也都乐见他们两人有缘大青山。"林妹妹"别看外表柔弱,其实是个很有主见的姑娘,心气也高。老家在中部的一个省会城市,家境不错。大学毕业后没听从父母安排进一家当地央企过安闲的日子,而是只身一人来大都市打拼。在一家外资咨询公司当小白领,同时读在职研究生。岑果很赞赏她,又心疼她。他在市中心有个一室一厅,外祖父留给他的。他就让她住过来,一则可以帮她省下一笔不小的开支,二则两人又可以互相照顾。"林妹妹"欣然同意了。但没多久,她又改主意,执意要搬出去,理由很简单,她怕在这个温柔乡里被"温水煮青蛙",那可就有违她来这个大城市的初心了。岑果再三做工作无果,也只能依了她。岑果的父母对这个"外来妹"不怎么看得中,也一直拒绝让岑果带上门。岑果一边放不下心爱的人,一边也不忍忤逆长辈的心意,只盼着让时光来消除父母的成见。这期间,岑果凭着自己的才华和为人,事业上顺风顺水。"林妹妹"也不逊色,从项目主管一直到事业部总监,两人虽如"周末夫妻"一般,但感情上日渐炽热。

就在这时出了两件事,逼得两人陷入了情感的十字路口。一是岑果的外婆罹患重病将不久于人世,老人家不见长外孙娶进媳妇死不瞑目;二是"林妹妹"读完研究生后单位推荐她赴英国总部深造,还破格同意她带上伴侣。她自然希望岑果能与她携手英伦,并已在那边为他谋得一职。岑果陷入了两难。他主要还是实在不忍心向组织开这个口,再就是如何顺遂从小把他一手养大的外婆那最后的一份心愿。就在这个节骨眼上,

"林妹妹"跟他赌上了气,一连十几天不接他的电话,两人就这样产生了裂隙。母亲又抓住时机把慕敏推到了他面前。慕敏是岑母小姐妹的女儿,自小有来往,慕敏是个内敛的女孩,与岑果好像蛮合得来,也颇得岑母喜爱,老人之所以拒绝"林妹妹",这也是个十分重要的原因。正是在这万般无奈之下,岑果违心顺从了母亲。当"林妹妹"消失了十几天后突然打电话给他,约他见面时,他毅然提前戴上了那枚结婚戒指。"林妹妹"经过一番痛苦的煎熬,原本是想做个折中,让岑果留在国内,她也同意立即与岑果成婚。两人在约定的咖啡馆见面,当岑果左手戴着那枚戒指走进门时,姑娘一眼就看见了,她冷冷地站起身,把已经准备好的快涌到喉咙口的满腹话语咽了回去,只是淡淡地说道:"为了各自前程,我们分手吧。"岑果脸色灰冷,默默地点了点头。

"林妹妹"便是肖文静。

3

第二天快下班时,岑果接到了肖文静的电话,想约他出来吃个饭。岑果有些犹豫,毕竟曾和她有过那么一段,还有N区正在同她谈项目,这些都怕会引起别人的误会。当然他也在找时机要会会她,毕竟欠着人家一份情哪。肖文静似乎猜到了他的心思,说道:就两人私人会面,主要想了解了解当地的情况。上午和N区谈得很好,不需要他出什么力的。还有那帮驴友要不要选个时间聚聚,也想听听他的意见。(当年两人分手,驴友们对岑果都颇有微词)她怕他为难。是要尽点地主之谊的。只不过说是在找机会,其实他在踌躇不决。有家室时应该不是问题,现在又单了,自己潜意识里会不会还装着人家呢。只有他自己心里有数。他想找个合适的机会或理由请请她,不想急吼吼的,把自己弄得猥猥琐琐的。然而此刻人家"捐弃前嫌",主动提出了,也就不好再拖了。好吧,我来请你。他答应了。肖文静说那我定好地方告诉你。

蕙公馆坐落在市中心洋房区内,二十世纪二十年代由一英人投资大鳄所建,传统的英伦建筑风格,五光十色的烧制琉璃,柚木螺旋楼梯,包间内布置着整套仿古实木家具,印花墙布上悬挂着民国初期的黑白旧照。这些都糅合了开埠都市的人文风韵和欧式古典艺术气息。肖文静预订的三楼包间应曾是那位富贾小女儿爱丽丝小姐的闺房,布置得典雅温馨,精致的钢窗外可见绿草如茵,香樟、菩提树影婆娑。淡淡的檀香若有若无,更让人拂去白天的烦扰。

"这可是私人幽会的地方。我这种人不大配呵。"岑果脱下外套挂在一侧实木立式衣帽架上,打趣道。

"无论从法律还是情理上讲,两个单身男女是可以在这里幽会的吧?"肖文静换了身淑女装,浅浅地笑道。

岑果侧过脸朝向肖文静,眼睛眨动了几下,仿佛在品咂着什么。

一碟凉拌马兰头,一道蜜汁熏鱼,一份陈皮红烧肉,一份银鳕鱼,一份时令鲜蔬,两盅桂花清炖官燕。都是这家的招牌菜,还记着他喜欢吃的那些熏鱼、红烧肉。一个细腻而又傲气的女人哪。岑果心里一声慨叹。

岑果介绍了这个大都市总体社会经济发展概况和注重发展的一些产业、城市建设的布局。对他们就建筑规划上的几个参数要做调整,也提出了自己的保留意见。他说整个城市规划都已上过市人大了,要再动很难。

"你们区还有开发空间吗?"肖文静似乎是不经意地问道。

"体量没有你们要的那么大,地段也没他们的好。"岑果坦诚道。

"你不在其位,不谋其政吧?"

"谁说的?"岑果告诉她他可能会调整分工。

"我们这个项目不吸引你?"

"项目是个好项目。我也回去看了些网上资料,你们投资的几个项目之所以成功,原因固然很多,但有两条特别重要。"

"哦,那你说说看。"肖文静用公筷搛了一块红烧肉放到他的口碗里。

"一是你们搞长期投资的,很适合做这类大项目;二是你们手中掌握着一大批知名的商家和大公司,他们会跟着进来。当然,现在更讲究产城融合,商业这一块比较忌讳潮汐式人流。就全球范围看,那些国际上大的零售商该来的差不多都来了,就怕同行竞争,此消彼长,对整个商业生态不利,对城市商务环境也会带来负面影响。"岑果这几天也在对自己的那块地做着盘算,商业地产如何搞,正面临着不少新课题。对肖文静的这个项目他也不由自主地动了点心思,他希望肖文静这次回来能把这件事做成。在不违反原则的前提下,他愿意出点力,也算是一种弥补。

肖文静微笑着点着头,瞟了他一眼,说道:"怪不得要让你管经济,你都可以自己去开家咨询公司了。"

"班门弄斧了。见笑,见笑。"岑果咧了咧嘴,和肖文静碰了碰红酒杯。

"我们想要再增加些容积率就是想放些文化项目进去,提升品位,集聚人气。"

岑果眼睛放亮,"要放就放国际级的,我们正在打造国际级大都市。"

"我们也有这块资源。"

"是吗?这我没想到。你们基金好像没见涉足这一块嘛。"

"这就是我们的撒手锏哦。"肖文静抿了一口酒,转了话题,"你为什么不来争这个项目?"

"有个先来后到,再说他们那块地更适合你们。我们充其量只能做到五十万平方米。小了。不过有劳你以后帮我们多推荐推荐。"

"'君子爱财,取之有道',你还是那样。我昨天想过你们区,不过,我不想放到你们区里。"

"庙太小了。"

"不全是。"

"那为什么?"

肖文静歪着头望着他,眼睛闪动了几下:"以后告诉你。"

4

这天加了个班,回到家已经快晚上十点了,岑果给自己泡了杯茶,想坐在沙发上把《世界城市发展史》最后几章看完。这时手机响了,肖文静打来的。拿起来一听,有气无力的,还夹杂着几声呻吟。他不禁心头一急:"你怎么了?"

"不好意思,我腹部疼得厉害,你能过来接我吗?"

"你在哪里?"

"在申凯大酒店,我把地址发给你。"

"你等着,我马上过来。"

有那么一瞬间他仿佛又回到了十几年之前。人在江湖,身不由己。"林妹妹"以前可不是这样的。隐隐约约的,他感觉到在这个举目无亲的大都市,自己有责任关心她。

这是家粤菜馆,一种低调的奢华。叩开308包房,里面坐着一圈人,肖文静坐在主客位置,脸色有点苍白,但她掩饰着,依旧和大家说着话。看得出快要到尾声了,其他几位他不认识。他站在门口,脸带微笑。肖文静见到了他,站起身来跟大家打起了招呼:"各位朋友,这位是S区的岑果副区长。我还有点事,先走一步了。谢谢大家。"大家也纷纷站起身,热情邀请岑果一起入座。久闻大名,有幸相会啊。"都是银行界的朋友。"肖文静介绍道,"下次我来请大家。这次我就失礼了。"岑果朝大家一一打招呼,表示以后有机会一定请大家。

出了包间,岑果一手帮肖文静提着挎包,一手搀扶着她,低声埋怨道:"你怎么也贪杯了?"

"哪里。今天早上起来就不舒服了。是几个大银行的老总请我,不好意思推掉。"

两人去了医院。还好是急性肠炎,打了一针,配了些药,岑果就把肖文静送回了她住的酒店。看着肖文静打开房门,岑果收住了脚。

"不进来坐坐吗?"肖文静把门推大了一点,扭过脸望着他。

"这么晚了,你早点休息吧。有需要,尽管叫我。"岑果站在原地,正欲告别。

"进来坐会儿,正好有件事要听听你的意见。"肖文静双眸闪着期待。

再不进去,就显得做作了。

岑果帮着把热水壶烧开,看着肖文静把药吃了,然后坐到写字台前的靠背椅上。气氛总好像有点令人局促。他用一种半开玩笑的口吻打破了宁静:"艾拉小姐,那项目又有什么好消息呀?"

肖文静在靠窗的皮质沙发一角落了座,微笑着望着他:"这次回来,发现你越来越像个顾家的男人了。"

"哪里哪里。"岑果摆了摆手。

"好,跟你说正经的。"肖文静说道,"今天下午我去看了36街坊旁边的那片旧里叫仁馨里的。如果一起把它拿下来,那我们这个项目就更有做头了。我盘过了,资金上没大问题。"

"聪明!"岑果说道,"就是土地成本会很高,中心城区,七十二家房客。"

"高进高出嘛。这样的话,我们的文化项目就可以放到那边,甚至一部分还可以做成纯公益的,再建一批高端公寓。"

这么大的体量,也给其他竞标者筑高了门槛。岑果能揣摩到肖文静还有这么份心思。聪明的女人哪!岑果朝肖文静笑了笑,没有点破。

"和庞区长说了吗?"他问道。

"还没。把这幅地块做成什么,我要再想想清楚。如果你是庞区长,你会怎么想?"

"如果你们财务上做得过来的话——"

"先别考虑我们,你站在政府角度想想看。"

"首先可以改善老百姓住房,第二再造一个新城区,第三扩大了财源。"

肖文静露出了欣赏的神色。

"不过,关键是那片旧里是否已经纳入旧改计划。如果没被纳入的话,那做起来就难了。这一块决策权在市里。"

"看来,我还真绕不开你呢!"肖文静似乎早就料想到了这一层,那双变得越来越会说话的眼睛直直地望着他。

5

岑果的分工调整被临时搁置下来,原因是这次体检发现了问题。已有一阵他感觉腹部会没来由地疼痛,开始一直以为是胆结石什么的,做过彩超,是有结石,但不大,医生建议再观察一段,不用急着动手术,先服用药物。手头事情也多,他同意了。但疼痛越来越频繁,这次体检又查了一下,结石没变大。医生们警觉起来,给他加做了胰腺CT,发现上部有阴影,于是建议他马上到专科医院做进一步检查。组织上、家人都十分重视,专家做了会诊,由于那个部位很隐蔽,一时还难确定究竟是一般的慢性胰腺炎还是那个不好的东西,想再做个细针穿刺检查,又怕冒更大的风险。专家们一面对他施以保守治疗,一面在制订积极的方案。

这事给岑果带来了很大的精神压力,人不知不觉消瘦了下去。组织和家人尊重他的意见,没有对外声张。区里给他临时配了个助手,分担了一些琐碎工作,还调动相关资源帮他积极会诊。

驴友们聚会,一向喝酒豪爽的他跟大家打招呼,这几天在喝中药调理身体,以茶代酒了。大家就问他是不是贵体有恙,他搪塞道就是一般的调理。那大家就不放过他了。没办法,他只能拿起了酒杯。散席后,肖文静要送送他,大家伙也都赞同,异口同声地说:这是必须的。路上,肖文静不无关切地问他,你是不是遇到了什么大事。望着眼前这个曾经是最亲最亲的爱人,岑果憋不住了。

沉默了好一阵,肖文静把手放在岑果的手背上,缓缓地说道:"现在还没有最后确诊,你也不要压力太大。我们和北京仁和医院有业务关系,我让总部联系一下,我陪你过去。"

"你手头这一摊子事,我自己过去就行。还真要谢谢你。压力是没什么压力。真要是摊上了,也就这么回事。"岑果握了握对方的手。

"抓紧诊断,不要延误,这是我们当前必须做的。"肖文静在出租车上就立马打起了电话。一通英语,岑果听出了个一二。"未婚夫""专家联合会诊""越快越好""安德烈教授"这些词多次出现,临了是她一迭声的感谢。"明天给答复。这个领域的知名专家安德烈教授这几天正好在北京做学术访问,我建议最好也能请上他。"肖文静放下手机,舒了口气,"我也排一下,腾出几天陪你一起过去。"

"你能帮到这个份上,我已经很感激了。千万不能误了你的正事。"岑果说。

"这难道不是我的正事吗?"肖文静的声音有些异样。

"唉,我欠你太多了。"想到自己很有可能来日无多了,他也动了感情。

"我的命还是你给的呢。——好了,不说这些了,我们还是要乐观。噢,为了要让我的老板彼特先生高度重视,我把你说成是我的 fiance 了。不会见怪吧。"

"你这还不是为了我。就怕你以后难圆其说。"

"以后?以后 nothing is impossible(一切皆有可能)。"

6

岑果的心再也难以平静了。这次幸亏肖文静不遗余力的帮忙,使得他及时动了手术,消除了那个隐患。在京的一个星期,也正是她项目处于最忙碌的时刻,她不辞辛劳两头跑,涉及他的不少事她亲力亲为,包括最终的治疗方案还是在她反客为主的一再坚持下被采纳的。怪不得连一向傲慢的安德烈教授都对他说"密斯艾拉可是你的女神哪"。回来后休养的一个星期她也是隔三岔五地赶到医院病房来探望，还自作主张与院方商量术后看护和复检事宜（事后才得知这段时间她一直与安德烈教授隔洋保持着联系），年迈的父母对肖文静既是感激又是愧疚，现在是巴不得马上把她娶进门。

当年遵从父母之命匆匆与慕敏结了婚。但两人文化和性格上的差异，加之后来慕敏又了解到他与肖文静曾有过的那段感情，同样高傲但心胸狭窄的慕敏就对他心生隔阂。坦率讲那一阵他内心深处还是装着肖文静的。渐渐地夫妇两人的感情就产生了裂隙。看在已降生的女儿分上，开始他还竭力想维持这段婚姻。毕竟这种表面上的维系很难取代感情上的日渐疏离，再说他也不是那种会掩饰自己真实感情的人。就在组织第一次考虑要提拔他升任局级岗位的时候，他主动提出了离婚。闻讯此事，有不少人责怪他不识时务，拎不清。他表示既然两人早晚得分手，那就趁这个当口向组织表明自己对这段婚姻的态度，这是对组织诚实的表现。他不想给人故意隐瞒真相、谋取升官的错觉。人品比什么都要紧。第一次晋升的机会被耽搁了。他没有后悔。离婚后，他依然对女儿关心有加，后来慕敏娘家有些什么大事，他也主动伸出援手。不做夫妻，并不意味不能做朋友。慕敏嫁给了老外本森他也表示了祝贺。这次女儿要随前来接她的母亲一同去美国定居，他也表示了理解，毕竟慕敏是女儿的法定监护人，而且慕敏和本森两人结婚后也没再生孩子。

关于他失败的婚姻，在病榻上夜深人静的时候他都讲给守候在一旁的肖文静听了。当然不会提及她肖文静半句。他为什么会对她讲这些呢？主要是出于一种感激。面对着一位对他如此真诚的人，如不坦露一点自己的真情，好像是一种罪过似的。还有现在回想起来，在与慕敏冷战的那段时间，潜意识里，他应该是不自觉地在拿肖文静与妻子做比较，而这种比较又带有倾向性的。这其实是不太道德的。这似乎能解释与慕敏分手后他内心为什么会有愧疚之感。

那么现在这两个人应该如何来把握这份感情呢？感觉得到肖文静对他的态度，而他对她的感情他自己心里也有数，但两人还都没有挑明，都是经过生活磨砺过的人了，又都守着一摊子事，他们不会再像十五年前那么冲动了，无论是进还是退，应该都在等待合适的时机。

令岑果好奇的是这段时间，肖文静没在他面前提及过有关她那个项目的一个字。他的这件大事算是忙完了，得主动关心一下她的那件大事了，如能帮得上一点忙，那是最好的了。

这天晚上肖文静来医院看他，告诉他这几天那个项目到了最关键的时刻，她可能对他照顾不到那么多了，要他有情况随时和她联系。

"我也一直想问你那个方案进行得怎么样了。"岑果趁机问道。

肖文静朝他笑了笑，说道："你就别操这份心了。先把自己身体养养好。"

7

单位里的事岑果一直放心不下，没等住院期满他就急着出院了。组织上在确认他已无大碍后，便调整了他的分工。为了对上级领导对他城建工作所给予的一贯支持表示感谢，他特意去拜访了市府分管副秘书长赵鹏。赵副秘书长长期在建设系统工作，是位专家型的领导。

"年轻人是得多岗位锻炼，百炼成钢。只是少了你这员大将，总有点不舍。"身材魁梧的赵秘书长给岑果沏了杯茶，真诚地说道。

"以后还得请领导继续多多指导和支持。我们28号街坊那块二百亩商业用地想放几个文化项目进去，其中有的还要求是公益性的。所以，我们的想法要多关注这个方案中的项目安排，有些要素还要写进招标文件里。这样的话，就不可能价高者得地了。"

赵秘书长看了看他，点了点头："我们正在试行这种模式，借鉴国外的好做法，尽可能提高土地的集约化使用率。你们先做个方案上来，我们给个原则性意见,你们就可以走下去了。"

"谢领导。"

"呵,你小子角色转换很快哦。不过,身体还得当心,毕竟刚动过刀。年纪到底比不过那些二十几岁的小年轻啦。"赵秘书长拍了拍岑果的肩膀,脸上掠过一丝坏笑,"还有什么需要我做的?"

"噢,还有顺便问一下,N区老庞那边——"

"哈哈,你小子,我就料到你会问。设想不错,就是原来旧改计划里没有排进去。我们正在协调,会积极想办法,不过不敢保证哦。"赵秘书长又意味深长地朝他笑了笑。

岑果一激灵,脸上却不动声色:"秘书长就是有群众观念。"

"嗨嗨,可别给我戴高帽子。"赵秘书长又朗声笑了起来。

告别了领导,坐在回去的车上,想起提到N区仁馨里的事时赵秘书长显露出的那种神秘微笑,岑果心里不禁嘀咕起来。他又打了庞副区长的手机。对方摁掉了电话,回了条短信,正在主席台上,容等会儿回电。

回到办公室,庞区回电了,先是关切地询问了下他的身体,接着就直奔主题:"你和艾拉小姐的建议很好,我们正和市里争取呢。就是我们财政不如你们,仁馨里放进去后,摊子有点太大,调整一块出来吧,又怕那块的老百姓不乐意。现在旧改吃香了。你放心,我会随时跟你汇报。保重。"

怎么越听越糊涂了?得问问肖文静是怎么回事。肖文静没接,回了条微信,正在开会,发微信吧。他发了条过去:没别的事,只想问一下N区仁馨里旧改的事。肖文静回复:这事你就不用操心了,注意休息。有事联系。

可不要被误会我在插手兄弟区的重点项目,这可是犯大忌的。可肖文静这边又不便讲得太直白,你怎么就认定人家在拿你当大旗呢,再说你还欠着人家这么大一个人情,也不能这么快就翻脸不认人吧。先要把事情搞搞清楚,然后跟人家好好解释,在不违反原则的前提下,该帮还是要帮人家的,一来还情,二来也是为咱们整个市做贡献嘛。想到这里,他的心稍微释然了一些。

8

连续五天肖文静除了微信问候,人不打一个照面,岑果也就不好意思追问那件事,赵秘书长和老庞那边也不好主动去打探,择机做个解释什么的,怕人家误以为自己变着法子在催问仁馨里的结果。

28号街坊的功能研究也紧锣密鼓地展开了,肖文静的思路给了他很大的启发。岑果和大家一起细算了一下,S区的商业商务楼宇的面积都已超过国际上公认的人均面积,但每平方米的租金还只在市中心那两个区平均价格的三分之二上下,单个楼宇品质都不低,就是周边的商务环境比不过那两个区。商务委应主任提供了一组数据,这两年有几家跨国公司外迁了,主要是白领们有不少跳槽到在那两个区办公的大公司去了,反映这里可供他们休闲、充电的机会、场所太少,"再蹲下去人都要蔫脱了",这些知识密集型企业是很在乎员工们的诉求的。岑果决定对这一地区的商务环境做一个调研,要按照国际化商务集聚区域的要求来寻找差距,补上短板。28号地块要这么来做,他在相关会上提出了自己的建议。会上出现了两种意见。一种是赞成,认为这是提升这个区域的整体品质,会给现有的楼宇带来更大的发展空间,它所带来的效益远远超过简单地增加一些新的物理空间。还有一种是质疑,区区二百亩土地,而且又集中在一个地方,补环境短板谈何容易,不如再造他几十万平方米,随着整个大城市功能地位提升,还愁没企业进来。最后郭区长拍板让岑果先把调研搞出来。

会后回到办公室,岑果正要张罗如何展开调研,肖文静打电话过来了。"艾拉小姐今天怎么亲自打电话过来了?"他拿起手机,半真半假的样子,你别说一听到她的声音,一种久违了的感觉就油然而生。

"好好交好哦?"那头问了一下他的身体状况后,说道,"我已约好了庞区长他们,今晚请他们吃个饭。你能过来吗?"

岑果心里咯噔了一下:"仁馨里怎么样了?"

"排进计划了。想谢谢他们。"

"还不一定是你们的。再说吃请也不太好吧。"

"我请他们,主要是因为他们采纳了我的建议。至于我们能否中标,严格按照政府的规定程序办。我知道这是个敏感问题,我们也是个中规中矩的跨国机构,也不想在这方面落下任何瑕疵。你就放宽心吧,区长同志。再说这是我个人买单。"

"还有哪些人呢?"

"看你,都变成'老腻'了!还好看病没听你的。还有就是市里的两个处长,他们也想听听我对城市更新有什么建议,你们不正在打造国际化大都市吗?大洋基金在欧美做了好几个大项目,他们早就有所耳闻,这次正好见见面。我这是在为你们建言献策呢,你就不想来聆听聆听。你那个28号地块,我也有点个人建议。机不可失哦。"

"好吧,钱我来出。"

"算了,这是半公半私的聚会,最好不要用公款。"

"哪里,我个人出。我总得好好谢谢你吧。再说你还得给我上上一课呢。"

"你先给我来就是了。地点等会发你。你自己开车过来,晚上不许喝酒。"

晚上来的两位副高工都是规划设计院的,都很熟悉。席间更多是两位高工向肖文静了解国外城市的更新和发展,像巴黎拉德方斯二十世纪七十年代的大改造等,问得很仔细。庞区没提及他们的项目,这当中肖文静有两次把话题转到了28号地块,岑果都巧妙地又把话题转回到了高工们关心的问题上。肖文静似乎也有所觉察,接下来就不再碰了。庞区长见状,和岑果私下里碰了几次杯,还偷偷朝他眨了几次眼,神神道道的。(岑果喝的是茶,答应等身体好了一定请庞区和两位高工喝家乡米酒。)岑果装作若无其事,看看差不多了,便悄悄起身去把账给结了。临分手时,庞区凑在岑果耳边,悄悄道:"你今天的表现不很令人满意。就等着喝你的家乡米酒了。"

开车送肖文静回租住的酒店路上,肖文静问他为什么不让她提28号地块的事。岑果说人家高工对你不耻下问,我怎么好意思打断人家。肖文静鼻翼轻轻哼了一声。过了一会儿她像是在自言自语,又像是在对他说:"说你官迷心窍吧,想想你为了离婚,不惜错失升官的好机会。说你不是吧,看看你现在畏首畏尾的样子。真有点看不透你了。"

9

调研报告还没有最后成文,但倾向性意见已经明晰:缺少国际级的文化大项目,这项目包括文化设施和文化活动。也就在这时,国际知名的洲际财团主动找上门来了。洲际财团在世界各地拥有不少大型乃至特大型文化设施和一批顶级而又颇受追捧的文化活动品牌,他们尤其擅长与当地政府合作,将古代经典、国际时尚与当地文化相融合,而中国正是他们所看好的。

S区高度重视,秦书记、郭区长亲自接待。洲际财团副总裁程余瑞芬女士一行在岑果陪同下,先是参观了市级商圈——景河商业商务区,接着又拐到28号街坊和东海大学老校区实地考察了一番。在同两位区主要领导交谈中,程余女士又问了坐落在这一区域的东海大学老校区改造问题。郭区长说,老校区如何改造要结合市里国际综合艺术中心是否能落地来一起考量。程余女士说,是的,市政府的这个项目很关键,我们想来这里投资,最主要的因素就是这个项目有可能落户在你们这里。恕我直言,如果这个项目没能过来,我们就不再考虑贵区作为我们这轮投资的所选地了。

市里对国际综合艺术中心放在哪里有好几个方案,其中就有结合东海大学老校区的脱胎换骨改造,在安排好东海艺术学院的同时把国际艺术中心也放在这里。问题是这样做的话，势必要在Ｓ区已核准的建筑容积率总量中挖去一块，这就相当于Ｓ区要奉送一块黄金宝地。区里开会听取意见时，以岑果为代表的一帮人曾竭力反对，当时分管经济的邵副区长论口才比不过岑果，只能涨红着脸，干着急。秦书记和郭区长低头商量了一下，说："好了，大家的意见我和老郭都清楚了。我们大家都再想一想。好在市里也没把我们放在第一选项。不过，岑果，我要说你一句，你不要把自己的土地看得这么金贵，人家兄弟几个区的土地就不值钱？再说我们还得有全局意识呢。真的市里定了，我们就得无条件执行。"秦书记一般在公开场合不大对下属这样说话的，但对岑果他们几个他比较随意，一来岑果讲得起；二来这几个虽是他的爱将，也是要经常敲敲木鱼的；三来刚才岑果讲话太冲，让邵区他们有点下不来台。

现在——秦书记瞥了岑果一眼，脸上掠过一丝不易觉察的笑意，又和郭区对了一下眼神，对程余女士说道："我们理解程余女士的想法。不过，如果撇开这一因素，贵司在几个区的比选中，我们区大概排在什么位置？"

程余女士笑了，"这就请您谅解了。我们这次第一站就来贵区，应该能说明些什么吧。"

"如果在相同条件下，能首先考虑我区，也有利于我们到市里去争取国际艺术中心落户我们这里。"岑果说道。

"啊，这就绕进了先有鸡还是先有蛋这个世纪性哲学难题了。"程余女士望了岑果一眼，一面微微点头，一面说道，"选择这里的话，有可能我们把财团下面的一个封闭式基金也放过来。今年三月我们总裁约翰逊先生拜访贵市市长时已表示，鉴于你们正在建设国际化文化大都市，我们计划在文化项目上进一步加强与贵市的合作，将一个文化基金亚太总部迁到贵市来。"

"欢迎落户我们区。"秦书记和郭区长同时说道。

送别客人，在回办公室的电梯里，秦书记调侃道："岑果同志，现在明白邵区为什么挑重担去了吗？眼界呵！"

岑果讪笑道："看来我是赤了脚也赶不上喽。"

郭区长拍了拍他的肩膀，"岑副区长，你这就太谦虚了。呵呵。"

下午上班前，岑果想打个电话给肖文静问问她那边文化项目的情况，想不到她先打过来了。

"上午你们和洲际谈得蛮好的吧。程姨还蛮认可你的。"

"怎么，你们认识啊？"

"别跟别人说，就是我竭力推荐介绍的。"

"……"

10

洲际财团的突然出现究竟是好事还是件让人头疼的事？肖文静的一通电话把岑果的那份好心情给搅和了。怎么会让他头疼起来的呢？因为这是肖文静暗地里介绍过来的。按理，凭这一阵他和肖文静突然升温的感情，似乎是顺理成章的事，两人就差捅破那层薄薄的纸了，她能不帮他吗？可是，肖文静表面上刻意和他保持距离，赵秘书长、庞区长他们谈到肖文静那个仁馨里项目时所显露出来的那种神情，却又让他不能不怀疑这其中会不会有什么奥秘。肖文静为了要拿下N区的项目（包括仁馨里的旧改），她瞒着他利用了他的人脉关系，现在作为一种补偿和回报，免得日后他知道了真相对她不满？还有她那边也正缺这样的文化项目，为了顾及他的情绪，她竟然把她那个心心念念的大项目放到一边？他的这番推测是不由自主的，但从感情上来讲，这种推测又是很对不起肖文静的，似乎也窥测到了自己不够仁厚的一面。他真的希望这种推测是自己神经过敏所致。她应该不是这种人？另外在亲情和事业上，这个职场女强人也不大会让事业屈从自己的男女私情。有时两人单独相处，她会用一些言语逗弄他，但不轻浮，对他的感情是真挚的却又是矜持的。洲际的项目没的说，如能引入，那对这片区域环境品质的提升意义重大。看得出两位主要领导也看好这个项目,老郭那副志在必得的样子,就恨不能明天跟他们把协议给签了。

"那我可要好好谢谢你了。怎么,今晚我请你吃个饭?"岑果向肖文静发出了邀请。

"今晚不行。"

"明天?"

"唔,不好意思,明天也排满了。"

"那后天?"

"怎么?岑大区长也变得黏人啦。"肖文静笑了,紧接着又私语般地低声道,"是哦?"

"不会吧。主要是感谢。"那声"是哦"绵软温润,岑果的心怦怦跳了起来,于是慌忙掩饰道。

"就仅仅是感谢?"对方不真不假道。

"艾拉小姐不给面子,那也没办法了。"岑果作出副无奈的样子。

"好了,那就明天晚上吧。你到我这边来,我叫客房送餐。饭店你还是少去,毕竟开过刀。"

"谢谢你给面子哦。"岑果笑道。

去会议室开会路过郭区长办公室门口,郭区大概瞥到了他的身影,从里面喊了一声,"岑果区长!"他收住了脚,身体往后仰了仰,脑袋往后侧歪着朝里面招呼道,"郭区长叫我吗?"郭区几个大步走过来,一双热情的眼睛望着他,"洲际是个好项目呵,有什么需要我出力的,尽管说哦。"这就算正式派单了。"好,我会尽全力的。"岑果应道,心想明天与肖文静见面还正是时候呢。

11

肖文静一身居家打扮,为他打开门的时候脸上显露出来的笑容让岑果不由地产生一种回家的错觉。这种温馨的感觉在他实在是久违了,他有了要拥抱她的冲动。肖文静感觉到了?她往后退了一步。也许她是闪身让我进屋吧。岑果安慰自己,但也把那股冲动压了下去,朝她矜持地笑了笑:"打扰了。"

"叫了你爱吃的熏鱼和红烧肉。"肖文静似乎又是本能地接过了他的手包,一如十五年前他们蜗居在那间小屋里。心头就那么蓦地一热,岑果的眼泪都快要出来了。"不好意思了,到你这儿来蹭吃的。"他掩饰道。背后没有声响,他扭回头,一双淡淡的哀怨的眼睛正望着他。"唉,我欠你的情啊——"他一声叹息,仿佛是为了她的帮忙,又好像还远远不止这些。肖文静掩上门张罗吃的去了。

他看到几个让他流口水的菜都放在写字台上,两把椅子也相向放着,不由问道:"放在那边茶几上不是蛮好吗?"那个时候两人在小房子里吃饭,也都放在三人沙发前的塑料小茶几上,两人并排坐在沙发上,你给我搛一块,我给你夹一块的。话一出口,他就有点后悔了。

"看看你那个肚腩,还能坐得那么低吃吗?"好在肖文静没反应过来。

这样的温馨时刻太难得了,岑果决定不提那件令他忐忑不安的事了。仁馨里旧改只要符合程序,我又没有直接帮助说项,怕什么?洲际来投资,再好的项目也得走公开招拍挂程序,照规矩办就是了。

肖文静给自己斟了点红酒,给他沏了杯毛峰,根根翠绿垂直地倒挂在透明的水杯开水的顶端,像倒悬着的森林一般。岑果拿过来一个红酒杯,说道,"我也喝一点红酒吧。"

"不允许。"肖文静白了他一眼,"医生怎么关照的?起码半年。"

岑果挑了一块刺儿较少的熏鱼中段放到肖文静的碗里,肖文静笑了笑,没吱声,很受用的样子。

两人都没提什么项目,东拉西扯地聊着轻松的话题。就在快要结束时,肖文静抬起好看的眼睛望着岑果:"如果你辞职出来自己开个咨询公司有可能吗?"

"你怎么会想到这个主意的?"岑果感到有点突然,但看得出肖文静似乎是有备而来的。

"你不是个官瘾很大的人。这点看得出来你没变。"肖文静把自己果碟里的几块火龙果肉囊用镀银果叉叉到他的果碟里,"自己做,照样能为社会造福,也能实现自己的价值。再说——"肖文静顿住了,眼里闪动着一丝异样。

岑果瞥了她一眼,心里咯噔了一下。

"再说,我老了总要回来的。"肖文静垂下了眼睑,眼睫毛颤动着,"为了基金将来在亚太地区长期发展,我的老板也希望我能在国内寻找合适的合作伙伴。我跟他提到了你,也讲了我俩的关系。他说我将来还是要到北美去的,总部不忌讳你。"

凭他的职业敏感,岑果首先想到的是这会不会是那个叫什么的,但马上又把这个念头挥却了,他宁愿想这是她在试探他对两人以后的事究竟持什么态度。

"你想回来,这是件好事——"

"谈这种事我不希望你打什么官腔好哦?"

岑果埋下了头,动了感情:"你一直在我心里。"缓了缓,"让我回去再好好想想。——不是指我俩的事,是指我辞职的事。"

肖文静把手搭在了他有点变凉的手背上:"资金全部由我个人来投,你也不要有什么财务压力,也不要你动用你现在的职务资源,免得被人说闲话。我们白手起家,靠自己打拼。"

岑果抬起了眼睛,一双红润的嘴唇已经挨近了他……

12

岑果感到这回命运对他不怎么公道。五十万平方米的空间,由国际顶级的文化企业来与政府合作,再加上市级国际综合艺术中心落地东海老校区，S区在国际化文化大都市建设中的地位可想而知了。那个他心爱的女人不仅不计前嫌，反而倾心相许，美梦眼见着就要成真。可突然之间这些居然似乎都变成了陷阱。

一个比较容易使人联想到的解释就是，肖文静想用尽他现在的资源让她的项目成功，同时也给他留了一条体体面面的退路。还有，肖文静要与他共同做一番事，为日后两人相伴终身挣下一份可观的家业，这后一条应该是她的真实想法，他了解她，否则刚才她也不会要以身相许。记得那会他和她有过这种事，但都是开始还好好的，可完事后，她居然就会后悔起来，埋怨自己太过冲动，搞得他意兴阑珊，甚至还有点负罪感。后来她坚持要搬出去住，恐怕和这也不无关系。反观他岑果，又何尝不想与她再续良缘、琴瑟和鸣呢？两人的那段共同生活，在他的感情世界里烙下了不可磨灭的印迹。什么叫两情相悦、心心相印？没有过切身经历，怎会体悟得到。

可要他真的往她做好的圈套里钻，那也不是那么容易的。且不说这么些年组织上的教育已在他的灵魂深处打下了很深的根基，就他个人的喜好而言，也不在物质层面上，他也不很看重功名什么的，他内心在意的是自身价值的实现，是为这个社会能实实在在做些什么。他的祖籍和商末周初的周公旦同在一个地方，老家至今盛传着这位"元圣"的千古美名，他的临危受命、功成身退更是感人至深。若要说岑果心目中的偶像是谁，周公旦便是。岑果是个比较讲究情怀的人。当然现实生活也容不得他不食人间烟火，肖文静的提议不能说对他不具吸引力，但不管怎么说，他还是崇尚精神层面的东西。

可是这一猜测难道是真的吗？你又有什么确凿的证据？确凿的证据倒还真的没有，是他的推理猜度。肖文静到外面兜了一圈，心眼就变得歹毒了？都是正正经经的好项目，犯得着要不择手段，日后被人戳脊梁骨吗？她也不是个把自己藏得很深的人。如果她是在玩弄他的感情，为什么还要时不时探究他对她的真实感情呢？她为什么要在现在委身于他呢？

　　岑果回到家,躺在床上思绪紊乱。这样猜测一个有恩于自己而自己又爱恋着的女人,总好像不太道德,再说人家还没有跟你提出过什么非分的要求。退一万步讲,仅凭一般的工作关系,赵秘书长和庞区长也不会做出有违原则的事吧。近年来,中央廉政抓得很紧,大环境越来越严,敢铤而走险的毕竟越来越少了。想到这里,他对自己说,守住原则,按程序办,与肖文静适当保持点距离,先静观一阵。既不能太热,也不能太冷。坦率讲他是有点舍不得她的。

13

　　岑果在肖文静酒店里的违心婉拒,使得肖文静很下不来台,虽然这只是他们两人之间发生的事。一连好几天她没有搭理他。他曾打过几次电话,想帮她挽回一点面子,比如那天他正好身体不适怕她扫兴什么的。对方不是不接,而是接了,但等他刚一开口,便"啪"地挂掉了。起初他还以为是线路问题,连打了几次,都是这种状况,他明白了这是她在跟他怄气呢。天地良心,他何尝不想,只是不愿再伤害她。如果那是一个圈套的话,他肯定不会钻的,何必呢。如果不是,他也得控制住那种冲动,得等到名正言顺了。他觉得目前这种冷战状况也不见得是坏事,大家都静观一段吧。

　　令他意外的是,这天肖文静主动打电话过来了。

　　"今天我个人请庞区,小范围。你来吗?"她冷冷地问道。

　　"我来。我来请吧。我——"

　　"地址马上发你。""啪!"挂掉了。

　　气还没消呢,这个小女人。岑果咧了咧嘴。

　　晚上吃饭,庞区被他的领导临时叫去加班了,晚一会儿赶过来,他的堂弟庞伟君先到了。这是个看上去正正经经的人,锦绣建筑装饰有限公司董事长兼总经理。他打量着面前的这一对，一脸的欣赏，说道："真般配。我是讲在气质和文化上。所谓投缘，其实就是讲在文化上。"肖文静笑了笑，客气和感谢的样子。岑果倒有点尴尬，这算是出什么戏呵？

"庞董业务很忙吧？"岑果转移了话题。

"刚从南方回来，业务上想再提升一个档次，搞精品装修，国际化大都市有发展空间哪。"

岑果点了点头，"在南方主要做过哪些项目？"

庞董报了几个。岑果了解那几个都属于中端的住宅和写字楼，其中一个叫"椰林天下"的还因建筑质量问题被住建部通报过。似乎觉察到了岑果微妙的表情变化，庞董问道："岑区长一直搞经济呀？"

"刚转行，原来分管城建。"

"哦。"庞董瞥了瞥两人，"听说过'椰林天下'吗？"

肖文静望了望岑果。岑果微微点了点头："听说过。"

"唉，我被那帮人给坑了。"

"是吗？"

"他们给我的黄沙里掺了大量未经淡化的海沙。这帮伤天害理的家伙。我们当时验收也不严，结果全算在我头上。你说冤不冤？"

岑果感觉到肖文静又望了望他，他兀自望着庞董，表示理解地点了点头。"艾拉小姐的这个项目对庞区来讲可是个双赢的项目。兄弟区也蛮眼热的。"岑果说道。

"当然，伟国跟你是什么关系啊？铁兄弟呵。他不帮你，我找他算账。"庞董一杯酒下肚，打开了话匣子，"你们不知道吧。伟国从小失去双亲，是我父母一手带大的。为了给他念大学，还卖掉了老家一幢房子呢。轮到我了，家里没钱，我只好外出打工了。"

"那我替庞区好好谢谢你父母和你了。"岑果举起了装着矿泉水的杯子，肖文静端起了红酒杯。

庞董来回扫视了一下两人的杯子，不无羡慕地点了点头，"恩爱呵！"

就把自己杯中的红酒一口闷了。

"艾拉小姐也是做了很多工作,才说通总部追加投资。"岑果说,"当然,能不能最终拿到土地,那严格按照程序办。他们也是国际知名的机构,很注意规范和自己的社会美誉度的。"说罢,侧脸看了看肖文静。肖文静点了点头。

"这个,大家懂的呀!"庞董朝岑果故作神秘地眨了眨眼。

"我们说的是真心话。"岑果说道。

庞董摆了摆手,说道,"不明说,不明说。最后还有我呢。喝酒,我祝你们鸾凤和鸣,白头偕老。来,喝酒。"

岑果左右为难了,肖文静端起了酒杯,"他刚开过刀,医生关照的,真的要请你原谅。我来敬你。"

庞董一手举着杯,一手指点着岑果:"哈,'妻管严'!"

庞区长还是没能赶过来,再三在电话里打招呼,说下次他来请。

开车回去的路上,两人沉默了好一阵,都快看到肖文静的那家酒店了,肖文静说话了:"今天蛮尴尬的。好像我们在请他帮忙要拿下这个项目似的。"

"你同庞区当时是怎么说的呢?"他竭力把语气放得和缓些。

"我说就我们小范围聚聚,没什么事。"

"没事,喝什么酒呢?"

"洲际的大项目不是给了你们吗?总得事先跟人家婉转地打个招呼。"

"可以公平竞争的,这样对你也有好处。如果中了标,你们有那么大一块投资在庞区那里,尽量不要有什么误会。当然我内心是很感谢你的。"

"你会想到感谢我?"

"我们让出了一块容积率,综合艺术中心落在我们这里概率蛮大的。"

"如果当初我直接把程姨介绍给庞区,不提供你们的资料,她会想到你们?要你出来单干么,你又不肯。你现在变得老怪哦。有点像白——

好了,不说了。你就在这里放我下来,我要到隔壁超市买点东西。"

"你需要什么,我明天给你带过来好了。"

"女士用的卫生用品你也买啊。"

"那,那就不好意思了。"

14

岑果心里明白刚才肖文静没说出口的是"白眼狼"三个字,这是最戳他心境的,也是他时常感到困惑的。他们这个家祖传下来的遗训就是"你给我一升,我还你一斗",随着官做大了,他越来越害怕欠人家的情,不是不想还,而是有的根本就还不了,因为如果牵涉原则问题,你帮了,你会犯错误,你不帮,就会被人骂忘恩负义。都是要脸面的人哪。他的一个平时蛮投缘的区长助理霍达,就是太讲"义气",帮了朋友不该帮的忙,结果把自己弄进了班房,不贪不色的一个性情中人,令人扼腕。所以渐渐地他开始变得不怎么求人。这次肖文静在他患病时刻出手,他好像是有点迫不得已,但现在分析下来,恐怕还不完全是这么回事。你换个其他人来帮忙试试,他不一定会领情,组织上都已经在为他想办法了,不差那么几天吧。关键是肖文静,是这个他心里放不下的女人,他把持不住自己了。唉,现在想想还真后悔。如果没有北京之行,短时间内他们的关系也不会发展到这一地步,没到这一地步,他即便帮了她一点忙,也不会有什么负面影响。现在倒好,还没帮上什么大忙,却眼见就要惹得一身腥。

今天晚上的小聚究竟是怎么回事,还真费思量。你可以把它视作是她肖文静设的局,对庞区显示一下她与自己不一般的关系,也暗示庞区项目成功了,那庞董的事好说。也可以视作是庞区在暗示,我帮你们,那我堂弟的事你们看着办吧。这种桥段现实当中他不是没碰到过。说到底都是肖文静在引他入彀。

我这样猜测是不是心理太阴暗了?毕竟仁馨里是走规范程序的。关键要看招拍挂这个环节了。他要在这个环节上死死地砌上一道防火墙，这样，即便前面有点什么瑕疵也都可以挽回来。

这一晚上他辗转反侧，难以入眠。

在与洲际谈判中，他也采取了迂回战术。他全力以赴推动市里综合艺术中心尽早落地，以此来吸引洲际的投资，同时居然还向程姨推荐了好几个区，包括N区，他想以此来把肖文静的作用降低到最低限度。有一次程姨半是欣赏半是疑惑地说道，岑果先生好像有点不按常理出牌呵。他回道，洲际这么好的项目，理应要帮你们推荐最好的地方。程姨真的有点感动。

这段时间他借故避免与肖文静多接触，偶尔通个电话，他也是好声好气，似乎对她没有一丝芥蒂。肖文静似乎对他的这番敷衍也不怎么在意。岑果有点求之不得，但总又有那么些愧疚，心里到底还是盼望着她那个项目能早点到手。

这样的平静没有持续多久，便被一桩意外之事给打破了。

15

这天晚上约莫十点，岑果回到家里，刚换好拖鞋，有人叩门了。

"谁啊!"他凑近房门问道。

"我是伟君啊。"门外压低了的嗓音。

"伟君?"他一时没想起来。

"庞伟君。庞伟国区长的弟弟。"对方后面一句声调压得更低，但足够让人听得清。

"哦，庞董。"他边回应，边顺手打开了门。

庞董哈着腰，双手抬着一只小型蓝色塑料收纳箱。他有点费劲地抬起脸，一缕头发从他梳理整齐的前额垂挂在眉眼之间，气有点喘。"岑区呵，送点农产品。我就不进来了。这么晚了，还打扰您，不好意思呵。"箱子被重重地放在了门内鞋柜旁的地板上。庞董直起了腰,双手在后腰上轻轻捶打了几下。"一点小意思,望笑纳。"边说,眼睛边朝屋内飞快地扫视了一圈。

"啊呀,辛苦你了。快进来坐坐吧。"岑果侧过身,邀请道。

"下次再来拜访。您也早点休息吧。"庞董退回到门外,摆了摆手。

"我们不可以收东西的。"岑果低头看了看塑料箱,为难道。

"嗨,谁跟谁。好朋友之间,一点点农副产品。"庞董说着,朝门外两侧张了张,"您留步,我告辞了。"说罢,朝岑果拱了拱手,转身往电梯旁的消防楼梯走去。

关上房门,岑果又打量了几眼那只地板上的箱子,或许盖子扣得严实,一点农产品的气味都没溢出来。他弯下腰想先暂时把箱子抬进客厅里面,不想沉甸甸的,什么东西这么沉呵。他想起了刚才庞董气喘吁吁的样子。盖子打开,里面铺着一层齿状的树叶子,再揭开衬垫着的牛皮纸,一捆捆码得整整齐齐的百元大票赫然入目。他不由倒吸了一口冷气。这些年类似情景他不是没碰到过,他是个经得起考验的人,否则在提任他时也不会高票通过。问题是这个庞董初次见面就使出这一招,确实出乎他的意料。

这个庞董究竟要干什么呢?他看中了肖文静的项目。那次见面后他立刻就想到了这一点。那么,是他个人的主意,还是——还是庞区长的意思?也许庞区长的那次临时缺席本身就值得玩味。投桃报李。直接找肖文静开不了口,那就找你岑果。既然你与肖文静关系特殊,是看着你的面子搞定仁馨里的,那我堂弟的事通过你去做肖文静的工作也是顺理成章的吧。

这箱东西肯定要退的,但什么时候退? 马上退,也就意味着他向庞区长关上了门。那接下来肖文静的那些项目会面临什么情况? 公开招投标时不肯帮忙? 本身就不该帮这个忙呵,也正好帮他岑果摆脱干系。求之不得的事。他不担心肖文静通过规范的渠道拿不下这个项目。明明可以得到的东西却偏要走旁门左道，结果倒反而既坏人又坏事。这种事他也见到过。可是——仁馨里旧改毕竟批文还没有正式下来，还有变数啊。

那次小聚后的次日岑果就与庞区长打电话，一方面为没能会面表示遗憾，一方面就仁馨里旧改的事表示感谢，同时还想借机表明一下自己的态度：这个旧改项目可一定要按程序办，千万不要因为是他岑果的朋友而去违反什么原则哦。可后面的那个态度还没来得及说，庞区就打断了他的话，说你就放心吧，我会尽全力的。当然现在批文还没下来，不敢说是铁板钉钉的。岑果还能说什么呢。再说倒反而会给人误解，好像他是要追着人家打包票似的。他也想过和N区分管城建的区长说一下自己的态度。但一考虑似也不妥，人家可能原来并不知道你岑果与肖文静的关系，就你这么一说倒反而在暗示人家什么了。要不，就先放着，等到批文下来？可这个劳什子放在家里，实在不啻是颗定时炸弹。再说如果程序不规范，即便批文下来了，也是贻害无穷。马上退。肖文静，对不起你了！于是他马上拨通了庞董的手机。

"庞伟君董事长吗？"

"对对，您好，岑果区长。"

"你刚才送我家的那个塑料箱子里装的可不是农副产品啊。"

"什么？我刚才没有给您送过什么农副产品啊！"

"是啊，那箱子里面装的还真不是农副产品。"

"岑果区长，我也没给您送过什么箱子啊。"

"你是庞伟君董事长吗？"岑果迷惑了。

"是啊。您是S区的岑果区长吧。我看这手机也应该是您的。岑果区长，我还有点事，我先挂了。下次我来拜访您。再见了。"那边挂掉了。

这事麻烦了。真的退回去，对方不接受，怎么办？那就交给组织。可交给组织，就得向组织说清原委，这样就会把庞区长给牵扯进来。万一庞区根本就不知道这件事，那就连累无辜了。唯一的办法就是交给庞区长，也正好把自己对仁馨里的态度一并表明。对，明天就找庞区长。他又拿起手机，拨了庞区的号码，对方没接，连着试了几次，都是如此。这可不是老庞的风格，过去即便再忙，他也会及时发条短信过来打个招呼。今天是怎么回事？莫非——

"嘀——"他的手机响了，一看手机屏幕，是肖文静打来的。她已经又是好几天没给他通过电话了，这个时候怎么会打电话过来呢？他寻思着拿起了手机。

"岑区长才到家？"

"是，这么晚了，有什么事吗？"

"没事就不能打电话了？"

"不是这个意思。"

"那是什么意思呢？"

"你看你，这么晚了，较什么劲呢。"

"没事，就是问问你好。"对方踌躇了一会，又突然问道，"庞伟君董事长这个人怎么样啊？"

岑果的心猛地一沉。

16

岑果愣在了那里，肖文静说："我在问你话呢。"

"噢，还说不上。"岑果犹豫该不该把刚才发生的事说出来。如放在前一阵，那自然没二话，可现在不是了，他要对她留个心眼，尽管他内心很不情愿这样做。

"好了，不说了。早点休息吧。"

"就为了问一声好不好吗？"岑果似乎听出对方有了点情绪，想多跟她聊几句。

"嗯——我还想告诉你，仁馨里旧改正式批文下来了。庞区出了不少力。"

"哦,那太好了。你们现在可以一门心思做好参与竞标的准备了。"岑果一语双关道。

"唉,你啊——"对方叹息了一声,"好了,晚安,拜拜。"肖文静不等他反应过来便挂了。

岑果的心更无法平静了。庞区会不会有意不接电话?我帮你把批文搞下来了,庞伟君的事你看着办吧。这种做派有点像庞区。还有,肖文静早不打,晚不打,偏偏在庞董送东西上门后来个电话探探他对庞董的态度。N区批文不可能在今天这么晚的时候才批下来,那为什么白天一得到消息不马上告诉他呢?是压在了庞区那边?是庞区选择在这个时候说?这是个什么时候呢?是他岑果打电话过去要退还这笔巨款以后。肖文静最后撂下的那句"庞区出了不少力"和一声叹息,似乎也颇有寓意。难道他们三人搞到一起去了?她肖文静为什么就不能多考虑考虑他岑果的处境呢?难道为了这个项目,非得要让自己的爱人搭上自己的前途?这还算是"爱人"吗?

想到这里,他的心中不由蹿起一股怒火。——或许她根本就没把你当作什么"爱人",这一切都是在利用你而已。甚至,她会不会在报十五年之前的那个仇?!他突然就闪过了这个念头,拿起茶杯喝茶时竟然忘记了是才用沸水泡的,刚喝了小半口到嘴里,立刻被烫得吐了出来,舌头一阵发麻,迅即就起了泡。他骂了句粗话,走到厨房水槽边拧开水龙头,往还在发麻的嘴里灌了一大口凉水,在嘴里捣鼓了两下,吐出来,又灌了一口,含在了嘴里。

有没有可能呢?含在嘴里的水变暖了,心却是拔凉拔凉的了。当然,每每在这种关键时刻,他会变得十分冷静和理智,所谓处变不惊,此之谓也。此时此刻他的内心如翻江倒海一般,如果肖文静是在蓄意报复他,那可大大超出他的意料之外。他算得上是个练达之人,对有些事看得懂,不说透,自己守得住初心。可肖文静性情裂变还是让他感到惊心。他得真要当回事了。他仔细分析了肖文静这次回来后与之交往的点点滴滴,其中有那么四条还真的引起了他的警觉。第一,她这么快就掌握了他单身的情况,机场查看他的婚戒,只不过是为了验证,为何如此在意他是否单身;第二,为什么在如赵秘书长、庞区、程姨这些敏感人物面前刻意表现出她与他关系的特殊性;第三,明明可以通过规范渠道做成的事,偏偏要拉上他岑果,要把账记在他头上;这第四是最要命的,就是这一箱子的钱。肖文静如果是知情的,直接给她不就行了?兜一个圈子给他,让他去向她开口,不就是拖他下水吗?刚才她的电话来得可真是时候,问的问题也很蹊跷。真的是不像不知情的。

怎么办?向组织汇报?向庞区和肖文静摊牌?有事实根据吗?万一送钱的事是庞董个人行为,庞区和肖文静并不知情呢?在没有拿到确凿证据前,哪怕你的推理再合乎逻辑,再天衣无缝,还都不能作数。你可不能为求自己清白,而让无辜者(更别说是有恩于你的人)受累。这可也是你做人的原则呵。

还是先和庞区通个电话吧。

电话还是没有接听。他发了条短信过去:"庞区好。明天一早我来您办公室,有急事。"看了看短信,又瞅了瞅箱子,添了一句,"你堂弟送来的东西我要一并还你。谢谢。岑果某年某月某日晚十一时。"

庞区短信很快便回复了:"我在外地,一周以后吧。"

一周以后?那可不行。"望告知你家地址,我先将东西送你家去。"

"什么东西?"

"送到您家就知道了。"

"一周以后吧。晚安。"

岑果决定明天先到N区政府去一次,把庞区家地址弄到手。这是他破解困局的第一招。组织和肖文静那里先稳一稳再说。

就在这时,岑果的手机响了,是个陌生号码。如在平时一般他是不会接的,但这会他伸手接了。

"岑果区长吗?何必呢?"对方的声音不陌生的。

"你是庞伟君董事长吧。"

"何必呢?"

"应该是你吧。"

"何必呢?"

"你不接受的话,我明天一早就交给组织了。"

对方挂了电话。

这会不会是庞区让他打来的?明天到底送庞区还是送组织呢?望着搁在地板上的箱子,他犯难了。蓦地,有轻轻的叩门声传来。他浑身一激灵,凑到门前,打开猫眼瞅出去,是庞伟君。他拉开了门。庞伟君一言不发,只是朝他深深鞠了一躬,随后三步并作两步径自走到客厅中央,弯腰抬起收纳箱趔趔趄趄地朝门外退去,退到门外又朝他象征性地哈了哈腰,便拐进了消防楼梯的边门。整个过程一气呵成,没发出一点声响。他看得有点发呆,竟然忘了该说些什么。重新关上了门,他才感到当时如果能说句"你送的这些钱我坚决不能要"之类的话并把它录下来就好了。庞伟君刚才的那番举动,让他感觉此人非等闲之辈。

他想到了肖文静,得马上和她通个电话,一来告知这件事,将来也能有个旁证,二来也想试试她的反应。他拨出了号码,并按了录音键。

17

肖文静的手机居然关机了。这还是他头一回碰到。又给庞区打了个电话,也是关机。那就给他发条短信,"东西庞伟君董事长刚才已拿回。晚安。"

做完这些,他稍稍松了口气。看看时间也不早了,便洗漱了一下上床躺下了。保持距离,不再过问她的项目,对他们表面上都继续客客气气。他给自己定下了这条原则。

这一阵,各个区好像都醒过来了似的,都追着市里综合艺术中心不放。认准了的事情,岑果一向不会轻言放弃,他使出了浑身解数。打探到东海大学女校长王萍是位巾帼豪杰,能量特大,于是他借用了她的优势,和他们联手搞全国大学科技园,校办施主任被派过来具体负责这摊事,这也是个思路开阔、干劲十足的角儿。东海原来基础就好,加上区里在产业政策、城市规划等方面再撑一把,专家组检查验收到一半,就已经兴奋得不得了,产学研一体成效显现,当场决定列为当年度先进典型往国家相关部委申报。于是乘胜追击,市综合艺术中心不久也正式决定入户东海大学老校区内,作为教学科研的前沿单位,东海大学和一批国内外知名大学、研究院也一同加盟进来。多赢局面已然形成。洲际财团没有二话与S区签署了合作意向书,积极参与S区28号地块的竞标。洲际财团负责亚太事务的机构也正式入驻景河商务区景河大厦开始办公,第一年就有近五个具有国际品牌声誉的文化活动与政府展开全面合作。

春风得意的岑果在兴奋之余,不禁想到了肖文静。是呵,这一切可都幸亏有了她的"第一推力"。说来也怪,这几个月的时间他一门心思扑在艺术中心和洲际项目上,几乎忘了肖文静他们,没打过一个电话,而他们竟然也没再找过他。他曾有过担心,程姨这边肖文静会不会有所动作。但几番接触下来,他觉得程姨也是个事业型的人,她首先考量的是他们企业的切身利益。当然,刚开始程姨在谈判之余还曾试图同他谈及艾拉的事,每次岑果都巧妙地回避掉了,程姨是个明白人。

看来不主动与肖文静打个电话什么的,太不合人情,也不像他的一贯为人。他比较信奉鲁迅老先生的一句话:"无情未必真豪杰,怜子如何不丈夫。"当然,要联系,首先得打探一下那边仁馨里等项目的进展情况,最好是那边已经尘埃落定,大家就都无所忌惮了,他甚至还想过请肖文静、庞区他们吃个饭。庞伟君自然不在邀请之列了。他还要提醒他们谨防庞董这类小人,对生性仗义的人来讲,这种小人危害更烈。还有一层原因,他是不会承认的,就是他有点想念肖文静了。是他把人家想象得太坏了,罪过哦!

打探下来,仁馨里旧改后的土地和36号街坊分开来出让了,36号地块已经向外公开招标,仁馨里旧改拆迁也已展开,且进展顺利。这有点让人费解。打包出让,可以消灭掉不少竞争对手,肖文静开初也应该是抱着这个想法。她给他看过她打给总部的报告,在陈述理由里隐含着这方面的内容。"投资规模的翻番可以让我们与更高层次的同行进行良性竞争,同时也有利于项目更好地造福当地,也为项目以后长期有效运营创造更好的外部环境。"这段文字还是他帮她字斟句酌修改的。分拆开来竞标,那财务成本可就不是二减一那么简单,特别是她获胜的概率会大大降低。这应该是区里的意思吧。肖文静这个外来和尚也难念经。想到这里,他隐约有了一种自责。唉,这么好的投资方本身就很难觅得的。要不,先打个电话向肖文静问问情况。

他拿起了手机,还未按号码,"嘀"声响起,有个陌生电话进来了。

"请问,哪里?"

"是岑果同志吗?"一个很客气的声音。

"是,我是岑果。"

"我是市纪委三处,姓曹。明天上午九点请你来一次好吗?"

18

湖州路16号,市纪律检查委员会和市监察局办公所在地,二十世纪九十年代建造的大楼,依然很整洁。岑果早到了十五分钟,在门卫室打电话进去,回话请他稍候片刻,有位姓郑的男同志会来接他。门卫客气地请他里面先坐一会儿,人来了会叫他。岑果谢了人家,还是站在了门口,屋里太小了,再挤进个人,给人家带来不便。大门进出的人不是很多,行色匆匆,但都会朝他这边打量几眼,也没什么表情。他蛮想遇上个眼熟的人聊上几句解解闷。

郑同志过来了,是个年轻人,不苟言笑:"你就是岑果同志吧?"

"是是。我就是岑果。你好。郑同志吧。"岑果面带微笑迎了上去,习惯性地伸出了手。郑同志朝他微微颔首,大概没看见他伸过来的手,只轻轻说了句"跟我来吧",便带着他往主楼边的副楼走去。"大楼有点年代了吧,但很整洁。"岑果一边跟着,一边寒暄道。郑同志应道:"还行吧。"那气氛比较陌生,他觉得再开口说话似乎不太适宜,便识趣地闭上了嘴。

进楼,乘电梯,到了五楼。楼道依旧很整洁。有人走过和郑同志打招呼:"郑科,忙啊。"郑科和对方点个头,算是招呼过了。岑果习惯性地也与对方礼貌地点了点头,对方好像没留意到,擦身过去了。进入一个小会议室,里面已经有三位同志等着了。岑果感到有一阵尿意上来,便道:"哟,我去方便一下。"说着转身欲往门外走,一只胳膊被挽住了,郑同志轻轻说道:"我陪你去吧。"卫生间也很整洁,散发着淡淡的消毒水的味道。"我在门口等你。"郑科说。"好的,谢谢。"岑果识趣地找了个郑科一眼就能望到的角度解了手。在往回走的过道里,郑科与他贴身走着,一只手无意识地挽住了他的胳膊。

小会议室里,会议桌对面站着三位同志,当中一位五十开外的男同志就是与他打过电话的曹处长,中等身材,很敦厚的样子,但目光中还是难掩犀利睿智。"你就是岑果区长吧。打扰你了。"他热情地伸出右手,隔着会议桌与岑果握了握,旁边两位年轻的女同志朝他微微笑了笑。"应该的,应该的。"岑果一边握着对方的手,一边说道。

双方都落了座,岑果从包里取出了笔记本和笔。曹处长静静地观察着他,见他准备好了,便开口说道,语气平和又不失威严。

"岑果同志,今天叫你来,是希望你积极配合组织把事情调查清楚。你一定要对组织忠诚老实。能做到吗?"

"一定,一定。"岑果真切地感受到了一种从未体味过的氛围。

"你的身体状况怎么样?"

"很好。"

"听说你刚动过手术?"

"哦,都快有四个月了。现在都恢复正常了。"

"现在还在吃药吗？"

"还在吃。"

"药带来了吗？"

"带来了。早上的已吃过了。"

"到点了,别忘了吃。"曹处长侧过脸对身旁一位微胖的女同志说道,"小虞,你也留个心,到时提醒岑区长一下。"小虞点了点头。

"谢谢,给你们添麻烦了。"

"我们要了解的情况比较多。你如果感觉身体有点累,跟我们提出来,可以休息一下。"

"没关系,不累的。"岑果有点感动。

"好,那我们现在就开始。我们接到了实名举报,反映你在N区仁馨里旧改项目和S区28号地块引进项目中利用职权,为利益相关人牟取利益。现在我们依据相关规定和程序向你了解有关情况,希望你如实陈述。"

岑果有点惊愕,心跳加剧。事情居然会这么严重？他庆幸还好自己及时把那箱现金给退了回去,否则真是跳进黄河也洗不清。

"你先把自己的概况简要介绍一下。"

"好。"岑果把自己的概况简要地说了一下。

"大洋基金艾拉小姐（中文名肖文静）跟你是什么关系？"

"朋友关系。"

"一般的朋友关系吗？"

"不。特殊的朋友关系。"

"哦？"

岑果把他与肖文静的关系如实说了,临了,加了句:"我是准备要娶她的。当然我还没有跟她明说。我感觉她也有这个意思,但她也没有跟我挑明过。"

"那么说来,你们实际上婚恋关系还没最终确定吧?"

"就差一层纸了。我准备在他们N区项目落定后正式向她提出结婚。"

"这是你们两人的约定?"

"是我个人。"

"你认为她会同意吗?"

"应该会。但这一阵下来,有点吃不准了。"

"那么她对外称你是她的fiance也就是未婚夫,是怎么回事?"

"当时为了给我治病,她想请刚才我提到的那位著名教授亲自出面,所以就把关系讲得更近一点。她后来跟我打过招呼的。我很感激她,我内心也确实是想往那方面发展的。"

"也就是说你和肖文静是特殊的朋友关系。你有娶她为妻的主观意愿,但还没有明说。她对你有好感,但是否接受你的求婚,未定。是不是这样?"

"是的。"

曹处长又侧脸看了看小虞,小虞边记边点了点头。

"你和庞伟国是什么关系?"

"我和庞伟国区长原来是一般的同事关系。他曾在我拆违工作中给过我支持。这次大洋基金要参与投标他们区的36号街坊,因为肖文静的关系,我们之间走得更近了,可以说变成了朋友吧。"

"锦绣公司董事长兼总经理庞伟君,你认识吗?"

"认识。我们小范围吃过一次饭。我,肖文静,庞董。原来说好庞区长也要一同过来,后来他临时加班没有过来。"

"这二庞是什么关系?"

"据庞董讲是堂兄弟关系。"

"除了和庞伟君吃过一顿饭,还有过往来吗?"

岑果望了望曹处长。曹处长好像是随口问的,没有特别指向。"后来就没有实质性往来。"

"没有'实质性'往来?"曹处长抬了抬眼皮。

"噢,那次吃过饭后,一天晚上他单独来我家给我送过一笔钱,我没接受,当天就叫他拿回去了。"

曹处长他们居然没做出什么反应。

"有多少?"

"一个小型塑料收纳箱,有一箱子,没点过。"

"你退还给了他,有什么证据吗?"

"当时我没考虑这么仔细,是我的失误。不过电梯里有录像,应该会有记录的。"

"如果他不走电梯呢。你们的消防楼梯一直通到地下室的。"

"那就请组织严查我吧。"岑果没有提他曾和庞区发过短信的事,因为这并不能证明他岑果确实把钱退给了庞伟君。

"在N区仁馨里旧改和那块36号商业用地上,肖文静没有托过你什么事吗?"

"安排我和庞区吃过一次饭,在饭桌上没有提过。但我感觉庞区应该知道我俩关系不一般,他好像暗示过我,我默认了。我也几次主动打电话给他提起过仁馨里项目的事,他应该认为我在关心这个项目。"岑果本来想解释去电庞区主要是想提醒务必按程序办,不要因为顾及他岑果的面子而去违反原则。但事实是打过去电话时后面的这些关键性的话还没来得及说,庞区就打断了他。没有说出来的话能算是说过的吗?当然不能算,尤其在这样的时候。

"我是问肖文静托过你和谁谁打招呼吗?"

"没有。但是我主观上确实是想在不违反原则的前提下能帮帮她。"

"怎么叫不违反原则前提下?这个橡皮筋可紧可松,幅度太大了。"

"是的。客观上我的表现给人们的感觉就是:鉴于我和她不一般的关系,请大家帮帮肖文静。"

"你和肖文静有经济上的往来吗?"

"没有。除了吃过几顿饭。哦,在北京帮我治病的时候不知道她是否帮我打点过什么。她没跟我提起过。"

"你们的婚恋关系还有谁清楚一点?"

"我父母。我跟他们正式提起过我要娶肖文静。他们也赞成的。我有他们的电话号码。"

"现在不需要。"曹处长用手制止了岑果要报出号码的意图。

"洲际财团是怎么回事?"

岑果把来龙去脉讲了一遍,特别把项目落地的意义重申了一下,在讲到为什么没有放在N区时,他的解释是五十万平方米的文化项目是没法作为配套项目放进作为住宅用地的仁馨里去的。

"但洲际有一个公益性文化项目放在那里了。大是不大。"曹处长似是认可了岑果的说法,"不过,据说你原来不赞成市里艺术中心落在你们那里,28号地块原本是要造商务楼的。洲际一来,你就一百八十度大转弯。而且洲际纯公益项目也没落在你们区。这好像蛮难理解的。"

岑果把调研的情况说了一下,又报了一组自己区与市中心几个区在商务楼租金和产税上的对比数据,以此来佐证28号地块调整为文化项目来提升环境品质的必要性。至于把一小块公益性项目放在兄弟区,有利于扩大文化项目的辐射力和影响力,因为文化品质的提升要着眼于全市乃至更大区域。当然,核心区域会有先发效应和集聚效应,这是他们看重的。

问了三十多个问题,还让岑果以书面陈述的形式写了下来,小虞将记录先给曹处长看过,又递给了岑果过目。记录很完整,岑果按要求逐页签上了自己的姓名。快结束时,曹处长说以后还会找他了解情况,希望他回去再回忆回忆,有无重要遗漏。还说今天是一般性了解了解,没必要对外人说。岑果问要不要向组织做个汇报。曹处长说他们会主动联系的,组织不问他,他可以先不要主动去说。午饭是在会议室里吃的。有几个细节,岑果蛮感动的。曹处长先是提醒他该吃药了,拿来盒饭后,曹处长看到岑果盒饭里有一块肥肉,就把这块肥肉搛到自己饭盒里,把自己稍精的一块肉搛给了他。

出了院子大门,岑果下意识地伸出手,想握手道别,郑科碰了碰他的手臂,叮嘱他过马路时小心车辆。

19

回到单位已快要下班了。办公室告诉岑果明天上午开区长办公会,讨论审议28号街坊的招标文件。怎么提前了,不是原来定好是下周的吗?办公室说区委的意思是能抓紧尽量抓紧,郭区长就调整了明天会议的内容。岑果坐在办公桌前开始准备明天的材料。区里对28号地块究竟装什么分歧还是蛮大的,他得多准备准备。市纪委好像对洲际参与28号地块也没明确表示异议,区委区府对洲际还是热情不减。项目肯定是个好项目,不能因为推荐的人或我的原因而因噎废食吧。坚持程序公正,按民主决策办吧。

门被推开了,郭区长招呼了他一声进来了。"岑区啊,28号街坊的内容放明天了,是不是有点仓促?"

"情况基本都清楚了。早点开也好。"他站了起来,"郭区,您坐一会儿。"

"不坐了,说两句就走。你也早点回去休息。"郭区走近他的办公桌前,"你的意见我都了解了,就我个人而言,我是同意你的。明天你就以听为主,该说的我会说的,怎么样?"

"行,听您的。"岑果本来想说什么,想了想还是没有说。

郭区拍了一下他的肩膀,笑了笑,走了。

从纪委找他了解情况来看,肖文静和庞区长不会是利用他来搞什么见不得人的名堂(他的内心涌起了对他们的深深愧疚)。问题的焦点是他本人。他首先从自己的主观意愿上寻找动机。一,他想与肖文静重修旧好,这特别是在她帮他治病以后;二,在不违反原则的情况下,他想帮她的忙,这其中包括用他的影响力,是回报,但更多是想博得她的欢心(这一点你可不要否认);三,所谓"帮忙"的幅度在可上可下之间,具体由你们当事人把握。其次从客观上来讲,仁馨里旧改列进计划了,28号地块倾向于做文化项目了。那么,这是好事还是坏事呢?仁馨里旧改既造福百姓又有利于将来新建成的商圈。28号街坊搞文化项目其意义明显摆在那里,而且最终要经区委区府走程序的,他现在坚持自己的看法,最后服从组织决定,没什么错。可他总觉得自己应该在哪些地方出了错。仁馨里旧改是加上去的,那N区政府会不会因为财政资金问题把原来已列进计划的其他旧改项目拉下来了呢?如此,那被拉下来的地块上的老百姓利益就受损害了。

一想到这里,岑果后脊背一阵发凉。目前这种状况他本人是不适合东问西问的。他想到了区建交委主任陈海。陈海是他的老搭子,精明能干,以往工作中岑果借了他不少力。现在虽然不分管了,但有个什么事,还是蛮叫得应的。电话一拨就通。一反平时喜欢跟他开开玩笑的习惯,陈主任在电话那头就像领受什么重大使命似的,一口应承了下来。才不一会儿,陈主任带着压抑不住的喜悦告诉他,N区没有把其他旧改项目给调整下来,资金也有保障。"领导,你就放心吧。哈哈。"陈主任的兴奋好像有点没来由。"陈大主任,我放心什么?"他想试探试探。"没什么。领导,过一阵我们喝喝小酒。有什么需要,尽管盼咐哦。挂了。"岑果之所以回绝了肖文静让他辞职单干的建议,除了人生追求不一样外,实在是舍不得这份血浓于水的战友之情也是一个很重要的原因。怀揣着这份没法替代的情谊,即便把你扔进马里亚纳海沟深处,你也不会感到寒冷。

我还会有什么问题呢?有了。我给人家的心理暗示,让人家在帮忙时自己把握尺度,这在客观上就给了别人一个突破底线的空间。如果遇上心术不正的人,那就把这种可能性变成了客观现实。这个篱笆的口子是我打开的,难辞其咎呵。现在只能希望肖文静、庞区长他们按规矩办。还有,庞伟君的那笔钱希望他们两人都没染指。唉,我当时为什么一开始就不向他们表明我的态度,这样就不会让他们产生误解,庞伟君也就不会有可乘之机,他们也就不会深陷这个泥潭了。我是个有公权力的人,而且不少人又都知道我喜欢知恩图报。教训深了。

于是他打开电脑,把自己的这段思想反省写了下来,准备曹处长再让他过去的时候郑重地交给组织,愿意接受组织的任何处分。做完这些,他又全副心思准备明天的材料了。

第二天的会议,有几个同志对28号街坊要不要做文化项目重新提出了质疑。郭区长虎起了脸,关于做什么项目上次区长会议已经定下来了,这就不要再倒翻水了。现在大家讨论的是规划局提交的这个招标文件中那些预先设置的条件有什么问题。于是大家又回到了会议原定的议题上。

规划局郭梁局长把文件中对投标方提出的要求解释了一遍,其中特别提到"在国内外已有成功项目的、注重长期投资回报的应予优先考虑"。郭局说,二百亩土地,地处黄金地段,旁边还守着市国际综合艺术中心,文化用地出价比不过商业用地,看中的人太多了。其中有几家我们都了解,他们不是来做项目的,先是高息筹集一笔资金,方案做得花好桃好,拿下土地后就转手再高价卖给人家。文化项目概念可大可小,到时拿到的土地成本过高,接手者不一定都做真正的文化项目。那就有得扯皮了。

有同志针锋相对道,你设定这样的条件,明眼人一看就知道那是为洲际财团量身定做的,这好像不太符合公平的原则吧。现在外面在传洲际想在我们这里吃下这块肉,但又反哺给兄弟区,去撑人家一个什么大项目。

什么大项目?大家问。

N区一个商业项目。投资方希望周边能有文化项目帮助集聚人气。那位同志说。

洲际在N区投资搞商业?有人问。

哪里!是另一家与他们有关联的国外基金。

岑果感到有一股热血冲上了脑门,有些人见到风就是雨,不是看事情本身,而要琢磨它后面有什么背景。他瞥见了郭区悄悄递过来的眼色,便忍住了。

郭局说,我知道你指的是洲际计划在N区投一个多功能艺术馆,是纯公益性的。但那才三千多平方米。

那他们为什么不投到那边去呢?五十万平方米的体量,匀出三千搞公益,不也蛮好嘛。有同志说。

郭局苦笑了一下,兄弟呵,人家那是住宅用地,文化项目是作为配套,有比例限制的。

文化局范局长道,我们还是关注我们自己这块地请哪一类投资方来对我们更有利。

我觉得还是要公平竞争。那位同志坚持道,你们担心有人炒土地,就规定它多少年里不能转让好了。

"从法律上讲,你拦不住他。"岑果再也憋不住了,如果弄个不三不四的机构来,不仅这块地泡汤,还会殃及市里的艺术中心,还会把景河商圈环境破坏掉,你们怎么讲我、怎么处理我无所谓了,我一定要扳这个龙头,他直着嗓门道,"人家通过转让公司股权来交易,你怎么看住他?这样的事例又不是没发生过。"

"岑果同志,我们谈谈我们自己的想法,目的也是为了工作,也没想要针对什么人。你火气这么大做啥?"那位同志冷冷地说。

"一码事归一码事。"岑果直视着对方。

"我没听懂你什么意思。"对方不示弱。

"笃笃。"郭区长叩了叩桌面,越扯越远了。

"我建议这样写吧:'欢迎有成功开发和运营经验的企业积极参与竞标',不作为参与竞标的必要条件,但要表明我们的意愿。这方面也不设分值。也不提长期、短期投资回报。你提了也没用,就像岑区刚才说的。"接替岑果分管城建的忻副区长搞了个折中。

差不多了,郭区长问大家还有什么建议。大家都说就采用忻副区长的说法吧。郭区长总结道:"原则上就用忻副区长的。招标文件上既不能有明显的倾向性,也不能不表明我们的基本意愿。我区土地不多了,容不得失误了。岑果区长刚才火气大,他是担心没装进好的项目,难向老百姓交代,也难向市里交代。艺术中心能落地我们区,我们拿出这块黄金宝地搞文化项目是起了相当关键作用的。郭局呵,你们是牵头部门,反正区里的意思你们清楚。赵秘书长跟我通过电话了,同意我们这块地不搞简单的价高者得地,要充分考虑方案。方案是要切实能保证实施。所以,谁来做,就是重中之重了。"

散会时,那位同志在门口轻轻擂了一拳岑果,"做啥,刚才火气介大?"岑果朝他抱歉地抬了抬手。这时,他的手机振动了起来,一条短信:"岑果副区长,明天上午九点半,请你来我委一次,有空吗?曹。"

20

曹处长接过岑果递过去的书面思想认识时,有点略感意外。"请坐。"他一面示意,一面飞快地把四张纸浏览了一遍,然后也在对面坐了下来。他微微点了点头,"思想认识还是蛮深刻的。"

"还是要请组织多帮我剖析剖析。"岑果从包里取出笔记本和水笔,说道。

"岑果区长,今天请你来,主要是和你通报一下前一阵我们调查的情况,和你一起分析梳理你应该要记取的教训。"曹处长说道。

岑果点了点头。

"应该说你是本着实事求是的态度向组织提供了你所知道的情况。肖文静小姐、庞伟国等同志也很配合,使我们能比较顺利地把事实调查清楚。应该说,N区仁馨里旧改和S区28号地块不存在你利用职权和影响,为与你有特殊关系的人牟取不正当利益的问题。也没发现你收受贿赂的证据。对这件事的调查目前告一段落。当然如果以后又有新的举报和线索,我们仍将一查到底。"

岑果郑重地点了点头:"感谢组织。"

"刚才看了你的思想认识,很高兴作为一个党员干部能对照党章党规从严要求自己,从防微杜渐和主观上查找自己的认识偏差和思想漏洞。值得庆幸的是,肖文静小姐和庞伟国等同志防范意识比较强,及时帮你堵住了这方面可能出现的漏洞,化解了风险。"

曹处长告诉他,有体制外的人看到庞伟国在积极协调仁馨里旧改项目,又了解到肖文静与你不一般的关系,就想把正常的合作变成是你与庞区长的私下交易,从中牟取私利。从肖文静小姐这边,首先是主动在N区项目上和洲际在S区拟投资的项目上不再与你有任何接触,把你屏蔽了,竖起了一道防火墙;二是主动说服其总部放弃将N区36号街坊的商业用地和仁馨里旧改用地一并招标的要求;三是又主动向洲际介绍了另外几个区的地块,供他们全面平衡,自主决定(当然我们了解到你也主动向洲际推荐了兄弟区);四是明确拒绝了某些人假借庞伟国的名义要求承揽大洋基金将来工程项目的不合理要求。庞区长方面,他把仁馨里旧改立项建议交由区府专门会议集体讨论,并走合法程序上报市。在申报仁馨里项目时,他们又多方筹措好资金,保证了原来已获批的其他旧改项目不被替换下来,百姓利益得以维护。特别是当某些人将你退回的巨额现金送上他家时被他严词拒绝并巧妙留下了证据,使得某些人想要诬告你和他的阴谋没能得逞。当然,他也由此得罪了曾抚养他的一位长辈,在家族里承受了很大的压力。

真没想到肖文静和老庞在他面前遮遮掩掩,原来是为了保护他,防备他一味感恩图报而给小人以可乘之机。岑果既感动又庆幸,同时还有深深的自责。

"在这整个事情上,你应该记取什么教训呢?"曹处长望着他,说道,"就像你自己剖析的那样,为了感恩,或者还有对肖文静小姐的感情补偿,你主观上是想利用你的影响力来暗示庞伟国等有公权力的人为大洋基金提供支持。即便这种支持是合法合规的，甚至是更有成效的，但是，你客观上把公对公的正常合作当作了具有公权力的人之间的人情交往。这就错了。如果庞区长、肖文静他们没有这样高的觉悟，那就很有可能变成一起腐败事件，虽然这并不是你主观上愿意这样的。多么危险哪！"

岑果额头沁出了细密的汗珠。

"岑区长，我们共产党由过去的革命党变成了执政党，革命党以推翻三座大山为己任，而执政党就是要运用手中的公权力治理国家。现在我们搞社会主义市场经济，得要高度警惕资本对我们权力的侵蚀，这种考验甚至远超民主革命时期的抛头洒血。我们手头处理的案件中也有不少落马的官员开始并没有犯罪的故意，就是没有处理好亲情与原则、人情与党性的关系，而被打开一个缺口，结果一发而不可收。很令人痛惜的。我们也要传承中华民族优秀的文化传统，要重情重义，否则你就不是一个真正的共产党人。但是，这个情义是有原则的。如何把握？一靠觉悟，二靠制度。要做到不敢腐，不能腐和不想腐。"

"回顾这段经历，我深有同感。"岑果回想起自己这一时期的内心纠结，深思道。

"你在这上面的自我剖析和我们对你的分析是一致的。这我们比较高兴。"曹处长指了指台面上的那四张纸说道。

"我希望组织上能把我这份书面认识一并放进你们的调查材料里去。我要永远引以为戒。"

"我们会考虑的。"

一直在一旁默默倾听着的郑科站起身帮岑果的茶杯里续了些开水，又帮曹处他们续了水。曹处呷了一口，身体往后椅背上靠了靠："岑区，接下来想再占用你一点时间跟你随便聊聊。"

"可以，可以。"

"市委给了我们一个课题，如何规范局级以上领导干部家属子女的经商办企业问题。我们一方面要求广大党员干部严于律己,同时又要加快制度建设,这既规范干部的权力,扎牢不能腐的篱笆,也是对干部们的爱护。通过这件事,相信你有过思考。想听听你的想法。"

21

肖文静穿着十几年前的那件紫罗兰棉布睡裙出现在了他的床边,含情脉脉地望着他。岑果再也控制不住了,一抬手把她拉进自己的怀里,一阵狂吻后,翻身把她压在了自己身下,一面解开她的睡裙,一面喃喃道:"我们明天就结婚吧!"肖文静任由他摆布,眼睛里泪光闪烁。"你没戴吗?"像十几年前一样,她低低地提醒道。"不戴了。我要让你再生个孩子。我一定要你当上母亲。"他说道,两人紧紧相拥,竭尽恩爱。这时肖文静突然哭了,"岑果,我不能再怀孩子了。"

他的心猛地一震,醒了。

他没有马上去卫生间,而是继续仰躺着,思绪回到了下午在庞伟国办公室的那一刻。

一次偶然的机会,庞伟君得知堂兄庞伟国正在争取仁馨里旧改今年立项和大洋基金计划投资的事,他想从中为自己捞到工程建筑装修承包项目。先是让自己母亲说服庞区带上他与肖文静会面,在亲眼证实肖文静与岑果不一般的关系后,挟带着其母的余威,要求庞区答应帮他向肖文静说项。了解到其这一意图后,庞区宁愿冒着"不孝"的骂名拒绝了对他有养育之恩的婶婶出面提出的这一要求。庞伟君一计不成,又生一计,他带上两百万现金直奔岑果家,以期通过岑果打通肖文静关节。那天从岑果家出来后他立马与肖文静通了电话,说岑果已对他允诺了。没想到岑果不吃这一套,他就将这笔钱转送到庞区家。庞区在医院刚动好阑尾炎手术,家中读大一的女儿打电话过来告知此事。庞区让庞伟君听电话,并悄悄按下录音键。在电话里庞区问明了送款的来龙去脉,最后明确告诉对方如果他庞伟君不马上把这笔款拿回去,他立即请区纪委派人来收缴这笔行贿之款。庞伟君只能收回这笔钱。转而他威胁肖文静,如果不允诺将来大洋基金取得土地后将建筑工程发给他的话,他就告岑果从中以权谋私,让肖文静、岑果和庞伟国都没有好下场。

肖文静受到威胁后连忙赶到医院找到庞伟国。庞伟国告诉她,虽然外资企业发包建筑工程不一定像国企那样要公开招标,但庞伟君与他是亲戚,他很忌讳,而且庞伟君的锦绣公司声誉不好,千万要当心,现在他又使用如此卑劣手段,理应把锦绣公司排除在外。两人还重新梳理了仁馨里和S区28号地块两个项目的整个流程有无问题,在几个关键处又及时采取了完善措施,做到程序规范,经得起检验。

看到庞区不顾身体虚弱帮她出谋献策还主动为她分担,特别是他的不徇私情,肖文静很是感动,她表示她最担忧的是岑果不要受到牵连。"他这个人没有防人之心。在这几个项目上我故意试过他好几次,他要么就是没脑子,要么就是犹犹豫豫的样子,我不得不同他保持距离,力图阻断他与这些事的联系。一度我还想过索性让他出来单干。但我知道十几年下来,他的追求没有变。当年为了成全他,我做出了多大的牺牲。"庞区告诉岑果,岑果与肖文静闹分手的时候,其实她已经怀孕了。初到国外,一切重来,她整天忙得脚不沾地。一次意外,她不幸流了产,还导致她以后再也不能生育。这次回国,她确实有与他岑果重续前缘的念头,但岑果现在的位子和她将来在国内的职业发展似乎潜藏着不相容的风险。这次庞伟君的出现不是偶然现象。她真的为岑果担忧。

回到家,他思绪纷乱,心情沉重,似乎又回到了十五年前。他欠肖文静的实在太多了。如听从肖文静的安排,他辞职出来,那就能让她一偿夙愿,他的生活也会锦衣玉食、无忧无虑。可他的事业呢?他的抱负又如何施展呢?搞个体,毕竟不对他的口味。可他如果在岗位上做下去,那又会怎样呢?他和曹处长他们在交谈中都不由自主地涉及了这样的话题,即对一定级别的领导干部,其配偶子女经商问题要更加严格起来。作为一个区的领导,其配偶是一家外资的高管,这是一种什么样的状况?岑果的心愈加沉重。你让肖文静为了你再做一次牺牲吗?看得出,她是历经千辛万苦才换来了今天。该怎么办?

他想起今天下班去地下车库时,在电梯口遇见秦书记,秦书记约他过两天谈谈心,他一口答应。秦书记人都转过身了,又停顿了一下转了回来,神情凝重地拍了拍他的肩膀,充满感情地说:"岑果啊,你相信吗?在和平建设时期,有时候需要我们做出的牺牲丝毫不亚于民主革命时期的生死考验呵。"

他开始没明白秦书记这突然冒出来的话是什么意思,现在细细琢磨,似有深意。

他一个鱼打挺坐了起来,拿过手机,拨出了肖文静的号码。

22

肖文静的手机正忙,要稍后再拨。都什么时候了,凌晨两点多了。等了五分钟,手机还在忙。又等了十分钟,手机还在忙。看来是要一直忙下去了。发了条短信过去,没反应。打开微信语音聊天,没人接。岑果似乎悟出点什么来了。他关了手机,决定第二天下了班去她住的酒店找她。

第二天下午二时许,庞区长打电话过来,告诉他N区36号街坊大洋基金中标了。还告诉他,肖文静代表总部又向他们区政府递交了一份土地款交付计划,整个付款过程比投标文件里面大大提前了。庞区猜得出这事肖文静出了不少力。因为肖文静多次向他打听上了仁馨里项目,政府这边资金有没有问题,千万不要把其他地块的旧改拉下来。区政府几位领导都蛮感动的。

肖文静的这番苦心岑果心里明白。一下班他就驱车往她的酒店赶去。车子停好后,他没有马上进大堂电梯,而是踅到酒店旁边的一家花店,想为肖文静买一束捧花。他挑选了六枝洁白的多头香水百合,又用淡红的澳洲蜡梅做点缀,典雅温馨。花店的小姑娘用赞赏的眼光看了看他,"大哥,你是个贵人哪。""我是送给贵人。"岑果朝对方笑了笑,动感情地说。"祝福你们哦!"小姑娘很善解人意。"谢谢!"岑果心里涌起一股说不出的滋味。

来到肖文静的房间门口,他轻按门铃。

"哪一位?"一个并不熟悉的女子声音。

"我找艾拉小姐。"岑果后退半步,抬眼看了看门楣上面的房间号码。

"稍等。来了。"

门开了,探出一张似曾相识的脸。"哟。岑区长吧?快进来。"

"你是——"岑果没有挪动身体,疑惑地望着对方。

"我叫蒯欣。艾拉小姐的助理。我们在机场见过。"

"喔——对对,你好。"岑果记起来了,跟着蒯小姐进了房间。房间里已被整理一新,肖文静的个人用品不见了踪影。

"岑区长,这是艾拉小姐要我转交给您的。她说今天你应该会来的。"蒯小姐递过来一个纸袋,纸袋的端口用一张粘纸条粘住。蛮沉的。

"谢谢。她人呢?"岑果一凛。

"她没跟您说吗?"蒯小姐诧异地望着他。

岑果摇了摇头。

"她已调往北美地区。今天下午就已飞往多伦多赴任去了。"蒯小姐看了看岑果手中的纸袋,"也许时间太急,她来不及跟您说。您快看看这纸袋里会不会有她留给您的信。"

"好,谢谢。我能找个地方坐一坐吗?"

"当然可以。请在沙发上坐吧。我给您倒杯茶。这花真好看。我会拍张照传给她的。"蒯小姐接过了他手中的花。

岑果坐了下来,揭开纸袋上的粘纸,里面装着几盒瓶装的药丸,这是他手术后康复期间肖文静从国外买来给他服用的那款药。安德烈教授曾建议他手术后至少连续服用一年以上。贴着纸袋壁有一个信封。他取出

信封,里面是一张这家酒店的便笺,上面是一行行娟秀的、他曾经那么熟悉的字迹:

岑果:

  见字好。我已正式接到调令转任北美地区总经理,这里即有新人接任。

  这段时间你为我所付出的,我铭记在心。我也永远不会为我曾对你付出的感情而后悔。但考虑再三,为了我们各自的前程,我俩还是分手的好。

  要分手了,我要关照你三句话:第一,你的脑子里要时刻绷紧弦,庞伟君这样的人,你一定要千万千万提防着。第二,给你配好了一年的用药,不要忘了吃,否则前功尽弃。一年到了,记着到京做个复检。安德烈教授说了,你应该没问题的,但我觉得还是小心为好。第三,你早点找个本本分分、真心对你好的姑娘结婚吧,可不准欺负人家哦。还有代我向你父母和庞区他们问好。

  另,我已接受安德烈教授弟弟史蒂夫的求婚。祝福我们吧。

  祝好!

艾拉
9月26日

9月26日,十八年前的今天,不正是那场车祸后他躺在病床上,"林妹妹"噙着热泪献给了他初吻吗?岁月悠悠,从那一天起,这个日子一直是他心中的节日呵。可今天,他居然把它给忘了。

  执着肖文静的便笺,岑果百感交集。他缓缓站起身,移步窗前。此时此刻一轮明月正静静地高悬在天边,皎洁的月光如水银般倾泻下来,中秋就要到了。

爱之真谛

1

"岑果,肖文静出事了!"

电话里,"白骨精"带着哭腔说道。

犹如被人当头一棒,岑果顿时一阵晕眩,满目金星。

自从前年肖文静飞赴多伦多后就没再回来过,自然也没与他通过任何音信。有关她的消息,他主要从"白骨精"等几个她的闺蜜那里零星地听来一些。对她的深深愧疚就像一块巨大的岩石压在他的心头,他真心希望她过得好,这样他内心还能好过些。可每次"白骨精"她们也不知怎么的就是那么三言两语,还往往掐头去尾,弄得你比不听还难受。再听听她们那冷冰冰的口气,他也不敢多问些什么。可这回,他管不着这些了。"你,她到底怎么了?你不是过去看她了吗?"

这回,"白骨精"也没有了往日在他面前显露出来的冷淡,抽抽噎噎地说:"她在F城出了车祸,正在医院抢救。我和她的几个同事都赶到了。呜呜……"

"人到底怎么啦?"强压着慌乱,岑果心急火燎地问道。

"伤势很严重。刚才她在昏迷中喊了好几声你的名字。呜呜……"

岑果鼻子一阵发酸,眼泪滚落了下来。

F城,F城？原定下周要出访的不就有F城吗？

"我会赶过来的。"他冲着话筒喊道,仿佛他心爱的人正在电话那头等着他的回复。

2

大约两个月前,"白骨精"在一次电话里撂给他一句话,"肖文静和史蒂夫分居了。""为什么？"他问道,心里一沉。"我们几个分析下来,个中原因你应该懂得的。"说着,"白骨精"就挂了电话。十几年前,他们这十一个驴友共同遭遇了一场车祸,当时大家舍命互救,结下了生死交情,加上大多数又都是远离家乡来大都市打拼的,所以彼此之间就成了情同手足的兄弟姐妹,一直保持着来往,遇上什么事了,都要在圈子里说一下,于是安慰的安慰,出主意的出主意,需要出把力的,自然会有人挺身而出,说起话来也是没大没小的,也不管你是升了大官还是发了大财,或者你还是平头百姓。岑果与肖文静的两次分手,大家公认是因为他岑果官迷心窍,枉辜了"林妹妹"的一片痴心。大家明里不说,但对他的态度即便是傻瓜也看得出来。岑果也是有口难辩,跟他们谈个人价值社会使命什么的,现在听的人不多了。让别人去说吧,走自己的路。这话,他是认可的。坦率说,同前妻离婚后,他也试着接触过一两个姑娘,可总让他难以动心。与肖文静第二度分手后,他也曾痛下决心早点成个家。可面对前来相亲的姑娘真诚的脸,他感觉自己就像是个骗人感情的罪犯。肖文静与史蒂夫的失和应该不会是他的原因吧。他心里默默念叨着。然而这次肖文静又遇车祸,在不省人事时呼唤他的名字,一切就都明白了。对她的深深负疚、对她深深的爱恋,此刻犹如决了堤的洪水不可遏制。他唤来了秘书小何,让他把近期要陪同市领导出访的行程拿给他看一看。

行程其实早就给过他了,小伙子是个聪明人,发现岑区脸色有点不太对劲,没说什么,又重新打印了一份。递过去的时候,小声说了句:"行程上涉及我们区的两家企业都已经落实好了。杰森中国公司的老总原本想赶回去亲自张罗这件事,我们转达了您的建议,请他不用专门回去,以免影响他这里的工作。让总部按常规接待就可。他答应了,还说他会和你保持联系的。"

这次市领导出访 M 国要拜访已入驻他们区里的这两家跨国公司在 M 国的总部,是回访性质的,目的是加深了解,进一步鼓励他们安心在中国投资发展。这两家公司都是岑果领衔在今年上半年引进的。在工作接触中,老外对申江市良好的投资环境和当地官员高效廉洁的作风留下了美好印象,两家的总部都已派高官前来拜访过市领导,还盛情邀请市领导回访。今年跨国公司投资本市的力度不减,市和各区在谈的项目还真不少。分管经济的邹副市长带上几个正在谈外资大项目的区领导出访,目的是想趁热打铁,把几个项目一举拿下。岑果的 S 区上半年就已经入户了三个总部型企业,还有几个正在接触,尚欠火候。这次叫上 S 区,又点将岑果,主要是老外对他印象特好,他去了,有利于进一步加深了解和友谊。而且 F 城也是他们顺道途经的。另外就是市里想多了解了解岑果这个人。秦书记和郭区长都在市领导面前夸赞过岑果这个人不一般。当然这一条是没法公开对外说的,老秦、老郭也是守口如瓶。不过机关里热衷于这类议论的人还是有的。

行程的第一站是 M 国的 Y 州,与外区正在洽谈的一家总部会谈后,用罢简单的工作午餐就转机一小时抵达 F 城,下午接连拜访岑果区里的两家企业总部,住一晚后就再飞往 Z 市。岑果咨询了一下外办范主任,如果他晚饭时外出去看望一下朋友(他没有讲真实事由,访问团也婉言谢绝了外方的晚上宴请),当晚确保赶回住地,是否违反规定。范主任在外事方面是位年轻的"老法师",上次一场在伦敦举办的大型综合运动会上中国一家多媒体公司承担了开幕式多媒体技术的演绎,就是她穿针引线促成的,只有岑果等几个知道,她从没对外张扬。此刻,她沉吟了一下说道,你向带队领导请个假,再带上一位随团的工作人员,按时回来,应该就没什么问题了。

岑果道了谢后,就把自己的安排电话告诉了远在大洋彼岸的"白骨精",让她到时备一辆车来宾馆接他。"白骨精"起初还有点不敢相信,以为岑果是一时冲动所为,"你是真的要过来啊?"肖文静已脱离了生命危险,但还在昏迷中,"白骨精"情绪稍微和缓了些。

"真的。"岑果说。

"太阳从西边出了?"

"好好交好哦。"

"如果肖文静醒过来,我会第一时间把这一消息告诉她的。真的,你这次不会再伤害她了吧,领导?"

"我什么时候假过了?"

"你什么时候真过了?"

3

等待签证的日子,岑果心里蛮焦急的。自从得悉他安排要赶过去,"白骨精"就随时与他通报情况,语气好多了,有时就仿佛在向病人家属汇报病情似的。另外,那些驴友竟也打电话来,向他打探肖文静的情况。肖文静还是没有苏醒,虽然身体状况是越来越乐观了。"会不会——"岑果担心。"医生说了变植物人的概率很小。她的上肢已有知觉了。但愿她在等着你来唤醒吧。""白骨精"说。这种事例倒是听说过不少。但愿吧。岑果心里祈祷着。

岑果想到自己如果这次能赶过去,至少是向对方表示自己心里还装着她,给她以康复的勇气和重新生活的力量,生活毕竟没有欺骗她。虽然由于他目前的状况很难与她结合,但他退休以后呢。只要她愿意等,这一生他就非她不娶。去年市里颁布了《关于进一步规范本市领导干部配偶、子女及其配偶经商办企业行为的规定（试行）》，驴友们对他多少有了理解，想必肖文静也是如此吧。当然，那阵他仅仅是考虑求得她的谅解，也由衷地希望她和史蒂夫能好好地过下去。两人分居的消息传来，倒让他有了些许新的想法，但也只是埋在心里而已，他还是希望他们和好如初，这也是他迟迟不主动联系她的原因。直到这次……

意外发生了。这天市府办来电话，出访M国的行程有变，因日程要缩短，原定去F城拜访两企业的内容拟做调整，希望岑果他们与企业沟通可否在其他几个途经的州或市拜访这两家企业的分支机构。

岑果懵住了。"白骨精"这只乌鸦嘴呵。

当务之急是要赶快落实市里的要求。他立马叫何秘书联系经贸委方主任，让他将相关情况了解后来他办公室。

半小时不到，眉目清秀的方主任叩开了岑果办公室的门。

"哦哟，这好像有点难度。"方主任刚一坐下，便轻轻吸了口气，"总不好意思让总部的老总特地再赶到其他分支机构去吧。"说着看了看何秘书。

"这倒不需要。领导说了请分支机构的官员接待一下就可以了，还让我们决不可以兴师动众，给企业添麻烦，否则拿我是问。"岑果说，强打起精神。

"这倒有利于我们政府的形象。不过——"方主任有点为难，"拜访分支那效果就大大不如拜访总部了。杰森总部的CEO据说是个中国通，他还想用白酒招待你们呢。"

"饭是说好不吃的，不麻烦人家了。"方主任平素是个蛮爽快的人，今天是怎么了？岑果有点窝火，他压住了，怕把自己的不良情绪给带出来。"沿途有分支机构吗？"他尽量语气和缓地问。

"有是有的。"方主任翻开记事本，用手指点着，"杰森在Y州有个北美分公司，卡贝特在Z市有一个北美分公司。"

"有就好。"岑果嘴上这么说，心里不免有点怅然若失。

"实际上卡贝特有个全球最大的研发中心也在Z市边缘。"方主任打开手机翻出张M国地图截图,又用左手的拇指和食指把地图上的几个点拉大。

"那就到Z市看研发中心吧。他们在我们这边也是研发带亚太营运总部嘛,正对口。看看我们这边的将来有无可能升格为卡贝特境外最大的研发总部。"岑果有点来劲了。

"就是这个研发中心介于F城和Z市之间,如果从F城走高速,也就比Y州飞Z市多三四个小时。"

"多多少?"岑果眼睛一亮,不由加重了语气。

"三——三个小——最多四个小时多一点。"方主任目光游移着。

这家伙今天肯定吃错药了,岑果控制着自己。他喝了口茶:"不能大概大概的,日程很紧的。"

"这个研发总部倒真的值得看一下。"方主任从记事本里取出早就夹在里面的三四张A4纸,上面是几张图片和密密麻麻的英文字母,"作为全球智能研发的翘楚,他们正计划向后来居上的亚太市场拓展,似乎有将这一块研发功能部分移到亚太地区来的意图。"

"机会啊!"岑果一拍大腿。

现在关键是要把从F城驱车到那个研发中心得花多少时间搞准确。方主任回去了。岑果翻开桌上的文件夹,一面看文件,一面在等方主任的回复。一行行字在眼前移动,但好像没怎么看进去。他呷了口茶,从座椅上站起身,拿起文件夹,边来回踱着步,边重新看起来,嘴里还喃喃念着。这是他长年养成的一种集中注意力的习惯。

电话很快来了,方主任有点兴奋的声音:"岑区,搞准确了,车速九十码,两个半小时多一点。"

"F城的起点在哪里?"

"我刚才问过何秘书了,就从你们原计划在F城下榻的那个酒店开始计程。"

"谢谢了。我和市府李副秘书长说说看。你等我电话。"

岑果接通了这次出访担任秘书长的市府副秘书长李同的电话。

李秘书长听了很感兴趣,让他赶紧准备研发中心的背景材料,他去争取一下。

真是柳暗花明又一村。岑果长长地吁了口气。

"嘀!"一条微信,"白骨精"的,"人还未醒,但情况又有好转。你行程定了吗?"

"正在忙这事。会立即告知你。"发了过去。他还是没有提及公务出访的事。

"笃笃。"轻轻叩门声。

何秘书在外间去开了门。方主任拿着几张 A4 纸进来了,一脸兴奋。"请坐。"岑果示意了一下。

"领导呵,材料准备好了,也跟企业通了个电话,预先打声招呼。对方表示理解,而且再下周初卡贝特总部几个高管正巧要去研发中心,说不定正好能在那里接待市领导。研发中心的那块核心功能部分外移到亚太也是他们去那里的一项议题。你上次要我送给卡贝特中国公司的那份我市建设全球科创中心的材料,中国公司已转呈总部。总部高度重视。呵呵。"

"好事啊!"岑果道。

"是呵,天助我也!"方主任有点得意。

这位仁兄怎么回事?高兴之余,岑果心里犯嘀咕。当然他不会去多嘴。岑果先后分管的几个摊子都是"压力山大"的,但在他身边都能集聚起一班敢玩命的伙伴。一个副区长,那些委办局一把手,把你放在眼里,也就放在了眼里,不把你放在眼里,你也奈何他不得,特别是那些有魄力有能力的性情中人。岑果待人真心,关键时刻有肩胛,讲原则,也讲情义。分管委办局的一把手和分管副手还有当家的业务科长哪个家庭他没走访过?谁家的老人、妻儿患病住院,再忙他都得挤出时间去探望。人心都是肉做的。"八项规定"下来了,你招商引资也不能随便公款吃请。岑果是在纪委面前立下军令状的。开始几个下属还有点不习惯。岑果守住底线,不含糊。这不,也就过来了,大家工作劲头不减,招商势头也没减。"跟伊做,有劲!"这是大家私下里的一句大白话:"这小子大概猜出点什么来了。人精哪!"

岑果走过去,用劲拍了拍方主任的肩膀,一语双关道:"好兄弟,谢谢你啦!"

方主任谦逊起来:"领导,工作嘛,应该的。"

4

李秘书长也蛮兴奋,让岑果又补充了一些有关S区在促进跨国公司研发中心集聚方面所制定的一系列重要举措,向领导汇报去了。

岑果也是满心欢喜,要来了一张新版M国地图,研究起从F城往Z市卡贝特研发中心的这一段路线,都是高速,又仔细掐算了一下时间,确认方主任没算错。就在他刚对折起这张大地图时,发现背面是M国几个大城市的分区交通图,他找到了F城和Z市的分区图,Z市有两条红绿的线路引起了他的注意,沿着这两条线有不少类似地铁站点的标识。是呵,Z市是有地铁的。那么从Z市的杰森分公司到卡贝特研发中心有没有地铁呢?借来了放大镜。有!南北向的绿线正好连接,九站,最多半小时!岑果的心猛地一沉。他又查验了两遍,就是这么回事。他坐回到椅子上,深深地吸了口气,呆住了。

是呵,如按照市里新调整的行程,绕过F城,从Y州直飞Z市,乘地铁也完全可以再加一个拜访卡贝特研发中心的内容。这样,加上几次航班的时间,节省下来的就远远不止两个半小时了。他本能地把手伸向内线座机,手触到话机又顿住了,顺势把手压在了话机上,沉吟起来。

在他记忆中,他随市、区领导出访,为了多走访企业,也曾好多次乘地铁和火车赶时间。有一次从英伦到巴黎乘"欧洲之星",大宗行李随身带,出了巴黎站,前来迎接的中巴误了点,大家来不及拐到宾馆,派了两人守着一大堆行李,其他人就随秦书记赶往企业去了。按着邹副市长的风格,他也会这么干的。事不宜迟,他抓起了外线电话。

"及时呵!"李秘书长说道,"一小时前你的那个建议邹市长同意了,正要让我与市外办联系再作调整呢。我看你现在提供的这条信息很重要,等于我们还是按上午已调整好的方案不变,又可外加一个研发中心,有点小赚哪,老兄。——哦,M领馆来消息了,这几天可能就要约我们面谈了。你做个准备,尽量不要外出。"

电话挂了,岑果的心却愈发沉重起来。那——这就真的应了"白骨精"那句话。他个人被误解,还在其次。不仅在生活中,在职场上他也会被误解,他不大喜欢为了个人的名和利去为自己做什么辩解。

白面书生方主任有一阵情绪低落,脸色很难看,体检下来没见有什么大问题。岑果专门挤出时间去上门拜访了,他以为方主任家里遇到了什么情况。方主任的爱人吴医生就像看到了救星一般,她拉住岑果的手,悄声说:"领导,他有心思啊,可又不肯对我说。"岑果问:"家里还好吗?"吴医生说:"都好。再说他什么时候操心过家里事了?""我在你们家蹭口晚饭可以吗?"岑果对着夫妻俩说道。"好呀!"吴医生欣喜道,"女儿正好和同学出去了,我等会儿有个老同学聚会。我炒两个菜,就你们哥俩好好喝点酒。"(吴医生虽说是医生,极力反对丈夫抽烟,可对他喝点酒好像不怎么反感。"喝好点的,适度。"她如是说。)"把你爸送我的那瓶原浆酒拿出来。"方主任说道。"好嘞!"吴医生朝岑果偷偷眨了眨眼。

酒喝得蛮畅,又是在家里,就好兄弟俩,方主任掏出了心里话。这大半年的,区里的税收指标被好几个兄弟区赶超了,原来一直稳居中心城区一二,现在倒数四五,上个月居然落到了倒数第二,这个月虽然数据还没出来,但税务陈局长已经悄悄透露给他,这个月还是不太理想。今年三月市里到区里选拔一名局级干部充实到市相关委办去,方主任也是热门人选之一。后来是建交委陈海主任提了。方主任本人心服口服,陈主任是把好手,这家伙不声不响啃下了多少硬骨头,旧区改造、城市整治哪方面不冲在全市前头?可谁也没想到从第二季度头一个月开始,S区的税收增速就慢了下来。初步分析,主要是去年同期基数太高。可五六月份还是不见起色,结果半年考核,S区这一条落下来了,低于全市增长的平均数。秦书记、郭区长心里急,把岑果几个找了过去,分析下来主要还是市里"免抵调"那一块今年还没下来,而去年仅这一块就要二十亿了。再说今年新引进的企业质量很好,但要产税得有个过程,特别是那些总部型,他们的资金安排要到三四季度。老企业增速毕竟难抵那一下冒出来的二十亿。老秦问,今年新引进企业的税收能预估一下吗?岑果说,也不能给企业太大压力。人家一来,你就上门去问人家税收怎么怎么,怕会引起不必要的误会。郭区长也在一旁点头认同。这倒也是,老秦说。领导们是理解了,下面的人可不全都是了。于是诸如"方主任没轮上,闹情绪了""像他这种年纪,少一次是一次喽。能不急嘛"之类的话就冒出来了。而且随着税收状况的持续不佳,这类传言似乎越来越有市场了。

"领导,我是这种人吗?"方主任猛喝了一口酒,脸越发红了。

岑果又给他斟了点酒,把余下的都倒进了自己杯里:"兄弟啊,记得有次会上不知是谁说的,都说历史是人民写的,其实最终还是你自己的良心和党性写的。你努力过了吗?努力过了,就问心无愧了。所谓'功成不必在我',就是要求我们一面努力干,一面还要舍弃个人的名利,包括被人误解。一个人是否强大,主要是看你内心是否强大。而在我们这些人,最最关键的就是如何看待自己的名和利。"

方主任又一口喝干了,伸手拿过酒瓶晃了晃,欲起身再去拿,岑果拦住了他:"今天就喝到这。"

第二天,岑果就排出了一个计划,集中两周时间带上相关人员深入重点企业走访,为企业排忧解难,同时一起研判下半年发展趋势。一圈下来,解决了企业不少困难,也对今年的任务完成心里更有了底。他只跟老秦老郭做了汇报,顺便也汇报了方主任的心思。郭区说:"这家伙心理承受能力差一点。为了不给他压力,对税收问题我讲得还是蛮注意的。工作上他倒看不出,劲头还是蛮足的。"秦书记说:"是呵,我们的干部不容易的。他们的所思所想我们也得及时掌握了解。一方面从严要求管理,一方面还得真情关心。有时候作领导的一句理解的话,比给他一笔奖金甚至提个级都能感动他们。岑果,你做得对!"

跟着岑果搞调研,方主任心里也有了底,面对那些流言,他努力要求自己不放在心上,有几次开会看得出他真想向大家透露一点好消息,但话到嘴边他都咽了回去。他在锤炼自己的心智呢。岑果心里这样想。方主任确也不是个怂货,那顿酒以后,像打了鸡血一样,干起来更有劲了。那些传言慢慢消失了。九月企业又开始上缴新一季所得税,成效出来了。郭区长有次笑着拍了拍岑果的肩膀,开玩笑地说:"岑区,侬在吓我的哦?"

是呵,被误解还不是什么大不了的,关键是他自己内心对肖文静的那份愧疚压得他都快要窒息了。万一这几天她苏醒了,"白骨精"又告诉了她他要赶过来探望她,就在她们眼巴巴等着他时,他却又这样那样的原因不来了,那给她的伤害该有多大?还有万一她"那个"了,他居然没去见上一面,那他还能算是个人吗?一个念头蓦地在脑际闪过,他拨通了春天国旅周副总的电话。

5

春天国旅是伴随着改革开放的大潮发展起来的。起初是十余个人、十万块钱起家,带头人汪元带着大家艰苦创业,如今已是国内最大的旅游企业,业务涵盖国际国内、线上线下和旅游的上下产业链,经营业绩连续十年全国第一。两年前集团酝酿上市,境外不少机构向它伸出橄榄枝。汪董说,我是中国这块土地上成长起来的民营企业,根在中国,还是在国内上市吧。顾问团跟他权衡了一下利弊。境内外上市的条件有所差异,按照春天的情况似乎更适合在境外。"那我们就按国内标准完善自己吧。再说上市也不是我春天唯一的发展方向。"汪董说。于是到了去年下半年才正式启动国内主板上市的程序。不料横生枝节。原来在十五年前企业改制时,汪董出于好意,将自己名下的股份大部分分摊给了职工,成立了职工持股会。要上市了,这一条要改。绝大多数持股员工积极响应,置换出了股份,有两个职工却开出了天价。他们还四处写信上访。

岑果接到市、区信访办的反馈,带上旅游局陈局长去了春天,查阅了大量资料,特别是当初春天职工持股会的章程中明确规定,持股会任何决议只须得到持股会三分之二以上成员同意便可生效。理在企业。区里商量这件事时,有同志担心现在信访考核很严格,对各级政府的要求很高,在这件事上政府不宜过早站台,以免引火烧身,还是让他们走司法程序吧,虽然时间上会拖长一点,这也是没办法的事。岑果说,首先理在企业;第二,春天上市正进入关键阶段,因这件事而停顿下来,会不会诱发一些人的非分之想,从而更增加工作难度;第三,春天如在境外上市,这俩职工提出的诉求不会影响上市进程,现在放在国内倒变成了重要障碍,政府此时不出面,对企业的信心是会有打击的。有人反驳道,维稳和经济效益,谁更重要?再说了,现在不是流行一句话要企业"不找市长,找市场"吗?岑果道,好像不能这样教条地来看。我们的市场经济环境还不很完善,再说政府又掌握着巨大资源,政府要有作为的。党的十八大报告也明确讲到既要发挥市场在资源配置中的决定性作用,也要发挥好政府的作用。这样吧,这个信访件我岑果来承包,我来担这个责任。旅游局陈局长也跟着说,我旅游局算责任单位,我是第一责任人。话都说到这个份上了,政法委钟书记说,不用再请示了,我拍板了,我和岑果共同包下这个信访件。于是决定成立一个信访接待组,每周六到企业接待信访。

第一次接待,岑果让陈局长与两位职工共同回顾了企业发展,肯定了他们所做的贡献,又讲到汪董当初力排众议执意把自己的大部分股份让给职工的义举。最后又与他们共同研读了职工持股会章程。到火候了，岑果明确表态，今天互相沟通后，区信访办会给你们一个正式书面回复，对你们的诉求不予支持。你们可以依照相关程序再向上一级信访部门提出行政复议，或者你们直接走司法途径。看到区长既充满感情又十分在理的解说，两位职工最终被说服了。岑果送两人出门时，动情地说，看得出，你们还没有完全想明白，但你们对春天有感情，对汪董有感情，你们是在支持企业有更大的发展。我和汪董真诚地感谢你们。两位职工握着岑果的手说，企业好了，我们也好。这道理我们懂。主要是看到有这么一次好机会，经不住别人的撺掇。不好意思了。

"领导好，怎么会有空打电话给我这个小老百姓啊？"分管国际部的周副总故作谦恭地接了电话。

"你现在是亿万富翁了，我怎么敢轻易打扰你。有件小事想咨询你，方便吗？"岑果问道。周副总是位很干练的女将，结合他们的业务为区里的招商引资、大型活动出了不少力，彼此都很熟悉。企业上市后，他们更忙碌了，不便过多打搅，他直奔主题了。

"领导，正空着，你说吧。"周副总也正色起来。

"我有个朋友想在近期到M国F城一带自由行，你们有这方面的安排吗？"

"大概在哪个时间段？"

"越快越好。"

"如果这么急，自由行的签证时间要长一点，我给你看看跟团的吧。"沉吟了一下，"跟你领导是什么关系？"

"一般般。"

"一般般，还要劳你大驾啊？嘻嘻，老实交代，是女的还是男的。"对方笑了。岑果的单身一直被那些熟悉他的朋友拿来说事。

"男的。"岑果难掩急迫。

"哦——"对方没再问下去，说道，"我去查一下，马上回你。挂了。"

一个多小时过去了还没有回复,查一下居然这么费工夫?岑果把手机调到振动档放进了上衣口袋,想了想,觉得隔着一件毛衣,会不会影响感觉,又掏出来塞进了裤兜,叫上何秘书走基层去了。

6

思新电子科技是家民营创新型小微企业,去年自主开发的一款软件近期遭遇了克隆,几个小青年势单力薄,一时没了方向。他们想起年初区领导召开创新创业企业座谈会时,岑果给过他们一张名片,就试探着打了过来。何秘书有点为难,这家小企业年创税收也就二三十万,领导不一定顾得过来吧。听说了企业的难题,岑果对何秘书说,你给我安排近期到他们那里去一次。他们那个施晔是个干事业的,科技创新关键是知识产权保护,政府要花大力的。别的不敢说,在我们区,那些李鬼们不要想轻易得手。我们要做给世人看,在S区连这样的小企业政府都要为他们撑腰,这就是我们的投资环境。何秘书说,那你怎么忙得过来?岑果说,是呵,所以前一阵科委占主任(兼知识产权局局长)和刘峰副主任提出要构建一个区街两级知识产权保护工作网络,我很赞成。方案就要过会了。思新作为案例打开看看,政府应该怎样贴心贴肉地服务到位。

说好了,今天下午思新约见那家李鬼公司的老总,希望协商一个解决方案,岑果佯装偶尔路过撞上他们,让政府给施总他们站站台。这管用吗?岑果问过占主任。占主任说,中国国情,政府在建设知识产权保护环境方面责任重大。有政府为施总撑腰,谈起来可不一样的。占主任说起话来细声细气,但字字句句不含糊。岑果欣赏这种风格。

推开会议室的门,双方正谈得剑拔弩张,施总码农出身,说话又有点结巴,犹如一锅饺子装进了茶壶里,肚里有货,就是倒不出来,脸憋得通红,反倒像个理亏的人。坐在会议桌正对面那个比施总年长一点的瘦高个一脸高傲,一面捋着油光光的头,一面用与他模样不相称的低沉嗓音说着话。一眼便知这就是对方的头头。施总见到岑果像遇到救兵一般忙站起身,他的几位同伴也呼啦一下站起来,示威似的嚷道,"我们岑区长来了!"对方有点意外,但很快就镇定下来。瘦高个挂上矜持的微笑,欠起身,隔着桌子递上一张名片,"区长,您好!"

岑果拦住正欲做介绍的占主任,在施总座位旁坐了下来,没有去接伸过来的名片,侧过脸招呼自己这边的人落座。待到自己这一排的都坐下了,他微仰起头,朝着还尴尬站立在那里的瘦高个上下打量了一番,然后掏出自己的名片交给身边的占主任,占主任带上自己的名片一并放到了对方的桌面上。瘦高个双手拿着自己的名片,笑意抹去了,面色阴冷地坐了回去,一副斗狠的神情。他没有去碰面前的那两张名片,只是用冷冷的目光扫了一下,嘴角显出一丝不屑的神色。对方这样的姿态,倒真激发起了岑果的斗志。

岑果说道:"今天同你见面,不是跟你协商什么,而是我代表S区知识产权局,"用手轻轻拍了拍占主任的肩膀,"和我作为分管区长正式向你表个态:S区政府坚定地站在思新电子科技公司这一边。我们已把这个案子作为侵犯知识产权的重大案例上报市相关部门——"

"领导,这是企业间的事,你政府的手是不是伸得太长了点。"瘦高个绵里藏针,冷笑了下。对方有人拿起手机,做出一副要拍视频的样子。

施总见状,立马喝道:"你、你们这是干什么?"

岑果微微抬了抬手,嘴角挂起一丝笑意:"没关系,尽管拍。"喝了一口茶,"思新科技这款软件著作权的登记和专利申请材料上报的日期都比你们在前。你们通过非法手段偷改了你们软著的登记日期和专利申报日期。今天中午市监察部门已对相关嫌疑人正式立案审查。所以,现在你们不仅仅是悬崖勒马的事,还要准备对思新造成的损失做出赔偿。"

话音未落,思新的人都鼓起了掌。对方却都露出了惊愕的表情。瘦高个右边的一个中年女人埋下头打起了手机,不一会儿脸色惨白地抬起头来,与瘦高个对视了一下。

刚才在路上，岑果与市监察部门通了电话，了解上个月他们反映上去的有关创新企业侵权案中有公职人员涉嫌违法的举报进展情况，想不到好消息来得这么快，于是他当即调整了今天的策略，还不忘把占主任和刘峰好好表扬了一番，并给老秦老郭发了短信，特别提到区科委组织力量展开周密严谨的调查，掌握了很多宝贵材料，为胜局打好了基础。两位领导在回复中都对科委给予了表扬。岑果得意地把领导的回复一句一句读给占主任他们听。占主任听得又高兴又不好意思："领导，你把自己的功劳也算在我们头上了。这个我们领受不起哦。"岑果说，没有你们提供的一手资料，再好的导弹发射器也是摆设呀。

瘦高个再一次站起了身，脸上红一块白一块，朝着岑果他们深深地鞠了一躬："领导，我们回去查一查，再和你们联系。"

岑果说："小伙子，科技创新拼的是踏踏实实地干，千万不能投机取巧，更不能搞歪门邪道。做事要有底线，做人要有敬畏。我们就看你们的实际行动了。"

上了车，岑果这才想起打电话的事。掏出手机一看，周副总打过来的未接电话不下十多个了，还有一条周副总的短信。周副总写道："领导忙噢！下周有一团，明天中午前一定要来我本部接待大厅办妥登记手续，并同时递交签证的所有材料。切切。"

岑果的心又是一沉。

7

忽发奇想打探旅行团去F城的日程，几乎是岑果无意识状态下的所为。究竟想做什么？如果近期没有去那里的团，他就可以断了任何盼头，也算是对肖文静的一种交代？如果有呢？那，那就要冒一次从来未曾冒过的风险，放弃公务出访，改成个人因私出国？是的，路没有堵死，他的潜意识里想的就是后者。这在他可是头一遭呵！他和肖文静的事秦书记、郭区长是了解的,市领导也略知一二,要不邹副市长怎么会给他介绍女朋友呢?大邹没有提及过肖文静,但几乎每次开会遇上他,都会打量他一阵,遇上没旁人时,还会叹口气,"瞧你这身穿着,就知道是个落单的。什么时候才能吃上你的喜糖哦。"他相信他们会理解他的。

时间不等人,他得马上找领导。他走出办公室,来到电梯口按了上升的按钮,进了电梯,按了十七楼。他没有先打个电话问一问秦书记在不在,他怕自己这一耽搁会动摇了决心。这时,他的手机响了,是李同秘书长打来的。"岑区啊,领导把拜访卡贝特研发中心列为这次出访的重要任务了。如果能把人工智能这块核心功能移一块过来,那会发挥很好的示范引领作用。你又要立新功了。还有,通知你一下,大后天上午九点你到我这里来集中,我们一起去M领馆签证面谈。""好好好,谢谢。"岑果应和着,额头上却沁出了细密的汗珠。

十七楼到了,电梯门开了,岑果没有挪步,呆呆地僵立在那里。闪进来一个人,此人按住开门的按钮,侧脸望着他,微笑着提醒道:"岑区,十七楼到了。"岑果一惊醒,"哦!"面前的是纪委书记金玉树,他不由脱口而出:"金书记,有空吗,我到你那坐坐?"金书记眨动了下眼睛,立即回道:"有空,有空。"

说起纪委,人们一般有点敬而远之,金书记军人出身,不苟言笑,抓起工作来雷厉风行,他推出党风廉政建设"制度+科技"的创新模式,把互联网技术应用到日常干部党风廉政建设之中,收效显著。岑果先后分管的城建和经济都是金书记关注的重点,两人配合默契,彼此也加深了了解,别看他拿下了好几个大案,内心里金书记还是个古道热肠的人。岑果一直把他当大哥看待。

两人简短地寒暄了几句,岑果就调转了话题:"金书记,我想向你讨教一件事。你一定不要顾忌,实话实说。"

金书记咧嘴笑了笑,把刚泡好茶的茶杯往岑果面前轻轻推了推:"我们之间你还这么讲究。尽管说吧。"

"好吧。有一个党员干部,他遇上了这样一件事:单位里派给他一项任务,而这项任务基本上已经没什么大问题,他只要再去确认一下就肯定落实了。也就在这时他个人遭遇了一件事,这件事他如果不去做会抱愧一辈子。两件事不巧在时间上撞到了一起。你说,他该做何选择?"

金书记扬起了眉毛,眼眸子却仍盯着自己手中的杯子,沉思了片刻,说道:"是什么私事,能具体点吗?"

岑果隐去了真实姓名,把他和肖文静的事说了一遍。金书记倾听着,眼睛始终没有抬起来瞅他。临了,金书记开口了:"前提是那项任务肯定能完成没问题。"他终于抬起了脸,直直地望着岑果,"如果你的那位朋友选择了后者,我,表示理解。我们也是有情有义的人哪!"

岑果没忍住,一把握住了金书记的手。

"需要我为你做点什么吗?"金书记问道,神情真诚。

"不,不需要。谢谢你!"岑果站起身,不忍再打搅了。

他叫来了方主任,把市里取消F城这一站的情况说了一下,然后两人又叫上景河商务区出入境办公室蔡华主任、区人才交流中心李远主任就去了坐落在彩虹科技园区的卡贝特亚太总部。老总告诉他们,双方是想到一块去了。他们原本想用两到三年时间完成全球总部AI研发部分核心功能的迁移,这里面主要是考虑到一批专家出入境签证方面还不很方便。现在听说S区就要试点全市率先在外国人才服务上提供更便利服务,包括外籍人士来华就业登记和高管、专家出入境签证等,他们迁移的进程完全可以加速。蔡主任、李主任也很兴奋,他们表示,作为协调卡贝特外国专家人力资源服务的定向联系人,一定在第一时间为企业解决难题。老总十分高兴,说他会马上向总部汇报,待到邹市长到访时就能给出个时间节点。

回来的路上,岑果拉着两位主任的手说:"你们这是四两拨千斤了。"

这时,区委办张主任来电了。

8

张主任请岑果去一趟,秦书记有事找他。

"岑果,家里遇到什么事了吧?"秦书记让张主任沏上茶,见张主任返身出了门,便在岑果坐着的三人沙发左侧的单人沙发上坐了下来,仿佛随口问道。

岑果心头蓦地一热,面对着兄长般的老领导,他真想一吐为快,但他踌躇了片刻,抬头说道:"领导,还是让我先向您汇报一件好事吧。"秦书记善解人意地点了点头。岑果把卡贝特计划将 AI 部分研发功能迁过来的事讲了一下。

秦书记听后,两手搭在沙发扶手上,身子往后一靠,微微晃了晃脑袋,赞赏道:"好啊!大好事。多争取一些国家和市里的试点项目,看上去给自己增加了压力,但在主动担责的同时,我们还可以得到一块改革红利和先发效应。"岑果深有同感地点了点头。秦书记话锋一转:"嗨,还是说说你的事。"书记的两道目光直直地望了过来,目光里透着深深的关切。

岑果心里一阵感动。老秦不是个儿女情长的人哪,今天是怎么了?老秦应该听到了一点什么,金书记与他谈好话后,末了那句"需要我为你做点什么吗"和送他出门时那转瞬即逝的探究眼神多少说明了点什么。

"是我个人遇到了一点事。"岑果嗫嚅道。

"我们干部在个人生活上遇到了难事,组织也应该及时给予关心的。你要相信组织。"秦书记不动声色,一字一顿地说。

一股热浪猛地冲上了脑门,岑果眼眶一热。

"在 M 国 F 城你有家人遇到什么意外了?"一双亲人般的目光。

这一刻,一种深深的愧疚感涌上了岑果的心头。我是怎么了?为私情所困了?我怎么可以向组织提出这样的要求呢?

"个人的事,我能克服。"岑果已经做出了决定,他准备对肖文静食言了。

"作为我们干部个人理应摆正好公与私的关系,这是最起码的要求。不过作为组织,我们在严格要求干部的同时,还是要给予切切实实的关心,帮助解决实际困难。这也是我们当领导的职责之所在呵。你啊,就不要把我当外人了。"

听了岑果吞吞吐吐的讲述后,秦书记动了感情。岑果与肖文静的分分合合,他是了解的。他侧过脸望着窗外:"一个侠骨柔肠的女中豪杰啊!曹处长当时就跟我说起过。"他站了起来,在沙发边踱了几步,说道,"时间很急,我这就和大书记请假。"

"领导,不能这样。"岑果也站了起来,急忙阻拦。

秦书记向他轻轻摆了摆手,拿起了办公桌上的电话。……

岑果满怀感激地走出书记的办公室,刚进电梯,李同秘书长就来电话了。"岑区,已说好了,你下午就可派人到市委组织部去拿你的因私护照。"岑果说:"谢谢李秘书长。"顿了顿,又道,"如能成行,我可以从F城赶往Z市,可能赶得上你们拜访卡贝特。"李秘书长说:"不用了,你就专心忙你的事。邹市长说请你代他送束鲜花,祝愿肖女士早日康复。"岑果说:"感谢了。按照旅行团的行程,在F城也只待一晚上,下个点也是Z市。就是时间不一定碰得上。反正你心里有个数,不对外说,免得影响你们行程。"李秘书长说:"好的,那我也谢谢你。不过千万别赶。安全第一哦。"

9

下午拿到因私护照后,岑果就让驴友"悟空"来帮忙去旅行社办旅游登记。"悟空"其实不像他的外号,表面上咋咋呼呼,内心还是图安分的。他一直在经营一家小型贸易公司,经营的东西与时俱进,规模却就一直那么点,小富即安,经常跟着一拨企业大佬登登山、探探险的,不时在微博上发发人生感悟,居然也圈粉过万。娶了个女教师,小两口日子过得和和美美。"'林妹妹'算是看走眼了。要是当初嫁给了我,她会遭这么多罪吗?你哦!"他这样责怪岑果。话虽这么说,他内心还是希望他俩好。这次有那么多驴友打电话找岑果了解肖文静的情况,后来了解下来基本都是他"悟空"传的话,难得他一片苦心。岑果让他去旅行社时对岑果的身份要严格保密,也不许托什么人。"悟空"知道岑果是个"清教徒",一口应承了下来。

三天后,旅行社通知他随团去 M 领馆签证面谈。怎么那么快?导游告诉他他们这个团早已排队等候一个多月了,这当中正好有一位临时去不了,就把他换上了,赶巧了。岑果松了口气。

M 领馆坐落在市中心,足足排了近三个小时才轮到岑果。签证官的办公室很小,顶着一头亚麻色头发、身材颀长的老外一脸和气请他落座。他操着一口流利的普通话,四声居然也咬得那么准。问过概况后,他盯着岑果的眼睛问道:"岑先生,您为什么会选择这么一个时候单身一人随团去旅游呢?工作太累,放松放松吗?"

岑果也望着对方的眼睛,微笑着回道:"是的,先生。"

"嗯,"老外用鼻音回应了一下,扬了扬眉毛,"从记录上看,您 M 国去过两次了。为什么不换个没去过的国家?"

"两次都是公务,没时间光顾贵国的一些人文遗迹,比如独立宫都没进去过。"岑果说的是实话。

"嗯?"老外露出略感讶异的表情。

"有一次是路过 F 城的,也有过顺道去看一看的安排。可后来因为公务洽谈超时,没时间了。"

"哦,那可是我们 M 国独立的象征,不去看看,太可惜了。——所以您这次是专门为了去看独立宫。"

"不是专门,是几个景点都看看。"

"嗯,"看了看手中的护照,"岑先生是国家公务员,很繁忙。难得忙里偷闲?""忙里偷闲"四个字老外仿佛是一个字一个字地背出来的。

"也不能说是'忙里偷闲'。"岑果研判着变得微妙的情势,说道。

老外疑惑地望着他,表情带点夸张,可那双褐色的眼睛却深沉起来。

"原本我要公务出访的,因为在F城发生了一件需要我到场的个人私事,所以临时做了调整,也感谢我的单位给予了理解。"

"嗯?"老外同情中仍带着一丝探询。

"对不起,那是我个人的隐私了。"岑果坦然地朝对方笑了笑。他觉得倘若再进一步向面前这位素昧平生的签证官坦露自己个人感情上的事,那不仅是对自己也是对肖文静的一种不敬,他不想摆出副乞怜的样子。

老外微微扬起了下巴,依旧一声不吭地凝视着他。

他想说您可能看到过我曾排在市府考察团的名单里,我的身份你们应该清楚,怎么会有移民倾向呢。(市府那个团是昨天下午获签的。)但他觉得没必要。他带着微笑,静候着,做好了最坏的打算。

"您是区长?"

岑果微微点了点头。

"哦,我可是第一次遇见这种情况。"老外摊开双手,笑道。

岑果瞥见老外不很大的办公桌上竟然放着本不很新的中文版《而已集》,灵机一动,指了指那本书,说道:"先生,您喜欢鲁迅先生的书?"

"噢,是位朋友推荐的。虽然看不太懂,但很有趣。"

"鲁迅先生有两句诗也很有意思。"看见老外欲伸手去拿书,岑果道,"不在这本集子里,在他老人家的《书简补遗》里。"

"两句诗?"老外嘟囔着,望着岑果。

"'无情未必真豪杰,怜子如何不丈夫'。"岑果一字一顿地念道,接着又简明扼要地讲解了一番。

老外明白了个大概,说道:"看来,你的领导都是这样的大丈夫。"伸出手与岑果握了握,"祝您顺利!"

10

　　李同秘书长和岑果对了一下日程，岑果当晚看望好肖文静后按规定回酒店，第二天随旅行团往Z市，在Z市利用午餐时间可乘地铁再到卡贝特研发中心。市府访问团考虑在那里用个工作简餐，岑果正好能赶上。岑果很感谢，但他不忍再给组织增添太多麻烦，便说道：十分感谢哦。不过你们做好我赶不上的准备。当然他心里还是想着要想方设法在第二天能与邹市长会上面，也算是对组织关心的一种回报。李秘书长在电话那头顿了顿，哼哼唧唧了一会儿，说道："市委组织部也派了一位处长一起出访。你，就尽量吧。"岑果似乎明白了什么，又道了声"谢谢"，就挂了。

　　放下电话，刚才还心心念念想着要赶到卡贝特去的他，此刻竟犯难起来。拿着肖文静这件不幸的事赶来赶去的，是不是有点在组织面前作秀？如果我内心深处隐藏着这样的念头，这就太对不起肖文静了，也愧对组织！

　　就在这时，P区分管经济的杨副区长来电话了。杨区长这次也随邹市长一同出访，也是个口碑很好的实干派。本来两人说好一路上要办成那件事，就是最好能在邹市长到访杨区长对接的那家S.WT全球总部时，能落实好其亚太物流中心事宜。

　　S.WT集团是国际知名服饰品牌ROSE、S.WT的拥有者，其年初到任的全球CEO布朗原来是入驻S区跨国公司博隆全球副总裁，一直对S区政府有很好的印象。上任伊始便到申江市拜访了S区的主要领导，表示有意把S.WT亚太营运总部和亚太物流中心从境外迁入申江市，首选S区。老秦、老郭一阵高兴。可是盘下来，感觉这个项目如放到隔壁的P区似乎更合适。因为，P区地处城乡接合部，曾是全国著名的服饰生产基地，近年来进行了产业升级，集聚了一批国内外时尚设计机构，又引入了AI和互联网技术，一众具备先进工艺的服饰制造企业扎堆于此，时尚服饰产业链日趋完整。S.WT想把亚太总部迁入中国有一个重要考量便是以后亚太乃至更大区域的供货一半要由中国提供，P区显然比S区更具优势。唯一不足的是，P区的保税仓库已爆满，一时很难满足其亚太物流中心的需求，而坐落在S区彩虹园区的公共保税仓倒还有空间，特别是作为贸易便利化试点区，彩虹园还被许可做进入国内和转口的进口商品统一保税监管的试点，这就极大方便了兼做转口贸易的跨国企业。

老秦、老郭把岑果和金融招商办章娟主任找来商量这事。章主任教师出身，几度转行，干一行，精一行。章主任说，营造好申江市的投资环境，各个区要拧成一股绳，要给企业提供最好的去处，这才对得起企业对我们政府的信任。我们可以把S.WT推荐到P区去，彩虹保税库全力支持，这也算是我们做贡献了。"看来，还是章主任的觉悟高呵。"郭区长打趣道。虽然心里都有那么些不舍，但权衡下来，大家还是采纳了这个方案。

岑果和章主任一同邀请市海关陈副关长、一处王处长和市检验检疫局西区局夏局长来区里与S.WT对接，解决了难题。布朗先生和P区的领导都很感动。海关和商检正在拟定一个支持S.WT亚太总部、物流中心入驻申江市的工作方案，争取邹市长这次出访时正式递交给在总部接待他们的布朗先生。

杨区长在电话里劈头就是一句："岑区啊，听说你这次不去了？"

"放心，杨区，我保证在你们出访时把海关、商检的工作方案送到你们手上。"岑果昨晚带着章主任、方主任与陈关长、夏局长、王处长一直商量到很晚。市职能部门的同志都十分积极，如何在功能服务上吸引更多的外资，这是他们正在高度关注的一件事。

"那太感谢你了。哦，对了，你个人这次有什么要帮忙的吗？"

"没什么，都安排好了。谢谢！"

岑果又拨通了王处长的电话，询问那个方案的进展情况。王处长说市里两个部门都抓得很紧，争取今天下班前最晚明天午饭前让双方领导审核通过,他直接送过来。可真是争分夺秒了。邹市长一行是明天下午四点的航班,他是晚上七点半的。为防万一赶不上四点的,那就给他,他在F城与布朗先生正在F城的助理会面,将正式文件交给企业,这样在邹市长出访最后一站拜访S.WT总部时,见面礼就已经送到企业手上了。布朗先生可以在等候邹市长到访的几天内交董事会正式决定亚太物流中心的迁移。

下午六点,王处长带着两套文件叩开岑果办公室的门,转达了陈关和夏局的建议,一份交市府出访团,一份让岑果在F城交布朗先生的助理,便于企业董事会尽早决策。岑果握住王处长的手,硬要留他一起吃个饭。王处悄悄说单位兄弟们还在加班呢,他得赶回去。岑果一直把王处送到地下车库,目送车开走。那一刻,三年前海关、商检和区政府联手筹建景河商务区贸易便利化一门式服务中心的那段日子又浮现在了岑果的眼前。

随着贸易便利化试点的深化,多部门联手办公提上了日程。结合办事流程的再造,急需一个集中办公的场所。当时分管城建的他,想方设法为中心在景河高端商务区觅到了一块宝地——有十一家跨国公司地区贸易总部就集聚在附近。先进的信息化技术支撑也肯定是免不了的。可是年初财政排预算时还没想到这一块。他就主动提出在自己分管的信息化项目盘子里做一个调整,匀出的一块交由区里用来追加给一门式服务中心。资金有了,他又去与市电信公司商量落实施工计划,西区张经理有感于S区在支持他们FTTH(光纤进户)工程方面在全市带了个好头,一口应承下来。为了保证施工进程,忙完自己的事,岑果就到现场帮助协调事情。当时分管经济的邵区长感动得见到他就紧紧握手,还有什么可说的呢。终于在最短的时间里完成了中心筹建,提前对外开张,被企业誉为"深圳速度"。时任市委书记一个月两度来中心视察,给予了很高评价。这次这两个职能部门为了一家企业也是这样的拼,怎能不教人热血沸腾。

11

收拾停当,准备下班了,"悟空"打来电话,几个驴友邀请他晚上小聚一下,也算是为他饯行和对肖文静的祝福。他答应了。

仍在申江市的几个驴友能来的都来了。圆桌上还有一位面生的中年人,微胖,肤色黝黑,留着短发。"悟空"介绍是他的铁哥,沈总。沈总很文雅地欠了欠身,与岑果握了握手,递上了自己的名片,又坐回了座椅,依旧微笑地望着大家互相招呼交谈。席间,大家问了岑果的日程安排,还向他推荐了当地一些可能用得着的亲戚朋友。他一一谢过,把"白骨精"这些天的吃辛吃苦向大家讲述了一下。大家每人给她发了一段语音留言。不一会,"白骨精"在群里发了条短信:"回来好好犒劳我。叫岑果这个'老夫子'买单。"大家回复:一言为定。岑果注意到,沈总一直在默默地旁听着,在岑果讲到自己的行程时尤为上心。快要结束时,沈总悄悄起身出了包房,不一会又悄悄返回来,依旧安安静静地坐在那里,直到结束。岑果要去买单,"悟空"扯住他的胳膊,说人家沈总已结了账。大家都向沈总道谢,沈总朝大家笑了笑,轻声道,客气客气。出了饭店,临分手时,岑果问"悟空"怎么让人家买单。"悟空"道沈总喜欢交朋友,没什么。岑果掏出上衣口袋里的名片,就着霓虹灯灯光,看了看,亚海投资总裁沈定。

12

经过十几个小时的飞行,大家终于带着行李出了关。落地玻璃窗外天色已暗,地陪导游郑先生举着一块牌子等候在那里。大家跟着全陪导游兰小姐走了过去。这时有位亚裔男青年举着用中文写着"岑果先生"的纸牌子也凑了上来,他用夹带着闽南口音的普通话问道:"请问,哪一位系岑果先生?"

岑果疑惑地打量着男青年:"请问您是?"

"啊,岑果区——先生吗?我系亚海沈定总裁派来接您的。您叫我阿龙吧。"

"哦。谢谢你。可我不能随便离团的。"岑果说道,看了看走上前来的兰小姐。

原来叫"阿龙"的是亚海沈总特意安排来接岑果的,一是给他接风,二来派专车接送他去医院看望肖文静,以后几天都会跟随旅游团,为岑果提供所需要的服务。岑果觉得如果有辆车第二天赶到卡贝特倒是蛮方便的。今天晚上他已经同"白骨精"说好了,由她安排一辆车来入住的酒店接他。至于第二天用车则还真没着落呢。于是,他跟阿龙商量,离团去吃饭不好,今晚用车也已落实,就是明天中午前往Z市时希望他的车能跟着,到了那里他想用他的车赶到卡贝特研发中心。阿龙走到一旁打了个电话,回来后连连说没问题,接着他向地陪郑先生要了准备入住的酒店地址,打招呼说他先赶过去。旅行团的一拨人在一旁默默地看着,有几位还悄悄打量起岑果来,互相用眼神交流着什么。

酒店比较偏,但档次不低(现在不是旅游旺季,精明的申江人热衷于这类错峰旅游,价格实惠得很)。进了大厅,已经先一步等候在那里的阿龙把郑先生叫到一边,和他低声商量起什么。岑果似乎猜测到了什么,便走了过去。郑先生对岑果道:"岑先生,这位先生想要给您换个套房,差额由他出。以后几天都这样。我们没意见。您看呢?"

岑果朝阿龙笑了笑,说道:"真的很感谢您和沈总。我就不搞特殊了。明天您能安排一辆车,我已经很感谢了。"阿龙又到一旁打手机去了。不一会儿,他回来了,说,沈总说了今晚您还要忙着办事,让您先将就一下,明天开始可一定要给他面子啦,否则我要被炒鱿鱼的啦。阿龙说他要在大厅等着,直到来接岑果的车到了他再离去,要保证他的事不被耽误。岑果连连道谢。

进了房间,岑果顾不得洗漱一下,就拨通了"白骨精"的手机,确认七点半她派车过来接他。"让司机来接我,你就在医院等着吧,不要太累。"他说道。"我有事跟你说。你现在抓紧吃点东西。""白骨精"说道。"人怎么样?"他不放心地问。"好像有点知觉了。我下午给她试着剪手指甲,她的手一抽一抽的。医生说这有助于刺激她的知觉。""你辛苦了。待会儿见。"岑果挂了电话。他抬腕看了看表,六点十分,布朗先生的助理马上就要到了,他联系上郑先生请他做翻译,挎上双肩包,出了房间。阿龙已在大厅右侧咖啡吧预订了几个位子。郑先生也已坐在那里,和阿龙边啜着咖啡,边聊着天。岑果要了三份三明治和一杯茶来到他们桌边。两人都站起了身,阿龙直怪自己只顾着说话没注意到岑先生。岑果笑着拍了拍他的肩,说今天事情急,只能委屈他们了,以后他们如果到了申江市他一定好好款待他们。说话间,布朗先生的助理打着岑果的手机走进了大厅,是个东北小伙子,一口流利的东北普通话。他一眼就瞥见了岑果,朝他扬了扬手,走了过来。

"啊呀,岑区长,让您久等了。"小伙子伸出手和岑果用力地握了握,"布朗先生原来让我请您吃个晚饭。后来听说您还有急事,那就只能遗憾了。布朗先生问这次您还有没有可能和邹市长一同与他在总部会会面?"

岑果招呼他落座,掏出那份文件递了过去,笑着说:"行程不一样,这次看来不行。以后应该还有机会。代我谢谢布朗先生。"

阿龙问小伙子喝点什么。小伙子说岑区长很忙,不便久坐了。岑果拉着他的手,把市相关部门和两个区如何全力以赴为S.WT亚太总部迁入中国制订专项服务方案的情况扼要地介绍了一遍。小伙子说,"我也是中国人,为自己的故乡做贡献是我的本分。布朗先生对董事会通过这个方案很有信心,"扬了扬手中的文件,"有了这个,那就更是胜券在握了。我今晚就赶回Z市,让董事会尽早开会。"岑果一直把他送到大门口。

"岑先生,您是长官吗?"郑先生等岑果坐回原座,有点好奇地说,"出来度假还忙着公干。佩服,佩服。"郑先生是台湾同胞。

"举手之劳,顺便的。"岑果笑了笑,又看了看表。

"岑先生,您吃点东西吧。"阿龙说。

岑果抓起三明治咬了一大口,边咀嚼边对郑先生说,"您也快点去饭店和大家一起再吃点吧。"

郑先生说刚才兰小姐来电话了,那边晚饭安排得很好,大家很满意,他就不过去了。

三人匆匆用毕简餐,喝着咖啡,等着来接岑果的车。

13

"白骨精"踩着准点进了大厅。这是个四十岁不到、娇小玲珑的女人。见到岑果,一句轻声埋怨:"还让我进来找你。抓紧时间哪。"同另两位打了声招呼后,就把岑果带走了。

"白骨精"大号白玉,肤色白皙,不算漂亮,但耐看,刀子嘴豆腐心。驴友十一号人中,数她说话最冲,但却是个古道热肠的性情中人,大家也就由着她使点小性子。说她一定能帮人家解决什么大难题,还真不敢说,但人在困境中,有她在忙前忙后,看着也让人暖心。大家曾推荐她当个这伙人中的秘书长什么的。她说饶了我吧,我就当个"小巴辣子"。应了一句老古话:"好人有好报",她个人生活蛮幸福,嫁了个对她言听计从的小老板,生了一对龙凤胎,乐不可支的婆婆一手全包了。于是她这个全职太太不仅有心情而且还有时间"为人民服务了"。这次她原本是随老公带着孩子来M国旅游,顺带着看看有没有合适的小学。没想到肖文静出了意外,她就让老公带着孩子回国,自己毅然留了下来。亏得有她,让大伙放心了不少。

"真的要谢谢你,白玉。"在车上,岑果真诚地说。

"我跟你讲,岑果,这次就看你的了。""白骨精"没有接他的话,"都说'过一不过三','林妹妹'这次算是苦到尽头该翻身了。"

"什么意思?"

"她一生当中算上这次已经经历过了三次大难。"

"……"

"两次车祸,一次你对她感情的那个,对吧?"

"不好这么说的。"对这个小阿妹,岑果也没什么招数。

"赖就不要赖了。我跟你讲,到今天,我跟你透露点实情吧。这些年,她一直在关心着你。自打你离婚后,她和我通电话也好、发微信也好,都要问一下'他好吗?又结婚了吧?'听说你当了什么区长了——"

"副区长。"岑果纠正道。

"管他正的副的。反正她听说你当了这个什么的,电话里她那个高兴劲哦。我老公上次做了笔大生意,我也没她那么高兴。我跟你讲,两个月前她提出要和史蒂夫分手,我专门打电话过去,她哭泣着说,她愿意等着你到退休。我怕耽误了你,没敢跟任何人说起,也觉得会不会是她情绪失常时说的一句过头话。这次在昏迷中她几次呼唤你的名字,老外还以为她在喊自己的男人呢,夸中国女人痴心。"

"唉——真心希望她这次能过鬼门关哪!"岑果重重地叹了一口气。

"白骨精"瞟了他一眼,换了种柔和的口吻:"既然你也有这份心,那就趁这次机会双方把话挑明了吧。'悟空'他们都托我呢。"

"当务之急是要她醒过来。"

"医生是很乐观的。噢,忘了一件事,医生让我转告你们家属,不要托人找关系打招呼,相信他们会尽心尽力的,都是上帝的子民。你找人通关系了?"

"没有啊。什么时候的事?"

"昨天上午。那位主任医师往常蛮客气的,昨天脸有点板,跟我说了这事。我懂他们这里的规矩,连连否认,还表示歉意。"

"会不会是'悟空'?"岑果把他的猜测告诉了她。

"这只'死棺材'!""白骨精"愤愤道,"打电话给他,让他马上停止这种愚蠢的行为。再这样下去,要帮倒忙了快。"

岑果抬腕看了看表。

"那边是白天。你现在就打。""白骨精"催促道。

电话通了,"悟空"问起了他现在的情况。"白骨精"在一旁用手点了点另一只手的手腕,意思让他抓紧时间说正题。

"兄弟呵,谢谢你的好意。你是不是托朋友跟这里的医院打过招呼?"

"怎么?这么快就见效果了?嘻嘻。""悟空"在那头有点得意。

"可以了,可以了。意思到了就可以了。"岑果说道,见"白骨精"虎着脸凑了过来,便打开了免提。

"我让沈总再加点码——"

"谢谢那一家门。你在帮倒忙晓得哦?""白骨精"气不打一处来,抢白道。

"做啥伊?"

"两地文化不一样——"岑果委婉地说道。

"人家医生说了,都是上帝的子民。侬就勿要再瞎起劲了。""白骨精"依旧气咻咻。

"怎么?伊啥辰光又改信耶稣了?"

"白骨精"嘴又伸向手机,岑果抬手挡住了她,将手机放到自己嘴边,说道:"好了,好了,都是好心。不过,白玉讲的是真话,不要去开什么后门,搞不好事与愿违。"那边好像听进去了,岑果关掉了免提,压低了点声音,"兄弟,亚海的沈总太客气了。一来他就要给我换套房,请我吃饭,还派专车一路跟随着我。太不好意思了。"

"没什么。"

"哟,'无功不受禄'。"

"自己兄弟嘛。"

"沈总是搞投资的?"

"唔——"

"他有什么事吧?"

"——事倒没什么事。嗯,你就先忙正经事。有什么回来再说。"

"这样不大好。我能帮的,肯定会帮。不能的,你也知道我的性格。再说我们这帮兄弟姐妹们都约法三章过的,是吧?"岑果侧过脸看了一下"白骨精"。"白骨精"似乎明白了点什么,跟着点了点头。

"肖文静不是遇到特殊情况了嘛。"

"兄弟呵,底线还是有的。"

"好吧,实说了吧。你们区有个搞软件的小企业告人家侵权,还把人家一位当领导的亲戚弄进去了。想托你打个招呼,让他们撤诉,人家愿意拿出一两百万私了这件事。哦,你们的那家公司叫思新科技。"

"噢,这事我知道,帮不了。侵权加职务犯罪。还是让他们好好配合组织吧。"

"思新的老总说了,就听你的。"

"到了。""白骨精"推了他一下。

"不行。我到了,挂了。"岑果收起了手机。

14

迈进凯普大学附属医院那栋教堂似的急诊大楼的正门时,"白骨精"轻轻扯了扯双手捧着两束鲜花的岑果:"你得有个思想准备——"

"嘀——"她的手机响了,"哈喽,是吗,那太好了!我们到了!感谢上帝!"她兴奋得满脸涨得通红,"缘分呀,她醒了!"

"喔——"岑果双目一合,站立在那里,长长地吁了口气。他人开始不由自主地痉挛起来。

"白骨精"见状,顺势一把把他拉到一侧的一排长椅子上。她也很快恢复了平静,"别太激动。我跟你讲,我正好要跟你说件事。"

"你说吧。"觉察到了对方一丝异样,他没往心里去,此时此刻还有什么能比肖文静苏醒过来更重要的呢?

"你退休后再娶肖文静不违反你们什么规定吧?""白骨精"盯着他的眼睛问道。

"应该是的。关键是要防止你以权谋私。教训太多了。好了,我们还是快点进去吧。"人感觉好一点了,岑果欲站起身。"白骨精"又把他拉回了原座。

"史蒂夫昨晚就赶过来了。""白骨精"用一种十分平静的口吻说道。

岑果惊诧地望着她。

"他已经在南非辞了职,他说他要照顾她一辈子。从昨天到我刚才来接你,他滴水未进,一直坐在一条小凳子上,拉着她的手,默默流泪。没想到老外也有这么痴情的。唉,就是没缘分。"

"史蒂夫婚后对她怎么样?"岑果低低地问。

"比你好一千倍。可肖文静就是放不下你。要和他离婚,也是觉得对不住他,不想再耽搁他。都是好人哪!"

"她在国外那么多年了,应该适应了他们的文化。"

"她跟我说过她实在忘不掉你们早年在一起的那段艰苦打拼的日子。你是个心地善良的好人,她不忍心看到你个人现在这样过着单身的生活。"

岑果鼻子酸涩,热泪夺眶而出。他没有用手去拭,默默地望着地上,嘴角在微微颤动。

"让我先隔着窗户望望她吧。"岑果捧着花,缓缓地立起身,等着"白骨精"。"白骨精"也站了起来,半挽半扶着他的胳膊朝ICU(重症监护室)走去。

隔着紧闭的门,透过一个不大的玻璃窗,岑果看见一张可升降移动的病床上躺着一个人,外露的手臂和脚踝上都插着输液管,头上缠着绷带,那双令他心颤的眼睛微阖着,神态安详。旁边站着几个穿白大褂的,还有两个着便装的,其中一个四十开外的男子正半跪在床边,把自己的面颊紧紧贴在病床一侧竖起来的护栏上,一只手按在胸前,嘴里在默默地念叨着什么。"白骨精"也挨上来往里瞅了瞅,轻声道:"那就是史蒂夫。"她要去推门,岑果用胳膊挡住了她。他说:"我有话跟你说。"

15

岑果坐在候机大厅,回想着刚才几个小时内发生的一幕幕,仍然不敢肯定这些是真实的。似乎与他决定毅然赶赴 F 城来探望一样,刚才他断然决定不与肖文静相见,并且要"白骨精"帮他隐瞒他千里迢迢赶过来一事,一切都是下意识的。

"白玉,我不能进去看她。我不能扰乱她个人的生活。看得出,如果没有我的因素,他们会很恩爱的。我不能耽误她。"

"你,你疯啦?!""白骨精"错愕地望着他。

"我不能耽误她。"

"你,你这是在伤害她,知道吗?谁都知道你赶过来了,我一个人瞒得了吗?"

"你可以说我有急事又赶回去了。"

"那不更伤害她了吗?你这样做,会给她、给大家留下什么印象,考虑过吗?你一辈子都会背上骂名。"

"如能让他俩好好地过下去,我只能这么做的话——"

"嗐——真没法理解。"

看了看手中的鲜花,岑果把两张写有市、区领导和他自己名字的小卡片抽掉,"代我们默默祝福她吧。就说是朋友们送的。千万不要提我和我的领导。拜托你了。"说着,把花郑重地递到她手中,又朝她深深地鞠了一躬。

岑果没有让"白骨精"的车送他回去,而是径自走出了医院,又拐了几个弯,来到一个偏僻处,才拨通郑先生的电话。他一刻都不能再待在医院,他怕自己的决定会动摇。

回到酒店,他拿上几乎还未打开过的行李,和郑先生一起坐车赶往机场。在接他回酒店的路上,郑先生按他的要求,火速帮他联系好了次日一早飞往申江市的南航航班。本来想劝他在酒店小睡一会儿,他没同意,说单位事急,怕耽误,还是早点到机场去。其实他自己心里明白是怎么回事。

"不能给所爱的人带来幸福的爱,那还叫爱吗?"他这样劝说着自己,"至于去卡贝特,事情都办妥了,再去无非是相当于给领导提个醒,这事是我岑果操办的,还有也是做给组织部那位处长看的,如果老外当着我的面又不能不表扬我一番,那就更是'锦上添花'了。我可不能做这种沽名钓誉的事。"他想给李秘书长发条短信息,就说事全办妥了,他赶不过去了。拿出手机,想想,还是等到上了飞机再发吧。索性关掉了手机,看看登机还有三个多小时,便双手合抱在胸前,眯上了眼睛。

彩虹当空

功成不必在我,功成必定有我。

1

论此刻的心情,何杰无论如何也提不起兴趣迈动这双腿去"三顾茅庐"。这个"茅庐"指的是林伟未来的丈母娘家——兴康里33号。

林伟是彩虹经济园区招商服务中心项目一部的主管,年近三十,长得眉清目秀。六年前从本市的一所二本大学毕业,就直接来应聘了。是年,何杰刚由区发改委调任彩虹园区开发建设办公室常务副主任(区长兼主任)、彩虹园区发展有限公司法定代表人、总经理。临行前区委闵书记叮嘱他一定要把招商这块抓起来,以此来带动园区的新一轮开发。一番调研后,何杰与班子达成了共识:园区的招商要凭借国际大都市的影响力和日渐看好的园区地理优势,将工作视野拓展到国际国内,因此招商队伍要在现有的基础上,增加一批有现代经济意识又懂外语的人才。林伟等就被像觅宝一样觅进来了,而且依据当时政策也同步解决了户籍问题。

按理像林伟这样的条件,讨个一般的老婆应该也不是什么难事,但他不想马虎。在大都市找到一个如意的女孩,然后结婚生子,过上体面的生活是他渴慕的人生目标。读大三时,他终获班花曹蕙菲的芳心。蕙菲家境殷实,在市中心石库门里有二上二下的居室,父母都是中学教师,她自己毕业后也如愿再续粉笔生涯。未来的岳父母本来并不看好他,无奈拗不过爱女,只能"先谈了试试看"。

彩虹园区是区级经济园区,有百把号人,到了婚配年龄的也不下二三十人,一个老总为何独独操心林伟一个人呢?这也算是何杰自己套进去的。林伟这拨人进来后,何杰把其中六七人分别送到市和区的相关职能部门去锻炼,林伟去了市外经贸委。小伙子很得人心,居然还赢得了一位姑娘的爱慕。一来二去的,这个边远小镇上来的小伙子有点经不住大都市时髦姑娘的热情了。这事不知怎的传到了何杰耳朵里,他当即把深陷感情旋涡的小伙子叫了回来,还给了一顿结结实实斥骂。

林伟人回来了,心也跟着回来了。他和蕙菲内心都对领导充满感激之情。既然领导这么关心自己的婚姻大事,他也不能再辜负了。

何杰的一顾茅庐是在三年前,好像小伙子已在谈婚论嫁了,未来丈母娘突然横刀阻拦,理由是小伙子看下来没见什么大的出息。真实原因是她的一位老同学的儿子从国外回来休假,看上了蕙菲,两个做母亲的也有意促成。小两口来找何杰帮忙。想到自从把林伟从外经贸委半途叫回来后,无意间他好像就承担了这份月下老人的责任,又逢项目一部正好拉进来一个五百强总部,心里高兴,也就乐得成人之美一把。没想到单位一把手亲自来说项,还把毛脚着实夸奖了一番。也弄明白了,这个园区虽然是区一级的,但含金量可不低,提倡靠服务吸引企业,理念蛮新的。总经理还悄悄跟老曹老师咬耳朵,小家伙就要快给他压担子了。于是障碍被排除了,当然婚事似乎也往后移了。何杰安慰林伟,罗马不是一天建成的,美好的婚姻也是要靠自己不懈努力来促成,积沙成塔。

经过考核,林伟不久就升任了部门主管。也有个别调皮的奚落林伟,你还不是靠你丈母娘施的苦肉计。果然有个叫大头的也通过分管经理来找何杰,希望领导能帮他去跟未来的丈母娘说说情。何杰冷冷一笑,他自己先在男女问题上严肃一点。否则,我不仅要帮倒忙,还要开了他。我们是国有企业,不是光看业务的,个人品行更重要。我们的身后是一级政府。

二顾茅庐是在两年前(看来还真有点过一不过三)。这次是小姑娘提出来的。有一家知名外企看中了林伟,有意让他去做公关,薪水要翻几倍。园区忙是蛮忙的,蒸蒸日上的样子,但收入涨得有点不如人意。小姑娘已经有点看不上老房子了,小两口努努力,老人那边再资助一下,一套三居室的新建商品房也不是水中月镜中花的事。不能说小伙子没有一点动心。单位里有几个搞工程的都走了。他壮着胆子去找了何杰。何杰听了,神色平静。"你还记得当初来应聘时说的话吗?"何杰问道。"记、记得。"林伟有点心虚了。何杰做了个轻微的手势制止他说下去:"我来背给你听,背错了,你来指正。'人生难得几回搏,开发区是我国经济建设的一块热土,作为一个有志青年我愿意在此奉献我的一生。'——我没背错吧?"见小伙子低头不语,何杰道:"你回去想一想再来找我。我听你的。"林伟出了老总办公室就没有再提这件事,拎起包就和两个伙伴去外地谈项目去了。项目谈成了,女朋友却快要吹了。这回,他没有去找何杰,一来怕别人又说他搞苦肉计,二来正遇上各开发区整顿,他不忍心给领导添乱。

也不知从哪里得到的消息,一天临下班,何杰让林伟带上蕙菲出来吃饭,说是嫂子请他们。林伟担心请不动蕙菲。何杰说,已跟小姑娘说好了,就怕你忙来不了。林伟一迭声道,来来来,谢领导了。晚上吃饭,美丽娇小的嫂子就像自家人一般招呼他们,热情自然,不经意间把何杰两次谢绝两家大企业高薪延聘的事说了一遍,还做蕙菲的思想工作,说什么园区一帮小青年好好交比他有潜力了,人家拉他们都不肯去。我一个半老头子,还是当领导的,好意思甩下大家,临阵脱逃吗?还说什么呢。当晚小两口就拉上何杰去了兴康里 33 号。

工作上,林伟的表现和业绩也配得上领导的这份关心。去年市领导来视察园区,听了园区颇有成效的招商汇报,专门到招商服务中心与大家一一握手,给予鼓励,还拉着林伟的手反复叮嘱要打响服务经济、服务企业的品牌。事后各大媒体都把这几张照片登了出来,林伟在业内也变得小有名气。这当中有个细节林伟是默默地记在了心里。那天陪市领导来中心,闵书记悄悄把何杰往领导身边推,自己则往一边让,何杰站好位置后却顺势一把把他林伟拉了过来,与市领导正好碰个正着,这才有了后面他与市领导的一段对话。林伟的项目一部以后招商连创佳绩,应该与他的品牌效应不无关系。

这次是蕙菲姑娘瞒着林伟直接打电话给何杰的。蕙菲抽抽噎噎地告诉领导,听说彩虹园区要有大动作,何杰极有可能要调动,先下手为强,平时从不插手此类事的未来泰山大人给毛脚找了一份国家级开发区的工作,人家对林伟有所耳闻,明确表态,只要他肯过去,确保给个招商口子中层岗位,还会派到国外去深造,收入大增不说,其职业前景更诱人。老头撂下狠话,过去主要冲着你们老总的人品,你留下来一起打拼,这叫有血性,我力挺。现在何总眼看要走了,再说那边也是开发区,而且还是国家级的,再待在这里,于情于理都说不过去了。原来已着手对兴康里二楼婚房装修的事也停了下来。

这个坎看来林伟是基本跨不过去了。何杰心里暗暗叫苦。

2

进入2004年,好消息一个接着一个。彩虹园区顺利通过专项考核,获得市级科技园区的称号。在新河镇和相关传统企业的全力支持下,园区规划内的土地征收、置换即将鸣金收兵,五千余亩土地将入囊中。在规划等部门的鼎力支持下,园区的土地容积率有大幅提高。一批国内外知名的总部型企业开始集聚,其在全市的份额不容小觑。年创税收五十亿,已占全区税收总量的四分之一,且每年增速可达15%～20%以上。

特别可喜的是国家已批准就在园区西边方圆三十平方公里建设商务新城。公司借壳上市也已迈出了实质性步伐。彩虹园区正面临着一次大飞跃。

就在此时,全区上下公认的彩虹园区开发建设第一功臣区委闵书记升任市委副秘书长,大家既高兴又不舍。新来的秦书记来自邻近的兄弟区,也是一把好手。在原来的地方只花了几年时间便使一个落后的老城区换了新貌。秦书记在召开的第一次全区党政部门一把手会上,与每位与会者一一握手,并不时与对方聊上几句(看来事先是做了不少功课的)。到了何杰跟前,区委办公室章主任正要介绍,秦书记就咧开嘴笑道:"呵呵,不用介绍了。老对——老朋友了。"然后朝他神秘地眨了一下眼睛。大家有点茫然,只有几个人在一旁朝何杰瞟了几眼,脸上的表情有点复杂。何杰微微带笑,一言未发,心里却是"咯噔"了一下。

大半年前,彩虹园区为了将一个企业亚太研发总部和结算中心引进园区,与一个兄弟区展开了竞争,一时难分伯仲。林伟了解到该企业在研发新产品时会在出入境检验检疫方面遭遇一些困难。恰好彩虹园区是全市西部唯一的贸易便利化试验区,而通关便利正是一项重要内容。小伙子带上几个人去拜访市西局的局长。局长亲自带队一同走访国家相关部委,最后作为先行先试,上面给予了支持。当时与之竞争的这个兄弟区的区长就是现在的秦书记。秦区长专程来找闵书记,希望能对自己的老城区有所关照。闵书记也许好说话,也许是境界高,让人把何杰叫了来,指示他把这个项目让给秦区长。何杰说还是听企业的吧。他拨通了电话,请秦区长与对方通话。对方的法务代表说,总部已决定入驻彩虹园区。理由很简单:企业把通关的困难同时告知了两个区。兄弟区一听说要涉及国家层面有点为难了,而彩虹园却是立马组织人马全力攻关,很快就拿下了。事已至此,秦区长也没有话可说了。闵书记有点过意不去,就对何杰说:"你去做做企业工作,那件事就算我们替秦区长给他们办的。"何杰为难道:"领导,我们去指挥企业该到哪里落户,手是不是伸得太长了?这好像不利于我们全市投资环境的营造吧。"一句话就把闵书记给噎住了。秦区长见势出来打圆场："老闵,算了,只怪我们服务不到位。"临走时,他特意握了握何杰的手,对闵书记意味深长地说道："你们这位何总可不简单哪!"闵书记一脸的尴尬。送走客人后,书记把何杰狠狠地剋了一顿,批评他没有大局观。何杰做出懵懂的神情："领导,我这不是在跟你唱双簧吗?""胡扯!"书记被他弄得哭笑不得。唉,没想到现在——

秦书记对他会否"另眼相看",他不屑去研究,但是有一个细节他还是蛮在意的,原本彩虹公司党委要改选,基本定下来由他兼任书记,这事老秦来后就被搁了下来。也就在这时有传言他可能会调离。有几家企业和开发区又悄悄派人向他伸出橄榄枝,他确实有几天没睡好觉。思来想去的,还是割舍不下对彩虹园区的这份感情,这自然有事业方面的因素,但也有对数年来同甘共苦伙伴们和新河镇农民兄弟还有十几家搬迁的传统企业的一份欠情。说白了,大家跟着他、听从他就是冲着他所描绘的彩虹园区美好前景来的。他如果中途撂挑子,做人的信义何在?只要在岗一天就要认认真真地干好一天。都说历史是人民写的,那么人民为什么要为你书写历史呢?还不是因为首先是你自己用良心(党员还有党性)在书写自己的历史。他何杰从军三年,年年立功,复员后来到区属一家国企,从一个小科员一直干到公司党委副书记,其间挤出业余时间自费完成了三年在职研究生课程,进入区计划经济委员会(发改委前身)任副主任,是当时第一位处级干部中有硕士学位的。在彩虹园区开发建设的关键时刻,他毅然受命赶赴一线,把园区搞得红红火火,觅到了千载难逢的发展机遇。最近那家国企老总退休,大家心里都明白,如果他还在那里,那这次老总的继任者就非他莫属了,年薪几十万(至少是他目前的三倍)不说,政治前途也不比现在差。但他不后悔,男人,特别是共产党人,生来就是做事业的,做一个大写的人的,在这一点上,他何杰,问心无愧。真的要说对不起谁的话,那就是自己的老婆乔玲玲。读研的时候有多少人追求她,他硬是凭着自己的人品外加祖传的三寸不烂之舌抱得美人归。但嫁过来后，她除了独揽全部家务事，没有沾到他多少光。他老家负担重，他一半的工资都支援了父母兄妹，家里开销主要靠玲玲。所以每逢到丈母娘家去他就手脚勤快一点，嘴巴识相一点。玲玲看在眼里，也总是有点不大忍心。"我一定会好好报答你的。"夜深人静时，他有时会对玲玲如是说。玲玲说："有你这句话就可以了。"

这次林伟的事就是再难也要尽最后的努力，至少在自己的良心上要过得去。他让司机把车停在马路边，自己走进了弄堂。一年多没来，弄堂外观没什么变化，只是周边不远处已有高高的施工脚手架矗立在那儿，昔日的那种市井烟火气息似乎开始消散变淡，令人不禁生出一种时光飞驰之慨。

曹老师夫妇俩依旧热情地接待了他。依旧是曹师母坐在主人席位，曹老师侧坐一旁。一杯祁门红茶泡好端放在客人手边。两位老师记性可真好，第一次上门谈到开心处，何杰无意透露了他的喜好——胃寒，爱喝红茶，人家就一直记在心里。

彼此寒暄了几句，曹老师倒先切入了正题。"何总，祝贺您呵，园区被您越搞越好了。我第一次见到您，就感觉不一般。我跟菲菲讲，谁要是跟着这位老总准不会吃亏。"

"哪里，哪里。一是靠组织，二么，就是靠林伟这帮好同事了。"说着，何杰一手端起杯托，一手执着瓷杯，小心吹开漂浮在上面的茶叶，轻轻呷了一口。

"事在人为，什么样的人做什么样的事。有那么多的开发区，仅仅区县一级的也难以计数，能搞成像你们这样的，还真不多。"曹老师赞赏道。

"听说——"曹师母笑眯眯地向前探了探身子，"何总就要高升了？"

"呵呵。"何杰不置可否地笑了。

"那还用说。有功之臣呵！"曹老师跟了一句。

"那我们先提前祝贺了。"曹师母恢复了原来的坐姿，依旧笑吟吟地望着何杰。

"现在是敏感时期,就我们自家人说说,你可不要到外面去说。"曹老师关照老伴道。

"那还要你说吗?我们跟何总就像自家人一样的。阿拉菲菲一直讲能遇上这样好的领导该多好。唉,就是没这个福气。"

这样好的氛围,若放在平时,那真是何杰一展口才的好机会。他喜欢与人交流,尤其擅长即席演讲,有不少金句还没滤过他的脑袋就已经从他嘴里流了出来,事后回想起来自己也是蛮享受的,倒不是为了一博领导和同仁们的喝彩,而是为自己的才思敏捷。可今天,想到自己莫测的仕途,特别是林伟这桩已然暗淡的婚姻前景,他一时思路阻滞,口笨舌拙起来。面对这样一对善良正直的老师,讲客套、说谎话都是要遭天谴的。他用什么理由来说明林伟非得留下来不可呢?

两位老师仿佛也看出他今天的一丝异样,停住了刚才的话题,请他多喝茶。

"我,可能会调动。即使组织上没考虑,我自己也可能会提出来。"何杰自己都没防备怎么会冒出这么一句话。其实最近的两件事给了他蛮深的刺激,前一阵一直没理出个头绪来,此时此刻居然就形成了一个清晰的概念。

两位老师颇感意外,一下子愣住了。

前一阵在闵书记还没调走之前,他参加一个市里的有关国家级开发区扩园的专题研讨会。会上传递了一个十分重要的信息,从全局考虑,为形成全市大经济格局,使资源得到更好的配置,市里考虑从各区县的各类经济园区中精选若干与国家级开发区形成一区N园的物理空间大格局,为打造经济中心提供强有力的产业支撑。何杰敏锐地意识到,论现有的条件和基础,纳入这一体系,彩虹园区是有胜券的。一旦进入这一体系,园区将会对全市做出更直接和更大的贡献。同理,园区也将会得到更及时的政策和品牌等资源优势,从而使园区的为企业服务从单纯的保姆式服务向保姆式+功能型服务升级,会有更多的国内外大企业总部集聚园区,形成一种十分可喜的良性互动。

　　第二件事就是他们悄悄酝酿的公司借壳上市的计划其实施条件已经越来越成熟。二十一世纪初土地征用和供给正处于新旧体制转换之际。彩虹园区对规划在园区范围内的传统工业企业的用地是对接全市产业布局的大调整,通过土地置换来取得。彩虹园区做得很地道,不仅及时提供资金,还帮助在郊县产业规划允许的区域落实好工厂迁址用地,后来还索性帮助办妥企业生产所需的各种手续。所以这一块在资产部诸葛志刚经理的带领下一路攻城略地,这类用地又全部做进了公司的资产。农业用地则结合这一地区城市化进程同步推进,牵头这一块的是从新河镇调过来的中层干部程成,他们紧紧依靠镇党委和政府特别是村一级组织,本着双赢的原则稳妥展开,也已接近尾声。

　　随着彩虹园区区位优势的提升和资金的快速积累,他们开始酝酿将日渐珍贵的土地作为招商引资中引大引强的重要砝码,从而使入驻的企业既符合全市的产业布局,又能长期稳定立足园区发展。而要达到这一目的,就需要在短时间内尽快募集一批资金用以建造一定规格的写字楼和配套设施。借壳上市无疑是上策。目前已有两家 ST 公司在谈,其中一家已经谈得蛮成熟了。此事何杰已经与闵书记和齐区长做过汇报,区委书记办公会也已听过两次。领导意思待商务谈判基本达成共识再正式走程序。

　　这两件事都是大好事,想必秦书记来了后应该也会赞同的。但一番紧锣密鼓的接触之后,何杰却明显感觉到了一种本领恐慌。他很清楚,自己在运用好政府资源、开疆拓土方面没的说,但要他按现代企业制度执掌一个上市公司的运营,他的知识结构和他现在的这把年纪,恐怕难以胜任!作为一个公众企业,董事会和股民们也不会容忍一个差劲的 CEO 吧。而如纳入国家级园区,对他的要求就更高,他心里还没有底。

　　坐在人家家里,准备谈一对小青年的婚事,却不料把他心底里无意识焦虑着的真正根源给刨了出来。

他向两位老师开诚布公地谈出了自己的想法:"林伟可是这一路上打拼过来的,他与彩虹园区是打断骨头还连着筋。再说接下来招商服务是园区的重中之重。组织上会不清楚这一点吗?"何杰本来还想把正在悄悄做的一件事透露一点给他们,但感到似有做交易之嫌。话已说到这个份上了,如果他们真是功利之人,那林伟还是放弃为好。

曹老师凝神倾听着,曹师母脸上依然挂着笑,但有点僵硬了。

末了,曹老师看也没看曹师母,立起身,表态道:"感谢何总跟我们讲了真心话。我们就不逼小林换岗位了。为了表示对你们的支持,今年底就把他俩的婚事办了。"

坐进小车,何杰马上跟林伟通了电话。没想到,林伟说了几声感谢后,很是过意不去,说道:"领导,就刚才菲菲已经打电话跟我说了,说她老爸讲了,你是个好人,现在让我跳槽,会让人误以为是你在拆新来书记的台。等你被调走后再说吧。让我们年底就结婚,给你吃颗定心丸。——领导哇,你可不能为了我的私事,往自己脸上泼脏水呀!"

娘的,这是哪出跟哪出啊!何杰哭笑不得。就将错就错吧,他对林伟说:"你们就抓紧结婚吧。还有今天的事千万别跟任何人说。"

3

计划财务部邹天云经理轻轻叩了下门后推门进来了:"领导,城市银行新来的副行长想要请请你。"

"不是说他们那边放贷有困难吗?"何杰问道。何杰对这家银行是怀有感情的。记得在前几年资金最吃紧的时候,他们雪中送炭,帮助何杰渡过了难关。后来财务状况好了,何杰听从邹经理的建议,总是把大额、不常用的资金放在他们那边。遇到需临时借个款,也总是先找他们。行长几次要请请他,他都婉拒了,说:"我们之间是什么关系?患难之交啊!我一辈子都会感激你们。"这次为了抓紧启动几个建设项目,需要一笔一年期的临时贷款,又想到了他们。新来的银行业务员不太了解他们过往的情况,他的年度任务已完成,怕来年被领导"鞭打快牛",就一口回绝了。园区就转向了其他几个银行。今非昔比了,用这么好的土地来质押,利率也没要求太优惠,是个香饽饽。没想到快到年底大家要冲利润,城市银行高行长亲自打来电话请帮忙再弄点贷款。邹经理弄明白了,上次那小青年是擅自行为,但又怕伤了他,便搪塞园区暂不需要贷款。没想到人家行长已经把情况摸清了。

"领导,那次是小业务员自作主张。他怕明年给他的指标更高,吃不消。这又不好跟他的老板说。"邹经理在替人说情了。

"这倒也是。问题是,我们的上市速度加快了,还要不要这笔贷款?这个时候也不宜把账面弄得太难看呵。"

邹经理朝门口看了看,扭回头,推了推眼镜架,疏淡的眉毛耸了耸。

"邹经理又有什么高见?"何杰用自家人的口吻问道。

邹经理十几年前随一家国有企业赴南亚投资办厂。作为这个领域的开拓者,如何进行资金运作几无先例可循,但他盘活了。他的这段经历作为成功的案例曾写入一个大学新开设的经济管理课程。彩虹园区建设还正亏了他带领一帮团队运筹帷幄,才在资金上几度化险为夷。他也曾一度眼见园区好转了,萌生过再换个环境增加自己阅历的念头,但看到老总仍心无旁骛地挺在那里,便开不了口。何杰早就猜测到了他的心思,装作不知道而已,有些东西就得让它隔着一层纸。

"领导,最近听到点啥哦?"邹经理掏出一包薄荷烟递了一支过去,见老总接了,帮忙点上烟,然后自己也点上一支,在老板台对面的高背椅子上坐了下来,镜片后面的一双眼睛友善而探究似的望着他。

"侬听到点啥啦?"何杰在他面前不会装糊涂,那神情告诉对方,我是听到点啥的,想同你对对呢。

邹经理深深吸了口烟,又慢慢地吐了出来,稍稍挥了挥手,尽量不让自己的烟雾飘过台子的这一半:"有没有可能会调动?"

"有可能。"

"我和我爱人也是这样分析的。彩虹好了,眼红的人就多了。你没背景,老闵又高升了。听说你和新来的书记还有过节。"

"和秦书记没有过节。这个你们千万不要听别人乱说。"何杰很忌讳把自己和领导在私人恩怨上拉扯到一起。在和领导的关系上,他比较信奉"君臣以义属"这句老古话。所谓"义",主要是共同的事业,还有就是信义和情义。他也是这样来处理自己与下属的关系的。

"如果是高升,那还说得过去。如果是平调,那——"邹经理微微摇了摇头,又吸了口烟。

"就我个人而言,彩虹还有的事情做了。"

"所以,"听到何杰这句话,邹经理接了过去,"如果你舍不得走,我倒有个不成熟的建议。对不对,你自己看。"邹经理往台子这边凑了凑,"趁着彩虹正需要一笔建设资金,银行又急着想塞钱给你,你狠狠借他一大笔,看谁还敢来取代你。我看至少到目前为止,我们区还找不到谁来接你。唔,这个是有点那个。我也吃大不准妥不妥当。——你就权当我没说吧。"

"……"

"噢,听说那位副行长十多年前还是你的一位好朋友。"

"谁啊?"说来也怪,这些天自己的岗位出现了变数,年纪说大也不算太大,居然念起旧来了。前几天中学同学聚会,他以往都没时间去,这次居然会特地挤出时间去赴会,见到了二十多年不见的同窗,心情还真的很不平静,那天酒也没少喝,他平时并不喜欢含酒精的饮料。

邹经理望着他,说:"他们没说,说你去了就知道了。那位副经理刚从南方调过来,一来就说这里有一个好朋友不知现在怎么样了。听说起你的名字,据说激动得差一点哭出来了。"

"是吗?"何杰的心也不禁颤动了一下。

4

走进包房的是一位俏丽的女子，何杰一眼就认出来了，那是他在那家国有公司时结识的。当时他在公司当党委副书记，负责思想政治工作和对外宣传。她在一家主流媒体当记者，公司被她选为一个基层蹲点单位，在他的密切配合下，她接连发表了他们公司开展企业文化建设的系列报道，社会反响相当好。两人当时还都是单身，彼此似乎都有了那么一点意思，不久他被组织安排到市党校脱产学习半年，接着转进了区政府，而她后来也到南方去发展了。正是因为都有那么一点意思，分手是那么匆匆，都不好意思主动提出点什么，生怕被对方拒绝，有损于彼此之间那段美好的感情。

"程雪萍！"何杰惊喜地喊了一声，一下子从饭桌旁的沙发上站了起来。他激动地朝她走去，令人难以忘怀的历历往事霎时涌上心头。

"何杰！"她也激动得直呼其名，迎了上来，两眼深情款款地望着他。

走到跟前，他一把抱住了她。就在这一刹那，他似乎感到有所不妥，连忙说道："老朋友啊，这一别有二十多年了。"

"是啊！"雪萍仿佛也感觉到了什么，将肩头轻轻往后靠了靠，说道，"你现在可是财大气粗的老板了。"

"哪里，一个打工仔。"何杰拉着她的手把她引到自己的席座旁，然后高声宣布，"今天程行长的酒全由我包了。她可是我的——恩人哪！"

"你什么时候变得会喝酒了？"雪萍侧过脸，不无关切地问道。

"工作需要啊。"邹经理答道。

"你们可要管住他。他的肝不是太好的。"雪萍仍望着何杰的脸，对邹经理说道。

银行的办公室王岗主任刚想要开句玩笑，高行长悄悄制止了他。

"何总平时不怎么喝。见到了你，那就不一样了。"邹经理道。

"我们请了他多少次呵,他没出来过一次。"高行长道。

"忆往昔,峥嵘岁月稠。"何杰两眼直直地望着前方,感慨道。

"那时,我们多年轻啊!"雪萍道。

"现在,你们还都不老。程行长要是跟我站在一起,人家还以为是父女俩呢。"看到气氛有点伤感起来,邹经理忙打趣道。

高行长几个都跟着哈哈笑了起来。

酒不是喝得很多,气氛很好。何杰天生酒量大,但很浅,容易微醉,他怕有损形象和误事,一般不大碰。今天原想放开来,雪萍、高行长、邹经理他们都设法把他劝了下来。他内心很感动,为这份亲情。他也向大家敞开了心扉。还当场联系了几个兄弟开发区的老总,让他们多多关照雪萍,弄得银行的几位很不好意思。高行长说,原本是想让你们老朋友碰碰面,想不到变成跟你下单子了。何杰说:"你们的服务是一流的,应该要鼓励。都是搞园区开发的,有政府背景,跟我也没有利益关系。企业我还是那句老话,不敢推荐,免得人家说我利用职权谋私利。"

雪萍他们连连表示感谢和理解。

酒席终了,何杰提出由他送送雪萍。两人坐在小车的后座。何杰又悄悄地跟雪萍打起了招呼,不是不给面子,主要是考虑马上会上市,再说他和秦书记毕竟有过那么一件事,他实在不想被人家误以为他为了恋栈而在玩手段,所以贷款这件事对所有的银行都停了下来。

"要是我,也会和你一样的。我完全能理解。今天你也不应该给那些开发区老总打电话,好像我很势利似的。"

"这完全是合规合法的。关键是我和他们没有任何利益关系。说得明白一点,我们倒还是竞争关系呢。"

"你能太太平平就好。"

"谢谢,谢谢。"何杰有点激动,他拉了拉雪萍的手,声音就有点哽咽起来。当时若没有雪萍的那一系列报道,闵书记就不会那么深地了解他,也就不会有以后的关注。这次她回来,并没有对他提出什么诉求,特别是听了他的一番诉说后,反而还为他说了不少话。真情哪!何杰一直以为,人世间有一种基于"义"的感情最为珍贵,它超越了血亲、超越了男女私情和其他的感情。在物欲横流的当下,有人不承认甚至嘲弄这种感情,他不会去与人争辩,但在内心他却很坚持。在园区他就默默地营造着这么一种氛围和文化,凝聚了那么多人。

"家里好吗?"雪萍悄悄抽回了手,问道。

何杰介绍了家里的情况,也问起了她的状况。

"很好。他在北京金融街,儿子在国外读书。"

"刚才我和玲玲通了电话,告诉她我遇到恩人了。她很高兴,让你们一家以后上我们家去坐坐。我们家是女儿,将来说不定还能结个亲呢。"

"谢谢高看了。现在的孩子一个比一个有主见。随缘喽。好的呀,下个月我老公回来,我们两家聚聚。"说着,雪萍扭过脸望着他,"是金子到哪里都会发光的。我还是看好你。"

"谢啦,程老师!"

5

新河镇党委万书记打电话过来,说是上金村村书记金福根的儿子结婚,他有没有空一起去祝贺祝贺。何杰先是一口答应了下来,然后才问具体是什么时候。福根书记儿子的喜酒他是无论如何要去喝的,其他的事都可以往后放,特别是在这个时候。

在他心中他对新河镇的党政班子和村干部充满感激之情。新河镇是个富庶镇,早年农业搞得好,新河大米远近闻名,后来发展乡镇工业,一开始他们就注重环境保护和科技、品牌,现在还有两家上市公司市值坚挺。这片地区的城市化已是大势所趋,但作为当事人的主观能动性如何还是至关重要的。正是在上级领导下,镇党委和政府紧紧依靠村级组织和广大农民兄弟,不断统一思想认识,又及时向有关部门反映百姓的合理诉求,共同研究制订合理、双赢的工作方案,使得城市化进程稳妥而顺利地推进,彩虹园区得其便利也按时基本完成规划内的土地收储,上金村就是最后一个点,签约条件基本成熟。最近双方都加快了步伐,想赶在年底完成任务。

按照乡俗,喜酒安排在村里的会堂里。何杰拉上分管招商的应副总和资产部诸葛经理一起在村口与新河镇的万书记和张镇长汇合,然后走去会堂。应副总在镇里很有人缘。在园区招商服务方面,他提出了园区与镇既分又合的工作方法,资源优势互补,取得了双赢。这一做法后来也被不少兄弟区所借鉴。最近双方又有新收获,张镇长一见到应副总,就迎上来在他的肩头亲热地拍了一下。

"何总,与上金村的签约已没有什么大问题了。福根的意思放在下周签掉么好了。他们也可以早点启动善后工作。"万书记说道。

"可以。我们这边也是万事俱备了。"一同与镇领导等在村口的程成回道。

"金花公司金总倒有个建议。"诸葛说道,"结合外省的一些试点,有无可能将来给上金村的金花公司留一点新的写字楼,一来减轻一点园区的现金压力,二来原来村引进的几家科技公司还能再回来,三来尝试用部分资产将村民变股民,使他们有一点长期的稳定回报。"

"那几家公司可都不错。有三家拿到了国家科技专项资金,一家拿到了市里的。"应副总说。

"诸葛不愧是诸葛。在我们镇上金是最后一个村了,试一下至少体现了我们对农民兄弟的进一步关心,还有对其他地方也能有一点借鉴作用。只是会不会有什么意想不到的风险,可不能让何总为难。"万书记说道。

何杰心里一亮,如在平时他可能马上就会表态支持,可如今他需要掂量掂量,可不要被人误解自己在"拆烂污"。

"这,我们过两天再说吧。"张镇长不想让何杰为难,说道,又拍了一下诸葛,"到底是专家型的。"

"我和高律师议过好多次了。"见到镇里的领导很赞成,诸葛来了信心。

"高律师可是位农村问题的专家。彩虹园区这些年的发展,凡是涉及农村的他是很有发言权的。他了解农村,能为他们的合法权益与我们及时沟通,避免了不少弯路。我很感谢他。"何杰说道。

福根书记已在会堂门口等候着了。何杰疾步迎上前去,紧紧握住对方的手:"福根叔,祝贺啊!"

"响应国家号召,勤俭节约,没有几桌。可你们一定要来的。"福根说。

真的没几桌,但很热闹。轮到领导们开始敬酒的时候,福根挨了过来,小声对何杰说:"先别忙着敬我们,先敬第三桌,他们对撤村还有一点想法。我特地把他们安排在那边。"

万书记和张镇长把何杰挡在了后面,说园区的同志跟在我们后面吧。何杰顿了顿,倒了满满一水杯白酒:"各位领导,谢谢你们关照。给我一个机会吧。"他本想说"最后一个机会",话到嘴边就省去了"最后"两字。

他端着满满一杯酒走向第三桌。回想起这些年来村民们的奉献,一幕幕往事历历在目。前几天他有事到定槐二村居民小区去,在小区甬道上遇上了朱景福。朱景福可曾是个名人,他曾是朱家宅村村长,新河大米的最早产地就在那里(后来在何杰的介绍下把他们的专利有偿转让给了市农科院,品牌得以传承)。朱家宅还是全国文明村。他们是第一个带头响应城市化号召的。老头退休后到居委会帮了一阵,后来就赋闲在家了。老头见到他,立马来了精神,操着暗哑的本地口音招呼道:"何总好啊,听说彩虹要腾飞啦,哈哈,还是伲讲的,我伲要看得远一点,要为子孙辈着想。"何杰忙递上烟,还帮忙点上。寒暄了一阵,老头告辞了。望着老头倒背着手踽踽而去,何杰心里很是感慨。城市化改变了他们祖祖辈辈留给他们的生活环境,更改变了他们的生活方式,而这种生活方式主要还是精神层面上的。城市化从长远来说他们是得益者,从眼前来讲他们是奉献者。

第三桌上的几位老人见他们走过来了,依旧互相说着话,佯装没看见,但他们脸上的表情却有点不那么自在了。

"全宝大伯,彩虹何总和我们来敬你们酒啦!"万书记大声说道。

桌上的几位老人有点过意不去,都端着小酒盅想站起来。何杰忙用手劝阻道:"各位长辈你们请坐,小辈我何杰先敬你们一个满杯,表示彩虹园区对你们深深的谢意和敬意。"说着,"咕咚咕咚"把满满一水杯白酒一下子喝了个精光。彩虹园区的其他几位也都紧跟着把手中的酒一口气喝完。见到这副阵势,那几位忠厚的老者坐不住了,都站了起来。何杰又招呼再倒酒,代表彩虹园区再祝各位长辈健康长寿。园区的几位又是每人一杯。

"可以了,可以了。"全宝大伯伸出双手阻止了何杰他们,"心意我们领了,可不能再喝了。弄伤了身体,彩虹园区谁来搞?那我们就白忙乎了。"

"是呵,是呵。"几位老者附和着。

"几位老伯有故土情结,再说听说旁边又要上大项目了,想再等等看。我跟他们说了,国家天天有发展,你们要等到哪一天啊。有几个五百强企业已看中这块地,早一天腾出来,就能早一天落地。眼前服从长远,局部服从大局嘛。"金花公司CEO金菊花不知什么时候也过来了。这是个农民出身的女企业家,劳动模范,她每年都要自己掏腰包给全村八十岁以上老人送温暖,是个很有情怀的人。

"阿花的眼光终归不会错的。"全宝大伯看了看几位老伙伴。

"万书记、张镇,我伲这点觉悟终归有的。就是我伲的利益要有保障。还有,协议先签掉,搬家么,过了年再搬。让我伲在祖传的老宅子里再过最后一个春节。"几位老人纷纷道,说到动情处,有的还悄悄抹了抹不经意间流出来的老泪。

"时间上安排得过来。没问题的。"新河镇动迁公司田副总在一旁说道。田副总既有浓烈的乡土情结又有大局观念,在园区开发上也是个功臣。

"是的,没问题,这是合情合理的。大伯们,谢谢你们了。"万书记说道,还拱了拱手。

何杰看在眼里,心里也是暖暖的,多好的农民兄弟啊!

回到席桌上,何杰对两位镇领导说:"两位领导,刚才诸葛提的那个设想,我也觉得可行。要不明天你们定个时间我们过来议一下。"

"村里也很赞同,刚才他们想提这件事,被福根拦下了。"万书记说,"就是会不会让你为难?"

"不为难。"何杰说,"双赢的。"

张镇靠近何杰,耳语道:"最近对你有点传言。你还是稳当点。"

"谢了,老哥。"何杰也低声道,"真的是那样的话,这个风险还是让我现在来扛吧。"

张镇无言地紧紧握了握何杰的手。

何杰又倒满了一杯酒,向两位镇领导打招呼道:"我去敬敬金总。上个月我们和煤矿机械厂签了土地置换协议,金总出了不少力。"

"好好好。阿花有全局观,人又热情。不过,你少喝点。平时又不大喝的。"万书记叮嘱道。

园区的人都倒好酒跟着过去了。

敬完金总他们,在折回去的时候,诸葛扯住了何杰衣摆,悄悄说:"远东刀具厂的桑衡旺董事长也在,他可是我们最后一块要置换的土地了。"

"谈得怎么样?"

"他是个文化人,出版过诗歌集。他基本做通了,问题是他们是合作制企业,还有几个董事有想法。再说订单很多,耽搁不起。"

"你上次的那个方案我看蛮好的嘛,协议先签掉,动迁等一年后到他们生产有个间隙的时候再动。新搬的地方沟通情况怎样?"

"沟通得很好。——就是原来上报的计划中年底前要把老的厂房全部拆平的。"

"关键是能不能把土地置换过来。那块地目前还是备用地。因为要拆平而影响了置换进程,恐怕有点本末倒置吧。明天开个经理会把这个原则定下来。你以后就这样操作。"

"嘻嘻,领导,你怎么跟我想的一样?我就是这么跟他们讲的。"

"向你老专家学习呵。走,敬酒去!"

6

经理会议对远东厂先签协议,约一年后再动迁这一议题看法不一。以往一般最长是半年。年初上报计划时讲好最多也就半年时间。延长到一年,上面会不会同意?如不同意,那年底考核怎么办?

诸葛说道:"你要人家半年内就迁走,人家签了上亿的合同就会受影响,这个损失园区能不能承担?过去那些传统工厂土地置换,我们都从不承担这一块的。即便能承担,人家信誉受到影响,现在市场竞争激烈,客户至上啊。"

"可如果上面不同意呢?年度考核目标完不成不是开玩笑的。"有人说。

"人家不同意签,你怎么办?又不能强征的。"

"那你们要再努力呀!"有人说。

"侬讲得轻巧,侬来弄?"诸葛光火了。

何杰用手制止了他们,说道:"大家的意见都发表了。我提几点想法:一,咬定年底完成所有土地置换的目标不变。这是底线。二,鉴于远东厂的特殊困难,我们要有点变通措施。昨天我们和桑董又进行了进一步沟通,他有觉悟,但其他董事还是有想法。一是眼下市场竞争激烈,现在正在赶任务,一搬家丢失了客户,这可是天塌下来的事。二来土地行情正看涨,董事们不一定听你桑董的。马克思怎么说来着?"

有人把马克思那段关于资本的著名论断背了一下。

何杰说:"当然,我们还是要充分相信其他董事的觉悟,但我们要尽量为企业排除掉一些困难。我特别要强调的是,这块地是备用地,从产业规划来看要放到后几年才动了。三,基于上述两点,我们来权衡一下考核与土地置换的利弊。首先如要死守原来的目标,一是谈不下来,二是说到天边谈下来了,结果人家合同爽约了,后果严重,我们于心何忍?在我们是个面子,放在那边也是让它长草,而对企业那可是性命攸关的天大事。其次关于考核的事。已经临近考核了,哪个领导、部门敢同意你再调整目标?都学样了,怎么办?我们自己来扛吧。会前我问了应副总,今年我们的招商引资完成了百分之二百五十,奖金足以抵消这笔综合考核奖。我也查了一下干部情况,"何杰将会议室里的与会者逐个望了一遍,"好像诸位今年在升迁方面不会有什么动静。那我们就冒一下吧。明年,明年我们争取考核优秀。"何杰顾不得喝水,咽了几下唾沫,接着说道,"最后一点,"他没有用"第四点"而是用"最后一点",有点故意给人一种盖棺定论的意味,"因这件事而置我们年度考核受到影响,我作为公司一把手和此方案的制订者、竭力推行者承担领导责任和直接责任。"见有几位要插话,他摆了摆手,继续说道,"从刚才大家的发言中我基本清楚,三位副总一位部门经理是赞成这个方案的,有三位部门经理是持异议的。诸葛你就归到持异议的,四比四,我这最后一票定乾坤了。请记录下来。"

诸葛跳了起来,"我是这个方案的提议者,又是我的本分,我做啥要反对。何总,你不会是在羞辱我吧。'猛石可裂不可卷,义士可杀不可羞',你要这样做,那我就辞职!"诸葛黑着脸站在那里。

园区公司党委常务副书记兼副总曾怀峰说道:"诸葛经理,你这是想到哪里去了。何总无非是想将来万一的话,我们可以保存一点力量,有利于工作的延续性。不过,像诸葛这样的性格,让他这么做,有点为难他。我,我建议程成经理你投弃权票。"他又望着第一副总叶斌勇,"叶总明年就要退休了,有始有终,你也弃权吧。"

两位苦笑了笑,都说道:早点定下来,时间不等人。就这么办吧。

散会后,诸葛悄悄跟曾书记说:"后天区工会组织的上年度区先进工作者疗休养我不去了。"

曾书记问:"为什么?今年看来你是评不上了。机会难得呵。"

"你们都这么挺我,我怎么好意思。一定要把远东厂拿下来。"

曾书记说:"老何是对的。把土地置换下来是最要紧的。考核的目的是为了促进工作,不全是为了自己的荣誉。对我们这些党员来说,战争年代生与死是最大的考验,和平时期是个人的荣辱得失。能够经受得住死亡考验的,不一定过得了后面这一关。彩虹人之所以能抱成团,就是看中老何这一点。我们一起努力吧。"

7

"嘭!"门被突然推开了,诸葛满脸兴奋地闯了进来,"领导,远东厂可以签约了!"

"是吗?诸葛你可真行!"何杰也从椅子上跳了起来,"这可帮了我大忙了。"

"领导,你的境界也太高了一点吧。"诸葛从大班台上拿起何杰的烟盒,取出一支衔到嘴里,"你把国家的事都当成你私人事,这个我们赤脚也追不上了。"

何杰拿起打火机帮他点上:"我跟你说,那次会议后我听到点议论,说我有意给秦书记难堪,是撂挑子。你把远东厂拿下了,就说明我们的及时调整是对的。诸葛啊,谢谢你啊!"

"唉,人心哪。"

"不管了。我们的上市速度得加快了。"

诸葛意味深长地望了望何杰:"领导,天云没跟你说些什么?"

何杰咧嘴笑了笑,用手点了点诸葛:"谢谢你们的好意了。"示意对方坐下来,"你相信'无私者无畏'这句话吗?"

"相信的。"

"你听说过'信托责任'这个词吗?"

"听说过。"

"其实就是我们老祖宗的那句话:'受人之托,忠人之事。'先不说作为共产党人应该怎样怎样,就讲作为一个人,至少在关键时刻不负托付吧。苍天在上哪!"

"这一阵大家都在看着你。看来,是个好样的。"

"不敢说。我们共勉。"

"后天上午我们去他们厂搞一个签约仪式。桑董想请你一起去参加。"

"要去的。真的要感谢桑董他们。"

桑董穿戴一新,喜气洋洋地与董事会的其他成员等候在厂门口,厂门两侧刷着两条大标语:"顾全大局,远东人再创辉煌!""打造经济中心,为彩虹园区早日腾飞做贡献!"何杰带着班子成员心情激动地迎了上去,与桑董他们一个个热情拥抱。

会场布置得一片喜庆,工人们都坐得满满的。在大家的掌声中双方领导坐上了主席台。桑董和何杰都做了热情洋溢的讲话,接着激动人心的签约仪式开始了。

两位礼仪小姐端着两本放着置换协议的大红硬面本子来到签约台前,何杰和桑董含笑接过本子,搁到台面上,分别拿起旁边已备好的水笔,正待要签字,突然只听得一声吼叫:"住手!"一个人影从主席台一侧的黑暗处蹿了出来,一把抱住了错愕不已的桑董。"哇,'一根筋'!""他身上有炸药!"会场上下一片哗然,还有人推搡着往外挤。

叫"一根筋"的腰上绑着一圈大炮仗,双手死死箍住桑董的两个胳膊,嚷道:"不许签协议。否则,同归于尽!"

"算啦,不要签了。性命要紧。"下面有人冲着主席台嚷着。

桑董涨红了脸,低声对"一根筋"说道:"根发,侬这是做啥?坍远东厂的台哦?这是全体股东大会通过的。你我都说了不算。"说着他硬是支起了身子,拖着对方往一旁挪动。有人想要冲过来救驾,桑董粗着脖颈喝道:"都不许过来!是我跟根发的事,与其他人无关。"

"叫他们补偿再多给一点,反正我们是最后一家了。"有人在台下喊道。

"如果多给我们厂,那其他已搬走的又要倒翻水啦。瞎搞搞什么!"桑董脸朝着下面,其实也是说给"一根筋"听的。

何杰站起身,缓缓地朝扭作一团的桑董和"一根筋"走去。桑董嚷道:"何总,千万别过来。"何杰已经逼近他们,冷静地对已扭曲了脸的"一根筋"说道:"兄弟,这事我说了算。要炸就炸我吧。"说时迟那时快,只见他三下五除二把桑董拉开,自己抱住了"一根筋"。诸葛等人也已跃上主席台要来卸炮仗。"都别动!"何杰吼声未落,蓦地松开一只胳膊,让"一根筋"好伸出手抓着炮仗的引子,"兄弟啊,土地都在涨,你这点要求不过分。可如果依了你,已经搬走的那十一家企业都要回来找我算账的。我实在是不能多给。你想一想吧,有道理的,你放手。没道理的,你现在就炸死我。"

"一根筋"无助地望了望台下。

"'一根筋'放手吧。好日子还在后面哪!"台下不少人大声劝道。

台下的曾书记和厂部领导见状,示意刚冲进会场的公安先静观一下。

"一根筋"松开了手,血红的眼睛里流出了眼泪,"我老娘瘫在床上,就靠我养着。我们远东厂可垮不起啊!"

"根发,好兄弟,相信我吧。有我吃干的,决不让你喝稀的。"桑董迎上前来,扶住根发的肩头,动感情地说道。

会场又恢复了秩序,签约仪式继续,在交换协议文本时,何杰紧紧地握住桑董的手,一时喉头哽噎,说不出话。

在回公司的路上,何杰对班子成员说:"记住这些工人兄弟吧。彩虹将来耸立起来的一幢幢高楼就是这些工人兄弟、农民兄弟的无字丰碑。"

与远东厂签约一个月后,一天早上开经理会议,没见诸葛踪影,问了办公室,都说没请假。何杰心里有点不快,这可是从来没有过的事。

会议刚开了个头,诸葛推门撞了进来。这个平时以硬汉示人的汉子此刻却泪流满面,他语不成声地说道:"何总,桑董他、他们昨天连夜搬走了。今天一早就把、把钥匙交给了我。呜呜——"

会场一阵骚动,有的不敢相信,有的脸涨得通红。诸葛告诉大家,一周前桑董不知从哪里知道了经理会议的那场争论和会议决议,把诸葛叫了过去,说是哥俩私下里喝个小酒。诸葛一直想要好好谢谢人家,就一口答应了。开始两人说说喝喝,东拉西扯,酒过数巡,桑董套他话了。酒精作用下,诸葛忘了何杰的关照,证实了传言。当时只记得桑董猛灌了一杯酒,说了句:"娘的,是条汉子!"过了几天,桑董他们在新购地的郊区借了一处旧厂房作为临时过渡,开始悄悄地着手搬家了。

听到这里,大家都被感动了。会议休会,与会者随何杰一同赶赴远东临时厂址参加他们的搬家。

大家分坐几辆车出发,驱车一小时赶到了现场。只见简陋的工厂门口簇拥着一群人,还有几辆公务用车停在那里。

"远东厂税收还没迁过来,会不会遇到了什么事?"应副总很是敏感。

"下午就帮他们迁过来吧。"何杰说。

"没问题。都已经对接好了。"应副总说道。

车停在厂外,何杰一帮人走近前去。他一眼就认出了这个区的经委顾主任,热情地招呼道:"顾主任,你好。给你们添麻烦了。谢谢你们一路支持。"诸葛也迎上前,拉住顾主任的手,热情招呼。

顾主任一边和大家握手,一边说道:"我们的区长在现场办公呢。"

"税收下午就迁过来。"应副总说道。

"这个不急。"顾主任摆了摆手,"何总,我带你去见见我们杨区长。"

杨区长是位中年女性,睿智干练。她同何杰握了手后,说道:"桑董讲了你们的故事,令人感动。我就带着一帮干部来现场学习,同时帮助解决一些难题,确保他们的生产任务不受影响。"

桑董告诉何杰原来这里水压不够,又是临时过渡,不适合重新在地下排水管,所以这些天他们都是用自制的大水箱顶在高处,人工灌水,供数码机床用水,费力还不安全。杨区长刚才已拍板临时铺一条地上管道解决用水,费用由他们区承担。

"真是太感谢啦!"何杰又拉住了区长的手。

杨区长笑道:"你们是不是有个叫林伟的?再这么客气,就把他调来我们区吧。"

8

在从顾主任家回来的路上,何杰心情难以平静,一种深深的愧疚感占据了他整个心灵。

他和顾主任原本并不很熟悉,市里开相关经济工作会议的时候打过几次照面,一年多前市里酝酿一区N园课题时,他们两人都被选入课题组的编外组员,这样就有了更多接触。顾主任是在职博士,实践、理论都有一套,为人也比较清高一点。这次动最后一家远东厂,按以往惯例,彩虹园区应事先给人家张罗好几处备用地,并把动迁企业在新址重新开张的前置条件预先过一遍,确保来了能生产下去。远东厂是科技含量较高的制造业,属于鼓励类项目,符合顾主任所在区的产业规划,地理位置和土地价格都适合,何杰就推荐给了顾主任。顾主任是个外冷内热的人,不消两周就把前期工作都做好了,也是为远东厂搬迁创造了一个条件。这次他们杨区长及时为远东排忧解难,看来他是又立了一功。于是借着市里刚出版的一本《世界城市群概论》要转给顾主任的机会,他专门去了一趟顾主任的府上想专程道谢。这本新书里有顾主任的一篇关于远郊区县如何集聚高端制造业的文章,也有何杰的一篇从市主流报纸《申江日报》转载的长篇《试论第六大城市群》。市课题组副组长许旭东这一阵正带着团队在彩虹做调研,就让何杰有空带一本给顾大博士。

算得是惺惺相惜的知己吧,顾主任硬是留住他在家吃晚饭,顾夫人给上了一道当地时令菜肴——白煮羊肉,那就不能不喝酒了。却之不恭,何杰也就既来之则安之了。家乡米酒有点后劲的,喝到一半,顾主任脸庞微红,问道:"何兄,你和你们的秦书记关系怎样?"

何杰一激灵,酒就醒了一大半:"顾博士,此话何讲?"

"令人嫉妒呵!"顾主任感慨道。

原来杨区长的那场及时雨不是顾主任给下的,是秦书记。顾主任从桑董那边了解到了用水困难,就去杨区长那边汇报了。杨区长当场打电话给秦书记核实此事。秦书记告诉她,远东厂搬迁确有此事,万望关照。秦书记还讲,何杰他们为了确保年底按时完成所有传统工厂土地置换,情愿冒着年终考核受影响的风险。他初来乍到一时又不便对考核多讲什么。这次排明管的费用,彩虹又没法出,让远东出,人家自我加压,于心不忍,就请杨区长看在他做大哥的面上多担当一点了,以后让何杰多给你们几个大项目。杨区长说,做事情就得有这么股劲。这样的同志越多越好。我支持定了。秦书记临了还关照,不要跟彩虹的同志提起我知道这事。杨区长不解,这说明领导在关心他们呀。秦书记说,不想给何杰他们过多压力。这小子的性格他了解,这种有风险的事他何杰情愿自己扛。还说到了年底考核的时候,他还会拿这件事说一说的。考核工作看结果,考核人还要兼顾过程的,特别是主观努力上。

回到家,何杰把这事跟乔玲玲讲了。玲玲笑骂他"以小人之心度君子之腹",活脱一副小肚鸡肠。何杰由此又想起了最近发生的另外一件事。

前不久,应副总来找他说有一个秦书记介绍的项目。这是一家知名的跨国公司,他们想在这个大都市设立一家他们境外最大的研发总部,同时把亚太地区的结算中心也放在一起,预估一下年创税收至少二十亿。可是在办理相关手续方面发现一个难题:这家企业研发生产日化制剂,全球市场份额近三分之二,也是中国市场急需的,但其中有一种进口化学原料在本市外环线以内属禁止类。区相关职能部门主动派了一位副局长专门走访了市相关部门,还邀请了专家来调研,初步给出的方案有两个:一是建议推荐给外环线以外的化工园区,那里符合规划,而且已建立了完善的环保体系,万无一失;二是打个擦边球,彩虹园区在外环以外正好有块近百亩的工业用地,那还不在文件禁止之列,就是环保配套要从零做起,担心百密一疏。专家倾向第一选项。应副总他们环保意识还是有的,但考虑到是老大推介的项目,不敢马上采纳专家的意见,正举棋不定着呢。

乔玲玲对何杰说,你可不要再犯老毛病了。就直接去找秦书记,讲明事理,我就不相信秦书记境界会比你低。

"二十亿哪。"何杰叹了口气。没想到乔玲玲的观点与许旭东是一样的。

前几天,何杰到旭东在彩虹园的临时办公室去商量园区申报一区N园的报告,顺便提了这件事。旭东是那个国家级经济园区的副总,这次是借到市里参与扩园的工作,彩虹园区初次上报的材料,基础数据很亮眼,区位优势突显,软肋是整体规划还没跟上飞速发展的形势,特别是在产业布局和产城融合方面。区委区政府决定重新启动园区综合规划的修编。市课题组也全力支持,把许旭东这员大将临时支援了过来。旭东听了后,看了何杰几眼,神秘地笑了笑:"看来,老弟,你有点舍不得呵。"

"二十亿哪。"

"肯定要把它留在本市的。倒还不是税收问题,是这个研发总部有利于我们的科技创新。"

"所以,如打个擦边球——"

"要不得,"旭东摆了摆手,打断了他,"在环保问题上,我们这些搞经济的,也得绷紧这根弦。百密一疏,可不敢心存侥幸。"

这些日子的接触,何杰是很佩服旭东的,懂经济,又能把握全局,遇到制度上攻坚克难的事,自己一马当先。让旭东来搞彩虹肯定要比我强。有时何杰会莫名其妙地冒出来这样的想法,但他从不跟任何人提起过,生怕由此束缚了人家的手脚。旭东主观上努力要求自己虚怀若谷,但每遇到重大问题有争执,他就忘了这一条,哪怕在秦书记、齐区长面前。两位领导好像也不介意,还蛮欣赏他的。秦书记还暗地里称他"许胖子"。有一次当着旭东的面,书记说漏了嘴,有点尴尬,没想到许旭东说道:在单位里人家就是这么叫他的。借到这里,一口一个"组长",很不习惯。既然书记已经叫开了,那大家就都不要见外了。许旭东就是这么个人。

何杰决定抓紧向秦书记做个汇报。

9

何杰和区委办章主任打电话,问秦书记什么时候有空,他想去汇报一下工作,占用时间不会很长。章主任说他排一下再通知他。这时,彩虹园区开发办新来的副主任汪卓群来找何杰。

何杰对汪副主任一直很尊重,也心怀感激。十多年前,汪副主任作为高端专门人才引入本市,在市规划局过渡一阵后调任本区规划局任书记兼局长。到任后充分发挥专业特长,把整个区的重大规划捋了一遍,更加凸显了大都市中心城区的功能,广受好评;对彩虹园区更是关注和支持,前一阵园区容积率的提升就是他领衔争取下来的。这次到龄要退居二线,市内市外要他的单位和机构不少,区里和他商量能否到彩虹去,彩虹正遇到新一轮大发展的机遇,要尽快补上规划这块短板。他毅然从命。结合许旭东调研组工作,他重点放在土地的再次规划调整方面。

"汪局,您老辛苦了。我这边有什么照顾不周的地方,您尽管提哦。"何杰请汪局坐到转角沙发上,又沏了一杯茶。

"蛮好,蛮好。"汪局照例和蔼客气。抿了一口茶,他拍了拍坐在沙发转角另一边的何杰,"如果按照现在正在修订的规划,产城融合,就是一个新城的概念。不再是一个单纯的经济园区了。"

"我和旭东也是这么认为的。纳入一区N园,我们的功能定位就要放在全市的版图里来考虑了。区委区府也是这个意思。"何杰虽然也是调研组的副组长,但他主要还是负责园区的日常工作,动迁、招商占了大头。调研工作的节点会和他及时沟通,统一认识。

"如此的话,你心心念念的上市恐怕得有个适当调整了。"汪局说道。

"嗯?请说。"

"余下的五千亩土地很难全部都做进你的资产。土地的供给方式也要有变化。公司上市后的盈利模式也和你原来想的不完全一样。"汪局还是微笑着望着何杰,语气却郑重起来。

"原因呢?"何杰的心也沉重起来。

"按照现在修编的思路,余下的土地至少有三分之一要补商业的不足。原来也有点商业,但那是作为配套,现在要作为新城的重要组成部分。而商业用地已经开始实行公开'招拍挂',土地要进一级市场。"

"……"

"彩虹园区的区位优势和它原来你们打下的基础决定了它要为全市的发展做出更大的贡献。"汪局顿了顿,"但从眼前看,彩虹园乃至我们区眼光不适宜再只盯着眼前的税收。当然不久的将来彩虹园区会引来一波大飞跃,那对全市和我区的贡献一定会更大。就是到了那一天,你何杰可能已经高升了。"汪局说着,拍了拍何杰的手臂,末了开了句玩笑,想把气氛搞得轻松些。

"哪里会高升呵。"何杰心不在焉地应付了一句,依旧陷入沉思。

"融入全市大格局和上市应该是相辅相成的。如果硬要分开来的话,那前者似乎更重要。"何杰抬头望着汪局。

汪局点了点头。

"但两者是可以结合起来的。我有这点自信。"何杰说。

"我和市局的同志做过沟通,有成功的先例。"

"我跟你老法师一个人先透露一点想法,我们资产既然会少了一点,那就把旭东他们拉进来,我们两家照样控股,而且我们的关系就更紧密。国家层面的改革创新我们也就挨得上了。"

"妙!"汪局笑了。

何杰没笑得出来,他隐隐约约意识到了一种潜在的东西似乎正在渐渐变为一种现实。这可不再是他一个人想想的事了。

汪局也蓦地意识到了什么,脸色变得凝重起来。

"'陈力就列,不能者止。'——这点境界我还是有的。"何杰感觉到了汪局的担忧,索性挑开了说。他对这位兄长很是信赖。

"不至于吧。"汪局真心地宽慰道,"听说园区要成立大党委,入驻园区的企业党组织都要归到它下面,老秦似乎有意让你一肩挑。他没跟我明说,但问过我你在党务方面的情况。"

"最近一个时期我跟着许胖子贴身干活,有过比较,在领导园区方面,我比他差了一大截。"

"你也不要太谦虚。"

"真的。我在你老法师面前不说假话。一是知识结构,二是眼界格局,这些一时半会儿学不会的。到了今天,彩虹园就像一块上乘的面料,就看由哪个裁缝来做了。高明的能做出一套高档西装,而平庸的只能捣鼓出一件小马甲,那岂不造孽啊。"何杰道出了自己的隐忧。

"现在外部环境很好,我们主观上再努把力,不怕。"

"主观努力是一回事,客观效果又是一回事。"

"相信组织。"

"像我这种情况,首先我自己得有个态度,不好意思让组织为难。"何杰喝了一口茶,说道,"唉,就是有点不甘哪!"

"所以——"

"老法师,您知道我为什么对上市感兴趣吗?首先是园区大发展之需要。还有,就是考虑让这帮跟着我们干的兄弟姐妹们往后有个更好的着落,也算对得起大家一场。"

"何总是个有情有义的人,这个大家早就心里明白。"

"这也不是我个人的事情。让百姓享受到改革发展的成果。还有那么多农民兄弟、工人兄弟也盼着园区有更好的前景,这样,他们的奉献也就值了。"

"看来,我们是不会食言了。"

"是呵。"何杰拉住汪局的手,说道,"就按我们的思路坚定地走下去。我个人的那点事就你我心里有数,拜托千万不要说出去。不敢误大事呵。"

"谁跟谁呵。有数。"

"跟您老法师讲,主要还是请您看住我。"

"呵呵,你又谦虚了。我相信你的觉悟。"汪局重重地拍了一下他的肩。

10

与汪局道别后,何杰就出办公楼去园区展示中心找旭东。旭东正在那里陪几位专家就修编的最后阶段做一个专家方面的汇总,旭东打电话来让他上午稍晚一些过去一次,也想听听他的意见。

专家的意见非常统一:从打造世界级城市群的大背景下来看,彩虹园区区位优势和产业集聚的先发优势十分明显,与未来的国家级商务中心会形成优势互补和良性互动以致最终融合发展。重新完成的园区整体规划的修编和知名咨询公司做的战略发展报告对园区的新一轮发展有着十分重要的指导意义,建议能融合进市的相关规划之中,使以彩虹园区为核心的这一片区域成为未来城市群建设的重要支点之一。

何杰首先真诚感谢专家们这段时间以来的辛勤付出,接着就实施举措这一块,他做了如下补充:结合彩虹园区开发公司的借壳上市,积极争取本市国家级开发区的运营公司也能参股进来,从而使彩虹园区的运营团队能站在更高的层面谋划运作,确保这一宏伟规划在上级的领导下能顺利有效地实施。

专家们听了后颔首称赞,有几位还不由自主地朝许旭东瞟了几眼。

旭东先是一阵兴奋,继而隐隐的感动挂上了眉梢。在做会议小结时,他说道:"最后我再做一点补充,这个就不写进会议纪要了。其实有好几位专家都先后跟我提出公司改制引入新机制和团队力量的建议。我们也议过。但它毕竟涉及一定程度利益格局的调整,特别是很可能会动了咱们何杰老总的奶酪。我们一直很慎重。没想到我们何总有这么高的境界,令人感佩。那么,我们就把何总的这条建议采纳进去吧。"

送走专家们后,旭东又把何杰拉回会议室,两人凭窗而立。

"老弟,看得出,你也不是一时兴起,应该是有过考虑的吧?"旭东说道。

"你要我讲心里话吗?"何杰问。

"我是什么人,你还不了解?"

"我是一直拿你作为标杆来比。你来顶我的位子,这事准干得成。当然,你是要屈尊了。虽说企业不讲行政级别了,但你毕竟是市管干部呵。"

"老弟呵,你小看我了。这一阵帮彩虹园区做方案,越做越兴奋,回去和市里和自己园区的同志们说了,大家都说彩虹是块宝地啊。只是——"旭东侧过脸望了望何杰,他在斟酌着。

"是有点不舍,也有点不甘。可是,想一想我的那些前任,想一想那些动迁了的农民兄弟、工人兄弟,想一想我那些伙伴们,再想一想市里、区里花了那么大的心血,个人的利益还摆得上台面吗?"

"有你老弟这样的境界,如果组织上真的用得上我,我还好意思纠缠在个人得失上?人生难得几回搏。"

"组织上考虑是一回事,我们个人都主动去表个态。时不我待。"

"抽根烟吧。"旭东掏出一包红双喜,把窗户推得更大一点。

何杰瞥了一眼他手中的烟盒:"你什么时候改抽红双喜了?"

"价格便宜。"

"看来,老兄你早就有思想准备了?"

"去你的!谁愿意自讨苦吃?没办法,一份责任哪。"旭东帮何杰点上,自己也点着,深深地吸了一口,边吐边说道,"记得我们刚来,你给我们介绍彩虹,讲到那些传统企业和农村顾全大局做奉献,你说彩虹园区现在和将来矗立起来的幢幢高楼就是他们的无字丰碑,其实啊,一代一代的彩虹人又何尝不是呢。"

听到这话,何杰不知怎的,心头一热,眼眶发红。

11

公司办公室主任安然大姐打电话给何杰要汇报工作。何杰马上安排出了时间。

何杰曾交给大姐一个任务,让她了解一下公司那些骨干最近的一些思想动态,特别是有关公司上市后组织构架的变动对大家的影响。在借壳上市决策前,何杰专门请了相关专家组对大家的职业前景做了评估,结论是相当乐观的。这次哪怕引入东江国家级开发区后,何杰和班子统一思想时也认为除了顶层会有些变化,对绝大多数人前景会更好。但在这敏感时期,思想政治工作还是不能松懈。

大姐算是元老级人物,为人公道,很受大家的信赖,"大姐"就这样被叫习惯了。园区草创之初,她就像个大管家,大大小小后勤保障做得很是地道。记得何杰刚到园区第一年请职工在公司食堂吃年夜饭,当时经济窘迫,在要不要每桌上一条单价五元左右鲈鱼的问题上班子意见不一。大姐说,按照我们中国人的习惯,再苦再穷,过大年不管怎么说还是要吃上鱼的,"年年有余",为彩虹园,也为大家图个吉利。那几天可正是天寒地冻,大姐不声不响连着几个清晨赶到郊县菜市场去选鱼,最后总算觅得了砍掉一半价格的活鲈鱼。她老公心疼她,每次都由他骑着辆"老坦克"

驮上安然大姐,结果人生生被冻感冒了。吃年夜饭这天,也许是酒喝多了,不知是谁捅出了这件事,大家都很感动。不少人在酒精作用下,眼泪一把、鼻涕一把来给她敬酒,敬着敬着,大家就唱起了当时蛮流行的《爱拼才会赢》,唱得要多难听就有多难听,但是何杰跟着大家也不知不觉流了泪。

后来公司规模大了,公司党支部扩建为党委,上面讲先设一个常务副书记,想推荐她。安然大姐找到组织,说自己理论水平不高,让贤了,但关心人的事还是很积极,人缘还是那么好。何杰来了后,进一步完善了公司办公室的职能,赋予了很多智库的职责,给配了几位业务能力强的同志。安然大姐又来找何杰,希望把自己办公室主任的位子让出来,说"可别挡了小青年的道"。何杰说,大姐,办公室是综合性的,需要你这样经验丰富的老同志。大姐没再坚持,但对几个后生呵护备至,总是鼓励他们都"出出头"。办公室副主任张婧业余喜欢写诗,出了一本诗集,销路好像有点问题,大姐动员家里人和公司里的人到书店去买,给她鼓劲。这次如果上市成功,中层干部中最有可能动的就是安然大姐了。何杰找过她,她坦然得很,说:"公司能上市,对市里区里是大好事,对公司每个人也是好事。说到我这个办公室主任怎么也不像个上市公司的办公室主任,这回我是一定要让出来了,否则要被股民骂死了。"这些点点滴滴何杰都看在眼里,记在心头。彩虹人像他何杰一样能说会道的并不很多,但心都是热的,回想这么多年来,上面交代的事哪一件不是完成得像模像样。多好的同志啊!何杰在正式向组织提出自己想法之前,匀出了一定的精力要把大家的思想弄稳定了,让大家心情舒畅地迎接新机遇。

安然大姐进来了,还没说话,眼圈却已泛红了。

"大姐,坐。"何杰把大姐引到转角沙发边。

大姐没有坐下来,而是定定地看着他,有点哽噎地说道:"大家对自己没什么太多想法。就是担心你——呜呜——"大姐哭出了声。

"呵呵。"何杰抑制住激动,用一种稀松平淡的口吻说道,"我是公务员身份,再在上市公司任老总可是违规的。"

"你这个级别——"

"小妹要我保留公务员身份。"何杰说道。按当地人的叫法,安然大姐总是把乔玲玲唤作"小妹",这个"小"念第四声,是对比自己年龄小的女子的亲昵称呼。

安然此刻已然把何杰当作了一个小弟弟,"如果小妹想这样,你这次倒要听她的。你欠她的太多了。只是你辛辛苦苦了这么些年,眼看要苦出头了,你却要离开了。"大姐不禁又抹起了眼泪。

"再说我也不一定胜任。可不敢误大事呵。当然,最后还是要听组织的。今天我俩的谈话就局限在我俩之间。如还有人提起,你就说听组织的。"

"如果组织征求我意见,我可要投反对票的。我去跟小妹说。"

"大姐,拜托了。再帮我一把吧。"何杰朝她拱了拱手。

12

这天何杰下班得比较晚,天色已黑。这时,乔玲玲打来了电话,她压低着嗓音说:"何杰,你啥时能回来?门楼前围着一群人,吵吵嚷嚷的。保安说是找你的。让我先别进去。"

"巧巧呢?"何杰第一个想到的是自己读大一的女儿,说好她今晚要从学校宿舍回家一次。

"我让她到外婆家去等着了。"

"你现在在哪?"

"我在小区门口,他们没发现。"

"那你也到妈那里去。我马上赶回来。"

"你带上几个同事吧。"

"好的。你快到妈那边去,也好看住那丫头,免得她又要跑过来帮倒忙。"

"好的。你不要急,路上注意安全。"

何杰挂上电话就吩咐司机小陈把他送回家。路上他把情况跟小陈简单地说了一下。办公室人手紧,一个人都要身兼数职,小陈不仅开车还要帮他跑外勤。小伙子头脑灵活,办事牢靠,很得大家好评。何杰不想惊动太多人,关照等到了自己家让小陈在外围策应,如果发现情况不对就马上报警。小陈说还是让他先去探探情况。何杰没答应,小伙子就要办婚事了,不要有什么闪失才好。

车到半路,乔玲玲又打来电话,说人都被派出所叫过去了,她也在那边等候,初步听下来好像是工程欠款的事。让他自己先盘一盘,有个思想准备。何杰责备她有点多管闲事,因为她明天一早要出差,可别因此误了事。乔玲玲用一种半开玩笑的口吻说:"不会耽误的。你老婆是吃素的?开慢点。"

乔玲玲和何杰真的是天生的一对。她也是另一个区的处级干部,也是局级后备。嫁给何杰后,原本想请个保姆搭把手,雇了没多久就改主意了,玲玲说是当中夹着个陌生人不习惯,其实是想省下些钱来,为将来孩子读书什么的积攒些。现在的保姆工资给低了,不仅人家不干,自己也过意不去,给高了,自己肉痛。玲玲之所以想让何杰也一同分担点家务,一来培养培养他的家庭观念,不是说齐家治国平天下么,二来也可分散一些他的注意力,调剂调剂,整天想着单位里的事,心理压力太大,反而不利工作。何杰还是信守谈恋爱时许下的诺言,撸起袖子做起了家务。可不知怎么玲玲怎么看怎么不顺眼,还不如自己动手,既省心又省力,最后就由她自己把家务事都揽了下来。何杰还有点不乐意。他说道:"你这样护着我,我的心是不好受的。我言而无信,那还叫男人吗?"望着男人一脸的真诚,玲玲苦笑道,"大概我是天生的做胚,没办法。请你原谅哦。"(好在涉及外面打交道的事,何杰当仁不让了。这实际上也为玲玲分担了不少。)家务事揽下了,工作上还是照样拿得出手,每遇关键时刻,玲玲还会帮何杰出出主意。这次何杰意欲让贤,玲玲没少费心思。她同他分析了未来上市公司对CEO的职业要求与何杰的知识结构,特别是他的禀赋,他们现在的这个公司主要还是承担着政府的职能,有点类似开发区管委会的味道,这方面他何杰没的说。但上市后,企业一方面继续承担着政府的一些重要职能,另一方面在有效经营上会有更高的要求。倘若后者没处理好,那必定会影响到前者。他何杰经营意识特别是盈利意识和能力属于先天不足。当然可以后天来补,不过机会成本会比较高,上策是如有现成合适人选,那就不太会贻误时机。虽然听了心里不是很受用,何杰还是佩服妻子一番中肯的分析。

不一会儿巧巧也打来了电话:"老爸,你带了几个人?那个武警退伍的叫什么的别忘了叫上他哦。"

"好了,你不要瞎起劲。做啥,打架去啊?现在是法治社会。"何杰心里又温暖又有点烦,偏偏在这个时候怎么就生出这么些事出来。

"侬叫上伊了哦?"

"都叫上了。你就好好待在外婆家,不要给我忙中添乱。"巧巧指的是公司管物业的武安小伙子,他就这样把女儿搪塞过去了。

"随时保持联系哦!"

"好的。"

"老爸,爱你哦。拜拜。"

"拜拜。"

何杰在家受两个女人压迫。巧巧好像老天爷把她生下来就是让她来管他的。自小开始懂事起,每天下班回家,女儿都要趴在父亲身上,像只小狗一般东闻闻西嗅嗅,若闻出点酒味或烟味,那可饶不了他。小丫头不是大哭大闹,而是默默流泪,不肯吃饭,不肯睡觉,仿佛大难临头似的。直到当父亲的再三保证下不为例,才作罢。大了以后,女儿管他的方式变了,不会再缠着他,而是冷眼观察,若发觉他老毛病又犯了,依然会报以绝食,这回就不是让他口头说说了,而要立字为据,弄得何杰好没面子。乔玲玲在一旁劝解也没用。何杰一直怀疑巧巧后面有她外婆的影子,但他不忍点破。老太开始时并不看好他的,因为拗不过女儿,后来才渐渐接受了他。老婆质疑他的经商才智,女儿管着他生活细节,他在家里的地位是蛮低的,但他乐意。对一个在外打拼的人来说,家是他的精神港湾。

像大多数家庭一样,做长辈的都希望自己的小孩不输在所谓的起跑线上。巧巧从娘肚里开始就被胎教,无奈小姑娘读书上总是不如人意。初中时,小姑娘也感到了压力,情绪低落。父母在隔壁房间里发生了有史以来的第一场争吵,接着父亲来到了她的房间,郑重其事地找她谈了一次,告诉她父母只要她良心好,身体好,以后人生好不好并不只有通过读书一条道。"条条大路通罗马",而且,人生的意义在于朝着崇高目标而努力的过程,能否登顶并不是主要的。这就是父母给巧巧青春期的一份见面礼。

何杰来到了社区派出所,玲玲在门口候着他。"好了,你先回去整理明天的东西吧。"何杰说。

"我再看看吧。"

"我刚才问过邹经理了,我们不欠工程款。会不会弄错了?"两人边说边往里面走。何杰刚来园区那阵,因为公司资金吃紧,有时在支付工程款上会有点捉襟见肘,家里少不了有人来催款。老婆就在内室打电话调动社会资源为他解围,小不点巧巧就搂着父亲的脖子无声地落泪,小嘴一瘪一瘪的,一副可怜巴巴的样子,这个瞧瞧,那个望望,那神情似乎在向别人说:饶了我爸爸吧。看得讨债的人都心肠软了下来,吵上门来的不下七八批,家里居然就没被砸坏过一个杯子。经济好转后,何杰都是自己带着支票到欠人家款子的单位登门道谢,临别时,都要毕恭毕敬地朝人家深深地鞠上一躬。"都是些不忍心对我们落井下石的,好人哪!"何杰这样对同行的邹经理他们说。

派出所所长是新来的,何杰的家又不在自己的区,互相不熟悉。何杰一进会议室就向所长打招呼,接着又与那帮领头的握了握手。双方坐下后,自称肖经理的汉子说话了:"何总,我们也是没办法,快要到年末了,兄弟们要回家过年。"

"理解,理解。请问你们是做哪一个项目的?"

"我们没做过你们的项目。"

13

所长一听肖经理这么说,立刻光火了,他一拍桌子,喝道:"你们这不是在无理取闹吗!"

"所长,请听他们说下去。看得出这几位都是老实人。"何杰倒反而劝说道。

刚才进会议室时有个细节引起了何杰的注意。有一个农民工起身去厕所,不小心踢翻了一个小板凳,旁边的一个同伴立马俯身把它扶正,还用责备的眼神盯了对方一眼,对方抱愧地笑了笑。农民工回乡过年对他们是一件大事。回家哪是什么显摆,是重温一番亲情,以此来愈合出门在外打拼时烙下的心灵伤口,是重拾一种在外打拼时弥足珍贵的人格尊严,是体悟一种对家庭的责任。与亲人们的短暂相聚后,他们带着重新集聚起来的力量,重新再踏上打拼之路,为自己的家庭,为着一份推卸不了的责任,也为自己不好意思对外声张的荣誉。回家过年,在他们不啻一场精神涅槃。园区建设之初,何杰在无奈之下欠人家工程款,可是逢年过节农民工的血汗钱他是一定要想法先垫上的,这一块城市银行借得最多,还有几次他厚着脸皮向新河镇借,书记、镇长从没二话。这也是他和彩虹人对城银和新河镇满怀感激的地方。他的小学同学二傻去年回家过年,路上把工地付给他一年的三万块工资弄丢了,到了家门口都不忍心进去,感到对不起家人,躲在小山坡上偷偷往自家的院落探头探脑张望,后来硬是被家人拽了回去。再回工地时整个人就像发了疯一般,加班加点,省吃俭用,平素喜欢的打扑克小来来也一概不沾边了。如果他今年拿不到钱回家,你能想象吗?

"你们都还没吃饭吧?"何杰问道,仿佛眼前坐着的就是二傻他们。

肖经理和几个农民工一时丈二和尚摸不着头脑。

"饿个肚子无所谓,拿不到钱回家,没法向一家老小交代呵。"肖经理说。

何杰与站在门口的玲玲交换了一下眼色。玲玲踅出门去了。

原来肖经理他们今年承接了"大胡子"的一个在外区的装修项目。"大胡子"的锦辉公司今年也帮彩虹园区完成了一个地下室工程。说好地下室工程十月完工验收后,园区十五天之内结账,可已过了一个月,园区还没给钱。"大胡子"就对肖经理说彩虹不给钱,我手头紧,也没多余钱给你们。你们到彩虹去要吧。于是他们就七拐八拐找上门来了。

何杰拿起电话拨通了邹天云。邹经理已赶到了园区正在核实凭据。他马上传真了一份开具支票的凭证和领用支票的申请单。

所长拿过这些传真件仔细地看了几遍,说道:"白纸黑字写得清清楚楚,支付锦辉公司地下室工程款余额一百二十万。"

肖经理接过传真件看了看,有点傻眼了。几个农民工也是面面相觑,一时无语。

玲玲拎着一大袋面包和一大袋瓶装矿泉水推门进来了。"来来来,大家先垫垫饥吧。"她把一份面包一瓶水挨个递到农民工手上,带着颇具亲和力的微笑,虽然有点气喘吁吁。有几个粗壮的汉子起初还不时偷眼打量门口的这个美人儿,现在当这个女人真的站在他们面前,将食物硬塞到他们手上时,他们却都低垂着眼,拘束不安起来。

所长扭过脸朝门外喊道:"快来帮大家续点热开水。"门外进来了两位提着热水瓶的民警,开始逐个续水。所长望着大家啃着面包,语气缓和地说道:"实际上从法理上讲,即使何总欠着锦辉的钱,和你们也构不成债务关系。你们这样闹,会触犯治安条例。吃好了,就早点回去吧。以后自己长长脑子,不要随便被人当枪使。"

这些衣冠不整的人里有年过六十、看上去比自己父亲年龄还大的小老头,也有至多和巧巧差不多年纪的孩子。何杰看着他们,心里有点发酸。他对肖经理说:"你能不能让我同'大胡子'通个电话?"

"不麻烦了。"肖经理使劲咽了几下,又喝了口水,"我们吃完就走,这儿有热水。"

"你现在就拨他电话吧。都在这儿,再问问清楚。"何杰说。

所长说让你打你就打吧,兴许我和何总还能帮上一点什么。

"那太谢谢了。"肖经理匆忙抹了一下嘴,掏出手机,拨通了电话,递了过来。

何杰接过,摁了下免提功能:"我是彩虹园区何杰总经理。你是锦辉公司的老总吗?请问贵姓?"

"哎哟,是何总?鄙人姓胡,叫我'大胡子'就行。"

"胡总,我刚才拿到了我司给你们支票的凭据。已经全付清了。你有传真吗?我现在就传给你。"

"呃——"对方似乎愣住了,不一会儿缓过神来,"是这样的,何总,你们的支票交到了我的副总手里,他没交到公司。"

"那是你们公司自己内部的事。"

"是呵,是呵。问题是你们公司项目四部的花经理见到我都不肯把那张支票直接给我,而硬要给到我副总手上,说什么他是和我副总发生业务联系的。"

"总之还是给你们公司了呀。"

"嗐,何总,你不知道,出事了!"

"出什么事?"

"我那位副总前天出了车祸死了。那张支票也找不到了。你说我不找你们,找谁去呀?"

一股怒火霎时在胸中腾起,这个花坤老毛病又犯了。"这事,不像你想的这么简单。我明天派律师跟你联系。"挂了电话,思忖了片刻,何杰掏出自己的手机找花坤,对方手机关机。司机小陈忙拿出自己手机拨打花坤家里座机。花坤妻子打着呵欠回道,他出差去了。何杰又拨了邹天云。邹经理还在办公室候着,听说后找出一张对方副总亲笔签名的收据,告诉何杰,几天前花经理拿着这张字条对邹经理说,他们老总不在,过几天换张正式发票过来。

何杰拧着眉对神情复杂的肖经理说道:"欠你们的工钱一共是多少?"

"四十八万。"

"三天后,如果'大胡子'没给你们工钱,你肖经理一个人来找我,带上你们的工资清单和一张你们工程队向彩虹公司借款的借条。我先给你们垫上。你们的钱早晚'大胡子'得给你们。我和他打这场官司,他肯定输。"

"谢谢了,何总。你可是帮了我们大忙了。"肖经理带着那帮人纷纷站起身,向何杰鞠躬致谢。

14

项目四部的花坤经理就像在人间突然蒸发了一样,任谁也找不到他,已经有两天了。

花坤是有那么一点背景的,好像他有个叔叔在哪个能管得着彩虹园区的部门当把手。何杰没来前,大家都有点忌讳他。他一来就当了项目部负责人,承担具体项目的规划建设和基础配套协调。他有时从中化简为繁、横生枝节捞好处。何杰初来乍到就不声不响逮住几件事收拾了他一下,果然某个部门的领导以关心彩虹的名义给何杰打了电话,末了这个领导说:"何总啊,你们这儿有个叫花坤的,他表现还好吧?"何杰回答道:"领导,花经理再这样下去就快要进班房了。我们决定给他个行政记大过和降级处分,拉他一把。他再不思悔改,那就只能等检察院来找他了。"

"有那么严重吗?"这个领导问,语气难掩不以为然的意味。何杰没正面回答,而是问:"领导,听说他是您亲戚?""谁说的?"领导嗓门变粗了。"我说么,领导怎么会摊上这样的亲戚呢。"何杰说。当时何杰才刚到园区不到一周,按常规应该还处在调查研究、谨言慎行阶段。可他是这么想的,正因为刚到,你辣手辣脚收拾几个害群之马,谁也不敢拦你,总不至于朝令夕改,上午派你过来,下午就把你调回去吧。再说当时外界都在传何杰这次来彩虹是闵书记点的将。

花坤被当头打了一记闷棍,人老实了不少。撤了花坤的项目部负责人后,何杰又把项目部拆成五个小组,美其名曰为项目一部到五部,每个组至多三个人,互相没隶属关系,以便更好把控廉政风险。鉴于花坤近几年来表现不错,最近就又提了他任项目四部的经理,主要负责园区一些边边角角的修补工程。这次给了个稍大一点的,没承想又跌倒了。看来廉洁的事一刻都放松不得。

三天期限眼看就要到了,何杰召开经理会议,把锦辉公司的事说了。大家对花坤很是愤慨。

"他大概以为公司的结构可能会动一动,他的尾巴又翘起来了。真是狗改不了吃屎。"有人说。

负责公司纪检监察的曾书记说道:"已调查清楚,花坤接受过'大胡子'的一次宴请,还拿了五千块钱的红包。"

"这个地下室工程我们可是严格按照程序办理的,是公开招的标,花坤事先也没介入。"李工程师纳闷了,"'大胡子'为何要谢他呢?"

"支票是我让花坤去送的。"邹经理说。

"这无所谓,还怕你不给他们?"诸葛说,"项目验收上会不会?"

"验收是由区职能部门组成联合评审组来评审验收的,我全程参与。应该没问题。"李工说。李工曾主持过兄弟区几个重点项目的设计建设,被作为专家型人才调过来的。

"现在正需要他出面的时候,他却一溜了之。人品上也有问题。"有人说。

"问题的关键出在'大胡子'要他作证上。"何杰寻思道,"如果真如'大胡子'所说,花坤毕竟还代表着彩虹园区,那看来是要打一场官司的。"

出于维稳的需要,大家同意可先借四十八万元给肖经理解决农民工欠薪问题。接着开始讨论花坤的事。大家比较一致的意见是要给他更严的处置,只是在时机上要再斟酌一下。何杰明白大家的所谓"时机"就是有关他的去留。这阵子大家都形成了一种默契,不再议论何杰的去留,因为这不符合组织原则,还会害了何杰,这是大伙所不愿意看到的。他表态了:"廉洁的事不能拖,发现一起,处理一起,露头就打。有句老话,'从善如登,从恶如崩'。特别在这个敏感时期,大家眼睛都盯着哪!"

"我建议何总可以不表态,是我们强烈要求的。会议记录上就这么写。"诸葛说道,一双眼睛依次望将过去。李工、程成等几个纷纷点头赞同。

何杰摆了摆手,说道:"诸葛先生,记得你是怎么说的,猛石什么呵?"

大家笑了。何杰说:"谢谢大家的好意。这点担当都没有,也就枉为一个彩虹人了。"

就在这时,安然大姐一边看着手机,一边脸色泛红地从座椅上站了起来:"花坤来短信了。"

大前天晚上花坤是被"大胡子"硬拉着去了豪悦酒店的。包间里就坐着"大胡子"、肖经理的老板——一个瘦瘦的小老头,还有一个叫夏总的中年人,再就是他,后来席间还进来了几个陪喝花酒的妖冶女人,好像在酒桌上也没谈什么。"大胡子"让那张支票在后面敲了个锦辉公章就直接转到夏总公司去了,对小老头说只要宽限他一个月,欠他的款可再加两个点给他。小老头当场答应了下来。开始,花坤有所警惕,后来一看与他没什么关系,就放松了下来,出门时,"大胡子"塞给他一个红包。他起先不敢拿。"大胡子"说,怕什么,你又没帮过我什么忙,谈不上以权谋私吧。再说,你们那个何总就要滚蛋了,你怕他个球!花坤拿着红包的手就往裤袋里放了。"大胡子"又把一个后来一起喝酒的女人往他怀里一推,"走,跟着媚媚去放松下。钱我都付了。"到底这些年规矩做下来了,花坤没敢依从,径直回了家,也把五千元红包给了老婆,憋屈了多年,总算在黄脸婆面前长了回脸。

第二天一早,花坤还在床上迷糊着,"大胡子"就打电话过来了,跟他说,他的那位副总昨天出车祸死了,让他做个证,那位副总自己把那张支票吞了,锦辉也没有入账的记录,要彩虹园区负责。还许诺,这件事要是弄成了,给他花坤五万。当然如果花坤不干,那么他喝花酒、收礼金的事就藏不住了。花坤听了这番话,当即吓出一身冷汗,昨晚残存的那点酒意也顷刻消失殆尽。那可是把他往绝路上逼呵。黄脸婆的钱是要不回来的。这个女人贪心得很。那些年他之所以东伸手西伸手,主要是她逼的。后来看他没权了,才骂骂咧咧地放过了他。这笔钱看来是肉包子打狗有去无回了。至于喝花酒,他是怎么也记不起他当时干了什么。当初何杰虽然收拾了他,他叔叔后来也没少给彩虹小鞋穿,但好像效果不大,何杰当年还当上了市的先进呢。特别是这些年来,何杰的为人他是看在眼里的,你不得不服呵。如果趁着现在给他使这么个绊子,一是他不会忍下这口气的,更主要的是我可就要被人骂死了,以后还怎么做人哪!想来想去,他最后决定自己抓紧想办法凑足五千元去还了,至于喝花酒的事,反正也没有过实质性动作,就只能听天由命了。他不声不响一个人回了趟老家,向发小们借了一笔钱。刚才已还给了"大胡子"。"大胡子"还不死心,拿出了一叠放大的彩照,里面都是花坤的醉态,对着一旁的妖艳女人动手动脚的样子,很不雅观。花坤恼恨交加,朝着"大胡子"啐了一口道:你去告我吧,我要揭发你。

安然说,待一会儿,花坤会赶到公司来,要交两份东西,一份是揭发"大胡子"的,那个夏总也被做通了工作在上面一同签了字,还有一份是花坤的辞职报告,他无颜面对何总,不配再做彩虹人。

会上大家一时沉默不语。过了会儿,曾书记建议,如果情况属实,接受花坤辞职。大家一致同意。

会后,何杰把安然大姐叫到自己办公室,从办公桌抽屉里取出五千元现金交给大姐,说道:"花坤这回像个彩虹人了。这是替他还债的,就说是你给的,千万不要向任何人提起这件事。我刚才和申北园区打过招呼了,他们会给他安排个合适的岗位。唉,他老婆没找好。当然,首先他自己有问题。我们也有责任哪!"

"你是有名的'妻管严',哪来那么多钱。我有。"大姐把钱推给他。

"我是一把手,他跌跟头,我有责任的。你给,没理由,还会让人误解。这是小妹让我去换个新冰箱的。一直忙,没去办。刚才已经请示过她了,被她先是骂了一通,后来么,当然老花头了。"

"能讨到小妹,是侬的福气。侬也不好太亏了她。将来如果你真的,这里还有我经常敲敲你木鱼——"大姐说到这里,哽噎住了。

"STOP,STOP。"何杰忙用右手食指抵住左手手掌,做了个就此打住的手势。

15

区委办章主任来电话了,秦书记这些天忙着在市里开会,今晚他特地赶回来请他过去一下。为了节省时间,晚饭在秦书记办公室吃,章主任会安排机关食堂的客饭。何杰又找了应副总,将那家知名跨国公司的情况核对了一下。应副总说,要去否定掉一个领导推荐的项目,蛮尴尬的。我是原经手,情况更清楚。领导若要细问,万一你哪里卡住了,会引起领导误会。何杰说,谢谢了。情况你们已经跟我交代得相当清楚。如果需要,我随时联系你。分别时,应副总有点欲言又止的样子。

章主任在进门的第一间办公室等着他了。在闵书记的时候,他们两人很熟悉的,工作上配合得也很默契。章主任水平高,人善良,特别是在领导面前敢讲真话,颇得大家的好评。秦书记来了后,怕让章主任为难,何杰与他的走动不像以前了。为此章主任没少说他。

"何总，秦书记正在回来的路上，我们稍微再等一会儿一起吃。我给你泡杯我家乡的红茶。喏，先弄几块饼干垫垫饥。"章主任一如往常那样热情随便，"你小子介忙呀，最近一阵人也看不见。有空还是过来坐坐。秦书记蛮关心你的，跟我聊过你好多次。"

"谢啦。"何杰坐在沙发上接过茶，他曾有几次想通过章主任了解了解新来的书记对自己的看法，但又觉得这样做显得有点猥琐，章主任也从不习惯在这些方面饶舌。他这个人分寸感很强，真的想要说什么，他也会很婉转地表达出来，像何杰这样的明白人还是能揣摩出其中的意味。比如有一次，何杰在一个什么会上与人争了起来。会后，章主任看似不经意地与他走在一起。到了一个僻静处，章主任说，何总最近工作压力很大吧。心急吃不了热豆腐。心要热，脑子要冷。大家都一样，任务摆在那边，都急的。说着，拍了拍何杰的肩膀。何杰说，我刚才是不是有点失态了。章主任笑了笑，不置可否，又拍了拍他，就告别了。

"好茶！"何杰呷了几口。章主任从桌上拿过半包牛皮纸袋，"送你一点。养胃的。"

门外传来一阵响动，秦书记探头进来："何总，已经来了？我去洗手间一下。你们到我办公室吧。"

章主任领着何杰进了书记办公室，在一圈沙发上坐了下来，秘书科的同志送来三份盒饭。秦书记边用手帕拭着手，边走进来，说道："饭还热的吧。听章主任说，何总胃不大好。要注意点的。"盒饭是热的，每盒配的菜是两块熏鱼，一块清蒸咸肉加豆干丝底，还有炒青菜，一小碗番茄蛋汤。米饭的米有点糙。"有彩虹的食堂好吗？"秦书记边吃边问道。

"米没有我们的好。"何杰道。

"是吗？那什么时候我到你们食堂去尝尝鲜。"

"欢迎，欢迎。"

"来，多吃点干丝。"秦书记把自己的筷子反过来搛了几筷子自己的干丝放到何杰的饭盒里，"油煎的东西少吃点。豆制品养胃的。"

"谢啦,领导。"何杰感觉与书记的距离有点近了。

"哈哈,领导,这好像没依据。"章主任笑开了。

"是吗?你们倪老师说的。她好像是有点不懂装懂,今天给我喝这个,明天又给我吃那个。她儿子批评她可别把老爸吃坏了。她说书上这么说的。没办法。前几天休息我去逛了下书店,各种保健书出了不少。何总,平时都看些什么书?"

"主要看些人文类的。"

"人文类?"

"喜欢看些历史书,特别是人物传记。"

"你对经济倒不感兴趣?你硕士读的是——"

"公共管理。"

"何总现在也看经济类的书,还发表过不少文章呢。"章主任补充道。

"我拜读过了,有见地,也有点理论功底。看得出边实践边思考的。"秦书记说。

"干一行,爱一行,专一行。"章主任望着何杰说道。

秦书记埋头吃着饭,好像没听到章主任的这段评价。

吃好饭,章主任收拾好饭盒什么的,边往外走,边说道,你们谈,我在外面办公室,有事随时叫我。秦书记同他点了点头。何杰朝他道了声感谢。

"喝茶。"秦书记转向何杰,"一直想单独到你那边去一下,也一直没时间。二十个街镇上周总算跑完了。接下来把你们和几个国企放在一起走。你是头一家。"

"欢迎书记来视察指导。秦书记,今天冒昧打扰您,主要是想汇报您关心的那家跨国公司入驻的事。"何杰字斟句酌地说道。

"好的。也有段时间了吧。"秦书记呷了口茶。

何杰先把这家公司在华的发展前景做了汇报,强调了这家公司如果入驻,带给区里的可观税收和品牌效应。接着,他就入驻的瓶颈制约做了较为详尽的分析,表扬了质监局领导主动作为,转述了专家的两个意见和他们的倾向性建议。最后,他说道:"我们公司综合评估下来,从环保角度,从园区将来打造科创中心、航运中心、总部经济重要支撑的战略目标来看,对这个项目我们想忍痛割爱。"何杰抬头望了望书记,"请秦书记批评指正。"

秦书记一直神情专注地听着,此刻似乎也已形成了自己的看法,他舒了口气,说道:"在我们中心城区同样要把绿色环保的理念放在第一。很高兴你有这样的姿态。建议和分管区长汇报一下,就告知企业,也不要耽搁了他们的时间。嗯,最好能整理份书面材料给他们,把理由讲清楚,说明我们也是对他们负责。我们也可以帮他们推荐几个兄弟园区。"

何杰从包里取出两份已打印好的中英文材料递给了书记,"已起草好了,想请书记审核一下。郊区有几个适合他们的园区,我们可以帮助对接,这样就可以大大节省他们的时间。"

秦书记接过材料,笑了:"好呵,心思缜密,行动迅速。你这家伙果然厉害。"迅速把材料扫视了一遍,道:"我看可以。你们自己把关吧。"

"谢谢书记理解和支持。"何杰有点感动,他站起身来。

"你跟我还客气什么?"秦书记示意他坐下,"我和老闵性格差不多,你就像以前对老闵一样,随便一点。"

"对领导还是不好随便的。"

"哈,那次你把老闵搞得一愣一愣的,当我看不出来?"秦书记给何杰和自己续了茶,说道,"你是对的。要引进企业,政府就要在做好环境上下真功夫。噢,对了,你们上报的《林伟企业服务法》我给送到市里去了,上面很赞赏,想在全市招商服务交流会上推广。我中午在市里已和齐区长讲过了,我们区里也要对应一下,把服务经济、服务企业的品牌做做大。还有,也算是先跟你谈谈心吧。我们想结合彩虹园区的进一步做强,把党建这一块也同步做大,考虑成立园区大党委,对园区的所有企业、机构的各级党组织实施统一领导,你来一肩挑,再给你配个专职党委副书记,成立专门的党建办。也期待着你们在这一块早出成绩。"秦书记满怀期望地望着何杰。

一股热流顿时流遍全身,何杰是真正感到了深深愧疚,为自己对秦书记的误解。然而这也就一刹那的事情,此刻面对着组织和秦书记的信任,他更感觉到了自己的一份责任,这就是:为着彩虹园区的腾飞,在这一刻不容缓的关键时刻,他何杰应该让贤!这也是一种贡献。于是,他向面前这位值得信赖的领导倾诉了自己的心思和愿望。

秦书记的表情由开始的讶异到深思再到感动。末了,他站起身,使劲地拍了拍何杰的肩膀,一字一顿地说:"我理解你。"

后　记

东江国家级开发区公司入股彩虹园区,许旭东任董事长兼 CEO,彩虹园区成功借壳上市,连续三天涨停。彩虹园区被纳入东江国家级开发区一区五园体系,不久,许总陪着齐区长赴京为彩虹园区成功拿到国家级总部经济示范园区的牌子。

何杰在东江入股彩虹前夕调任区委政策研究室主任。

爱人的背影

1

"唉,会来的,早晚会来。"吴庆和把一沓照片慢慢推到乔山面前,"千万千万控制好自己。"他的表情很冷静,看不出一丝情绪,一点也不像平时的他。

乔山只是把目光下移到自己的桌子面前,最上面的那张是余韵紧挨着一个魁梧的男人,匆匆走进一家快捷酒店大门时的背影,照片的右下角是橘红色的日期:2013-03-12。他不动声色,定神地对着那张照片。

吴庆和看了看左侧的过道,伸出手,就像电影里赌场上的发牌员,把一沓照片一溜捋开。有不少是连拍的,日期相同,也都是同一酒店,同一对人。吴庆和探过身来,抽出一张,特意用手指点了点。那个男的好像有条手臂正伸向女的一侧。

乔山嘴角颤动了一下:"是碰到老朋友了。"

吴庆和坐了回去,挑起眉毛,望着他:"同一天,但在不同的时间,只是照片上显示不出来。"他没再说下去。

"谢谢兄弟了!"乔山动作迅速地收拢起照片,装进自己的手包里,已经僵硬的脸上挤出了一丝勉强的笑意,站起来,朝吴庆和欠了欠身,离开了座位。竟然忘了买单,平时即使和铁哥们在一起,他也会客气一番的。

吴庆和望着他的背影,不无同情地摇了摇头。

2

对吴庆和的话是不能全信的。

吴庆和和乔山原本不认识。吴庆和的前妻俞春芳四年前在市委党校学习时与同班的余韵结识,成了好朋友。好像听余韵说起过她们两人还是同乡,是一个地区的,真的说是同乡,有点牵强,可能相处下来比较投缘,于是就来个"亲上加亲"吧。一来二往,两家人家就关系密切了。两个当处级干部的"女强人",凑在一起,谈国家大事或单位里的正事,也像一对亲姐妹似的,聊家里的事,儿女们的事,有时还咬着耳朵说悄悄话。乔山心里明白,两人都远离家乡,独个在这座大都市打拼,难得的一份乡情。

三年前,俞春芳要提副局了。大家都为她高兴。余韵在为闺蜜高兴的同时,不免有点失落。晚上两口子躺在床上,余韵对乔山这样说,人品、能力很关键,但单位的实际状况,还有领导的眼光也是必要条件。侬讲对哦?余韵和俞春芳一样,这里的申江话是很溜的。余韵从党校出来后调到区里一个大口当一把手,那个综合部门由原来多个强势部门合并而成,不要说对外形成综合优势,对内协调好就已经够她劳心费神的了。区委秦书记有一阵遇上她,半真半假地说,余韵哪,什么时候看到你发声呀!后来,大家形成了合力,工作也打开了局面,不过时间毕竟过去了一年多。乔山把余韵紧挨着他的身子扳过去,伸出手,在她的后背上按摩着,劝慰她:"努力了,问心无愧就好。像你这样的,起点够高的了。像我当了快二十年的科长了。"他又连忙补上了一句,"哦,当然,我兴趣不在这里。我的擅长现在又不吃香了。再说,我这个事业编制,当到这个文化站站长也就到顶了。反正我是蛮知足的了。"余韵侧过身来,在黑暗中忽闪着眼睛,望着男人,轻轻笑道:"侬蛮有自知之明的嘛。"

谁都没料到,就在上级启动对俞春芳考核的时候,她的后院起火了。

突然发难的就是平素对老婆言听计从的吴庆和。他先是要春芳在一张保证书上签字画押。是张什么保证书呢?要她保证从今往后不能有外遇,家里的钱交由他吴庆和掌管。钱不钱的还好说,关键是头一条,太侮辱人了。春芳强忍住怒火问他,你以为我升了官,就可以胡作非为了?吴庆和说你一直看不起我,将来你地位高了,追你的小白脸不要太多哦。现在不给你做规矩,以后我哭也来不及。听听这种口气,就猜得到谁在后面给这个当儿子的出主意了。

凭良心讲,吴庆和不是盏省油的灯。大学毕业进了一家大型国企,眼高手低,不招待见,在他母亲的怂恿下,又不顾春芳的劝阻,辞职下海,差点没把自己赔进去。后来还是春芳请自己大学同学帮忙,将他弄进了一家民企,给他谋了个行政办主任才算了事。按理该太平了吧,可没多久,估计也是经不住他老母亲的煽动,他又吃起了那个春芳老同学的醋,搞得春芳和老同学很是尴尬,后来都不敢再来往了。"恩将仇报啊,你们这是。"有一次,春芳实在忍不住了,背着她的婆婆,把自己不争气的男人狠狠地臭骂了一通,自己的眼泪都骂出来了。从那以后,吴庆和对春芳低眉顺眼起来。现在看来,江山易改,本性难移。

春芳怎么会在这张纸上签字呢?你不签对哦?那你可就别怪我无情无义了。吴庆和撂下了狠话,限你三天时间,否则,我就不客气了。春芳没法同远在千里之外的老家亲人讲,(都是老实巴交的农民,恐怕讲了也白讲)她找到了自己的闺蜜。那天晚上,乔山也在。第一个跳起来的是乔山。"娘额,坍春江男人台嘛!"他自告奋勇连夜去做吴庆和的工作。吴庆和那张瘦脸挂着得意,一口回绝了。乔山真恨不得扇他几个耳刮子。

吴庆和的母亲显然低估了春芳,她大概以为这些当官的都是官迷心窍。三天过去了,春芳家都没回,连宝贝疙瘩的儿子都未曾照上一面。吴庆和没了方向。老母孤注一掷,逼着儿子闹到了春芳的单位。春芳第二天就向法院递交了离婚诉状。这一折腾,结局可想而知。一年后,判离了。春芳带着儿子头也不回地搬出了那个家。这期间,吴庆和找过乔山和余韵,要他们代为求情。余韵还比较婉转,表示爱莫能助。乔山总算逮到了机会,劈头盖脸一顿数落,说到激动处,臂肘一不小心碰落了一只宜兴紫砂壶,掉到地上,把壶嘴摔出一个豁口。事后他心疼了好几天,好在余韵好像没什么特别的反应。

吴庆和这小子这回这么起劲,到底为了啥?一个想法蓦地闪过,乔山马上把它挥去了,人还是厚道点好。

3

乔山一直自信他和余韵的感情是经受得起考验的。

余韵大学毕业后考进虹兴街道办事处,在社文科当小科员的时候,乔山已是街道文化站站长,是全区九个街镇文化站最年轻的站长,还经常有诗作在报刊上发表,出过一本诗集,并且得过一个什么奖。据说街道蒋书记怕这小伙子心活跳槽,就给了他这么个职务,说是给年轻人压担子。年轻的站长倒也不负众望。那时候,群众性文化活动多,如歌咏比赛、诗歌朗诵会、社区居民大型文艺献演、书法大奖赛什么的。十四个居委个个都成立了歌咏队、时装队、乒乓球队等,拉出去参加区里乃至市里的比赛,基本上没有空手而回的。被市里连续两届授予市群众文化工作先进单位称号。特别值得一提的是1995年全国群众文化工作先进考评,虹兴街道拔得头筹,为全市争了光。蒋书记乐得逢人便说我们街道出了个文化奇人,呵呵。

后来这种传统性的大规模群文活动渐渐变少了,大家更喜欢在自己家里看VCD、DVD、家庭影院,或者集聚到证券所边炒股边聊天,或者按照各自的兴趣组成各种小型、松散的活动小组,再后来就是自发老年游,跳广场舞,唱歌还是喜欢的,就是由专业老师来指导,美声唱法,一大拨只会吼嗓子的也就知难而退了。文化站更名为文化中心,也适时调整工作方法，对照居民们的需求，搞小型、多样活动，热闹是热闹的，但过去那种大场面、大气势到底回不来了。诗歌创作也遇到了点问题。拿着刊登出来的诗歌送给别人"请多多指导"，再也难获众人的喝彩，至多敷衍地赞美几句。一次，街道为他乔山组织了一场"诗人乔山诗歌品鉴会"，可容纳百余人的多功能厅，只稀稀拉拉来了十几个人（其中还有一半是他下属的家属，老的老、小的小）。他去上厕所时，只听得在厕所的小隔间里传出街道宣传科长压低嗓门的哀求声，不知道央求谁帮帮忙，抓紧多弄几个人来撑撑场子。这真比当面抽他耳光还难受。

　　他痛下决心，放弃诗歌，转向长篇历史小说创作。当时电视台正在播《康熙王朝》，"真想再活五百年"之类歌曲在小区居民嘴里还不时听得到。难是有点难的，历史这一块他过去不怎么感兴趣。现在得补。找了正在上小学的女儿探探路。乔懿懿虽然自己功课多得不得了，但对老爸还是蛮同情的，拿出了历年的课本一一翻找，结果好像都嫌浅了一点，写童话故事倒还差不多。他就腾出时间自己翻资料，最后选定唐末黄巢农民大起义。这场大起义，有历史地位，目前好像还没人写过。他回忆起当年一本《李自成》在他们这帮小伙伴手中是多么抢手，当然看完的真的没一个。阿三头居然还偷偷撕了几页卷香烟抽，被他们几个着实狠揍了一顿。

　　于是闲暇下来，他开始启动了这项工程。女儿开始最起劲，一到晚上，就找各种理由蹭到他身边，大声念着他电脑上的稿子，不忘赞美几句，像"老爸，你写的就跟我们语文课本上的一样哎"，没几天，小姑娘就不过来了。小孩子，五分钟热度。他思忖道。

　　余韵对他的宏伟计划赞成是赞成的，但可能是出于职业习惯，表现得比较理性。乔山跟她展望美好的愿景时，她静静地听着，轻轻说道："应该要有追求。"余韵脾性比较耿直，不大喜欢讲奉承话，在单位、在家里都是这样，有时就不太讨好。有她这么句话，可以了。他还在兴头上，出卧室，进书房，把台式电脑上的文稿拷到优盘，又把优盘插进一台笔记本电脑上，双手捧着，踅回来，坐到余韵躺着的床头，"我来念一段给你听听。《西风烈》,这是我的书名,抓眼球哦?'引言,公元——'"侧过脸,望了望余韵。余韵正在努力地睁开那双充满困意的眼睛,作出一副倾听的样子。"好了好了,你睡吧。等以后空下来再说。"乔山心疼自己的女人。"谢谢侬哦!"女人感激地嘟哝了句,头一歪,睡过去了。乔山轻轻从床沿边站起身,走到门口,关了卧室的顶灯,心里嘀咕着,她不是学中文的,难怪她。

余韵学的是行政管理,考进街道,正逢社文科缺人,让她顶了进去。没想到她跟乔山配合得像模像样。慢慢大家似乎也看出点门道。蒋书记别看平时很严肃,号称S区街道、镇两大"女强人"之一,其实也是一副慈母心肠,她有意撮合他们。有书记保驾护航,谁还敢打横炮?实际上当时乔山正谈着一个女朋友。是母亲介绍的。人总的来讲,从卖相到家境都不错,就是有点"作"。和她相处,乔山感到蛮吃力的,慢慢地就有点意兴阑珊。余韵就不一样,人更漂亮不说,说话做事刮拉松脆。有一次要运一套音响赶往古二居委,乔山把时间搞错了,表演都快要开始了,音响还没到,居委主任邵阿姨急得双脚直跳。余韵一听,一骗腿骑上黄鱼车,飞也似的赶了过去,乔山在后面追也追不上。赶到万六小学操场,还是迟到了。不过,看到一个衣着光鲜的靓妹骑着辆破旧的黄鱼车,满头大汗的,大伙还能说什么呢。

私下里说,倒是小姑娘主动追小伙子的。不过乔山这家伙可从没跟单位任何人提起过他有女朋友,包括对书记,对余韵。蒋书记退休的时候,半真半假地当着余韵的面,对乔山说:"乔山,侬这只小棺材,瞒了余韵,还瞒了我。结棍额。我告诉侬,侬要对余韵好。"又看着余韵,"迪额小囡倒是个好小囡。你们要好好过日子。否则,我要被人骂死了。"

4

两人确定关系不到半年,就办了喜酒。怎么会这么匆忙?都是乔山母亲的旨意。刚开始,乔母是一百个不同意,外地来的,又生得介漂亮,阿拉山山吃不了伊额。可儿子一根筋。特别是要帮老外婆冲冲喜，老人最疼爱的外孙什么时候能结婚生子，是老人家心头一桩天大的事。卧在医院病榻上，老人不住地念叨着："阿拉山山啥辰光做爹啦。"乔母找到那个女孩，女孩连面也不照一下，找到女孩的母亲，也就是乔母的小姊妹，没想到人家撂下一句话，结婚的事哪能好介随便。"娘额大头菜！"乔母差点没气晕过去。在奉旨备孕的时候，乔山有点过意不去，余韵刚刚被破格提拔为当家的副科长。倒是余韵宽慰他，在我们老家，我的那些同学小孩都快长得和她们一样高了。晚生不如早生。蒋书记了解他们本地人的规矩，也帮他们打消了顾虑。街道有人风言风语了，说小姑娘可真有心计，升了官，正要指望她做事呢，她倒好，养小囡去了。"做啥？是我批准的！"蒋书记横眉说道，霸气得很。

确实是赶在老外婆走之前生了，不过是个女孩。老人家那张病恹恹的脸上难掩失望之情。也只能这样了。乔母也是不怪儿子怨媳妇。乔父还算开明，生儿生女一个样。再说你怎么知道这不是你儿子的责任。"侬跟我少讲两句。"乔母白了男人一眼。乔父知书识礼，但有"妻管严"。

乔母对进门的媳妇总是一副客客气气的样子。如果说头几次见面，这算是一种礼数倒也罢了，问题是，住到一个屋檐下了，又脚不沾地给你们续了香火，还是这么副拒人以千里的客气，那就不仅仅是显得生分，更是平添了几许砭人肌骨的寒意。乔父有点看不下去，好几次挑起话头，想把家里气氛搞得热络些。比如天气转凉了，他故意冲着儿子的卧室喊道："阿韵啊，外面天气凉了，多穿件外套哦。"乔母就会在一边说："做啥，吵来兮额。"一家人在一起吃饭的时候，他对儿子说："山山，阿韵欢喜吃鱼，侬搛点给她。"乔母就会白他一眼："看你唾沫，这菜人家还好吃哦？"结果就是这样，往往事与愿违，反而把气氛弄得更尴尬。

余韵外表上大大咧咧，其实内心是很感性的，尤其那些年在一些申江人眼里他们这些外地来的小年轻被人家议论也是蛮多的。她只能装装傻。在自己男人面前她也刻意掩饰自己的不快。男人在乔更浪里是个出了名的孝子。当初为了娶她,已经算是冒天下之大不韪,不忍再难为他了。

余韵越是这样,乔山心里越是难受。终于有一天,他爆发了。那天在吃晚饭的时候,不知是谁聊着聊着聊到了乔山的前女友前不久生了对龙凤胎。乔母说话了:"本事啊!一双儿女,还不算两胎。"瞟了儿子一眼。余韵拿着筷子正埋着头扒饭,听到这话,不由地顿住了,眉头颤动了几下。乔母或许觉察到了,冷下脸,"啪"的一声,把手里的碗筷重重地蹾在饭桌上,夸张地叹了口气,起身离开了。深夜,乔山一觉醒来,发觉余韵正侧身背对着他,一只手伸出被子,在轻轻地弄什么东西。"做啥?"他轻声问。"你睡吧。没什么。我有点感冒。"瓮声瓮气的,又显得若无其事。乔山撑起上身,扭开床头柜上的台灯,要死,两只眼睛通通红,枕头边一堆擤过鼻子的纸巾。乔山无声地俯下身,紧紧地拥住了自己的爱人。

第二天吃晚饭的时候,乔山让街道来电话把余韵支走,然后他做出副无奈的样子,对二老说:"真不好意思,我们街道要争创全国精神文明先进街道,这半年里天天要加班加点。我这一摊要补很多东西呢。我想和余韵暂时住到离街道近一些的地方。住在这里,天天起早摸黑地赶来赶去,既影响你们,我们也吃不消。"

"伊啥意思?"乔母不动声色,用筷子攃着碗里的米粒。

"我还没同她说呢。"

"是哦?"乔母抬起脸,望着儿子,嘴朝正坐在一边由保姆抱着的孙女努了努,"那女儿哪能办?"

"放幼托,再请个钟点工。"

"既然你们都想好了,我也没意见。哪怕你们要分家。"乔母狠狠地瞪了儿子一眼。

"嗳,侬多想了。山山他们就是为了工作,临时在外面住一阵嘛。侬想到啥地方去了?"乔父说。

"侬给我省省。"乔母说。

"阿姨,我两头跑跑吧。小懿懿怕生。"保姆热情地说。

乔母鼻子轻轻哼了声,"你们不要后悔就好。"

5

街道参加全国文明先进考评这不假,但不是乔山要加班加点,而是余韵。余韵被蒋书记火线调到了街道文明办,负责对各科室文明创建工作的督查。余韵人缘好,做事牢靠。当然这些都远远不需要天天起早摸黑加班加点的。余韵心里明白乔山是为了什么。蒋书记知道了他们临时搬家的事,问了乔山。乔山当然不会如实相告,就把对家里的那套说辞重又搬了出来,自然说成是余韵的事了。到底是思想政治工作的高手,蒋书记在一次街道和居委干部晨会上说了这事,末了,动感情地感叹道:"多高的觉悟呵!"余韵只能更卖力了。

一圈兜下来,创建最难的是城建科,城建科最难的是支马路和街坊小道的环境卫生。城建科长万建成是从一家国有企业转过来的,为人仗义厚道。余韵和他们一起发动居民和沿路沿街的企业搞门前"三包"责任制,反复抓,抓反复,扭转了局面。可是祝桥浜一带的马路废品回收站,却成了光头上的一块癣疤。那时街道搞三产,祝桥浜废品站还算是重点企业,每年上缴近十万元利润不说,承包废品站的崔老板逢年过节还会自掏腰包,为里弄里七十岁以上老人送慰问品什么的。说配合,也算配合的。有检查来了,只要提前打个招呼,崔老板立马风风火火地派人搞突击,祝桥浜这条小马路被收拾得整整齐齐,不过检查人员前脚走,后脚这里就又故态复萌了。万科长面子薄,开不了口。余韵想这个治标不治本可不行。她把附近的企业一家家走了个遍,终于做通了已歇业的宏文食品分厂的工作,让他们将空置着的厂区借给废品站,做堆放分拣场地。崔老板开始蛮开心,可一听要付租金的,脸就拉了下来,找到街道分管经济的副主任,告了余韵的状。副主任有点光火,他刚刚做好崔老板工作,让他不要迁到其他街道去,现在倒好你反而帮倒忙了。

分管经济的副主任把余韵和万科长一同叫去剋了他们一顿。尽管万科都把责任揽到自己身上,可觉察得出,主任还是把火力集中在了余韵身上。得知此事的没几天,乔山兴冲冲地来街道找余韵。余韵把他拉到僻静处,问他不能打个电话嘛。乔山告诉她这天下午区废旧物资利用公司的戎工来祝桥浜帮助指导他们做贵金属分拣的事。戎工在主导物资利用公司对回收的废弃物开展分类回收利用方面创造出了一整套成功的经验,上过各大报刊,本人还被评为市劳模。乔山在参与区里对他的先进事迹宣传中,与他结识。这次老婆有难了,他就想出了这一招。这一指导,果然很受崔老板的欢迎,初步匡算,整个利润可提高10%到20%,刨去厂房租金,收益还是蛮可观的。祝桥浜这块硬骨头总算被啃了下来。崔老板见到余韵,笑着说,我们是不打不相识呵。

全国先进创建成功,余韵被提正科,接着就调到了区里文明办任主任助理、副主任、区工会常务副主席,去年经过一番严格考核,升任兄弟区——D区的副区长。

闺蜜春芳带着儿子来祝贺,很是感慨。余韵给她鼓劲,让她不要泄气。春芳说,工作上我是不会马虎的,可儿子我也不能太亏待他。他人开始懂事了,要面子了,别人欺负他,也没个当爸的撑着他,想想蛮可怜的。春芳为了让儿子少受苦,一直不肯再找人。余韵他们也劝过,她总是说,等孩子大了再看吧。瞧着好朋友满是沧桑的脸,乔山暗暗发誓,我可不能让余韵吃这样的苦。

随着余韵的接连升迁,工作上乔山是越来越帮不上忙了。开始的时候,余韵回家跟他说说单位里的事,他还兴致勃勃地帮着出谋划策,渐渐地,他的话就不多了。一来有些事他自己都没把握,怕误导了妻子,二来看得出,余韵心里也有杆秤,她依旧会做出副倾听的样子,但眼神飘忽,心思已不在他的说话上了。是呵,都是大的事,他一个小小的街道文化中心主任能说出个什么子丑寅卯。我就不要添乱了。

不要看余韵官越做越大,但在家里她还是原来的那个人。家务事她也不推诿,开始还想像过去一样,大包大揽。乔山自己看不过去了。有时看着她一面切菜,一面把座机的无绳话筒夹在耸起的肩头和偏歪过来的脑袋之间,和谁通着电话,切菜刀都快要切到她手上了。哦哟,哦哟,我来,我来。乔山一个箭步上去,拿过她手中的刀。凭良心讲,乔山工作上也不偷懒的,但工作量比起余韵来那当然还是没法比的。成家之初,乔山就不是个甩手掌柜,现在看着老婆里里外外忙得脚不沾地,他心疼。余韵有时要和他抢着做,乔山就拉下了脸,做啥,你这不是存心让我难堪吗?放着一个大男人在旁边闲着,让一个女人家忙上忙下,老天爷都看不过去。接着真不真假不假地来上一句,"阿拉大事做不来,小事还不会做吗?"余韵嬉笑着扳过他的脸,故作探究地问:"哦哟,有情绪嘛。"乔山就笑开了:"开开玩笑。我坐了一天,再不活动不行的。"乔山变得手脚更勤快了,余韵回到家就轻松多了。

余韵在家从不以老大自居,这倒不是因为自己男人一贯不讲究要摆派头什么的,而是女儿让她有点敬而远之。十几岁的小姑娘了,对娘说起话来总是爱理不理的样子。有一次,余韵对乔山嘀咕,"乔懿懿是不是养她出来的时候抱错了?"乔山笑着说,"看她一对眼睛多像你,正宗的丹凤眼哪。你比较忙,在家时间不多。实际上她蛮关心你的。"乔山告诉她,有次他在厨房里烧饭,听到女儿在客厅里唤他快一点出来。他拿着菜勺子赶出来,女儿让他快看电视屏幕。屏幕上在播报一条市里开什么会的新闻。他看了半天,没看出什么名堂,正待返身回去,女儿叫住了他:"再等一等,看看还有哦。""看什么?""你看着就知道了。""我菜还在灶头上烧着呢。"女儿说你看着,翻身跳下沙发奔进厨房关了煤气。这条新闻快结束时,余韵端庄的面庞出现在了屏幕上。"迪只女人倒蛮上镜额。"女儿站在背后学着阿奶的腔调说道。"没有规矩,侬!"乔山扭头呵斥,又气又好笑。女儿皱了皱小鼻子。

好在有做父亲的管着,余韵也落得省心。

6

其实,余韵对女儿也不可能完全省心。她们的那个圈子都好像在暗暗铆着劲,看谁把自己家的孩子调教得更有出息。大概四岁左右吧,余韵就开始对女儿"从小抓起"了,周六周日两个全天再加两个晚上,后来又加了周五晚上,一个娃娃学拼音、一个什么街的幼儿英语、一个小小徐悲鸿绘画班、一个小天使舞蹈班。余韵一忙,责任就落到乔山身上。后来乔父单位改制,他提早退休,乔山遇到点什么事,就让乔父来顶一下。乔父是个资深工程师,开模具的,平时忙惯了,待在家里又嫌老伴啰嗦,也落得帮儿子分担点。渐渐乔山就顺坡下驴,老头担当起重任来了。时间一长,乔父感觉孙女这样太累了,就和儿子咕哝。儿子无奈地摊摊手,"伊拉娘要这样,我也没办法。"乔父悄悄问孙女,孙女可怜巴巴地说:"阿爷,我就想要困觉。"

乔父忍不住了,回家跟老太婆说了这事。一个周六,乔母跟着老头在外面陪了孙女一整天。晚上九点半回到家,乔母把小夫妻叫到了一起,跟他们说:"懿懿像这样折腾下去人要吃不消的,再讲你爸人家要请他去帮忙,他也没空再帮你们带小囡。我看学个拼音就可以了。还跳什么舞。骨头都没长好,将来变残废了,你们哭都来不及。"乔山偷偷望了望余韵,余韵也望了望他。"老爸到啥地方去发挥余热?"儿子问。乔父答:"绍兴、余姚一带。好几个厂要我去做指导,去一趟至少要一个多礼拜。报酬倒也蛮可以的。""一个月大概多少啦?"儿子问。乔父正要作答,乔母拦住了他:"反正我是反对你们这种安排的。""主要还是想不要让小孩输在起跑线上。"乔山说。乔母斜了他一眼:"侬小辰光门门功课优秀,现在又哪能呢?"乔山正要反驳,余韵在桌子底下轻轻踢了他几脚,他憋住了。"你们自己再好好商量商量吧。"乔父说。

回到卧室,乔山说:"主要是小囡蛮可怜的。才四岁,路还长着呢。"余韵望着男人,想要说什么,犹豫了好一会儿,还是没有说出口。乔山就等着老婆会像其他女人一样,来上一句:"我单位里事情多,你又在忙什么呢?"乔山文化中心倒真的不需要经常加班,主要是他的一沓新诗稿被出版社退了回来。人家抱歉地告诉他,现在有经济考核,像他这类内容的怕卖不出几本,他们不敢冒这个险。乔山正准备再好好修改一下,再做一次努力。他内心有点怕余韵戳疼他这根神经。只见余韵轻轻叹了口气,说道:"我也觉得这样子对小孩有点太残酷。将来大脑植入一块芯片,什么记忆性的知识都在里面了,未来凭的是运用和创新的能力。可是,看看周围,又有点不甘心。"乔山想说,现在有些当父母的都把自己人生中没能实现的愿望强加在自己小孩身上,希望小孩来圆他们的梦想,也有的自己比不过人家,就拿小孩来比,想给自己长个脸什么的。其实这些都是不人道的。正要说出口,又一想,这会不会引起余韵的多心呢?于是他保持了沉默。"好的,就听你娘的吧。"余韵末了说道。

　　上小学,乔懿懿功课还可以,前年进了初中就明显落下了。当时做父母的还算理性,他们按照女儿的底子,就在家附近上了一个普通的初中。乔山跟余韵讲,小囡有点早熟,去读好一点的初中,万一成绩跟不上,被老师、同学看不起,会影响她的心理健康。余韵想了想,说:"你和我都有点失职哦。现在看来,也只能这样了。不过,乔山同志,初中很关键的,你和我都要深刻接受这次教训。我们两个人从今往后都要把女儿管起来。你看看春芳的儿子,都成了重点初中里的学霸了!"乔山并不认同春芳对儿子的那种教育方法。看俞刚(春芳的儿子,离婚后连儿子的姓氏也被她改了)整天捧着本书,据说在刚刚的床头还贴着张小字条,是孩子小时候稚嫩的笔迹:"好好学习,为妈争气!"瞧瞧,这算什么事?

　　周末快要下班时,余韵打过来一个电话,让乔山下班后叫上女儿去金都大酒店吃饭。做啥,不是说好周末到母亲家去吃吗?乔山有点懵懂。"你一定要把你女儿叫来。"说完,余韵挂了电话。

　　早在那次创建文明先进考评即将结束时,有一天,乔父不打招呼就来到文化站找到儿子,说是正好路过顺道看看。儿子要给父亲沏茶,乔父说不用浪费了,看看就走。坐了下来,乔父问起了儿子的工作,有点七里传到八里。儿子一面随口汇报,一面心里嘀咕,老爷子今天怎么了。坐在另一侧的文化中心副主任看出点名堂来了,起身找了个借口出去了,办公室里就剩下了父子俩。乔父又扭头确认大门已关上,从上衣口袋里掏出个用旧报纸包着的东西,快速塞进儿子手里,轻轻说道:"我的私房钱。你们抓紧在家附近买个商品房。这点首付差不多了。接下你们夫妻自己搞按揭吧。你娘能贴你们最好,不贴也就算了。她那些钱早晚是你们的。"

"我们要住回去的。"

"我看还是稍微住开一点好。平时有空你们多回来看看。阿韵也是个有个性的,只是她有修养,不给你为难。你娘呢,刀子嘴豆腐心。两人天天在一起,都别扭。像现在这样,一个礼拜你们回来吃几次饭,大家开开心心。真的我们有什么事了,也叫得应。卡里十万多点,密码你的生日。"

"你哪来这么多钱哪?"

"这几个老板给我的,我分了两块,一块给你娘,一块我自己留下来了。你千万不要跟你娘讲,否则要闹翻天了。那里的老板都在申江买房子呢,这里的房价早晚得长。晚买不如早买。"

"我们已经有四个房间了,够了。"乔山说。乔家原来有个老式的两房,十几年前老爷子厂里又分了一套两室的老公房,两处调到一起,又将隔墙打通,成了一个大单元。

"道理刚才不是跟你讲了吗?再讲小姑娘大了,家里没有一套像样的房,将来会不会被婆家看不起?我现在赚得动多帮你们赚点。这个房价肯定要涨额。"

乔父没多逗留,临走前又叮嘱道:"你最多跟余韵讲一下,其他人千万不能提,包括懿懿。"

送走父亲,乔山心里难以平静。父亲一直对母亲言听计从,经济上更是不用说了。乔山记得父亲的工资卡一直被母亲掌控着,每月给个几百

156

块零花钱,那张卡的密码还经常被母亲一会儿改过来,一会儿又改过去。有一次父亲随公司领导出访韩国,在一个免税店给家里买了几样东西。结账时,他拿出出发前老伴递给他的那张工资卡,摁了几下他记得的密码。不料,连摁两遍都是错的,第三次这张卡就要被锁住了。老爷子头上冒出了冷汗。一边的营业员脸上还挂着职业性的微笑,却已经悄悄向不远处的安保递了眼色。两个安保装作若无其事的样子,包抄了过来。几个同事也看着着急,提出为他垫付。安保悄悄用手制止了他们。老爷子拿出手机给老伴打起了电话。电话那头老伴慢吞吞地问起他都买了些什么,比申江这里便宜多少,算了半天,叫他不要买了。老爷子瞥了一眼脸色已泛青的安保,急了:"老太婆哎,我已经揿错两遍密码了。警察已经盯上我了。帮帮忙了,侬!"

7

说是大酒店,实际上金都大酒店是纺纤公司仓库将面向香花路的一个大食堂拿出来给几个下岗职工承包办起来的,装潢的材料不是很高档,但派头有一点,特别是两个掌勺的,都是退下来的厨师,分配机制一活,人就来劲了。菜式好,价钱便宜,吃客不少。

余韵"百忙"中请客这顿饭,原来是眼看着中考将临,她来给女儿拉关系的。请的客人是乔懿懿隔壁班的学霸许晓祺和她的父母。两个小孩原本面熟,但几无来往。许晓祺的妈妈是S区民政局的一个科长,已经调到外区的余韵通过S区的熟人找到了她,希望在这关键的半年多时间里,让许晓祺多帮帮乔懿懿。许晓祺父母一口应承了下来。席间,大人们谈得热络,两个小孩也互动得蛮可以。

回到家,余韵拿好替换睡衣正要进盥洗室(她明天一大早还要赶着出差),突然想起了什么,喊上乔山一同进了女儿房间。女儿依旧穿着校服,斜躺在床上玩手机。余韵看了乔山一眼。乔山对女儿说道:"嗨,你怎么一到家就想到玩？从明天开始你要多向许晓祺看齐,除了参加补习的时间外,你要参考她的作息时间来安排你的时间,功课多向人家讨教讨教。中考,是人生的一大关口,千万不能大意。"

乔懿懿依旧保持着原来的姿势,眼睛盯着手机屏,冷冷地说道:"跟伊搭大不拢。"

余韵又看了一眼乔山,微微皱起了眉头。

"哪能搭不拢？"乔山感觉到了老婆的目光,"近朱者赤。"

"你们晓得她的绰号叫什么？"女儿放下手机,冲着他们问道。

"叫啥？"乔山问。

"'许小气'！"女儿一字一顿说道。

"啥意思？"乔山问。

"伊自私来兮。上次模拟考,有同学向她借复习提纲,她故意把错的答案给人家。"

"瞎讲！"乔山呵斥道。

"啥瞎讲？大家都晓得的。伊怕人家超过伊。"

乔山和余韵互相对望了一眼,一时语塞。

"还'近朱者赤'了。"女儿放下手机,坐了起来,"我知道你们急。放心好了,高中终归要考上的。就是要考进好的,难的。"说着,两眼望着老爸。

"侬目标就介低啊？"做母亲的憋不住了。

"你,最好跟我讲普通话。"女儿斜了母亲一眼,"怎么就听着别扭。"

乔山差一点没忍住笑出来,他故意怒目圆睁,"嗳,规矩呢？"

余韵脸色泛白,扯了一下乔山衣服的下摆,扭身走了出去。乔山又狠狠瞪了女儿两眼,也跟着出了房间。

在自己卧室的梳妆台旁,余韵站在那里,定定地望着跟进来的男人。

"早点去洗了睡吧。明天你四点就要起来了。"乔山走过来,拍了拍她的肩膀。

"哪能弄？"余韵一动不动,眼睛里泪汪汪的。

"船到桥头自会直。"乔山拥住了妻子的肩头。

"还'船到桥头自会直'!"余韵在他的臂膀上捶了一下,"你哦——"抬起眼,望了男人一眼,一丝哀怨掠过。

"你明天就放心地出差。我来跟她好好谈一谈。不过话说回来,读书这件事,天分也蛮要紧的。退一万步讲,大家都努力过了,结果不尽如人意,那也只能接受了。你说呢?"

"还没努力,怎么就知道不行了?你哦,有其父必有其女。"余韵推开了乔山搭上来的手,"不过,我也有责任,从小没有给她养成好习惯。"

"哎,你现在就认定女儿教育失败了,我可不能同意的哦。关键小囡人品要好。"乔山跟余韵讲了一件事。

大半个月前,女儿跟父亲说,她要请她的一个好朋友彭娜吃饭,给她过生日。父亲说她一个学生,送点小礼物表达一下意思就可以了。女儿告诉她,彭娜是单亲家庭,母亲最近又患病住院,她想给她过个像样点的生日,安慰安慰她。父亲同意了,还特意买了本《钢铁是怎样炼成的》,又拿出一本十几年前他出版的诗集,题上了鼓励的话,让女儿作为生日礼物送给那个小姑娘。那天晚上回家,小姑娘很兴奋。她告诉父亲,她叫了四个小伙伴,都是很有"品"的,大家吃了顿肯德基,其他小伙伴也带来了自己的小礼物。大家把彭娜送回到她母亲住院的医院,还给她母亲送了一束花,祝她早日康复。她妈妈感动得哭了。邻床的几个阿姨婆婆也夸奖她们真懂事。

"你女儿素质可以的,好像也蛮有组织能力的。这点,像你。"末了,乔山说。

余韵抿了抿嘴,又轻轻捶了他一下。

8

家里难免有点小小的磕磕碰碰,但没有什么大的龃龉,更谈不上危机,余韵怎么会变心呢？难不成她官做大了,对家庭的想法变了？或者说是对他这个做丈夫的想法变了？余韵是个直性子,不大会藏藏掖掖的。就凭几张照片,好像还不能说明什么吧？

坦率讲,他乔山对余韵的感情是经历过一番变化的,只不过他涵养功夫好,自我感觉没让人觉察出来,换种说法,就是曾经经历过激流险滩,现在已进入风平浪静的湖面,一帆风顺了。

乔山娶余韵那会儿,他已经是相当于正科级了,也是街道事业编制里的最高级别,余韵只是个小科员。他只想娶个对脾气的女孩,太太平平过日子,有余暇再写写诗歌,日子就算和美的了。没想到余韵是个职场上的潜力股。开始他只是惊喜,也乐观其成,有时也尽自己所能帮帮她。那纯粹是作为男人理应帮妻子分担一些,助推一把,别让她太累,决计没有想到过要刻意让自己妻子有朝一日变凤凰什么的。余韵提到正处级,也就是区工会常务副主席时,他有过一丝不安。"这距离会不会越来越大？"这期间他赶在自己三十五岁之前考过几次公务员,都落第了。看来仕途上就是这样一种格局了。

余韵对他说,公务员考不上就考不上了。两个人都顾不上家,也不是个事儿。你实际上喜欢清静,也喜欢写写弄弄,这也蛮好。乔山说,你可别以为我要和你"比学赶帮超",没有的事。考进公务员,工资可高一点。再说,我的能力,你也是知道的。余韵搂住他的脖子,阿拉男人的能力我哪能勿晓得呢,我就是看中你的智商高。余韵申江话真的很溜,就是那个"勿晓得"的"勿"字总是咬不太准,好在女儿不在一旁。老婆的话让乔山听了心里蛮得意。晚上夫妻两人做那种事的时候,余韵还是一如既往热情如火。

吴庆和同俞春芳在关键时刻闹翻这件事,对他俩震动蛮大的。余韵在外面公众场合还看不出啥,可回到家,对吴庆和恨得不行,就好像她就是俞春芳似的。春芳来他们家同余韵商量怎么办时,余韵当着她的面竭力劝说春芳不妨忍让一下,毕竟吴庆和是出于要和她相守下去,再说从处级升到局级,是一个很大的跨度,很不容易的。不过,待春芳走了,余韵对乔山说,"轮到我,我也会选择跟春芳一样。人还不就是为了一口气。""是是是。"乔山连声说,心里在想,吴庆和的举动会不会让她产生了什么联想。乔山本来对吴庆和的行径就很痛恨,不惜以断送自己妻子的前程来达到掌控妻子的目的,这太卑鄙了!退一万步讲,就是妻子将来离开你了,你只要无愧于她,公道自在人心哪!强扭的瓜不甜。为了消除余韵的不愉快联想,他对吴庆和表现出来的愤慨便愈发强烈了。包括那次碰落了那只紫茶壶。当时余韵在厨房为上门来讨救兵的吴庆和沏茶,乔山对客人吹胡子瞪眼的,有一半其实是做给余韵看的。那只紫茶壶是父亲到无锡帮一家民企解决了一桩开模具难题,老板的表弟,一位名闻东南亚的制壶大师破例送给老爷子的。客人灰溜溜离开后,余韵端起那只破了相的茶壶,瞥了乔山一眼,那眼神里分明飘过一丝"你至于吗"的意味。后来,余韵就不大再提吴俞的事了。乔山也没再主动提起过。

9

当上副区长不久,一天晚上,余韵照例很晚才回到家。她还没有洗漱,就进到书房,望着正把自己摁在一千多年前黄尘漫天的沙场上的乔山,伸出手抚弄着他的头发,说道:"老公,我几乎变得天天这么晚回家,家里的事,我都搭不上手了。难为你了哦。"

乔山有点意外,从电脑前坐直身子,侧过脸,望着老婆:"哦哟,什么时候变得这么客气了?"朝书桌边的椅子努了努嘴,"不妨小坐一会儿?"

余韵坐了下来:"你家里家外的,我都看在眼里呢。外面有人说你都成了个'家庭妇男'了。"余韵到底是从本区出去的,周围一些议论难免会飘进她的耳朵里。

"你饭吃了吗?"乔山突然想到,问道,"电饭煲还给你热着呢。"

"吃过了。"

乔山凑过去，嗅了嗅鼻子："嗯，表现不错。没喝酒。"乔山是极力反对余韵喝酒的。余韵酒量浅，人又爽，在当工会主席那阵，有一次在接待一个外省什么访问团时，喝多了，连唱了好几首歌，都不肯下来。乔山事后跟她历数了酒量不好的女同志醉酒的种种弊端，余韵听进去了。后来"八项规定"下来了，情况就更好了。

"哪还会喝酒？吃的是泡面。"

"那你再去吃一点。鸡汤也还保温着呢。你的身体，不仅仅是你个人的。我们一家老小还指望着你呢。"

"看看，我就知道你有想法。"余韵佯作嗔怪。

"老婆大人，我跟你说句实在话吧。"乔山探过身子，拉过余韵的手，抚摸着，"这些风言风语我早就听说了。可我根本就没往心里头去。第一，根本不存在为了成全你，我牺牲了自己。试问，如果你没有才能，我就是天天在家没日没夜干，你也不会有今天。是的，过去在我父母那里，我是像个公子。不过咱俩一结婚，我的表现你也看到的。当时你还只是个小科员吧。所以，做家务是我的爱好，让自己的老婆回到家舒适一点，是我们做男人的天职，否则，人家嫁给你做啥，对吧？第二，你也知道，我有自己的独立人格，我讨厌仰仗家人包括老婆的庇荫。当然，你好了，我们全家人也跟着开心。所以，你也千万不要受别人影响，好像愧对了我什么似的。"

乔山的这番话，特别是后面的那段话，他能说出来，心里是有点底气的。

余韵当上副区长后，乔母对她的态度是有了极其微妙的转变。表面上看大不出。有一阵几个邻居看到乔母，就夸奖道，乔家姆妈，你媳妇真有出息，年纪轻轻就当上了区长。侬福气好额。乔母微微一笑，伊拉小一辈的事，跟我没啥关系。谢谢哦。每周来家里吃饭，还是那么略带生分的客气。不过，冷言冷语不见了，饭桌上，余韵喜欢的上面放些火腿丝的清蒸鳊鱼一次都不会少。有时孙女不识相，多动了几筷子，乔母就发话了，嗳嗳,懿懿,注意吃相。余韵也是看得懂的,婆婆生日总会买份礼物,国外出差回来也会给婆婆买条丝巾、披肩什么的。余韵的眼光不错的,这些披在乔母身上,老人那份娴雅就越发显露出来了。大家夸赞余韵买东西有品位,余韵说,是妈妈本身有气质。乔母说来也是小资家庭出身,市西女中的高才生,如不是遭遇了那场动荡,唉,还是不说了吧。后来在一家公办小学教语文,在她的学生里头还真出了一两个现在还叫得响的文化人呢。

一次,一个从来没听说过的表舅说要请乔家一家吃饭,地点放在金顶大厦的旋转餐厅。乔山悄悄问老爸是哪方神仙。乔父眯起眼睛寻思了半天,也没找回记忆,望着乔母一脸高深莫测的神情,谁也不敢去打探。

这天晚上余韵也赶巧,正好有空,也乐意让婆婆高兴高兴。乔山脑子里多了根弦,他让余韵找个借口回避一下。余韵不解。乔山说,同一个城市里从我记事起就没有过来往,现在突然想起请我们一大家子去那么高档的地方吃饭,万一是托你什么事,你到底是答应好还是不答应的好?余韵说真的是找我,能帮则帮,不能帮,说清楚就是了。乔山说我母亲是个要面子的人。你们俩好不容易关系有点缓和,可不要为了这事——余韵被乔山一提醒,觉得说的也真是。余韵感激地望着乔山,说到底是自己男人哦。又有些担心,我不去,你这个做儿子的如何向母亲交代呢?看我的。乔山拍了拍胸脯。又蓦地朝四处紧张地张望了一下,乔懿懿可不能让她晓得。这小鬼头,贼精!

乔山开着帕萨特去接父母。看见儿子开着小车来,乔母稍稍一愣,探身坐进后座的时候,她目光飞速地扫视了一遍车内,只有孙女坐在前排副驾位置上。乔父尾随着坐了进来,嘴里还嘀咕着,老太婆动作这么慢,这里又不好随便停车的,万一被罚款怎么办。车子启动了。乔山说,"真不凑巧,余韵人都快要出来了,单位一个电话,说区长找她有急事。真是的。"

"天要塌下来了?"乔母低声道,目光通过挡风玻璃上的后视镜盯着儿子的脸。

乔山目光直视前方:"她说下次我们来请你们几位长辈。"

"侬现在越来越有出息了。"乔母道。

"工作上的事有时身不由己。下次有机会吧。"乔父道。

"去年我过生日,她也是很晚才来的,害得我们等了她老半天。"孙女说。

乔母鼻子轻轻哼了一声,不再吭气了。

晚上余韵回到家里躺到乔山身边时,男人有点得意地说:"还好你没去哦!"

原来这位表舅,是他母亲大伯的二儿子。母亲大伯家世显赫,这位表舅在改革开放初期从北京一个正局级岗位上辞职下海,到首拨来中国投资的一家知名外企任高管。他们家历来不与母亲家来往。一次,在龙华殡仪馆参加一位长辈的追悼会,乔母与表舅邂逅了,双方都客气地说"下次一起吃个饭",这一说就是十几年。乔母心里头明白,他们家一直暗地里瞧不起她家。这次表舅屈尊主动宴请他们,着实是给足了乔母面子。在低调而奢华的包间里,甫一见面,表舅爷就给表外甥孙女送上了一个白金手镯。乔山欲婉言回绝,乔母暗暗拦住了他,从自己的手包里取出一个锦盒,里面是一枚配着一条白金项链的鸡心白金锁片,笑吟吟地塞进对方表外孙肥厚的肉手里,"已经快是个标准的男子汉了,阿娘我送得有点晚了。"

跟着表舅、表舅母一起来的,他们儿子一家三口,一看也都是"上只角"来的,斯斯文文而又闪着清高和机敏。小名叫云云的男孩和懿懿差大不多年纪,在长辈的招呼下,两人和和气气地互相点了点头,就又各自忙自己的手机去了。

席间,表舅母一直不忘夸奖乔山有出息,从小聪明懂事,"人也是仪表堂堂"。表舅说:"你不看看谁家的孩子?我姐要气质有气质,要学养有学养。打小她就是我们心中的女神。"乔母一直保持着和蔼、矜持的微笑,当然也没少把他们逐个夸赞一番,相当得体。

　　精致的菜肴都上完了,趁着服务生把一盅盅燕窝炖雪蛤端上来的当口,乔母再一次为自己的媳妇没能前来赴约打招呼。表舅母说道,是啊,理解的,当区长,身不由己的。乔母略略抿了一下嘴,这个官当得。又转向表舅的儿子,瞧,光顾着我们几个老人闲聊,冷落了你们了。表舅的儿子欠了欠身,听你们聊天,我们感受到的是一股浓浓的亲情。乔母望向自己儿子,听听,你表哥说话多得体。你要好好向人家学习。表舅的儿媳忙说,哪里,他得向山山哥哥学习。他呀,知识分子臭脾气,遇上对脾气的,心都可以掏出来给你。遇上不对脾气的,就像我们老家说的,活脱一头犟驴。这不,硕士,单位里事也没少做,他手下好几个都升了,唯独他到现在还是个正科,都快靠十年了。表舅接过了话,俊俊人很正直,"人不可有傲气,但不可无傲骨",这点我是赞赏的。只是没遇上个好上司。唉,世上千里马常有,而伯乐则不常有呵。表舅母说,俊俊要是摊上余韵区长这么好的领导,那就不要太好哦!表舅颔首道,不说有血缘这层关系,就是在文化上也是绝对对路。"士为知己者死",俊俊这一点是做得到的。我的儿子,我还能看走眼?

　　乔母依旧带着微笑,重新端详了一阵俊俊的脸,是我们端木家的血性,目光仍逗留在那张白皙而又呈酡色的脸上,对乔山道,打个电话给你媳妇,看看她还能赶过来哦?

　　好嘞!乔山应声而起,拿着手机,走出了包间。他没有打电话,到大堂兜了一圈,找到总台把账给结了,又到电梯旁的一个厕所里解了个手,然后拿着个手机回来了。"真对不起,她还忙着呢。她硬要我把账给结了,算是对长辈们表示歉意。"他对大家打招呼道。

　　乔母定定地望着他。

　　"姆妈,我回去会转达你的意思的。"乔山说,他本来还想补上一句,"不过,她这个分管民政的副区长恐怕帮不了什么大忙。"想了想,还是咽回了肚里。他不忍心给这样的场面泼冷水。

余韵在乔山的脸颊上有点夸张地来了个响吻,接着又沉吟道:"民政局还正缺一个科长,负责对口扶贫的。局长人也很正。不过,这个口子不敢开。有了这次,难保不会有下一次。这样就没底了。"

"是呵,我也是这么想的。如果换个普通人,推荐也就推荐了,成不成是他们的事。你可不行,万一是买你的面子呢,谁说得清?你们这些当官的,有时是蛮难的。"

"谢谢侬哦,老公。所以,防腐也要抓'枕边风'呢。"余韵用手捏了捏乔山的脸。

"嗨嗨,打住,打住。你可不要给我戴高帽子哦。我,乃一介布衣,不过,这点是非还是有的。"

"就是白拿人家东西有点尴尬。"

"我娘也给了他们一个白金锁片,应该差不多。"

"还有一顿饭了。那个地方,价格不菲。"

"一万二,有点结棍。不过没让他们付。"

"你妈付了?"

"我处理了。不想欠他们的情。"

"你倒蛮有先见之明的嘛!"

"这倒没有。快结束时才听出点味道出来。我借出来打电话,就顺便把单买了。事先哪里知道是怎么回事。"

"抽屉里那点钱够吗?"家里的开销,余韵都放在她梳妆台第二个抽屉里,谁用谁取。

"我用卡的。现在谁还用大把现钞付账?不要太土哦!"

"哦!——咦?你两张工资、奖金卡都在我这里,哪里还来银行卡?"黑暗里,余韵望着男人,眼睛一闪一闪的。

"好了,好了,已经这么晚了。早点睡吧。明天都要上班的。"乔山发觉自己说漏了嘴,敷衍道。

余韵伸出手轻轻揪住乔山外侧的右耳朵,慢慢往自己这边拉过来,低声道:"来来,讲讲清楚。主动担当要表扬,但经济来源要搞搞清楚。"

乔山只得如实招供,这是他积攒了几年的私房钱,今晚一出血,这张卡里只剩下一千多点了,都是平时发的加班费、高温补贴费什么的。主要用于朋友聚餐什么的。什么都从那只抽屉里拿,虽然余韵不会干预,但作为一个男人,老当伸手派,感觉有点气短。

"这样,明天我给你再打三万进去。不过手机号码留我的。"

"算了,我不要了。你哦,嫁到乔家来,好的家风没有学到,反而——真是的。"乔山想把头再转向外侧,可那只耳朵还被老婆捏着,没法动弹。

"你没听人说'男人有钱就变坏'吗?我这是关心你。钱你尽管用,我同样不干预。怎么样?"

"好——吧。"

"今天,你算立了大功,要我怎么慰劳你?"余韵压低声音,笑着问。

"睡吧。一天下来,都累了。"乔山心里有点不爽。

10

说句老实话,有时听到一些类似当代"陈世美"(包括女"陈世美")的传闻,他还会难免泛起一阵酸意,特别是余韵当上副区长以后。但理智又告诉他,无端猜测这是人类的劣根性,特别是对妻子的疑神疑鬼,更是一个男人没自信的表现。作为一个真正的男子汉,可得时时刻刻与它做斗争。再说夫妻俩感情好像一直这么好,包括老婆把他看得比较紧,虽说有点被外人笑话,他也不是很舒坦,可细想想,心里到底还是甜蜜蜜的。

也就在他这么思量的时候,吴庆和又不请自来了。

"他们真的开房了!"吴庆和把乔山拉到咖啡厅一角,人还没坐下,便凑近他耳朵,声音很低,但又不啻一声炸雷。

选好一个僻静的座位,吴庆和掏出一个迷你便携摄像机,打开一个视频,递到他面前:"你看看。"视屏里余韵和那个男人从一辆出租车里下来,然后肩并肩走进还是那家酒店的大门,视频右下角"2013-03-13 18:12"。吴庆和又打开一段视频,还是同一家酒店,余韵面含笑意款款走出来,紧跟着是那个男的,跟上后,似乎发现余韵在走下台阶时,人闪了一下,便伸手扶了扶余韵。两人没有在大门处拦车,而是朝右侧一个胡同走去。视频右下角:"2013-03-13 22:40"。"男的在里面结完账,追出来,为避人耳目,不在人多处打车。女的晚上不能在外过夜,必须赶回学校去,这是规定。"吴庆和低低地解读道,一股烟臭味直扑乔山的鼻腔。"3月14日同样时间地点。"吴庆和还想再点开。"不用了!"乔山轻轻推了推他。

"你千万要冷静。不要像我,草狗一只。懿懿不好放手,再狠狠敲她一笔,让她净身出户。我又让人连拍了三天。"吴庆和关上摄像机,推到了乔山面前,"13、14、15连着三个晚上。足够了。回去多拷几个备份。"吴庆和呷了口咖啡,抬眼望着他。

吴庆和还在轻声历数着这类女人的不是,乔山一句都没听进去。刚才乍一听到"开房"二字,他的头脑被炸了一下,但很快就恢复了镇静,(这一点连他自己都不曾料到)现在这个世界什么都会发生。当下要想的不是她怎么会这样对我,对这个家庭,而是我该怎么办,我该如何维护自己的尊严和父母的尊严?像乔山这样家境比较殷实又打小深受传统文化熏陶的市民阶层,历来把对配偶的不忠、背叛看作是一种奇耻大辱,它不仅仅是夫妻间的事,更是牵涉到家族的荣誉,虽然现如今西风渐进,时风变幻。自然,现在他思绪紊乱,毕竟这是他有生以来遭逢到的头一件天大的事,但一个念头异常清晰地在他的脑际闪现:坚决离婚!他对自己狠狠地说道。这一点,不是他现在突然想到的,而是打小家族门风的熏陶使然。对这种突破底线的事,他们只会快刀斩乱麻,不会哭哭啼啼地追问为什么啦什么的。不经意间瞥了一眼吴庆和,对方正直直地望着他,眼睛里有"同是天涯沦落人"的同情,似乎还有一丝隐隐约约的别样意味。乔山一激灵。我可不能像他那样,把自己的脸也丢尽。好离好散,知道这种事的人越少越好。

乔山拿过摄像机,说道:"谢谢你,兄弟。证据已经确凿了,就麻烦你不用再派人盯——跟踪了。多少费用,我付给你。"

"你这是哪里话。什么叫朋友?我在京的一个朋友就是开这种公司的。他没收我的钱。以后他到申江来,你请他吃顿饭吧。"

乔山伸过手去拍了拍对方的手:"谢谢好兄弟!"

临走时,他执意买了单。

11

乔山一开始就想到了离婚,首先自然是家风问题,还有一个因素,那就是千万不能让人误解为,他或他们一家贪慕余韵的权势而甘愿自取其辱,忍气吞声。那更是他所万万不愿看到的。现在想来,他乔山之所以能那么果断地做出一刀两断的决断,是不是在潜意识里,似乎对余韵早就有所戒备了?至少在她当上局级以后?恐怕多少有一点。只不过他不愿承认、不想承认,自欺欺人罢了。

和吴庆和分别后,走在马路上,乔山这才感觉到自己脑袋沉甸甸的,顶在头上的大太阳投射下来的光似乎也是阴沉沉的,满世界都是那么令人感到压抑和窒息。眼前走过的人们,特别是那些神情欢愉的,尤其是那几个一对对亲昵地携手而行的伴侣,更让他感觉自己似乎已经不属于这个世界了。一个和懿懿年纪相仿的女孩走在他的前面,后面一个同余韵差不多年龄的女子一边嘴里抱怨着,一边追了上来,把撑着的遮阳伞举到了女儿的头上。一身休闲的父亲在后面慢慢跟了上来,责备妻子,"哦哟,侬起劲来。小囡,晒晒太阳又哪能呢。"他想到了自己的女儿,眼眶一阵发热。

他决定暂时不向任何人泄露此事,吴庆和已经向他再三保证过了,等余韵从北京党校学习回来(也正好是懿懿考完试),他和她单独摊牌,以夫妻感情不和为由,协议离婚。既然都快是陌路人了,还纠缠什么恩恩怨怨的。至于女儿跟谁,房子财产怎么分,他还没理出个头绪。他此刻最头痛的,就是如何对付母亲大人。看得出,余韵当上区长后,母亲心底里似乎已经把她当作家族的一块金字招牌了,或许不见得一定要从中谋取什么物质利益,但在精神层面她是可以在周围邻居和自己的家族内扬眉吐气的了。母亲是个好面子的人。

白天,他工作起来更起劲了,他想以此来摆脱那份心绪的纠缠烦扰。比如,下属递给他一份简单的工作请示,放在过去,只消用眼睛瞄一下,就OK了,都是熟手嘛,这回不是了,他要逐字逐句念上一两遍,在"特此请示"之前,要人家非得再加上"因此"二字。老部下说,意思差不多,都打印好了,正好有人现在要去街道,就顺便请他一起带过去。乔山不肯,非要人家改。结果正要赶着去街道的人就不等了。修改打印好后,乔山说,我自己送过去吧。这么件小事,就不劳你大驾了。老部下说。乔山不听劝,自己骑着辆脚踏车"吭哧吭哧"骑过去了。望着他的背影,老部下与几个同事面面相觑,这位仁兄难不成打过鸡血了?

可到了晚上,特别是夜深人静的时候,要想不想,也难啊!这两天,他屏着没有在晚饭时间给余韵打电话,余韵也没有打电话过来。他想在这段时间尽量忘记她,这个狼心狗肺的女人。

我究竟在哪里做错了呢?我们的家又究竟在哪里对不起她了呢?没有。无论是他这个当男人的,还是自己的父母,在同她的相处上,只是越来越和睦愉快,这连她自己都曾好几次私下里对他这么说过。如果她连现在这样的境况都忍受不下去的话,那早些年,她早就应该跟我说拜拜了。唯一能解释的理由,那就是,她真的是官做大了,眼界不一样了,对生活的要求更高了。原来曾有过的担忧,看来是真的了。可是一个人,成了家,有了老公、小孩,就意味着感情生活里就不再仅仅是感情问题了,还有了一份责任哪!你就不能只顾着自己高兴了。这样的道理,难道还不懂吗?喔,这是对有道德底线的人而言的。对没了这条底线的人来说,这大概只能是对牛弹琴了。如果,她本质上是个没有底线的人,你和她过一辈子,你最后会幸福吗?你现在自己还有生活能力,万一哪一天,你只能仰仗她才能活下去,到那时她露出了本性,你可就万劫不复了。离吧,离吧。早晚的事。谢谢了,吴庆和。这回,你算是帮了我的大忙。我给你磕头了。当然,这小子精神上好像出了点状况,什么时候我让庞大夫给他悄悄地把把脉,都是兄弟。

这么一想,就想通了。那就睡吧。乔山侧过身,把被子拉过脖颈,再掖掖好,(以往余韵给他掖被子的时候多)眯上了眼睛。不知怎的,眼睛里怎么会湿漉漉的,好像有小虫子在他的脸颊处慢慢向下蠕动,小虫子越来越多,跌落到了枕头上,鼻子好像也被什么东西塞住了。他轻轻地吸了一下鼻子,重新仰躺过来,想任由眼泪淌一会儿,这样拥堵的胸口好像稍微舒适一点。可又一想,不行,这样的话,明天一早起来,眼睛就会发红发肿,乔懿懿肯定会觉察出什么。就要中考了,可万万不能让她的情绪受到任何影响。小姑娘本身底子就差,万一考砸了,再摊上个残缺的家,让她怎么弄?乔山立即坐了起来,他没有去用毛巾擦拭(这样擦,眼睛只会越擦越红),而是抽了好几张面巾纸,像个娘们一样,一点一点把眼眶里的泪水吸干,又蹑手蹑脚地走到卧室门这边,贴着门,谛听了一番,客厅里没啥动静,他反锁上了门,摁亮了顶灯,走回到余韵的梳妆台前,在镜子里端详了一下自己的双眼,有点微红。打住哦,兄弟。他告诫自己。

这么一折腾,情绪平复了不少,他又关了灯,躺到了床上。黑暗中,余韵那张好看的脸又浮现在了眼前,她在朝他温柔地笑着,那份亲昵,曾给过他多少的快乐。(他就喜欢吃余韵这个女人的花功,他母亲这样子说过他)这十多年里,因为有了她,他变得那么豁达,永远是开开心心的。几次考公没过,想要调到外面一个杂志编辑部,组织上不放,自己被一个恶人偷换会议纪要遭诬陷,后来亏得组织证明了他的清白,有人鼓动他起诉那人诬陷罪,他都一笑置之,因为,生活中有余韵哪,那就足够了,足够了。可是,现在——不知不觉,一阵悲伤又蓦地向他袭来。他怕自己又会娘娘腔,又坐了起来,下了床,黑暗中,站在窗前,轻轻拉开一点窗帘,望着同样黑漆漆的外面。他要这样站着,等到瞌睡来了,再倒头床上,闹钟已经调好了,六点一刻,要为乔懿懿烧早饭,六点半叫醒她,不能耽搁的。

乔懿懿真个是鬼精鬼精,她好像已经嗅出点什么来了。昨天晚上吃过晚饭,小鬼头装作漫不经心的样子问老爸:"你什么时候给她打电话?"

"没什么事,就别打搅她了。她如有事,会打过来的。"乔山也装作若无其事的样子。

"我有事要问问她呢!"

"侬有啥事?跟我讲。"

"是我们两人之间的事。"

"你们会有什么事。"

"不跟你说了。反正,你什么时候打给她,跟我讲一下,我要和她通话。"说着,女儿进了自己的房间。

现在是关键时刻,当务之急就是千万不能让小鬼头分心哪!乔山两眼愣愣地望着窗外,喃喃道。

12

屏了一天,女儿憋不住了。这天,吃罢晚饭,懿懿打电话给她母亲,"我的那个有粉红色外套的 iPAD 你看到过吗?"

对方急匆匆道:"没有啊!你就用我的那个吧。我正有事,挂了啊。"

"讨厌!"女儿挂了电话,偷偷地睃了老爸一眼,进了自己的卧室。

这几天在工作上的过分热情,似乎被同事们觉察出些什么了。今天下班前,副主任约他这几天抽个时间几个兄弟喝个小酒,没什么事,就是热闹热闹。他回绝了。副主任本人不嗜烟酒,喝个什么劲儿啊?夜深人静时,脑袋里就摆脱不了余韵这个女人。看来,不想这事,是不太可能的,毕竟不是圣人。可也不能往悲苦里去想,这样,自己早晚会露馅的。现在才发现自己原来是个娘娘腔,没出息的东西,只要一想起她,先是心口一阵一阵的痛,接着眼泪就会流下来,止也止不住。得分析她变心的理由,或者找出两人不般配的地方,让自己彻底地死了心。对,这是个办法。

理由,还会是什么理由?不就是那几条吗!般配,你能在仕途上再会有什么作为吗?除非日头西边出了。就这么简单,有什么好多想的。那——那,"冰冻三尺非一日之寒",余韵的情变总得有一个过程,而这个过程多多少少会显露出一点蛛丝马迹的吧。对,分析蛛丝马迹,这样就会越来越恨她。恨她,就不会流眼泪了。

你别说,这么一想,倒还真有。月初,她临出发前,带上了几本他的诗集,还把这本诗集的电子文档和他写了近三十万字的《西风烈》拷了去,说是在那里空闲时看看。这本唯一出版的诗集,对他而言,是"癞痢头的儿子——自己喜欢"。别说刚出版时的那份喜悦让他记忆犹新,就是创作过程中所带给他的那种亢奋、充实,至今仍让他回味无穷。虽然这本诗集生不逢辰,没卖出去几本,家里至今还摞着一堆呢。那部《西风烈》,断断续续写了这些年,曾抽出过几章自己认为比较满意的拿给几个文友看,大家都不置可否,表情有点尴尬。写这部书的时候,似乎从一开始就全然没有当时写诗时的那种感觉。开始想参考《康熙大帝》那样的风格,没多久,好像市面上不太时兴了,书店里到处是各种戏说之类的潮书,再接着电视台里就是各种穿越剧。这部《西风烈》将来的目标是要改编成连续剧的,他着实有点把握不住了。再说,对历史他很陌生,过去也不见得有什么大的兴趣,人沉不进去。唯一让他稍感欣慰的是,他的文笔还是可以的。特别是人物、场景的描写,自己以为还是蛮到位的。再说,每天都得挤出两三个小时坐在书房里码字,已然是他的一种生活方式了,不干这事,还干什么呢?

想起来了,当时,余韵拿过几本薄薄的诗集看也没好好看看,就径自塞进了行李箱里,拷好优盘后,她一面放进一只小铁盒里,一面随口说了句:"除了写这个,你还能有什么其他的爱好吗?"好像也没有要他回答的意思。他不假思索地回道:"这已是我生活中不可分割的一部分了。""哦。"

余韵看了看他,回道。那么说,她表面上支持我,内心实际上并不认可。是呵,一个在文学创作上寂寂无闻而又跌跌撞撞的人能给她带来什么呢?

还有就是那件事,在她正面临副区长提拔考核的当口,有个人设法偷偷调换了他们文化中心主任会议的纪要,然后举报他乔山严重违纪。他想来想去没发现自己有什么大的问题,但也被弄得心神不宁,主要是担心会拖累余韵。好在组织及时调查清楚了。他把有朋友鼓动他查出那人,告他一个诬陷罪的建议和自己想息事宁人的想法告诉了余韵,余韵听后立马同意他的想法,还说,你要相信组织才是,不要给组织添麻烦。乔山本来就没打算跟人纠缠不休,既然组织弄清楚了,她余韵本人也没太在意,自然他也乐得不了了之。现在细细品味,她这不正是为了避免给自己升迁添乱,宁愿让自己的男人受折腾、受委屈吗?

还有一件事,是夫妻间的事,——这还是不说了吧?说出来,也是大家难为情。简单讲,就是今年春节过后,她不大主动了,要来,就让我主动,我可从来没这个习惯,要改,你总得让人有个过程吧。有一次她竟然说我"看你,人懒得来"。那天,他正在兴头上,也没怎么在意,现在一想,这什么意思啊?

好了好了,我不想自寻烦恼。罢了,罢了。

就在这时,他的手机响了。

13

是余韵打过来的。都快晚上十一点了,应该有什么事情。他接通了手机。不知怎的,一股热血蓦地涌上了脑门。他顿了顿,咽了口唾液,做了个深呼吸,然后不温不火道:"喂?"

"喂,乔山吗?"对方有点疑惑。

"是我。"依旧慢吞吞的。

"我是余韵。你怎么了?不舒服?"

"嗯。"心里头却在骂,你还顾得到男人的死活啊。

"去医院看了吗?"

"看什么看?小病。"心里头在骂,是死是活跟你是没关系了。

"什么病?"

"这么晚了,你怎么想到打电话?"乔山不想摇尾乞怜,稍微提高了一点嗓门,岔开话题。余韵的关切让他心里好受了一点,但他不会再上当了。

"我这里有个党校同学,现在也是好朋友了,××省文联专职副主席白云,她(他)遇到点事,想请我们帮帮忙。我想请你给办一下。"

朋友?女的还是男的?他很想问问人家的性别,可开不了口,这不是他以往的风格。"什么事?"他问道。

"白主席的姨婆也住在我们申江,独居的,最近身体状况越来越不好,居家保姆换了又换,都不满意。我想索性将老人安排进我们街道敬老院去。我们敬老院不是全国先进吗?这样,老人舒服,家人也安心了。我吃晚饭前跟敬老院邱院长通了电话,她说正好有床位,让你直接去找她。"

都说好了,纯粹举手之劳,积点德吧。"好吧。把老人家的地址和联系电话给我,也把你那位朋友电话给我。"乔山说。

"好吧,过一会儿我让白主席打你电话。"说完,对方就挂了,也没对他的身体情况再说上几句。

过了五六分钟,乔山的手机响了。"乔先生吗?您好。我是白云。"一个带着磁性的男中音,乔山心里一震。"我姨婆的事,真的给您添麻烦了。千万不要让您为难,能办,最好。不能办,可不要勉强。我能想得到,这么好的敬老院,肯定很热门的。"

"我们街道敬老院是有一部分床位对外区开放的。"乔山很快让自己镇定下来,如实说道。

"喔,老人倒是住在贵街道的,她住云阳里。地址电话我等会儿发您短信。再次谢谢您。不管能否办成,您这位朋友,我可是交定了。过一阵我来申江,一定要来拜访您。"

"好了,就这样。我跟邱院长都说好了,你就去办吧。我们挂了。"那边余韵拿过手机,这么匆匆说了几句,挂断了。

娘额起来,又是十一点多,会不会就是视频里的那个男人?乔山就像吞进了一只苍蝇。

云阳里就紧挨着申江市最高端的马路之一——黄山路,除了三排民国时期建造的联排别墅外,在北侧,二十世纪八十年代初,又造了一栋二十三层的高楼,主要用来安置落实政策的高级知识分子,像科学家啦,教授啦什么的,所以居民们把这栋楼又称为"高知楼"。

白主席的姨婆柯兰教授就住在"高知楼"的十楼。柯教授是从市机电学院退休的。她的丈夫是著名的电气专家皇甫义先生,先生已在十年前过世。二老唯一的儿子也不幸英年早逝。目前,柯教授一人独居。叩开柯老家的门,一位精明利索的中年保姆把乔山领进客厅。乔山习惯性地换上了主人家的拖鞋,谦和地跟了进来。客厅收拾得很干净整洁,老式家具也擦拭得锃亮。一位鹤发老妪正端坐在靠窗一侧的单人沙发上。见到乔山,她面露微笑,在沙发里蠕动了一下身体,招呼道:"乔同志好,欢迎。看我这身病,只能'病不拘礼'了。"乔山趋前几步,弯腰双手握了握老人的手,在茶几另一侧的单人沙发上落了座,一种曾经那么令人温馨的感觉油然而生。

老人对住进街道敬老院的建议似乎心存疑虑。乔山就耐心开导。渐渐地,他揣摩出老人主要是怕自己的人格得不到尊重,遭人嫌弃。乔山就把街道敬老院优良的服务做了介绍。老人似乎有点动心,但说得让她再好好想一想。正题只能先谈到这里了,对老人可不能操之过急的。老人大概觉得跟眼前这位街道干部蛮投缘的,便又留住他跟他絮叨起家事来。聊着聊着就转到了外孙白云身上。白云读小学阶段就是和姨婆住在一起,两人感情很深。白云本来可以来申江工作的,但他读完博士后,响应号召,到了祖国边陲。七八年前,妻子要他一同出国定居,他不肯,于是妻子和他离了婚,带着儿子去了国外。他目前也是孑然一身。说好了,等他退休后,就来申江,和姨婆一起住。"等他退休,还得有十多年喽,到那时,恐怕我的骨头早就烧成灰了。"老人笑着说,眼里有泪花闪烁。她让保姆把一本厚厚的相册拿过来给乔同志看。厚重的相册搁在了两人之间的茶几上,老人熟稔地翻到其中一面,一张醒目的单人照映入了眼帘。

14

乔山扬起手,正要扇自己两个大耳光,转而一想,这一扇,还走得出去吗?于是张开的巴掌攥成了拳头,朝着桌面狠狠地擂了下去。一记沉闷声响。他警觉地扫了一下四周,办公室里确实没人,拳头是砸在一沓厚厚的报纸上的,声音应该不会传出很远。"回去再收拾你!"他恶狠狠地对自己说道。

就在敲柯老家门的当口,他还提醒自己别忘了一开始就要弄清楚白云是不是那个男人。可一进屋,柯老那份知识分子的儒雅让他不由得想起了自己的外婆,一份似乎是天然的崇敬和亲近感油然而生,不觉就把这事给忘了。又听说老人还拿不定主意,心里着急起来。二千五一个月,这样的公办敬老院吃香得很,民营的至少五六千,除了设备好一点,其他的街道的并不会比它们差,再说我们又是全国先进,哪里去找哦。去柯老家之前,他特地到邱院长那里去弯了弯。邱院长告诉他还正赶巧了,一位老人刚被家人接到外地去,柯老九十岁以上,独居,失能,这些条件都很硬,就腾给她老人家了。是呵,多好的机会!

唉,就想着老人的事,结果把自己给套进去了。也真没想到,余韵这个女人居然这么寡廉鲜耻!这事以后被人知道了,我的脸还往哪里放?

手机响了。最好是姓余的,我非得痛骂她一顿,狠狠地出口恶气。你还真以为我乔山是好欺负的?瞎了你的狗眼!

是个陌生的号码。他不情愿地接了。

一个陌生的外地女人口音："请问您是乔山先生吗？"又迫不及待地接着说，"我是您刚才来过的柯老师家的保姆。"

"哦，你好。"乔山客气了一句，心里想最好老太托她来回绝了，这就上上大吉了。

果然，那头说了："柯老师让我转告您，她决定不进敬老院。谢谢您的一片好意。"

"喔，那也就不勉强了。"乔山长长地舒了口气，可真有如释重负的感觉。

"嗯——"对方没有挂电话的意思。

"怎么？"乔山心里一咯噔。

"我能再说两句吗？"对方犹犹豫豫。

"啊。"乔山很勉强，一种不祥之感袭上心头。

"我，我看您是蛮实在的一个人，就想跟您说个情况。柯老师一个月给我二千，包吃包住。这个价钱现在还过得去，但行情在涨。再说别人家还可以一天抽出点时间出去再打一两份短工，另外赚点外快，这样一个月下来做得好的有三四千、五六千的，吃住又不花钱。可是，柯老师完全不能自理，我是一刻也脱不开身。那这点钱就太少了。我有精力，就是没时间。我老公在工地打工，也就一两千，两个孩子都在上学，正是花钱的时候。柯老师前面的几个保姆都是因为这个原因做不下去的。我是看着老人人好，也蛮可怜的，一时半会儿开不了这个口。我老公已经跟我吵了不知多少回了。这次，您给了这么好的一个机会，要是错过了，那太可惜了。我也听说过街道的这个敬老院蛮好的。"

"老人要求比较高。让他们家人把她安排到那些高档的养老院去也蛮好的。"乔山推荐道。

"白主席他们试过的。大概是七八千一个月吧。老人不愿意。"

"为什么？"

"老人舍不得花那么多钱。白主席说他们做小辈的可以贴补的。老人又不忍心。有一次,柯老师都说了气话,'你们再逼我进那么贵的养老院,我就死给你们看!'我从来没见到过老人发这么大的火。快吓死我了。"

"唉——"乔山深深叹了口气,也不知为了谁。

"街道敬老院床位很紧张的,就怕过了这村儿就没那店儿了。"

"那怎么办呢?"乔山自言自语。

"看得出,柯老师跟您蛮投缘的。您能不能再来做做她的工作。您这也是在帮我、帮我一家的忙哪。我,我求求您了。"对方好像哭了出来。

"别急,别急。我正有个事要处理。等会我再跟你联系。"乔山说着,不等对方反应,就急忙挂了电话。

此刻的他,心乱如麻。

手机又响了。这保姆也真是。难道老人又光火了?但愿吧。他拿起了刚搁下的手机。还没容他开口,那边传来怒气冲冲的声音:"你怎么还没办好啦?真是的!"是余韵。

什么东西!白云是你什么人哪?合该我要为你们这对狗男女打工?他虽然气得七窍生烟,在心里恶狠狠地骂着,可到了嘴里变成了:"你什么意思?"

也许对方也觉察出了乔山语气里隐隐的怒意,口气有点和缓下来:"邱院长来电话了,说你今天去了老人家后一直没给她回音。她有点等不及了。你抓抓紧呀!"

看清这个狗女人的真面目了吗?两年前,丈母娘在老家动大手术,她这个做女儿的,也没见她这么着急上火过。好了,看透了,就想透了,还跟这种人怄什么气?他吐出了一口气,尽量控制住自己的脾气,用平静的语气把事情的经过跟余韵讲了一下。

"人家托你这点小事都办不成,也太对不起人家了。"余韵在那头嘟哝道。

娘额大头菜,你对不起人家,关我屁事!心里骂过了,也就骂过了。"我下午再去做做工作。"他说完,不等对方应答,便掐断了电话,还顺手关了机。

两难哪!想起余韵那种颐指气使而又恬不知耻的神态,他真想一甩手了之。我还怕你怎么的?都快是陌路人了。可一想到像自己慈祥老外婆一样的柯老日后的生活窘态,他于心不忍。老人家是凭着自己的硬条件好不容易遇上了这么一个千载难逢的机会,错失了,那就太可惜了。撇开那个狗女人吧,咱们就事论事,就当纯粹是做件好事,做件积德的事了。

他打开手机,回拨了柯老家保姆的手机号。

15

"乔同志,这次我就听你的了!"柯老显露出了孩童般无比信赖的神情。

这一刻,乔山又蓦地想起了自己的外婆。"您老放心,我会对你负责到底的。"他握住老人的手,说道。能被这样一位让他很是尊崇的老人所信任,他着实被感动了。

二度来访前,他做足了功课。先是到邱院长那里,把老太的详细情况,特别是老人的心思同邱院长做了沟通,又和邱院长一起,为老人调整了床位,安排到了一位也是高龄的小学退休老师裴奶奶那间房里。裴奶奶也是知书识礼、性情温和的老人,还特别有爱心,这么大年纪,经济状况也不怎么的,硬是坚持资助两位贫困山区来的大学生,老人家的事迹都上过街道的社区报的。乔山还把敬老院里里外外拍摄了一遍,又请邱院长把他们历年来组织老人开展各种文娱活动的照片、视频拿出来,他把能翻拍的、转录的都复制了下来,(他没有动用吴庆和给他的那部高清摄像机,那台机器他看着有点恶心),又专门让邱院长陪着他到二楼212房间,拜访了读书兴趣小组组长弓老伯。弓老伯可是位饱学之士，原来在市图书馆工作，他发起的"夕阳红读书活动"，很受老人们的欢迎，上过市电视台的。弓老伯一听，又要增添新鲜血液了，连连表示欢迎。送他出来的时候，邱院长打趣道："还头一次发现你这么有爱心呢。都说余韵是个鬼精灵，一点不假。"乔山连忙拱拱手，谢谢，谢谢，不让对方再说下去。邱院长还以为他脸皮薄，其实是无意中又触到了他的痛处。

到了"高知楼"底楼，乔山没有马上进电梯，他又跟柯老的保姆通了个电话，特别关照，待会他会和柯老谈到她的苦处，如果老人问起她来，她可千万别不好意思。"假如你一否认，老人就会以为我在骗她，那么这件事就彻底玩完了。"凭着与这位阿姐仅有的这一两次接触，乔山觉得这位背负着生活重荷的保姆也是个重情义的人，万一情到深处，她做出个义举，那不仅仅以后老人会陷入困境，她也会付出昂贵的代价。生活中，有时做个好人，做点善事，成本还会蛮高的。他不忍心看到好人吃亏。想到这里，他的鼻子有点酸酸的。保姆在电话里压低着嗓门连连道谢。

没几天，柯老就高高兴兴地搬进了敬老院，乔山又马不停蹄地帮老人把房子租了出去，特意选了一个三口之家，小夫妻都是弄电脑的，不会生什么事。

全部搞停当，乔山还没好好喘口气，"嘀！"一条短信进来了。是余韵的。又有什么事了？他皱起了眉头。打开一看："事情办得不错，给个赞。""呸——！"乔山一口唾沫啐向手机，仿佛那是余韵的脸似的。这个动作，电影里见到过，自己好像从没操练过，不太利索，有不少唾液飞溅到了自己的前襟上。他恼怒地掏出手帕擦了好几下。丧门星，不让人太平！他在心里狠狠骂道。

16

下班回到家，破天荒地看见女儿正在下面条，四五个煎好的荷包蛋放在一个大盘子里,一小锅菜汤已烧好,锅盖掀开一点,热气袅袅。女儿头上汗津津的。他心里咯噔了一下,女儿这些天乖巧多了。表面上看似仍旧天马行空的样子,倒再也不给他气受了。今天居然还自己动手做起了家务。他先是一阵感动,随即便是一丝不安。

"哎,还真香哟!"他故作惊叹道。

"本来你那碗要等你来再下的。想不到,你脚真长。喏,先拿去吃吧。"女儿皱了皱鼻子。

乔山的心里有点酸,他顿了一下,用一种轻松的口吻说道:"你妈托我办的事,都大功告成了。"

"嗯?"女儿道,半信半疑的样子。

乔山掏出手机,打开短信,递到女儿面前,"还表扬我呢。"

女儿垂下眼睛,盯着手机看了好一会儿,脸上绽开了笑容,"你又得意了吧。"

"小事一桩。像你一样,多做点好事。"乔山接过了女儿递过来的面条,一只手又端起灶台上那只装荷包蛋的盘子,往餐厅走去。

昨天晚上,女儿哭丧着脸告诉他一件伤心事。下午放学时,在一条弄堂口,有个农村打扮的中年妇女一脸着急地向她借个手机用用,说她女儿生急病正在对面中心医院抢救,她急着打电话给孩子他爸,让他赶紧送些钱过来,再耽搁,就怕女儿要没命了。懿懿不假思索便掏出手机借给了她。那中年妇女打了几下,说信号不好,她再走几步试试,懿懿本想拦住她,想想不大好,那女人脚步很快地往弄堂深处走去,懿懿又不好意思尾随上去,只能等候在弄堂口。不料,这一等,就是三刻钟。待她走进弄堂时才发现这里能通向另一条马路,人早就不见了。

乔山感叹人心不古,人啊,怎么能去伤害一个小孩善良的心。要是都这样了,这个社会还会有希望吗?他安慰女儿以后注意保护好自己,在这个前提下,能帮就帮,也可以找其他大人帮他们。女儿嘟哝着说,她当时也有点怀疑会不会遇上了骗子,可见她那副样子实在是可怜,就想一部手机总没一个小孩子的命重要吧。乔山肯定了女儿的这个想法,他当晚就到父亲那里悄悄要了点钱,到购物中心又为女儿买了部相同款式的手机。抽屉里放着钱,但为女儿买这部手机,他得用自己的私房钱,和你余韵不搭界。

女儿端着另一碗下好的面,走过来坐在了父亲对面。

"蛋煎得蛮有水平的。一点都不焦。"乔山说。

"阿奶教我的。我还会炒卷心菜,像焖出来的一样。阿奶讲这是伊拉娘家的看家菜。"咬了一口蛋,女儿问道,"伊要侬帮啥额忙?"

"安排她党校的一个朋友的亲戚进养老院。"乔山不想再深谈下去。

"是她的新闺蜜喽!"女儿显得漫不经心,问道。

"嗯。抓紧吃吧。你还要复习呢。"乔山说。

这天快深夜了,乔山才迷迷糊糊睡过去。突然,他搁在床头柜上的手机剧烈地震动起来。他伸过手拿起来一看,是邱院长的。他一下子坐了起来。邱院长告诉他,柯老刚才一个人从床上爬起来去解手,结果摔倒了,应该是哪里骨折了,现在正送往中心医院急救。唉,真是的。他叹了一口气,表示自己马上赶过去,请邱院长他们务必照顾好老人。他叩开女儿的房门,讲了这事,让她一人在家,遇到任何人敲门都不要开,有事打他手机。平时遇上单位有点急事,女儿都会讲几句怪话,表达一下不满、不屑,这次变得相当懂事,连连说,你放心去吧。真的有事,她会找阿爷和阿奶的。乔山走进去,俯下身,吻了吻女儿的额头。

原来柯老晚上尿急,平时在家里,她都会唤保姆来扶她。进了敬老院,床头有拉铃,可以随时叫护工。不巧几个护工刚处理完邻床裴老师发高烧的事,才躺下没一会儿,她不忍心打搅她们,就自己悄悄摸黑起来,不料摔成了严重盆骨和大腿骨折。望着老人疼得脸色惨白的脸,邱院长愧疚地连连道歉。乔山连忙安慰道你们都没错。先抢救老人要紧。医生告诉他们,有两套方案,一套是保守疗法,用石膏固位,让她自然恢复。就是时间至少五六个月。另一套,动手术,骨头断裂处打钢钉,好得快一些,就是老人年龄这么大，体质也不好，要吃大苦头。柯老说就听乔同志的吧。

乔山看了看手表，已经是凌晨一点多了，这个时候打给白云，也解决不了什么事，时间又不能再耽搁了。他和邱院长商量，邱院长说，建议保守疗法，老人少受一点苦。护理费我们院里来承担吧。乔山说，给你们添了那么多麻烦，真不好意思。我也同意保守疗法，就是这半年里你们要多费心了。

医院做好处置后，乔山又跟着邱院长他们一起将老人送回敬老院，他坚持要留下来陪老人，让邱院长他们回去休息。劝不动他，邱院长也就跟着留了下来。

第二天一早，乔山把这件事告诉给了白云，让他别着急，医院都处理好了，老人也没发热度，现在已送回敬老院，敬老院会二十四小时派人看护，他也会每天来这里关心的，有情况会及时联系他。白云起初有点意外和焦虑，后来听说都尽了最大努力了，情绪和缓了下来，临了还不忘谢谢大家。

关于突然增加的这一笔不小的护理费问题，着实让乔山费了一番脑筋。他不同意由敬老院来承担。理由是，是老人没有喊护工，责任不在院方。如果这次开了先例，那以后其他老人遇到这类问题，院里可就麻烦了。当然也不能随柯老的心思，由老人自己负担。老人经济不太宽裕，再说她也是出于好心。找白云？乔山开不了口。他决定还是由他来承担，从自己家的抽屉里去取。这是你余韵的事，应该为你的朋友担当点吧。

他正要把自己的这个想法告诉邱院长，余韵电话进来了。

"你怎么搞的？这点事都办不好。九十多岁的老人，经得起你们这样折腾的？你在搞什么搞？"余韵劈头盖脸就是一顿斥骂。这可还是他俩相识以来的头一遭呵。

乔山感到自己的情绪马上就要失控了，他强忍着，一面听着，一面快步走出敬老院的大门，眼睛四下里张望着，哪里有没人的僻静处。没有，早上，正是人们上班、上学、买菜的时刻。他找了个墙角落，脸朝着墙面，站定了,两条腿在剧烈地打着哆嗦。余韵还在发着火,他咬紧嘴唇,竭力不发声。因为他知道此刻倘如他一开口,这场面肯定不可收拾,他和余韵的那件事也会跟着一起暴露。对方骂累了,也没容他分说,便挂了电话。

乔山的脑袋一阵晕眩,他连忙伸手护住墙面,闭上眼睛,眼前又是金星乱舞。坚持住,坚持住!他命令着自己。

"乔山,你没什么吧?"不一会,身后传来邱院长轻轻的问候声。

"没事。可能一夜没睡。"乔山使劲睁了睁眼皮,回过头,挤出一丝笑,"护理费解决了。一位朋友资助。就我们两人知道,你不要跟任何人包括余韵和柯老提起。"

17

好汉做事好汉当。乔山决定不碰余韵的钱,他自己出得起。钱在哪里呢?他的卡里有三万。可那是余韵的,再说一动用,她那里就知道了。找老爸。老爸虽然已经不大去绍兴了,但到了关键时刻,还会出点力,多少还是有点进账。一如既往,老头总为他藏着点,以备他这个做儿子的不时之需。那笔首付已经让小夫妻很过意不去了,乔山也就没把这件事透露给余韵,怕她责怪他,这就成了父子俩的秘密。一对父子"妻管严"就如此这般"守望相助"。电话过去,不凑巧,老头正被绍兴厂接过去,此刻已快到了。乔山没说是什么事,关照老人小心一点,就挂了。现在还能找谁呢?找乔懿懿!小姑娘攒着不少压岁钱。有一次,她得意地给做父亲的露了露眼。父亲问她为啥不存进银行,她说再等凑个整数买个保值基金。对了,先借一下,等老爷子回来就还她。那如何跟她说呢?余韵抽屉里有的是钱,为什么还要向女儿借?难以自圆其说。弄不好还会引起不必要的联想。唉,真是一分钱憋死英雄汉哪!

最后,乔山还是决定向老父亲伸手。电话过去,乔父一口答应,让他开车过去拿,他得等上三四天才能回呢。临了,埋怨了一句,早就说把卡放在你那儿,你还不肯。不忘叮嘱,路上别急,安全第一。

好在高速公路、跨海大桥都已建好,驱车三个小时左右,乔山已经在父亲帮忙的厂里了。老父亲没有让他到会客室小坐,而是把他拉到了厂里为他安排的单人寝室。寝室蛮整洁,靠窗的书桌上摆放着一个他们老夫妻和乔懿懿合照的相框,那时懿懿大约三四岁吧。老头从贴身的衣袋里掏出一个皮套子,从里面取出一张银行卡,我的生日,461217,你记一记。乔山接过银行卡,掏出手机记在了自己的短信里。

"那我这就赶回去了。"儿子说罢,拿起父亲递给他的一瓶矿泉水,咕咚咕咚喝了几大口。

"余、余韵在那里还好吗?"父亲没有接他的口,嗫嚅道。

"好。"乔山警觉地瞥了父亲一眼,把柯老的事简单述说了一下,自然地,他把白云说成了女的。

"有啥事,都好商好量。你们也都老大不小了。真的有什么事,就算看在女儿分上,也不要斗气。我和你妈也没有什么别的指望,只要你们能太太平平过日子就好。"

父亲穿着件沾着铁屑和泥土的旧工装,显得比平时更老气,一双手大概经常同铸铁什么的打交道,看上去很粗糙,那些手指头好像还有点变形。乔山已经有好长时间没有这样打量过自己的父亲了。他的鼻子又酸涩起来,眼眶有点潮湿。他别过身子,朝门口走去,故作轻松地说道:"都老夫老妻了,能有什么别扭啊。走嘞,你自己当心点,别太累了。"

坐进车里,他将车窗摁下一点点,伸出几根手指头,朝等在一旁的父亲动了动,算作道别了。父亲朝他扬了扬手,挤出几丝笑意。

车子驶出厂门,乔山包在眼眶里的两颗泪珠就滚落了下来。

18

这天上午十点多,副主任带进来一位客人,说是找他的。乔山抬头望去,不禁一愣,似曾相识。

来人身材魁梧,天庭饱满,特别是那头乌发梳理得一丝不苟。听了介绍,他几个大步跨了过来,一把握住乔山的手,热情地说道:"啊呀,你就是好朋友乔山哪!"嗓音里带着好听的磁音。

白云!那几段视频立马仿佛过电影似的在乔山的脑际闪现。他愣愣地望着对方。

"我是余韵的党校同学,柯兰老人的外孙白云!"白云仍拉着他的手,摇了摇。

如梦初醒,啊,坐坐。乔山缓过神来,下意识地请对方落座。脑子在飞速旋转,兴师问罪来了?老太太被摔成了这样。可神态不对啊。是为了余韵的事,来同我摊牌了?那也不应该是笑嘻嘻的呀。来摸摸我的底吧?

"乔主任,你们慢慢谈,我正好有点事出去一下。"副主任为客人倒了杯茶水,与两人打了招呼后,退出去了,好像还拉上了办公室的门。

"你好,白主席。"乔山已决定不管对方怀着什么来意,他不卑不亢,以礼相待。为自己的尊严,为父母和女儿的尊严,他可不会给别人任何取笑、羞辱的把柄。

"我请了假,一大早就专程赶过来,要向你当面道谢!"白云端起茶杯,原本大概想大口喝一口,鼻子触到了滚烫的热气,用嘴轻轻吹了吹,呷了一小口,"我姨婆还都亏了你。老人家别看她文绉绉的,倔着呢。你可真有本事。老人对你的印象可好啦。说我交上你这个朋友,值!呵呵。"

"应该的。不过好事没做好,把老人家给摔了。这我有责任。"乔山道。

"嘻,不可以这样说的。这么大年纪了,防不胜防的。我跟老人家说了,如要说起责任,那还是您姨婆自己的。您得遵守院里的规章制度才是。"

相由心生,看上去很精明,但也蛮厚道、豪爽。专程从上千公里之外赶过来,难道真的只为了当面道声谢?乔山脸上挂着矜持的笑,心里在寻思着。

"好朋友,"对方顿了顿,往前探了探身子,拍了拍乔山的手背,"说真的,我这次来主要是当面道谢。还有一件事,你可千万别让我为难。否则,我白云良心上过不去的。"白云脸上一脸真诚。

喔,终于要说正题了。乔山一块石头落了地,但呼吸竟不由自主地急促起来。"请便吧。"他说道,端起保温杯,旋开盖子,慢慢抿了一口,又用嘴吹着里面的茶水,有点泛白的脸上依然挂着笑。

"我这次突然造访,事先也没同余韵说一声,怕她不同意。"

乔山想望一眼对方,但眼皮没能抬起来。他咧了咧嘴,想显得豁达一点。

"我姨婆都跟我说了。"白云说着,拉过搁在办公桌上的双肩包,拉开拉链,取出一个厚厚的牛皮信封,"这钱你一定要收下。"边说边站起身,伸手欲拉开乔山面前的抽屉。

"别别,怎么回事?"乔山右手护住抽屉,仰脸问道。

"嗐,你还给我装什么噢。"白云把厚厚的信封塞进乔山手边一叠报纸里,然后又坐了回去,"你一看就是个文化人,哪里能那么容易搞到什么资助?"

乔山突然感觉到了一阵从没有过的轻松。正想要说什么,白云拦住了他的话:"姨婆昨晚打电话给我了,让我今天一定要来申江一趟,否则就不再认我这个外孙了。老太年纪大了,脾气也越来越那个了。"白云又端起茶杯,吹了吹,连喝了好几口。然后,望着乔山,说道:"就算是你好朋友帮我这个忙了。这笔护理费就让我来出,让我尽尽孝心。"

乔山有点感动,白主席,白主席,你实在是个好人哪。可你偏偏怎么又会去干那种事呢?

"好朋友,你如果方便的话,想麻烦你陪我去看望看望老人,中午咱兄弟俩吃个便饭,我就再赶回去。明天一早还要搞演讲比赛呢。"白云热切地望着乔山。

唉,人家大老远地赶过来,要求也不过分,也是让老人开心的事,反正那件事我就装作不知道好了。以后的事以后再说吧。

看望好老人后,白云拽着他要找附近的酒家请请他,否则他的良心又要过不去了。乔山把他带到了百步远的锦江小厨,两人找了个卡座落座。趁着白云在看菜谱的当口,乔山向服务员使了个眼色,服务员会意地笑了笑。他和这里的人很熟,一个社区里的,搞社区文化活动,这家店经常免费提供场地什么的。

白云要点鲍鱼什么的,乔山笑着说,你地道的申江菜怕是好久没吃了,这里就是本帮菜最出名,大众点评上评价蛮高的,我来做个主吧。乔山点了一只红烧划水、一只葱爆响糊鳝丝、一只手撕包菜、一份冬瓜咸肉汤。白云嫌太少,硬要再来几个冷盆。乔山拗不过,叫了份盐焗鸡和糟毛豆。中午都不喝酒了。

冷盆上来,乔山和白云碰了碰水杯。这时,他的手机响了,看了一眼,余韵的。他打了个招呼,拿着手机走到了门外,还不放心,又拐进旁边的弄堂,他怕自己把持不住。

"白云来申江了。"余韵开门见山道,也没想到已有几天没通电话,是不是该先问问家里情况什么的。

"哦。"乔山不置可否,淡淡地道。

"不要提我和你的关系。还有——"余韵似乎在用一种命令的口吻。

"我——"乔山差点没晕过去,他用手护住手机话筒处,仰天做了个深呼吸,竭力克制着自己,也没听清对方接下来又说了什么,便打断道,"说完了吗?那就再见。"关掉了手机。

这饭还怎么吃呵?乔山首先想到的是找个借口,说单位有急事,他把账结了,就立马走人,可又一想,上门不欺客,这是做人最基本的道理。还是那句话,老白不提,我就装作不知情。把这顿饭先对付过去吧。

走回店堂,发现老白正焦急地朝着门口处张望,见到了他,连忙招手。

乔山走近了,发现桌上的菜还没动多少,老白面前的一盅米饭已经快吃完了。

"啊呀,真不好意思,余韵刚才打电话来,说明天有大领导来听我们的演讲比赛,班主任让我抓紧回去准备。今天只能这样了。真的太失礼了。下一次,我一定好好请你。你再吃一点,我就先告辞了。"白云朝乔山连连拱手,招呼服务员结账。

"我已经结了。你先忙吧。"乔山尴尬地说。

"啊呀,兄弟,我就更不好意思了。这份情,我就欠着了。"白云背起了双肩包,和乔山紧紧地握了握手。乔山站起了身。"你别送了。我姨婆还得拜托你。好兄弟,好兄弟!"白云又拱起了手,走开了几步,仿佛想起了什么,又回转身,朝乔山这边跨了几步,一脸歉意地打招呼道,"来得匆忙,也没给弟妹和小孩带些什么礼物。太失礼了。我们后会有期。"说完,转身急匆匆地离开了。

19

柯老的骨伤恢复得蛮好,乔山也就不再每天必到了。实际上他是蛮喜欢和老太聊天的,有一份睽违已久的亲情让他感到温馨。不过,和自己的外婆一样,老人既慈祥,也很精明,那份洞悉人心的本事很是了得。老人似乎已经揣摩到了一丝乔山的愁绪。乔山生怕再这样下去,他会忍耐不住。正好借着这么个机会,拉开一点距离。除了工作,他还在忙什么呢?乔懿懿越来越乖巧,读书也不用他需要特别烦心的,几次模拟考成绩都在往上升,也不能揠苗助长的。父母那边平平安安。他余下的精力就几乎都放在了寻找房源上。

余韵和他的最后那次通话,让他彻底斩断了与她仅剩的一丝情缘。他得实实在在地为接下来的离婚做好必要的准备了。其他的好像都不是什么问题,包括女儿的监护权。跟着母亲也不是坏事,凭着他对她的了解,当母亲的对女儿还是心疼有加的,老白看得出也是个有爱心的,当然这一切的前提是,首先得听女儿的意见,尊重女儿的选择。不管监护权归谁,都不能阻止另一方的随时探望,甚至女儿哪一天想要与另一方一起生活,都得尊重她的意见。他提出这样的条件,应该是相当友好和包容的吧。

横亘在他们面前的,主要是房产的分割问题。按道理讲,女儿归谁,房子可以归谁。如果归我,那余韵等于净身出户(且不说她还是过错方,当然最好他不用提这一点),那对她未免太过残酷。凭着她现在的底子,在申江想要再置办一套像样点的房子,蛮难的,除非她动歪门邪道。老白看来在这里也不会有房产,文艺系统搞行政的,能有多少实力?如果女儿归她,母亲那头大概不会答应将房子全让给她。当初谈恋爱的时候,母亲就曾怀疑小姑娘欺负儿子老实,动机不良。因为房子问题而纠缠不休,对大家都没好处。

乔山的想法是,余韵一回来,他就主动提出和她离婚。这里的关键是一定得由他抢在前面先提出,(这口气他一定要出的,其他什么都好说)他甚至可以不提他们开房的事,都是明白人,能离就好,何必非得搞得大家都难堪。今天一早,吴庆和打电话来向他要那部摄像机,并一再问他那几段视频复制好了没有,他那里可是一份备份都没留。他就灵机一动,谎称那部机器一时不知塞在哪里,找不到了。他实际上不想将这类视频流出去,缘分不在了,做人的底线还是要有的,做人做事都不好太绝的。听说吴庆和那里没留备份时,他心里居然还升起了一丝庆幸。

因此,尽快找到合适的房源,就成了他的当务之急。

不像过去,马路边、弄堂口都有自发形成的民间调房摊点,一调二,二调一什么的,你情我愿便可。现在都得上交易平台,通过买卖交割了。他找了不下五六家房产中介,先把自己的一套房子做了估价(当然他不会说出是自己的房子),然后再去找两套金额、面积相当的房源。有是有的,但看得上眼的,几乎没有。一来,住惯了好一点的,稍微逊色一点的就难入眼了，二来，毕竟多一个厨卫，差价就摆在了那里，三是相同的地段、品质，小户型的单价居然要比大户型的贵出10%左右呢。一次好不容易勉强看中了两个一室一厅，地段偏了点，房子品质还可以。其中有一套还多了个三四平方米的储物间。乔山想，将来谁带女儿，这套就归谁。和上家、中介走出单元大门时，隔壁突然传出来一阵拿腔捏调的歌声，似乎是男扮女装。再仔细听，是在模仿一位当红歌星，不过那歌词被改得前言不搭后语。乔山警觉起来，望着上家，"这隔壁？"中介也有点意外。上家露出了尴尬的神情，"一对老夫妻和他们的儿子。儿子四十多岁，早些时候受到点刺激。"乔山面露失望。"要么再优惠点？"中介望着两人。"再说吧。"乔山没有当场回绝。

奔波了两个多星期，终于选中了两处房源，还要再贴个四十万。乔山对自己家底不是很明了，他估摸着应该拿得出。可问题是其中一处房源的主人急着出手，再要过两个月，人家等不及。乔山说我先付个定金吧。对方不肯，对乔山和中介说，不瞒你们说，我在别处中介也挂着牌呢，就看你们的福气了。乔山刚刚放下来的心又被悬了起来。

他盼着余韵能早点回来。

真是天遂人愿。乔山一身疲惫地刚回到家，余韵的手机就跟着来了。

"乔山，这个周末，我回来一次，有事跟你说。就这样了，我还忙着，挂了。"一副急匆匆的样子。

不知怎的，乔山心头居然涌起了一阵欣喜。

20

乔山再三坚持要到高铁站接余韵，余韵就像怕和他再有什么瓜葛似的一再谢绝，终究拗不过他，只得勉强同意了。

乔山这样做，自然不是在向余韵献殷勤。他觉得事已至此，就索性选择在外面摊牌，这样更有利于瞒住家人，平静地分手。最好谈妥此事，余韵就乘下班动车回京去,免得两人晚上再同处一室,要多尴尬有多尴尬。他理想的进度是,余韵两个月结业回来,女儿正好结束中考,在这期间他也正好分别签好几处房产的交易合同。所有的这一切,都能在最短的时间内迅速搞定,然后大家开始新的生活。他居然还把普希金那首《假如生活欺骗了你》在心里默默吟诵了好多遍,还真的感悟到了一些过去不曾体味到的东西。

在车站出口处,乔山在茫茫人流中瞥见了那个熟悉的身影。他的心悸动了一下。暗暗做了个深呼吸,他朝她扬起了胳臂。对方显然也看见了他,朝他微微皱了皱眉头。

走出闸机,她把小型拉杆箱的把手递给了他,小声咕哝了句,"要你瞎起劲。"说着,身子朝他怀里靠了靠。乔山没有像以往那样拥抱她,他佯装被旁人撞了一下,拉起拉杆箱,说:"我们就到前面美食街边吃边聊吧。""怎么那么急呀!"余韵有点气恼了。"我下午要出差。"乔山灵机一动。对,如果余韵要回家,他就用这个借口回避几天。

这是个集航空、高铁、地铁于一体的超大型交通枢纽,数千平方米的美食街荟萃了中外和各地的风味。乔山选了一家装潢雅致的鱼园火锅店,这是余韵的最爱。"反正不用你的钱。"余韵白了乔山一眼,跟了进来。乔山找了个僻静处,拿过菜谱,摊开在坐在对面的余韵面前,"今天,我请客。你随意点。"他朝她笑了笑,最后的时刻,他还是想给她留下个绅士的印象。余韵拿起菜谱,微微皱了皱鼻子。

服务员去下单了。余韵呷了口菊普茶,"本想回家跟你好好谈,想不到这么不凑巧。"

"我看这里更方便。"乔山说道,见到余韵那张略显消瘦的脸,心里寻思还是让她先说吧,再给她最后一次面子。男子汉就不必争这口气了。

"乔山,我本来想学习结束回来再跟你说这件事的。可是想想还得再等两个月,有点浪费你的时间。也好,今天我把我的想法还有白云的意见一起告诉你。你也正好有一段时间好好考虑,等我正式回来,我们再深谈。今天,你先听我的,也不要同我争,就这么点时间。你说呢?"余韵脸上的笑意淡去了。

乔山似乎有点后悔自己刚才的谦让,但此刻他还能说什么呢。他点了点头,脸上一时也不知该做出什么表情才好。

余韵从挂在椅背上的挎包里取出一本记事本,翻到约莫四分之三的地方,看了看,又翻过去几页,迅速扫视了一下,然后抬起眼,望着乔山,说道:"其实吧,我到现在都在犹豫,要不要跟你说这件事。弄不好,真的会得罪你。"

那就让我来说吧。不为难你。乔山真想抓住这一机会,抢先开口。可瞥了眼对方,心想,对方既然已经做了这么充分的准备,应该是一大套提出和他分手的说辞吧,就不妨给她个台阶。他咧了咧嘴,示意她不妨说下去。是我让你先说的,主动权在我手里。你提出分手,我会立马表示同意,这就意味着我也早有这样的想法,无非是给你个面子罢了。他感觉自己这一招,可以的。

"白云也会在今天晚些时候给你发短信,谈谈他的想法。"余韵说。

"你说就可以了。"乔山突然怒从心起,脱口而出,引得邻座一对小年轻朝他们望了望。他略略抬了抬手,以示歉意。

余韵有点愕然,脸色沉了下来:"怎么了你?要不,今天就算了。"

两人的事,你把第三者扯进来干什么?难道你们还真有理了?还什么晚些时候他也会发短信过来。你们还知道"羞耻"二字吗?当然,他不会把这些说出来。

"菜来了,我们抓紧吃吧。吃好了,早点回家。你还要出差了。"余韵脸色和缓了些,正要收起记事本。

"对不起,单位有点烦心事。"见此情形,乔山有点着急了,你可要控制住自己的情绪啊,否则事情就会被你搞砸。都快是陌生人了,你还怄什么气?他逼着自己朝对方又咧了咧嘴,表示歉意,"你说吧。我要出差几天,你现在不谈,至少这一趟就没有机会了。"

"你刚才的那种情绪,我们没法谈。这些天,跟你打电话也好,我总感觉你怪怪的。家里没有什么事吧?"余韵微蹙眉头,问道。

"没有。"乔山竭力显出一丝活泛的表情,他要鼓动她说下去。

"好吧。长话短说——"这时余韵的手机响了,她收住话头,接通电话,"你好,大白。嗯,是吗?不错。什么?今天晚自习的时候来。我这才刚好和乔山碰面,正要谈呢。现在马上?不行。这会儿不说,白来一趟了,后几周就更脱不开身了。谈好后,我就赶回去吧。赶不上,你就替我请个假喽。谁叫你是班长呢。我这边抓紧谈,谈好后就直接坐动车回来,但愿能赶上吧。好嘞,挂啦!——噢,还有,你可别忘了给乔山发短信。你可是关键人物啊!"

乔山双手暗暗攥住身后的椅背,以免人摔倒。

"我的那篇演讲稿登到校刊上了,真没想到。"余韵说道,"还有,今晚有大领导来开小型座谈会,也让我参加。我怎么办?总得把这里的事了了。否则一拖又是两个月,对不起你。对吧?我们最多花一个小时,我就赶两点的车,应该不会迟到。你别看白云五大三粗的,实际上是个婆娘,给他当了个班长,整天管头管脚。还要我千万别迟到。要我现在就回,留着下次再说。你看他,真是的。"

乔山脸上依旧挂着淡淡的笑,忍住呵,你要忍住。

"好,我就开门见山了。"余韵抬腕看了看表,说道,"你啊,有自己的精神追求,这是我最为欣赏的。是呵,一个人没有了精神追求,那活着还有什么意义呢。看得出,你钟情于创作,甚至不全为了名和利,而是为了实现一种自我价值。不过,近些年来,我感觉你有点迷茫了。你放弃了诗歌创作,转向写历史题材的长篇后,以前的那种激奋没有了。有不少次我在暗暗观察你,总感觉你在写《西风烈》的时候,精神并不振奋,似乎也没有愉悦之情,和你当初写那些诗歌时完全判若两人。女儿就要开始独立了,家里让你操心的事会越来越少。单位里的事也就是那些,而且你也一直很努力。你会有越来越多的时间做自己喜欢的事。那么你该做什么,才对自己、对这个社会有意义呢？这次去北京学习，我就想能不能利用这次机会，找几个文坛大咖帮你把把脉。原来在那边联系了几个朋友，可接触下来发现，他们一听说你是我爱人，似乎都不敢放开讲，对你转向写长篇，也都是鼓励，有位还说可以帮你联系出版方。我的直觉，他们可能更欣赏你的诗作。开班几天下来，同学都互相熟悉了。我们班长大白就是××省专职文联副主席，而且听他说那几天北京正在召开文联和作协会议，文坛精英汇集于此，他非常乐意帮忙。为了接受教训，我就隐瞒了我俩的关系。他先是把你的诗稿、小说稿的电子文档发给了十几位这次与会的朋友，然后又与他们逐个约时间，他再陪我登门讨教。好在这些与会代表都住在同一个京北酒店。有那么四天，我和他下午一放学，就赶往京北，一个一个讨教，天天弄到晚上十一点多。学校规定，晚上十二点一定要回学校的。拖得他苦死了。看得出，那些朋友跟他蛮铁的，都掏出了既专业又贴心的话。"余韵指了指记事本，"喏，都快记满一大本了。他们的结论是，你在诗歌创作方面有潜质和才华，受普希金和艾青等诗人的影响多一些。当下，这类视野开阔、紧扣时代脉搏、讴歌人民和祖国的鸿篇诗作正是我们所需要的。"她又翻过一页，看了看，说下去，"至于你的这部长篇，他们一致认为一文不值。"她偷偷瞥了乔山一眼，"两点结论：一是你不具备写小说的天赋，如勉为其难，你将一生不舒心，挫败感会陪伴你一生。二是这部作品'三不像'，说是正剧吧，缺乏足够的史实支撑；说是部戏说体吧，文笔拘谨，情节散漫，难以引人入胜；说是穿越剧吧，时空逼仄，又囿于具体的史料。他们劝你还是重拾诗歌创作。"余韵把记事本合上，推到乔山面前，"我都记在里面了，你回去好好看吧。我感觉'忠言逆耳利于行'。"

余韵呷了口茶，又说道："大白的意见，你写作的动机要明确。他建议你应该主要是抒发一种正能量的情怀，这对你的精神生活有正向激励，同时也能作用于社会，虽然我们的诗歌创作还得进一步紧跟我们时代的发展，同时转型时期，我们的诗人有时难免还会寂寞。他说其实创作的过程给我们带来的快乐远远胜过发表或获奖所能给予我们的喜悦。我也认同他的观点。"说到这里,余韵忍不住笑了,"再顺便跟你说一件事,蛮好笑的。那天他从申江回来,一脸正色地约我谈话。我开始还以为为那位老太的事,谁知他说,余韵,我以临时党支部书记和班长的身份跟你谈话。我看得出乔山是个好人,也是个老实人。但他是个有家室的人。你这样异乎寻常地卖力帮他,该不会有其他什么意图吧?而且还把我也一同拉上了贼船。我说,你说什么呀!便把实情告诉了他。他听了笑得腰都直不起来,还直骂你是头'闷驴'。"余韵又抬腕看了看表,"哟,还有半个多小时,我们抓紧吃点吧。你我都要赶时间呢。你现在也不要多想什么,等你抽空,把我这本记事本好好看一遍,我们再沟通。他们文人嘛,有时可能偏激一点。反正一切由你自己拿主意,老婆我永远站在你一边,只要你感觉好就好。"

"嘀!"有条短信进来了,是老白的,打开一看,一条长长的短信,开头头一句:"乔山兄,你和余韵可把我坑苦啦!下次我来申江,你们一定要请我好好撮一顿……"

乔山胸口堵得慌,他情不自禁攥住爱人的手,哽咽道:"余韵,我——"

新宅疑云

1

望着眼前的情景,吕可为暗暗倒吸了一口冷气,不会是真的天上掉馅饼了?

宽敞明亮的客厅,金黄色丝绒落地布艺窗帘向两侧拉开,厚重地悬垂着,衬在内侧的乳白色纱幔把两扇宽大的落地钢化玻璃门遮得严严实实,但明媚的阳光还是从斜对面高楼的一侧倾泻进来,把铺设得整齐气派的柚木地板映照得泛出高贵的光泽。

吕可为下意识地站在门口,正想弯腰脱鞋,程先生扯了扯他,说道,"不用了。里面没有备拖鞋。"中介小王很专业地掏出了三副浅蓝色无纺布鞋套。程先生没有接,看着他们两人套好,就带着他们进了屋。

这是个一房两厅带一厨一卫的单元。走过客厅来到厨房,七八平方米的长方形空间高端全进口的厨具一应俱全。"都没用过。"程先生用手比画了一圈。匆匆扫视了一下,单单那个嵌在进口处的双门智能大冰箱,就不下两万吧。吕可为在心里嘀咕。踅进干湿分离的卫生间,也都是高端全进口的卫浴洁具,锃亮的不锈钢和玉色瓷材相映成趣,无不透着典雅温润。四万一平方米该不会包括这些东西吧。吕可为已经有点权当饱眼福了。

卧室的门是锁着的。看得出也是用同样的柚木打制而成,门饰线条简练但不失高雅。程先生一边掏着钥匙,一边解释说,"里面都是软包装,怕灰尘。"

门打开了,哇,活脱一个凡尔赛宫啊!(吕可为在视频里目睹过那个地方)靠着床头的一面墙用浅咖啡色皮革包裹起来,另三面是齐人高的柚木护墙板,连着房顶处又用进口的彩绘墙布装裱,而卧室顶部则用了米色隐形花纹墙布,再加一盏欧式圆形吸顶水晶灯,让人没有丝毫的压抑感,相反倒使人油然而生一种极目天穹的快意。

趁着小王憋不住尿,急着借用卫生间的当口,程先生把头往吕可为这边象征性地凑了凑,低声道,"跟你私下里讲,"朝皮革墙那边努了努嘴,"用的都是真牛皮的头层。拆下来,就破相了。"

吕可为礼貌地点了点头,没有吱声。

程先生飞快地睃了他一眼。"我看你是个老实人,也蛮诚心的。要不是急用这笔钱——"瞥见小王进来了,他住了口。

"吕先生,看了还满意吗?"小王神情轻松地问道,刚才的那泡尿大概憋得蛮久了,否则他也不会做出这种不甚得体的事。

"呵呵,太豪华了。"吕可为有点苦笑道。

"是呵,"程先生又不为人注意地睃了他一眼,"这些好东西再拆下来,可就不值多少钱喽。"眼睛又望向小王,"只能打包了。"

小王作出副十分理解的样子,"是的,是的。吕先生,你几乎可以拎包入住了。唔——只是这块装潢和家具算不算在这四万里面?不好意思,没想到这么豪华。"

程先生扫了两人一眼,目光停留在吕可为的脸上,"这位小老弟的意见?"

"呵呵,"吕可为尴尬地咧了咧嘴,"我是个才来这个大城市没几年的小公务员,老家也没什么底子。我,我从来没想到过要住这样豪华的房子。"吕可为从程先生刚才的言语中似乎咂摸出一点什么来,心里腾起了一丝希望,"我老家所在的那块地被一个外国大财团看中要收购,拿到了一笔钱,看着这边房价一天一个价,我早晚得在这里买房子,所以才七拼八凑弄到了这笔首付。我只要毛坯房就可以了,将来有条件了,再往远郊换个大一点的,两位老人早晚要把他们接过来的。哦,银行贷款基本谈好了,我毕竟是公务员嘛,信用上没问题。"

"这些,我都和程先生讲过了。"小王说,"程先生因为生意上的事,用这笔钱救急。否则也不会这么爽气。"望了望正看着他的程先生,又朝向吕可为,"要不,你再稍微贴补一点?这些家装和厨卫设备没有三四十万拿不下来的。"

"岂止哦。"程先生说道。

"是的是的。还要请程先生优惠点。吕先生外地来的,年龄也快好做你儿子了。大家都不容易。嘿嘿。"小王堆着笑脸说情道。

"补偿问题我们另外找时间谈。就想知道一下,这种装潢风格,小老弟还满意吗?"程先生略略抬了抬眉毛,望着吕可为。

"装潢是绝对一级了。就是有钱,我也弄不到这种品位。"吕可为真诚地说道。

"好!就要你这句话。"程先生有点兴奋,"小王啊,这个房子你就不要再给别人看了,我给这位小老弟——"

"吕先生。"小王道。

"哦,吕——小吕,我就给小吕一个礼拜时间考虑。到时候,不行,我再找你换人。"

"一个礼拜,唔,一个礼拜,是不是有点急?"小王说。

"我不急,会出这样的价格?这里的毛坯房也就是这个价了吧。"程先生有点不满。

"唔,这是底楼。底楼要稍微下来一点。那,那,吕先生,你看,你什么时候有空跟程先生谈补偿?"

如果还要再补偿一块,吕可为实在是榨不出油来了。他支吾着,不知如何回答。

"这样吧,协议上就写四万一平方米。补偿这一块就不写进去了。我和这——这位小老弟个别谈。来,你给我个手机号。"看到小王面露为难的样子,程先生说道,"放心,我们不会跳开你的。保证在你这里签协议。来。小老弟,给个手机号码。"

吕可为报了自己的手机号,程先生嘴里重复着,输进了自己的手机,那部手机,吕可为在协和天地户外巨幅电子广告屏上看到过,是一款外国知名品牌的典藏版。

2

这天晚饭前,程先生就给吕可为打了电话,约他出来吃个饭,顺便把补偿的事谈了。

其实经过一个下午的思考,吕可为已经决定放弃这套河滨"豪宅"了。再加价,他没这个实力,再占人家便宜,于心不忍。他在电话里委婉地回绝道:"程先生好,我,我这两天都有安排了,真不好意思。您那套房,我就放弃了吧。谢谢您了。"

"我就看中你小老弟这个人品!这样吧,今天再晚一点,等你忙好了,我们喝个咖啡。我,给你个惊喜!"程先生在那头又热情又有点霸道。

却之不恭了,就当作是当面感谢人家的一番好意吧。双方约定了会面时间和地点。

程先生到得晚了些,站在吕可为选定的卡座旁,他四处张望了一下,拍了拍他的肩膀,下巴颏朝着一处墙角抬了抬,"走,那边安静一点。"到了墙角处一张小方桌旁,两人坐下来。吕可为请程先生先点。程先生笑了笑:"好,今天就叫你小老弟买单。"

咖啡还没端上来,吕可为便带着歉意笑了笑:"耽误了程先生这么宝贵的时间，真不好意思。这么好的装潢和配置，就四万一平方米我是实在开不出口的。但是我的经济实力，你也知道——"

"是个老实人哪！这样的孩子，现在可不多喽。"程先生打断了他，感慨道。服务员转身离开后，他低声问："小老弟，真的再也拿不出钱了？"

吕可为有点窘迫地点了点头。

"唉，你们这些小青年还真不容易。看到你，就想起我在你这个年龄时的样子。结婚急需用房了？"

"没呢，对象还没有。"吕可为低声道。

"你这样的人品还怕找不到？"

"人品？现在的女孩子，呵呵。"吕可为苦笑道。

"加上我这套房子，那就不一样了吧。"顿了顿，程先生又道，"看得出，在单位也是个骨干。"目光逗留在吕可为的脸上。

"哪里，小科员一个。"想起自己在单位不堪的遭际，他又微微咧了咧嘴。

"唉，这个世道啊，老实人是有点吃亏。"

有了房子，就算是在这个大城市里扎下了根，这是全家人的共识。是呵，花大钱的事解决了，其他就看他自己了。程先生的同情让他感动，不过这些话他还是压在了肚里。"看着房价这么涨，还是趁早买的好。"他说道。

"有眼光。"程先生道，他端起咖啡杯呷了一口，挑了挑眉头，"我也跟你讲点情况吧。不过，只能你一个人知道哦。我认你这个人。"

自从一不小心得罪了牟副主任后，能被人这么信任还真不多了，吕可为有点感动地点了点头。

"我这套房子的外面小花园跌下来过一个死人。"程先生轻描淡写地说道，眼睛的余光却扫了扫他。

这事中介小王跟吕可为提起过。两三个月前，14楼2室一个结婚才不久的新郎官坠楼身亡，不巧正落在这套102室外面的天井小花园里。

到底是自杀还是他杀,好像公安还没下定论。吕可为本人无所谓,问了父母,老人听说不是死在这间屋里,觉得应该没什么大碍,兴许这也是价格还可以的原因之一。

"听说没死在这间屋里吧。"吕可为问道。

"怎么会死在我的房里呢。我跟他认都不认识。"程先生这会正眼看着他,说道,"在我们这里,有人暴死在房间里,是犯大忌的。"

"我们老家也是这样。"

"唉,我老娘,八十多了,脑子不灵光了。听说了这件事,死活不肯过来了。哦,我这套房子原来就是买给她住的。又加上最近我生意上出了点问题,索性卖卖脱算了。"

吕可为望着对方,点了点头。

"小老弟,我看你是个讲信用的人,也不贪。这样,私下里我也不要你做什么补偿了,对外讲,你另外又贴了我五十万。否则,人家还以为我在练戆了。怎么样?"

吕可为不禁惊愕地瞪大了眼睛,还没容他缓过神来,程先生又说话了。"不过,我有个条件。"程先生故意不往下说,又呷了口咖啡。

3

程先生告诉吕可为,他因为年轻时就离开家乡外出打拼,常年不回家,双亲都顾不上照顾,都是几个兄弟姐妹在尽义务,为此,他们对他都很有看法。现如今,他有钱了,年纪也不小了,有了退隐江湖的念头,就想着把守寡的老母接过来住,算是补偿三四十年来的歉疚。没想到他老婆作死作活,不肯让老人住到一起来。他只好花上一笔钱,准备让老人另外住开来,再弄个保姆全天候照应。他么,就时常过来探望探望,尽尽孝心。不承想,老人听说儿媳不愿意和她同住,心里头不乐意。这次借着天井里死了个人,就不肯上来了。兄弟姐妹和一帮亲戚还以为他在诳骗他们呢。

他要让他们眼见为实。亲戚们如来申江市可以让他们来实地查看,他程某人说的是不是大实话。所以,他希望吕可为向他做个保证,三年里不转让,并保持现有的装潢不变,以便随时可由他带人来看。等他生意上缓过来了,他一定再为老母买一套更大、离他更近的,为她养老送终。

"我相信你的为人。咱俩就这么口头立个君子协定。怎么样?"程先生眼睛里露出无限信任的神情。

看似有违常情,仔细想想却也合乎情理。在外打拼的人,走投无路了,会想到家。发了,怎么能忘记恨不得从牙缝里抠出钱来支持他的父母呢。

"程先生,我虽然穷,但我们吕家的为人,相信你会看得到的。这样,我把我的那辆二手车卖掉,最多值个万把块钱,根本抵不上你那些补偿款的零头,但这是我的心意,让我心里多少过得去点。"为了省租金,他把房子租在了远郊,每天来回不少于四个小时。有次工作上要加班,回去晚了,地铁都没了,他就留宿在单位,被牟主任发现后大会小会批,还说了不少让他颜面尽失的话,他才狠了狠心买了这辆油电混合二手车。现在,他实在领受不起程先生的这份情,他豁上了。

"好,一言为定!"程先生把手伸了过来,紧紧地握住了他汗津津的手。

其实,就在程先生向他透露心声的那一刻,他拿定了主意:帮他看管好这套房子,三年后卖掉,用增值部分还掉人家的五十万补偿款,哦,还得加上参照银行的利息,他再到远郊重新买一套,到那个时候,应该可以买得到一套两房的了。

手续办得很快,程先生也没有再提出别的要求。在把房门钥匙交到他手上的时候,程先生两眼盯着吕可为,说道:"小老弟,咱们说话算数哦。"

吕可为也望着他,点了点头。

揣着沉甸甸的一大串钥匙,吕可为走出门楼,沿着小区周边慢慢地踱起步来。

协和滨江花苑确实是个品质不错的新型住宅小区,绿化好,特别是紧靠着母亲河——春申江,是二环内这两年新建的为数不多的滨江小区,最近地铁十二号线又要开挖,建成后这里还会有一个站点,升值空间就摆在了那里。

兜了一圈,吕可为踅回到自己的楼下,掏出门禁卡刷了一下,推开玻璃大门,抬腿迈进楼道大厅,习惯性地反手欲将门关上。门被什么东西挡住了。扭脸回头一看,一位俊俏的女子正从外面推住门,一双好看的丹凤眼正定定地望着他。

4

吕可为关上自家的客厅大门,心还在怦怦地跳个不停。刚才邂逅的那位女子,不知怎的竟拨动了他的心弦。这是个典型的江南美女,眉眼精致,身段窈窕,特别是那种神情,娴静中带着一丝忧郁,让人顿生爱怜。当然,在这样国际化的大都市如此风韵的女子并不罕见。问题是,她似乎在悄悄地关注着他。过往,这样的女子,在他是属于高不可攀的,走过路过,他也从不会放在心里。那些个美女好像也不怎么正眼瞧过他,仿佛是星球上两个不同的物种,几无交集的可能。他清楚地记得,就在刚才他转身将门拉大一点的时候,女子用探究的眼神与他深深地对望了一下,没有礼节性地道谢,从他身旁擦过时,似乎用眼角的余光匆匆打量了一下他那双半旧的运动鞋。女子径直走到最里面的那部电梯,按了一下电梯按钮,然后就静静地等候在那里。他在一大圈钥匙中挑拣最大的房门钥匙时,凭着直觉能感觉那边在悄悄地留意着这里。通常这样的智能电梯都是归位在一楼的,怎么会让她等上这么长时间呢?

蓦地,一个念头闪过,妈的,人家在惊异像我这样的穿着怎么可能会住进这样的房子!嘿,自作多情了你!怎么,住进了这样的房子,就不知道自己有几斤几两了?他暗暗地啐骂自己。

"叮咚,叮咚。"门铃声响起。

会是谁？吕可为走到门边,踌躇了片刻,咽了口口水,问道:"谁啊?"

"叮咚,叮咚。"没有回答。

吕可为把脸凑到房门的猫眼上朝外窥望,是那位美女！只见对方微微蹙着精心修饰过的细眉,眼神淡淡地望着他家的门。他心里一凛,深深吸了口气,又很快悄悄地吐了出来。

门开了。

"不好意思,你是这里的新房客?"女子望了他一眼,目光越过他的肩膀向屋里张望。

"哦,不。我刚买下来。"吕可为道。

女子收回目光,脸上似乎掠过一丝歉意,"嗯,打扰你了。我刚才有封信掉了。不知你看到没有?"

"哟,我倒没注意。要不,我出去帮你一起找找?"

"哦,算了。也许夹在一沓报纸里了。我回去再找找看。对不起。"又瞟了他一眼,女子扭身离开了。

刚才,她手里拿着报纸了吗？吕可为记不起来了。

5

生活似乎向吕可为打开了一扇小窗,有阳光穿透进来,然而那隐藏在墙角落的阴暗处就显得愈加阴暗了,使得他愈加感觉到深不可测,不寒而栗。

这个要命的阴暗处就是他在区经贸委目前的处境。记得刚来的时候,分管副主任牟渐成对他尚可。唉,事情还是栽在了自己轻视的所谓的职场潜规则上。

去年,一家外资企业亚太总部没打招呼就迁走了,引起了区里的震动。作为在外资科的他,心里头很清楚其中的缘由。人家向时任区经贸委齐主任提出可否由委里出面,与相关部门协调一下亚太总部一些外籍高管的出入境便利问题。齐主任怕湿手沾面粉,以"外事无小事"为由推托了。亚太总部要唱空城计了,人家只能外迁。没想到企业迁往的兄弟区很快就帮助他们解决了这个难题。据说,区委秦书记闻讯后大光其火,责令严查,说问题不在企业去留,而是我们的同志从思想观念到工作作风上是不是真的树立起了为企业服务的理念,要抓好这个反面典型。郭区长一向阿弥陀佛来兮,这回也没有了好脸色。工作检讨第一稿吕可为帮助经贸委办公室马亮如实写了,交到齐主任那里,被臭骂了一顿。牟主任临危受命亲自指导马亮做颠覆性修改,通过条分缕析,找到了根本原因,那就是其时,经贸委工作太忙,办公室忘了把这事向分管领导(更不用说向主要领导齐主任了)汇报,以致酿成大错。

　　检讨交上去应该没什么大事了吧。没想到没过几天区委办督查科小梁来找吕可为,向他了解这篇检讨是谁写的。他说第一稿是他和马亮写的,因为原因分析不透,牟主任亲自做了指导,才正式成文。他没有透露他所知道的齐主任推诿的事情,怕自己了解得不全面,冤枉了老齐(老齐那些天一直绷着个脸,对委里的人都没好声气)。

　　可这事还没有了。几天后,小梁悄悄告诉他这篇检讨惹上大麻烦了。秦书记看了后,在这篇检讨上批了一行字:"玩忽职守还文过饰非,令人愤慨!"过了半年,齐主任由于"健康原因"调离了。原以为相当于常务副主任的牟主任会接替。没有。区里让分管党务和纪检的经贸委肖副书记来临时主持。正式接替人选待定。

　　区里来宣布这个临时安排后,前几天对大伙还笑吟吟的牟主任,脸色有点僵硬了。一次吕可为和牟主任在楼道口邂逅,牟主任竟射过来两道异样的目光,欲言又止,然后一言不发从他身边擦过。自此,吕可为开始吃苦头了。

　　工作上被无端指责不说,牟主任不放过任何机会对他进行冷嘲热讽,但他的用词和神态却又让人抓不到把柄。比如说,吕可为业余时间喜欢写点诗什么的。牟主任有次在委内学习会上就说:"诗歌写得好不好,关键看这个人的心眼好不好。心眼不好的人,再怎么写,也让人觉得恶心。"读过点文学的人,大凡自尊心强,又比较敏感,他吕可为感受得到那种让人心里淌血的滋味。

办公室主任刘哥曾找过吕可为,要不咱们去向牟主任赔个不是?吕可为说,出了那事后,我又去那家企业了解核实过了,邵工(就是那家外资企业亚太总部的政府事务经理,也是吕可为的好朋友)告诉他,他自己直接去找的牟主任,牟主任又带他去了齐主任的办公室,齐主任当场就回绝了。送他出来的时候,牟主任还打圆场道:外事确实无小事,我们小小一个区解决不了呵。刘哥,你看,我该向牟主任道歉什么呢?稿子确实是他亲自修改的。我没说错啊。这里面的内情,我怕自己当时还不全了解,也就没有跟督查科的小梁提起过。我算够帮他忙的了。

"唉,老牟也真是。"刘哥叹口气。

"现在情况都清楚了,我也不会主动再去说什么的。"吕可为说道。

6

因为考虑只有三年时间,吕可为没怎么添家具,只是把远郊临时租屋的被褥、衣物和书籍拿了过来,那些别人送他的旧床、衣柜什么的都留给了下家,又到二手市场淘了一个半新的席梦思床垫、两把椅子、一张小方桌。

刚开始拿到这套房子时的那种兴奋感很快就消失了。一早醒来,他总会以为自己还在租着人家的房子呢。走出屋子,满眼的花园景色,也让他不免内心有点诚惶诚恐。原来还想过晚饭后有空的话到江边和花园里兜兜,周末如有闲暇,则拿本书在树荫下坐坐,也是蛮惬意的事,毕竟他也是这片花花草草的主人之一了。可住了没几天,他就再也提不起那份兴致了。他感到自己没法真正融入进去。好在平日里他也是早出晚归,周末单位没事,他就宅在家里看书,他正打算考在职研究生。

也许正是这些原因,同一幢楼里的那些邻居好像都还没怎么碰到过,包括那位俏丽的女子,那天出现过后,就再也没照过面。当然,吕可为一开始就没怎么把她放在心上。可昨天周五下班后,马亮几个哥们拉上他去江阴支路边的小店吃烤串,为他散散心,都喝了点酒。回到家,他倒头便睡了。半夜里做了个梦,不承想那女子入梦来了……

吕可为不敢睡懒觉,一大早就起了床。他打开手机新闻播报软件,一边听着新闻,一边动手泡熟泡面。

"叮咚。"门铃响了。

吕可为的心一紧,昨晚该不会大声说什么梦话了吧?

"谁啊?"他走到门旁,冲着门缝,压低着嗓门。

"叮咚。"

他没有去瞄猫眼,整了整衬衫,拉开了门。

是那位美女,一身休闲装扮,秀美的乌发松松地绾着。

"你好,我是你楼上十四楼的。"她望着他,淡淡一笑。

"你好,知道。我们见过。"吕可为匆匆瞟了对方一眼,就垂下了眼睑,想起昨晚的梦,他有点不好意思。感觉得到那女子凝视着他的目光,他让自己再次抬起了头,尽量显出坦然的神情,客气地问道:"有事吗?"

"我有台家用电脑坏了,想要送出去修。可太重,我一个女人家实在搬不动,想请你帮个忙,行吗?"

"现在吗?"

女子依旧凝望着他,微微点了点头。

今天一天他原来计划要把《世界经济通史》最后十几章看完的。人家第一次开口,情面难却。"好的,我吃了早饭就上来。你是住——"

"1401室,谢谢你。"女子又微微笑了笑,转过身去,刚要离开,似乎想起了什么,又扭过脸来问道,"你会开车吗?"

"会。自动挡的。"吕可为道。

女子点了点头,"那你别忘了带上驾照。"

1401?吕可为心里默默念叨着。

7

吃罢早饭,收拾停当,正待出门,吕可为蓦地想起,这里的智能电梯如果没有楼上的门禁卡刷一下是上不去的,除非楼上给你按好。没问过对方的手机,现在怎么联系?抱着试试看的心情,他关上自家门,来到最靠里的那部单号电梯,走进去,按了下十四楼,果然没反应。看了看手机上的时间,八点多了。早点回来,还可以再多看一点书呢。走楼梯吧。

虽然还年轻,而且又是大山里出来的,毕竟好久没这么爬过,等他来到十四楼,已经是气喘吁吁了。他摁响了1401室的门铃,目光无意识地朝隔壁的房门望了望,这才想起那扇门里两三个月前曾跳下去过一个人。

门开了,女子见他站在门外,有点意外。"你,你是怎么上来的?"

"走楼梯上来的。"吕可为还在喘着气。

"嗯,我忘了怎么跟你联系了。不好意思。"

吕可为换上一双男式棉拖鞋,进了客厅。屋内的装饰家具并不亚于程先生的。令他略感意外,书房里的那台电脑并不是新式的一体机。女子告诉他,显示屏和那个笨重的机箱要一起搬过去。他说就让他一个人来搬吧。女子说她来拿显示屏。"不用了,一个人拿得动。"他瞥见显示屏背面蒙着一层灰尘,估计有阵子没清理了,他想道。女子轻轻地谢了他。

电梯直达地下停车库。来到一辆黑色的大切诺基SUV旁,女子按了下手中的电子钥匙,"嘀嘀"两声,大切诺基的车灯闪了闪。吕可为把东西放进了后备厢,面对女子递过来的钥匙,搓着手,有点犹豫。

"没什么,很好开的。"女子把钥匙塞到了他手里,"开坏了,不要你赔。"

电脑没有送到什么维修店。他们来到了春申江东岸一个老式住宅区,七拐八拐停在了一个位置比较偏的门楼前。被唤作秦师傅的一个矮个子中年人已等候在那里,他上前帮忙和吕可为一起把电脑搬进二楼的一个一室半的单元。接上电源,秦师傅开始检查起来。

"哟,内存都快满了。"秦师傅说。

"是啊。就是打不开,急死人了。"

"他没搞备份?"

这个"他"应该是她的丈夫吧？可怪了,刚才进她家时怎么没见"他"的照片？还有她说"我一个女人家"又是什么意思？莫非——

"唉,事情那么突然,谁想得到。"女子脸色阴沉了下来。

吕可为暗暗倒吸了一口气,又偷偷地打量了一下这个后背朝着他的女子。

"没什么,应该可以帮你打开,我再给你拷个备份。"秦师傅安慰道。

"也不知道能不能找到点什么。"女子忧郁道。

"嚯,打开了。我到楼下去买个新优盘吧。"秦师傅说道,"你们在楼上看着。这些文件可不能弄丢了。"

吕可为本来想说我去帮你们买吧,但一想如果是些要紧的数据,我还是不要介入太深。刚才一见面的时候,这个秦师傅看他的眼神总好像有点怪怪的。

秦师傅匆匆下楼去了。女子坐了一会儿,站起身,说道:"我肚子有点不舒服,上个卫生间。麻烦你把电脑看看好,都是性命攸关的事。"

吕可为点了点头。望着女子进了卫生间,他思忖了一下,慢慢踱到门边,刻意与电脑保持一点距离。上个卫生间这么长,买个优盘也这么慢。过了刻把钟,女子出来了。"秦师傅还没回来？蛮好我带个优盘过来的。耽误你时间了。"她说道,目光飞快地朝桌子上的电脑扫视了一下。

拷个备份,回家也可以办,还可以慢慢选需要的。在这里拷,岂不让外人也看到了,除非这个秦师傅是她自己人。吕可为这么想着,秦师傅回来了。嗐,大容量的还没呢,兜了几家才找到。他边打着招呼,边回到电脑旁。

捣鼓了一个多小时才收工。回来的路上,吕可为通过后视镜瞥见后排的女子在不停地看手机。快要到小区的时候,那女子好像对他客气起来。"今天真要谢谢你了。不好意思,我还不知道你叫什么呢。"他报了自己的姓名,也报了自己的单位。"哦,公务员哪!我叫秦媛媛。""噢,刚才那位秦师傅是你的亲戚吧。"他有话没话地搭了一句。"哦,不是。碰巧了,一个姓。"

　　把电脑重新置放好,接通电源,打开试了一下,一切完好。吕可为习惯性地向秦媛媛要了块抹布,把显示屏和机箱擦拭了一遍。

　　"时间也不早了,就在我这里吃个便饭吧,省得你回去再烧了。"秦媛媛见他要走,说道。

　　看得出好像不完全是句客套话,不过,他不想多打搅人家,再说他总感觉秦媛媛身上隐隐约约地罩着一层神秘的面纱。他道了一声谢后,就告辞出来了。

8

　　说是准备考在职研究生,实际上吕可为还没最后拿定主意,主要是一年两三万块的学费,他现在是无力承担的。但他又不死心,想着三年后,这套房子出手了,应该可以匀出一点钱来的吧。昨天他又拐到房产中介去了,中介小王已跳槽,不知去向。他问了下这里的房价,嚯,每平方米又涨了一千多了。另一位瘦瘦的中介告诉他,他们小区旁边的那个幼儿园要易主了,听说是被中福会幼儿园接手了。如果真是这样的话,那你就等着好消息吧。临别时,瘦瘦的中介要他留个电话号码,他敷衍着,没留,也没告诉人家自己的门牌号。都是三年以后的事,他不想过早透露出去,免得生事。所以,他现在看这些书,一来充实点知识,二来至少为以后的考研打基础,当然,如果现在有条件的话,那肯定是越早考进越好喽。

　　不知不觉天色暗了下来,他打开了小方桌上的节能台灯,把坐着的木椅往前挪了挪,肚子还不很饿,想再看一会儿书,这样晚上再花两三个小时,就能把这本看完了。

就在这时,桌上的手机响了。秦媛媛的。

"在家吗?"已经不太陌生的声音。

"你好,在的。"

"怎么没见灯光?"

"刚开。在看书呢。"

"嗯。怪不得我从小区外面回来的时候,没见到你家亮着灯。这么卖力?"

"呵呵。"

"吃了吗?"

"还没呢。不饿。"

"到我楼上来吃吧。菜烧得多了点,我又不吃隔夜的。"

"唔——"

"来吧。我还有事跟你说。"

"好,好的。谢谢你了。"他说道,心里在想,她还会有什么事呢。

菜是多了点。一个熏鱼冷盆,一盆盐焗鸡,一盆马兰头拌干丝,两盅热腾腾的佛跳墙,还有两个红酒杯。

"这么丰盛啊!"吕可为咧了咧嘴,说道,有些不好意思。

"买的熟菜和半成品,还有条清蒸东星斑。蔬菜不多哦。"秦媛媛系着条围兜,有点家庭主妇的味道。

酒是不便喝的。吕可为要了杯水。秦媛媛递过来一瓶常温的进口矿泉水:"再喝点我在喝的花茶吧,暖暖胃。"她用骨瓷茶盅为他倒了大半杯散发着淡淡清香的茶汤。

这顿饭价格不菲的,佛跳墙、东星斑他都只是听说过。他很识相,撺菜的时候都没去碰后来端上来的东星斑。秦媛媛看了他几眼,拿过一双公筷和汤匙,剔下一大块鱼肚档放到他的碗里,又舀了几勺汤汁浇在上面,说道,"你有海鲜过敏吗?"

"没有。"

"没有,那你就多吃点,趁热吃,味道更鲜。我跟你说,这种深水鱼,不是那么好烧的。朋友们都说,我这门厨艺可以去做大厨呢。阿林在的时候,我每个星期都要给他——哦,对不起!"说到这里,她突然顿住了,脸上那略带和悦的神情霎时凝固住了。

吕可为的心一咯噔,难不成眼前的这个女人真的就是那个新郎官的遗孀?他同情地抬起了眼睛。

"唉,你应该早就听说过这件事了吧?"

吕可为微微点了点头,停止了咀嚼。

9

秦媛媛是在美国念大学的时候结识梁林的。当时梁林在一家美国制药公司任职,作为成功的校友,颇得秦媛媛的好感,不久两人就同居了。大学毕业后,在梁林的鼓动下,她放弃了读研和留下来谋职,而是先男友回国创业,主要做进口药妆这一块。那时要拿到国内的这类许可证蛮难的,但她拿到了。紧接着,梁林也放弃了国外的高薪,回来共同打理自家的公司。创业之初的艰难可想而知,他们抓住了国内发展的机遇,终于掘得第一桶金。以后虽说没有突飞猛进,但其业务年年稳定增长,可谓比上不足比下有余。梁林心有不甘。她嘴上劝说男友心平一点,一口吃不成胖子,心里其实颇有同感,她也是个不安于平庸的人。现在回想起来,很可能她平时言谈中不经意间多少流露出了这类情绪,无意中给了梁林不小的压力。唉——

去年初,梁林找到了一条东南亚的保健品供货渠道,实地考察一番后,他们毅然追加了投资。那些日子里,梁林几乎见不到人影。功夫不负有心人,半年不到,业务规模就几乎翻了个倍。很快公司又引进了几个战略投资人,业务又拓展到了中东、南美地区。又是在阿林的劝说下,她辞去了公司COO(首席运营官)的职务,专心做起了家庭理财,日子又充实又惬意。

不料好日子没过多久,她就发觉阿林的精神状态似乎起了变化,人变得郁郁寡欢不说,还经常一个人呆呆地发愣,半夜里还不时被噩梦惊醒。多次问他,他都推托是业务上的事。秦嫒嫒悄悄到公司财务那里去翻过账,业务量涨势强劲,现金流充足,财务状况没得话说。会不会是工作压力太大了。恰巧有位业界颇有名气的大企业老总就在事业最辉煌的时候竟意外跳楼自杀了,媒体一时传得沸沸扬扬。后来查下来,原来这位老总早就患上了抑郁症,事业上的成功居然成了压倒他的最后一根稻草。秦嫒嫒提出陪他去看看心理专家,他拒绝了,说这会影响公司的名声。于是她使出了最后一招:与梁林完婚,尽快为他生个孩子,以分散他的注意力。

这一招,果然起了点效果。一天晚上,阿林一反常态早早回了家,郑重提出让她办投资移民,让她和未来的孩子都到国外去生活,他自己打算再拼个几年,也解甲归田,过太平日子去。她怎么可能在这个时候撇下他呢?就在两人相持不下的时候,万万没想到意外发生了。

"真的是自杀吗?"吕可为满含同情问道。

"警方没排除他杀的可能。但我没把他近期的身体状况说出来。人都走了,不忍心他的名声再遭玷污。"

"可这样的话,你就有可能会被牵连到。"

"为了他,我顾不上这些了。"秦嫒嫒喃喃道,眼睛里显露出了一丝坚定。

用罢晚餐,就在他站起身道谢的时候,秦嫒嫒一边跟着站起来,一边说道:"我带你到隔壁房间去看看。"

吕可为愣在了那里。

秦嫒嫒似乎觉察到了他的神情,抿了抿嘴:"那个房间是我们原来留给亲戚和客人住的。后来阿林有一阵经常在那里办公和过夜。现在我一个人过了,用不到要那么多的房子。我正在考虑适当的时候要不要卖掉。我看你楼下空荡荡的,生活不方便,你去挑几样用得着的,反正卖出去也值不了几个钱,留给你用,心里头好像还好受点。"她苦笑了笑。

原来他们在01、02室里面开了扇门。旋了下铜把手,秦媛媛把他引进了02室,室内的风格和大套的基本一致,只是客厅和饭厅之间多了个吧台,平添了几分阳刚之气。拿什么呢?挑小的,会被人认为在敷衍,选大的,会不会被看成吃心太大?

"先选那套沙发吧。真皮的。以后你有朋友来,可以坐坐。"

吕可为抬眼望去,客厅对门摆放着一套L型皮艺转角沙发,深棕色,暗光,不招摇,乍一看还以为是布艺的。他有点喜欢。

"把那个配套的茶几一起拿去。这样,你的客厅就好看一点了。走,再到书房去看看。"秦媛媛替他拿了主意,又要把他往书房带。

"不,姐姐,够了,够了。我已经很不好意思了。"吕可为感动地说。

"不许叫姐姐。"秦媛媛扭过脸,板着脸道,"叫媛媛。"

"不不不。"吕可为一迭声道,"那我就什么都不能要了。"

秦媛媛那双好看而又像深潭一样的丹凤眼里掠过一丝异样的神情。

"那就叫我表姐吧。"

"……"吕可为的脸扭曲着。

"叫我秦姐,对,就叫秦姐吧。"

"好好,秦姐。谢谢你。"

在和人一起来搬沙发和茶几的时候,吕可为把一张签了名的借条硬是塞给了秦媛媛。当着其他人的面,她也不便多说什么,接过纸条放进口袋,无奈地摇了摇头。

10

在单位里,吕可为又摊上事了。

外资科的小贾好心办了坏事。她不忍心看着吕可为被牟主任这样打压，一次在与华展生物科技（申江）有限公司老总顾晓明博士交谈中，她透露了吕可为的遭遇。顾博士创业之初深得吕可为的帮助，一直感恩在心。这次决定出手相助。他找到了主持工作的肖书记。肖书记就把顾博士想要吕可为入职他公司的事讲给了牟主任听，意思是这事先放一放，等新主任来了再说。牟主任一听，觉得又逮着了机会。

牟主任把吕可为叫来问了这事。吕可为为了保护小贾，都一人承担了下来。于是在一次每周工作例会上，牟主任当着众人的面，把吕可为痛斥一通，说他是利用职务之便为自己谋私利，勒令他做书面检查，等候组织处理。主持会议的肖书记都有点看不下去了，跟他咬耳朵说，这事等调查清楚了再说，现在下结论还为时过早。牟主任却执意要处理吕可为。

事情被肖书记暂时按下了，不过有关"吕可为借着为企业服务的幌子，削尖脑袋要往企业里钻，想钱都快想疯了"的传言在机关里传开了。连好哥们刘哥、马亮都私下里追问他到底有没有这事。他都没透露实情，小贾内心很脆弱，万一泄露出去，小姑娘会崩溃的。他怎么能忍心呢？

看来，他吕可为在经贸委真的待不下去了。

那么是不是只有辞职这条路了？若要辞职，他的房贷怎么办？隔壁幼儿园已经正式挂上了福利会幼儿园的铜牌子，房价一下子蹦到了六万五，还一房难求。凭着他的小户型和考究的室内装修，要个七万也不是没可能的。他原来租住的那个远郊，目前一套三居室一百三十平方米总价才350万不到，这里一出手至少700多万，补给程先生50多万，到手650万左右，扣掉税费，还掉这里余下的贷款300万，怎么也有320多万，等于白拿了一套远郊的三居室。没了房贷的压力，他就敢出来闯荡一番。我就不信改变不了自己现在窝囊的人生！

这天一下班，吕可为就匆匆赶到了房产中介那里。原来接待过他的瘦个子中介小白（这回可算是记住了他的名字）听了他的房源介绍，眼睛都发直了。"小哥，小户型学区房耶！至少七万，一次付清。那些有钱的，就喜欢这类房型,主要是为小孩讨个入托的名额,他们才不会住在这里呢。怎么样,明天我就带两个来看?他们要的急呢!"见到吕可为好像有点犹豫不决,又凑近他,神秘兮兮道,"得抓紧哪!听说教育局正在研究对策,怎么来对付学区房的恶炒呢。真的政策下来了,那你这些赚头就都打水漂了。"

一头是单位里令人窒息的处境,一头是稍纵即逝的人生大逆转的机会,吕可为的心又痒又急。已是掌灯时分,步履匆匆赶回小区楼下,他下意识地抬头望了望十四楼的窗户,还是漆黑一片。

11

秦媛媛出国已有一个多月了。吃了她那顿饭,又用了她那套皮沙发后,吕可为总感觉自己欠了人家一笔债,也总想为人家再做点什么,否则,他还真不知如何再与她相处下去。可还没等他想好如何回报人家,人家却已动身去国外了。与秦媛媛的交往,让他体悟到了一种亲情,而这种亲情是他一向更为看重的。秦姐遭受了如此大的打击,却依然勇敢地面对生活,则又增添了对她的一份尊敬,谁说美丽的女人是花瓶?他多想把自己在单位的处境向她倾吐,特别是这次调动工作的事。是的,在外面他决计不会对外人透露一丝实情,但对秦姐,他要告诉她真相,不是要博得她的几句赞美(好像多多少少也有那么一点),而是在将来的某一刻,让她能做一个他人品的默默见证人。这样,他才不冤哪!还有今天这件事,他也想听听她的意见。

刚才与小白分手后,高兴之余,他蓦地想起一件事,这让他仿佛被兜头泼了一盆冷水。那就是他对程先生的承诺:三年之内要保持屋内一切不动。卖给人家了,这个承诺还做得到吗?

或许可以让买家也做个承诺,或许根本就不需要人家做什么承诺,因为快半年了,也不见程先生打过电话来。(程先生关照说如有人要来看,他会事先电话与他联系的。没有他的介绍,最好不要让任何人进屋里来看。)半个月前有两个陌生人来敲过他的门,都快要上床睡觉了,透过猫眼,隔着门,他与他们简单地交谈了几句,说这房子是他的,不想卖。人家问他是什么时候买的,多少价位。他嫌烦,就敷衍说开盘时就买下了,价格记不清了。人家好像又问了其他一些什么,他没有再回答,客气地与人家道了晚安,便撇下了人家。

对,试着与程先生通个电话看看。拨通了,没人接,一连几次都是这样。

"嗨,在干什么呢?"身后突然传来一个声音,伴随着一阵滑轮滚动的声响。吕可为扭头望去,哟,秦姐回来了!她正扶着一只大号的拉杆行李箱,风尘仆仆的样子。吕可为竟有点喜出望外。显然,秦姐捕捉到了他微妙的神情,望着他,问道:"怎么了?"口气里透着关切。吕可为嗫嚅着。秦姐抬腕看了看手表,说道:"我晚上打你电话,你上来一次。"

晚饭后,吕可为焦虑地等待着,秦姐电话过来了,要他上楼去。

许是一番梳洗打理后,秦姐又恢复了平日的风采,对他的热情中夹带着些许亲昵。这种亲昵曾在他们交往之初出现过,因为吕可为一再表现出的拘谨和敬重,一度消失过,现在又在秦姐的眉眼中重现了,他很是忐忑。

秦姐指了指放在茶几上的一个名牌运动鞋盒,对他说道:"我给你带了一双新款,很轻便,耐穿,还很低调,正适合像你这种懒鬼。不许假客气哦!自己打开来试试,上次我留意过你的尺码。应该不会有错的。"

身在他乡,还不曾有人对他如此上心过,他心里隐隐地一阵感动。他抑制住了自己的情绪,慢慢打开鞋盒。这款他还真的没见到过。记得在协和天地百联超市旁的品牌专卖店,他看到过类似款式的,因为是前年出的,正在打折,可那价格也得一千多了,他舍不得,后来还是在一楼临时卖场花了两百元买了双断码的跑鞋,算是给自己的生日礼物了。"肯定很贵。我不能要。"他端详着盒子里蓝白相间的新款跑鞋,喃喃道。秦姐好像想起了什么,连忙走过来,夺过他手里的鞋,走到一旁,拿起一把修指甲的小剪刀,把系在鞋上的一摞小纸牌剪去了,把鞋又塞回到他手里,生气地说道:"侬再跟我搞,我真的要生气了。"

"姐——"吕可为再也控制不住,一下子哭了出来。

听着吕可为讲述着在单位里的不堪,秦姐眼眶红红的,她从纸巾盒里抽出几张纸巾,拭了拭眼角,又用它轻轻地擤了擤鼻子。"唉——同是天涯沦落人!"她轻轻地叹了口气。

接着,吕可为讲到了这套房子的事和自己的困惑。秦姐的情绪也渐渐平复了下来,眼睫毛时不时地颤动几下,似乎在用心倾听着。

说完了,吕可为望向坐在一旁的秦姐,眼神里有不安,更有着期待。

秦姐突然拉过他的手,搁在了自己的大腿上,抬起脸,直直地盯着他:"你,觉得秦姐怎样?"

12

"……"吕可为错愕地望着秦媛媛,那只手怎么也抽不回来。

"我是说我这个人,你心里到底喜欢吗?给我句实话!"秦姐热辣辣的眼光不依不饶地紧紧盯着他。

手一时抽不回来,可也不能这么张开着放在她的大腿上。吕可为悄悄收拢了五指,变成了一个半握状。

"姐,我,我真的配不上你啊!"吕可为发自内心地哀求道,眼眶里贮满了泪水。

"唉——"秦姐长叹一声,放开了他的手,两眼直直地望着正前方,"在我的生活圈里像你这样忠厚守信的,还真不多呵!"那双好看的丹凤眼里泪光闪闪。

吕可为抽出几张纸巾递了过去。秦姐接了过来,捏在手里,缓缓说道:"这次我算是弄清楚了,梁林也不是像我所想象的那样。"

秦姐说道,梁林在美国的时候暗地里自己开了一家公司(当然以代理人的名义开设的),回国前高价转手给了别人,所得款项全部存在了那儿一个匿名账户里。即便国内公司最困难的时候,他都没有对她透露过一星半点。若不是她在美国的一个闺蜜偶尔发现了这个秘密并告知了她,她还一直蒙在鼓里呢。她不愿再在国内帮他守着他留下的那个公司,把他和自己的股份都转让给了另几个合伙人,也准备变卖国内的所有家产,去国外定居打拼,远离这个伤心地。自己的父母也将跟随她一起走。她这次赴美一是办投资移民,二来想争取一下,作为梁林的未亡人能否得到那笔存款。有足额的资金,投资移民已受理,就是那笔存款,由于梁林设了多道防火墙,基本无望。想到自己全身心的付出,竟然还遭他处处设防,心里绝望至极。

秦姐告诉他,为了不让年迈的父母再担惊受怕,也为了早日愈合自己受伤的心,她需要有一个安稳的家。有了这个家,她就可以在美国东山再起。你吕可为最难得的就是忠厚、有情义,这是最打动她的。她现有的优越条件,已经使得她很难分辨得出围在她身边的那些人究竟哪些是真心的,哪些是对她另有所图的。

"阿为,你在单位的遭遇,在任何一个地方都会碰上。遇上一个不好的上司,要么你改变自己,曲意逢迎,要么你自己卷铺盖走人。你是个有底线的人,我也不赞成你去改变自己,让自己一辈子在憋屈中活着。所以我赞同你离职。离了职,你就跟着我一起打拼。我们共同去闯出一片新天地。"见吕可为欲说什么,秦姐用手拦住了他,"你实际上很聪明,这么多老总认可你,就很说明问题了。你要有自信心。当然,我俩结婚,外界会说你是图我的财和貌,甚至会说你是吃'软饭'的。但你会证明给人看,你吕可为到底是个什么样的人。我已经受了一次伤了,我不想再有第二次了。阿为,你要救救我。"秦姐又一把抓起吕可为的手,把它贴在自己的胸脯上,隆起的胸脯正剧烈地起伏着。

"我做你的弟弟吧!一样可以全身心帮你。"吕可为嗫嚅着。

"不一样的。我是个结过婚的,你以后就会明白。我们非亲非故走得这么近,说给谁听,都没人会相信的,包括我将来的老公和你的老婆。再说只有把你这样的人变成我自己的人了,我才敢把什么都交给你。"秦姐还是把他的手紧紧按在自己的胸脯上,两眼热切地望着他,"还有,你那套房子,我来帮你处理掉,大不了我们再多付一百万给那个姓程的。这大半年了他都杳无音讯,谁还会记着那个承诺。"

"姐,你,你让我回去再想一想好吗?"吕可为站起了身,想抽回手。秦姐一用力把他拉进了自己的怀里。"姐,别别。"他慌忙用另一只手抵住沙发靠背,别过脸去,躲避对方正压上来的嘴唇。

"怎么,你不行吗?"秦姐轻轻地问。

"不。那要到结婚以后才能做。"他憋出了这句话。其实,若放着一般的女友,他很难坐怀不乱,但对秦姐,他不能,她是他心目中的女神,他不能草草地亵渎了她。

13

那天晚上谈话快结束时,秦姐扔给吕可为一把1401室的钥匙和一张门禁卡,告诉他,这一阵她会忙于处理国内的资产,不一定经常回家,让他帮着照看照看,还说冰箱里她会买些东西,让他自己上来烧着吃,还要他早点做决定,否则她怕来不及准备。送他到门口的时候,秦姐望着他,说道:"看来,我真的没看错你。"

吕可为每天都要上来看一看,但没动过这里的东西。他觉得在自己还没有最后做出决定之前,他和她毕竟还不是一家人。

这天他从秦姐房间出来,意外碰上了202室的魏老伯。魏老伯好像是这栋楼里的楼组长,有时发个居委会和物业的征询意见或让大家签名对小区什么事表个态什么的,他都会不辞辛苦地跑上跑下,挨门挨户亲自送达。对吕可为从1401室单元出来,老人好像一点也不惊奇,朝他和蔼地笑了笑:"刚才敲你楼下的门怪不得没人应。喏,两张居委会关于支持创建文明社区的告示一道给你了。"

"好的,谢谢。"吕可为接了过来,"老伯,你跑上跑下辛苦了。进来坐一会儿吧。"吕可为习惯性地招呼道。

"不啦。麻烦你在我的签收本上签个字吧,也算做到'人人皆知'了。呵呵。"老伯道。吕可为分别在102和1401、1402室后面签上了自己的大名。魏老伯一面看着他签字,一面随口说道:"原来你们和程先生都是亲戚啊。"

吕可为顿了顿:"哪个程先生啊?"

"就是你楼下原来的房东呀。"看着吕可为还是茫然的样子,老伯补充道,"前天下午两点多,我看到他在楼下门楼外按了1401室,下面门开了,我也顺便一起进来的,他是乘里面那部电梯的。他大概对我没什么印象了。当初他装修的时候,动静蛮大的,邻居有意见找到过我。我见过他两次,人蛮客气的,就是'虚心接受,坚决不改'。大家也没办法。嘻嘻。蛮有趣的。"

吕可为的心猛地一沉。

仿佛天都要塌下来了,吕可为感觉到一阵阵的窒息。

回到自己房里,他试着给秦姐打了个电话,佯装问她这两天周末天气晴朗,是不是要帮她把被褥晒晒。秦姐说不用了,她要再过半个多月才回来,现在晒了也没用。他又忍不住问这几天你在申江吗。秦姐好像怔了怔,说道:"我一直都在镇江呢。怎么,像个当家的了嘛。你这个小男人。"接着又不忘关照道,"冰箱里的东西抓紧吃掉,否则都要烂在里面了。"

显然,秦姐没有对他说实话。真正让他受到重击的,倒不是秦姐瞒着他与别的男人私下交往,即便哪天做了她的丈夫,他都想象过他不大会干预她的私生活,而是与她交往而她又刻意隐瞒的这个人,不是别人,是程先生!在他面前,她不是显得根本不认识他吗?这是为什么呢?他想到了自己的这套房子,想到了程先生的三年要求,想到了她与他初次邂逅时所流露出的对他那种莫名其妙的兴趣,还有就是这段时期来她对他的体贴、亲昵。她的这种感情,在他总感觉有点不那么真实。那次她似乎是道出了原委,她一心痴情爱着的梁林彻底伤了她的心。可她又为何要隐瞒她和程先生的交往呢?原来做邻居时就认识的?还是为了什么事最近才交往的?程先生又为什么不接他的电话呢?这套房子对她来讲也不算是什么钱吧。他心里很清楚,他在意她的,决计不是什么男女之间的那种情感,他至今都觉得他们不般配,或者说他是高攀她的,在这种情况下,他今后的人生会不会幸福,他没把握。之所以天平似乎在向这边倾斜,主要是牟主任的原因,他似乎只能搏一下。当然,他也不太相信一个如此美丽的女人会用得着对他这么一个寂寂无闻的凡夫俗子施展如此高超的演技。如果真是这样的话,那人心也太难测了。他已经开始信任她了,把她当作在情感上可以寄托的亲人了,难道她另有图谋?

躺在搁在地板上的席梦思上,他怎么也睡不着。这时,手机响了。是秦姐的。

"打搅你了吧?"秦姐问。

"没有,姐。"他答道。

"做啥?什么姐的!秦姐!我跟你说,刚才美国那边的律师来电话,我的移民就要批下来了。没想到那么快。我在想你移民的事。趁这次帮你一起办了。"

"……"

"喂,在同你说话,听到哦?"那边似乎有点怨气。

"这么急——"

"我跟你讲,我这两天回来一趟,听你最后的决定。你错过就错过了,我可不会再等你。还有,不管你最后什么意思,这几天把你的材料都给我准备好。万一你魂灵头生进了,再准备倒来不及了。听到哦?我现在就把材料清单发你。挂了。"

听听,这难道还会有什么阴谋吗?我有什么值得这样一个要相貌有相貌,要钱财有钱财的女人对我"阴谋"呢?

吕可为翻身站了起来,穿上衣裤,照着发过来的目录清单,摸摸索索开始整理起自己的资料。

当然,他心中总也放不下她瞒着自己和程先生会面的事。唉!

14

第二天吕可为刚到办公室,桌上的电话响了。

"我是牟渐成。哪一位?"是牟主任的声音。

"牟主任早,我是小吕,吕可为。"吕可为说道,心情居然不再那么紧张了。

"哦,小吕,我正要找你。你现在就到我办公室来一下。"

"好,我马上就过来。"心里不再胆怯了,吕可为的语气倒反而更谦恭了。又感觉到了小贾从斜对面投过来的目光,他摆出副轻松愉悦的神态,轻轻哼着小曲,走过她办公桌旁,依旧看也不看她,心里头在说,好姑娘啊,你也快要解放了。他老牟放马过来吧,哥我什么都扛得住。

"小吕来啦,来,请沙发上坐。"牟主任竟一反常态,笑容可掬地招呼道。吕可为一时不知所措,站也不是,坐也不是,尴尬地咧着嘴,既像在感谢,又像在做检讨。"坐呵!"牟主任走过来亲热地拍了他一下,去帮他倒了杯水。刚坐下的吕可为见状,又忙不迭地"呼"地一下立起了身,双手恭恭敬敬地接过牟主任递来的水杯,水杯里的水是否烫手,他没什么感觉,就是端在手里的杯子在不停地晃荡,水差一点没溅到牟主任的手背上。还好,牟主任手抽得快。吕可为嘴里不住地说:"谢谢牟主任,谢谢牟主任。"

"小吕啊,我要告诉你一个好消息。"牟主任坐回到了自己的椅子上,笑眯眯地望着他。吕可为的心不知怎的禁不住又怦怦急跳起来,这倒不是他想急于听到什么好消息,而是被牟主任这番举止弄得恍惚起来,怕不会是我的神经出什么毛病了吧？只听得牟主任接着往下说道：

"最近区里要挑选几个优秀青年干部参加下半年由市行政学院统一组织的国外短期进修班培训，为期半年。我跟你讲，竞争很激烈啊。我们经贸委有一个名额。我准备推荐你。时间很急，恐怕等不到新主任到来。我跟肖副书记说了，他基本没什么意见。你知道的，业务上他还是听我的。过几天，我们再开个主任会议通一下气，就 OK 了。我现在悄悄透露给你，主要是让你这些日子自己表现好一点，不要再捅什么娄子。至于你私自要调到顾博士公司这件事，性质是严重的，当然，我到时会为你说说话的。再说么，你这件事要等到新主任来才会处理，现在还没有正式上报给纪检部门，事情还在调查当中。我跟你讲，我是你的分管领导，事情是可大可小的，懂吗？所以，不会影响你出国。有我在，你就放心吧。"

牟主任说罢，探过身子，拍了拍吕可为的膝盖，露出一副很是知己的样子。

牟主任的好消息一开始着实让吕可为兴奋了一下，似乎摆在他面前的并不只有跟着秦姐出国这一条路了。秦姐私会程先生这事肯定有猫腻！今天牟主任变脸之前，他实际上是没的选，但现在情况变了，他还值不值得要冒这个险呢？可是，牟主任这个人他是了解的，他怎么会平白无故变了一个人呢？难道他要扶正了，要笼络我？可他刚才明明白白讲新主任要来的。是我外语基础好？我不如马亮，而且马亮还和他时不时一起在报纸杂志上发表文章呢（当然，马亮私下里向他叹过苦经，这并非出于马亮的自愿）。牟主任这个人可不会平白无故给人好处的。他如果真给我这么大的好处，我不知会付出多么大的代价呢。这个好处，我可千万不能贪哪！唉，还是听秦姐的吧。我就这么赤条条一个人，还能把我怎么样！不要再分心了！

想到这里，吕可为铁了心。他做出一副十分感激的样子，站起身，朝一直盯视着他的牟主任鞠了一躬，说道："谢谢牟主任！"

15

出了牟主任的办公室,吕可为就期盼着秦姐早点回来。他知道若要回绝牟主任的这番美意,不仅会再次冒犯牟主任,更会得罪组织。理应在组织上正式通知他之前,他就交上辞职报告,争取主动。

他没有把牟主任这个好消息告诉任何人,包括刘哥和马亮。他希望知道这一消息的人越少越好,否则他还真担心自己会抹不开面子,怕被人指责不识好歹。

没过两天,秦姐就急如星火般地赶回来了。

秦姐一回来就打电话给他,让他下班后马上回家,她有急事找他。问她什么事,说是好事,过了这村就没了这店了。他正在外头跑企业,办完事后就径直往家赶,进了楼道又直奔十四楼。秦姐系着条围兜,正在厨房里忙着。简单烧了几个菜,秦姐就把他拉到了餐桌边,同他边吃边商量起来。

"喂,我跟你讲,现在有人愿意出八万买你的房子,而且还当场一次付清。"秦姐往他碗里搛了一块肉,说道。

"价钱上没问题。就是程先生那边——"吕可为把肉放进了嘴里,也没说客气话,俨然是一家人了。

"程先生那边肯定没问题。保证他三年不动,总可以了吧。美国那边催得紧哪,你不要把我的事也耽搁了哦。"见到吕可为还在磨磨唧唧,秦姐有点嗔怪,"我人都要给你了,你还有什么不放心的。真是的。要不,明天,我们先把结婚证给办了。"

吕可为飞快地瞟了秦姐一眼,对方一副认真而焦急的样子。

还有什么好说的呢?

"你认识程先生?"吕可为自己也没意识到怎么会突然冒出这么句话。

秦姐一愣怔,拿着的汤匙端在嘴边,顿住了。

吕可为像个不小心闯了大祸的小孩子,垂着眼睑,不敢看她,仿佛在等着她斥责。

"哪个程先生?"秦姐眼睛盯着自己汤匙里的汤水,问道。

"就是我楼下房子的卖家。"吕可为嗫嚅道。

"是的。"秦姐把汤匙放回自己的汤盅里,身子往椅背上一靠,直视着他,"你真是个死心眼。不就担心你放不下这件事吗?我找了他。"

既然你们早就认识,为什么一开始你要装作不认识他呢?还有程先生为什么我联系不上呢?吕可为心里嘀咕着,可不敢说出口,他有点怕得罪秦姐。倒不是怕她一怒之下撇下他,而是觉得自己不能错怪她,否则,那可真的是忘恩负义了。

"在买卖合同上会写上这一条,人家再多付五十万保证金。这你总可放心了吧。"秦姐说。

"那我来和程先生说一声吧。"吕可为怯生生地瞄了秦姐一眼,"你有他电话吧?话写在合同上了,钱就不好意思让人家再多付了。我们向程先生做个保证,如果下家动了,我们赔他。让他开个价吧。"

秦姐蹙眉望着他,有点哭笑不得:"侬迪个人啊,摆在窝里厢放心是放心呃。将来就给我看着钱,赚钱的活不能让你碰。我跟程先生都这样说好了,侬还担心啥?戆度!侬连这点都不相信我,我们将来怎么一起生活啊!"秦姐说起了申江话。

"不不,姐——"他欲慌忙解释。

"姐,姐侬个死脱!"

"那,那,那就——"

"明天我们先去把结婚证办了?省得你疑神疑鬼的。"

"不不,先把我房子卖了吧。"

"八万一平方米,到手价。"

"到手价?"

"就是税费全由买方承担,你是净到手的。拿到钱,除了给程先生一部分,其余的你都寄回老家去。我这里给你办的事,用不着你一分钱。"

"这不行的。"

"侬又来了对哦?"

"这——"

"就当作我给你垫付的吧。将来我俩过不到一起去,我再来跟你结算,怎么样?这不算强求你吧?"秦姐娇嗔地瞟着他。

"我欠你的太多了。"

"你心里有数就好。我相信你不会让我伤心的。"

"那明天就去办。"

"我和你一起去。"

"好。"

秦姐拿起了手机,拨通电话,说道:"是秦叔吗?对。说好了。明天一早我和他一起来你家。当场办了。对。我和这里的房产交易中心也说好了,他们也会当天就受理。"关上手机,秦姐对吕可为说:"你抓紧吃,吃好后下去把材料都准备好。我们明天速战速决。"

"'秦叔'?哪个秦叔啊?"吕可为问道。

"就是帮我们修电脑的那个。"

啊?!回想起那个家境比自己好不到哪里去的"秦师傅",吕可为差一点没晕过去。

16

秦师傅要一次性掏巨资买下他的房子,这件事还没让他缓过神来,又一件令他惊诧的事发生了。

牟主任深夜登门了。

吕可为把第二天房产交易所需的材料整理完毕,都快要到晚上十点半了。他匆匆洗漱一番,准备睡觉,门禁响了。他外衣都没披,来到客厅进门处,朝门禁的屏幕上看去,吓了一大跳,牟主任正笑嘻嘻地望着视频。他连忙按了开门键,动作敏捷地穿好衣裤。

门开了,牟主任站在门外,笑吟吟地说道:"这么晚了,没打搅你吧。"

"没没,领导请进。"

"哟,装潢很高级呵。给我双拖鞋吧。"牟主任做出副要换鞋的样子。

"不不,领导,不用换。"吕可为说着,扯着牟主任的衣袖往屋内让。牟主任嘴里说着,那就不客气了,穿着乌亮的皮鞋迈了进来。趁着吕可为去烧水的当口,牟主任打量了一下客厅,在沙发上坐了下来。吕可为递过来一杯茶水,拉过一把椅子,恭恭敬敬地坐在了牟主任的对面,双手夹在并拢的两膝之间。牟主任呷了口茶,望着他说道:"你乔迁之喜,早该来祝贺了。忙啊。唔,这房子地段好,装潢也是一级的,花了不少钱了。呵呵。"

"谢谢领导百忙之中来关心我。我大头向银行借的。"吕可为不想透露底细,他还搞不清楚牟主任的到来是福还是祸。

"这就是我们当公务员的好处,信用度高,银行放心。"话锋一转,牟主任道,"今天一是来看看你,二嘛要跟你商量件事,想请你支持支持。双赢的呵。"牟主任又低下头去喝茶,并抬了下眼皮,快速地瞥了他一眼,"我有位好朋友,他孙子今年要入托。你知道的,现在要进个像样一点的托儿所,没有关系,那跟登天差不多。他看中了你这里的学区房。出九万一平方米。"牟主任身子前倾,腾出一只手,轻轻扣了扣茶几的台面,"到手价,一次付清。你拿着马上付清银行的贷款,还可以到南翔那里买个三室两厅的,精装修。双赢,绝对是双赢。我已经替你做主,答应他了。怎么,你跟你父母再说一下,毕竟也是件大事,当然,是件大好事喽。"说罢,他朝沙发靠背上一仰,目光炯炯地望着他。

听到这话,吕可为不禁皱了一下眉,但很快就掩饰了过去:"太谢谢领导了,为我考虑得这么周到。容我再想想。"他想在提交辞职报告时再一并回绝。既然已答应了秦姐,哪怕你牟主任出价再高,我也不能捡这个便宜。

"嗐,这么好的事,还考虑什么。我看,你明天就给办了。"牟主任又朝他这边象征性地凑了凑,"我跟你讲,事不宜迟。再拖下去,说不定上面一个文件,就把你学区房的优势给抹掉了。千载难逢呵。"看着吕可为还没有表态的意思,牟主任沉下了脸,"就算看在我的面子上,你也要答应人家吧。我都替你拍下胸脯啦。"

"好吧,明天我来向您汇报。"吕可为说道。

"还汇报什么?明天带好材料就去办了。"牟主任口气里分明含着命令的意味。

临出门时,牟主任意味深长地望着吕可为,说道:"你,可要珍惜啊!"似有一道寒光从他的眼睛里掠过。

17

学区房是蛮吃香的,附近确实有不少房子已经争先恐后地挂了出去。小白讲得没错,均价已经飙升到七万多了。可牟主任为什么就单单盯住我这套房呢?而且出价还高于市场那么多,又是深夜放下身段登门拜访,话里软硬兼施,急吼吼的样子。原来他对我态度的大转变,难不成就为了这件事吧?为什么呢?还有,秦姐讲明天是"秦叔"来接手我的房子。要八百多万呢,他一下子能拿得出来?不是说他是单身吗,要这么好的房子做什么?

吕可为越想越糊涂,额头、身上都出汗了。他撩开被子,伸出两条腿,晾着,心里在琢磨要不要马上与秦姐联系一下,看看这里面到底会有什么蹊跷。当然他也想试探试探秦姐,这虽然有点不太厚道。看看时间,已是快十二点了。要不明天一早再打给她吧。可明天一早打,她都准备好跟我一同出发了,我成了临阵变卦,会不会惹恼她。对,还是现在就打吧。

手机拨了过去,没人接。他按掉了。明天一早再打给她,她会看到今晚我曾打过她的,应该不会怨我的。这么想着,他将两腿收回了被子里。

这时，他的手机响了，夜深人静的，还真有些刺耳。是秦姐的。

"你刚才打我电话了？"秦姐睡意蒙眬的声音。

"是的，秦姐。想告诉你一件怪事。"吕可为把牟主任登门的事以及自己的怀疑告诉了她。

那头好像清醒过来了："他怎么知道你地址的？"

"哦哟，你倒提醒我了。为了怕惹事，我连最要好的刘哥、马亮都还没告诉呢。是呵，他怎么会知道的。"他顿了顿，心生一计，"还有，我跟你说了，他开出的价比你还多一万，而且也要盯着明天就办掉。你说，这怪不怪？"

"这样，我到你这里来一下——噢，不，还是你上来吧。"

"这么晚了，影响不好吧。明天一早我再上来。"

"什么影响不好？我都不嫌弃你呢，你还像真的一样。马上上来。"

秦姐穿戴整齐地迎接了他。看来她到底还是有所忌惮的。一个正经的女人。

"你是什么意思？要不，我们就卖给他。"秦姐挨着他坐了下来。

"不。秦姐，我认定你了。"吕可为把自己随身带上来的房产合同、户口本、身份证、私人印章一股脑放到了茶几上，"这些都交给你。明天我就交辞职报告。哪怕削价卖给其他人，我也不会卖给他。"

"他不是最近对你好了吗？"

"看来，他是有目的的。也许就是为了这套房子。"

"派你出国进修，是件大事。他一个人没有这么大的权力。应该是集体决定，再加上上级严格审批的。他最多做个顺水人情。原来见你在单位一刻也待不下去了，所以才让你马上离开，搏一记。现在单位情况对你有利了，我们倒要稳一点。等美国那边把你也批下来，你再辞职不迟。"

"那我先把出国的事回掉。我不欠他的情。"

"那组织上会对你有看法，他也会趁机报复你。你的处境会比原来还要糟。万一你移民又批不下来，你可就一点退路也没有了。"

"秦姐,能遇上你,是我一辈子的福分。我不敢奢望做你的丈夫,但跟着你一辈子打拼,我无怨无悔。"吕可为动了感情。

"阿为!"秦姐一把攥住他的手,人一下子哽咽起来。

吕可为真想一把抱住她,可他不能乘人之危哪!

18

秦姐很快控制住了自己的情绪。

原来,秦姐一直怀疑梁林的死与102室这套房子有关。她之所以对外讲丈夫应该是死于抑郁症,还有所谓梁林在美国开公司、开匿名账户都是她放的烟幕弹。她只是不想打草惊蛇,她要自己查出原委,为丈夫复仇。记得丈夫在临死前的一个多月,和她一同进楼,路过102室的时候,突然用一种仇恨的目光看了看那里,情不自禁地嘟囔了一句:"藏污纳垢!"这种可怕的神情过往在他身上可从来没看到过。她猛然意识到,丈夫的情绪巨变恐怕不仅仅是工作压力所致,里面还有更深甚至更可怕的隐情。打这以后,她就想方设法套他的话。但梁林对她也很戒备。有一次被逼急了,他对她说,有些事,你知道的越少越好。我不能再害了你啊!什么事会害了我呢?她还没有探究出个头绪,丈夫就坠楼了。

她和程先生原来不曾照过面,只听邻居说这个男人蛮颟顸的。丈夫死了后,她开始留意起这套房子来了。102室装修好后,没见人搬来住过,直到他吕可为再度接手。开始她怀疑吕可为会不会是他们一伙的。经过一番周密观察、接触,发觉吕可为是无辜的。于是她想利用他来进一步查探这套房子的底细。以后的接触中,她发觉这个小伙子是个将来在事业上靠得上的人,于是就有了带他出国打拼的念头。当然,前提是对102室一定要先查个底朝天,不能便宜了那帮坏蛋。她分析在他这套房子里应该藏着公司不可告人的秘密。她所说的那帮坏蛋应该就是公司后来入股的那几个合伙人。正是这几个人带来了南美和中东的业务。随着业务的扩大,财富的膨胀,她先被踢出局,接着梁林也被不断边缘化,直至把他推入泥淖。

就在这时,有个陌生人突然给她打电话,让她那天回家等着,有人来告诉她她丈夫死因真相。来的那个人就是原来楼下的所谓"程先生"。程先生没有谈什么死因真相,而是告诉她,他准备指定一个人重新买回102室。为避免不必要的猜疑,想通过她的手再得到,而且不能让第三个人知道。具体做法,利用她和吕可为这层特殊关系,将1402室与102室对调,然后以出国定居为由,连同1401室一起转手卖给他指定的人。交易成功,另外给她两千万奖励。临了,姓程的拿出手机给她看了一段视频,里面是梁林一面在吸食毒品,一面在搂抱两个赤身裸体的女人,威胁道,你如果不配合,就把这段视频晒到网上去,看你怎么收拾。

现在高科技如此发达,视频的真伪很难说得清。即便是真的,凭着她对梁林的了解,那多半也是被这帮坏蛋诱逼的。他的痛苦、他的死说明他不想与他们同流合污。想到这里,她对他们愈加憎恨了。她也想到过向政府去揭发他们。可她一时拿不出证据,退一万步讲,即使拿到了证据,他们被绳之以法,她个人又会得到什么好处呢?于是,她就想到利用他们现在有求于她,何不狠狠敲他们一笔,然后远走他乡,也算是对梁林的一个交代了。梁林不是一直希望她过得好吗?后来她与姓程的又见过面,提出要补偿一个亿。姓程的表示他要回去商量商量。她担心她和吕可为这段时间出什么意外,就想先下手为强,先把102室卖给她叔叔秦师傅(当然钱是她出的,而且两人签了份书面东西,秦叔承诺房产交易后一个月内如不偿还她的全部款项,这套房子的产权就归她所有)。现在看来,对方想撇开她,另找代理人了。

"我把什么都告诉你了,你自己看着办吧。我承认,开始时我确实是想利用你,但后来,你自己也明白的。"秦姐双手抱在胸前,定定地望着前方。

此刻的他心如乱麻。他缓缓地站了起来,说道:"让我回去再想想。"

秦姐一声不吭跟着站起身,帮他把茶几上的户口本什么的收拢,塞到他手里。望着秦姐瞬间变得苍老而又陌生的脸,他心如刀割。

19

第二天一大早,办公室刘哥就打电话过来了,让吕可为一定要参加今天上午的全员大会,不能请假,说是新来的主任到了。

失眠了一个晚上的吕可为,一直在去单位还是去秦叔家之间煎熬着。刘哥的电话帮他做出了选择。他想与秦姐打个招呼,单位有会不能请假,一早不能跟她去了。拿起手机,点了两个数字,颤抖的手指停住了。还是发微信吧。可要是她回复不同意,或者干脆下楼来找他,怎么办?他匆匆起身,洗漱后,早饭也顾不得吃,就悄悄地出了门。走到公交站点,他才掏出手机,给秦姐发了条短信:"秦姐好!刚才单位来电话,我们的新主任到了,今天上午开全员大会,不能请假。我上午不能同你去秦叔那里了。"本来,他还想再添上一句:开完会我就回来。也许是公交车正好到站,他没有添上就发了出去。车厢内人还不多,他没像往常那样看手机消磨时间,而是两眼直直地望着车窗外,控制住自己不要去碰上衣内袋里的手机。下了车,走进机关大院,他才打开手机。秦姐就在他发出那条微信的即刻便回复了,两字:收到。吕可为的心一酸。

新来的主任叫方健,原来是新虹镇党工委书记。

陪同前来的区委组织部谢部长先是介绍了一下方主任的情况,也对经贸委的同志提了希望,希望大家在方主任的带领下,努力工作,开拓创新。接着他就让方主任说两句。大家一阵掌声。方主任起身向大家鞠了一躬。坐下后,方主任用手挡住话筒,侧过身,与谢部长小声耳语了一番。谢部长先是拧起了眉毛,接着又舒展开来,嘴角浮起了笑意,点了点头。方主任抬起脸,看了一下会场,说道:"大家好!我想问一下,小吕,吕可为来了没有?"

会场一阵骚动,大家扭头四处张望。

来吧,尽管放马过来吧!焦头烂额的吕可为一横心从最后一排的角落里"呼"地一下站了起来,瞪着一双布满血丝的眼睛,直视着主席台上方,活像一只斗狠的小公鸡。

会场顿时鸦雀无声。

方主任可能也没料到会出现眼前的情景,他的眉峰耸动了一下,神情更凝重了。只见他慢慢地站直了身子,双手垂膝,朝着吕可为深深地鞠了一躬。

会场依旧死一般沉寂。

"今天一大早,我们班子开了个紧急会议。现在我受班子委托,向吕可为同志表示诚挚的歉意。所谓吕可为同志利用职务之便为个人谋私利纯属不实之词。"方主任依旧站着,说道。

会场上先是噼里啪啦零星的掌声,旋即便响成一片,中间好像还夹杂着嘤嘤的哭泣声。

吕可为呆呆地站在那里,浑身的血液直往脑门上冲,人都快立不住了。旁边有人伸手扶住了他。大概有什么小飞虫掉进了他的两只眼睛里,他腾出手来反复揉着,可眼前还是一片模糊。

会议结束后,吕可为叩开了方主任办公室的门。

这天下午,吕可为带着两个公安便衣和刘哥一同悄悄回到了自己家。

他们把卧室内四面墙壁悄悄撬开,里面密密麻麻地码着整捆整捆的百元大钞和美金,在床头这堵墙里还发现了三本厚厚的账簿和一张贩卖毒品上下家联系人名单。

公安的同志紧紧握住吕可为的手,说:"小同志,你可是立大功了!"

后 记

公安部门通过那个名单顺藤摸瓜,终于破获了一个他们追踪已久的跨境制毒贩毒集团,也为梁林、秦媛媛撇清了干系。当然,为了保护吕可为,根据方主任等人的建议,这起案件没有向社会公开曝光。对外口径是,吕可为发现墙面渗水,就找人来维修,无意中发现了这个惊天秘密。对吕可为的表彰也是悄悄进行的。

等到这起案件基本了结时,教育局已制定并下发了有关抑制学区房炒作的文件,这里的房价应声回落,趋于正常。方主任笑着对吕可为说,不好意思,让你错失了一个发大财的机会。吕可为只是笑了笑。

牟主任因为经济问题被纪委立案审查。其间纪委同志找过吕可为。下面是他们的一段对话:

纪委同志:从那个贩毒集团要犯交代中,我们了解到,牟渐成收受他们五万元好处费,答应由他出面让你把房子出让给他们的代理人。牟渐成找过你吗?

吕可为:找过我一次。不过他是说他的一位朋友孙子入托,想要买我的学区房。

纪委同志:他没有压价让你出让?

吕可为:没有。

纪委同志:你再好好想一想。不要有什么顾忌。实事求是。他真的没压价?

吕可为:没有。他开出了九万一平方米,而且一次付清。当时我这样的小户型学区房最高七万,当然我的装修好一点,但应该也到不了他开的那个价位。

纪委同志:你没有答应,他是什么反应?

吕可为:当时我也没有明确拒绝,而是说第二天给回复。第二天方主任就到了。以后的事你们都知道的。

纪委同志:据说,牟渐成一个时期来一直打压你,甚至说你利用职务之便想要到你服务的企业去拿高薪,要求组织开除你。所有这些会不会都与他逼迫你转让房子有关?如果是这样的话,那他对你的这些行为就不是简单的工作作风问题了。

吕可为:(回想起自己所受到的屈辱,他的眼眶红了)……

纪委同志:说吧,小吕同志。组织上不是已经替你做主了嘛。

吕可为:时间上好像碰不拢。(他排列出了几个关键的时间节点)应该没有必然联系。

纪委同志:是吗?——很好,不感情用事,实事求是。

梁林确系因不愿深陷泥淖而自杀身亡。秦姐变卖了国内家产出国了。

临行前,秦姐约吕可为吃"最后一顿饭"。她为他特意蒸了一条东星斑,把一大块肥嫩的鱼肚搛到他碗里,说:"这一走,从此我们姐弟俩就天各一方了。总想送你一样东西做个纪念。"

"姐。你那套沙发我就留下了。"吕可为又侧过脸望了望放在客厅门口的那双跑鞋,"还有那双跑鞋,正合脚。我会永远记着你的。你要多保重哦!"他的眼泪涌了出来。

"唉,"秦姐长长地叹息了一声,"你真的是个好人。"

病房里的影子

1

"二十五床,你的信。"美女护士长吴彤推开门,手执一封信,径直朝秦凡靠窗的病床走了过来。

这是件稀罕事。这年头,私人之间,早就短信、微信了,若是公函,那就由单位办公室程主任送来,而且是急的。秦凡从《中国文化之根本精神》这本精装书上抬起眼,礼貌地朝吴彤点了点头,伸出了右手。

吴彤走到近旁,把手中的信搁到秦凡摊开着的书上面,顺便瞟了一眼被秦凡双膝顶起的被子上面那本很有点学术味的书籍。秦凡收回了伸出去的手,客气地道了声谢谢。吴彤稍稍抬了抬细眉,没有作声,又扭回身,朝门外走去。走到门口,停下脚步,半侧过身,对正半躺着的华元说:"二十二床,跟家属说好了吧,明天六点半之前一定要到医院来陪护的,否则,你可就没法动手术了。""说好了,谢谢你,护士长。"华元用播音员特有的嗓音,微笑着答道。吴彤满意地点了下头,出去了。

秦凡拿起信封,没有急于拆开,而是打量了一下信封,外面文具店有卖的普普通通的牛皮纸信封,上面写着:"申华医院住院部外科病区506病房25床秦凡亲启",再看信封右下方,没有寄信人姓名和地址,只写了

"内详"两字，翻到背面，本市寄出的邮戳。秦凡略略咧了咧嘴，撕开了信封。

秦凡刚从信封里面抽出一张薄薄的发黄的信纸，一张五寸大小的色彩暗淡的彩色照片也跟着滑落了出来。他拿起照片，定睛看去，突然惊呆了。

是张不雅的照片。照片上，秦凡和一个女人躺在床上，他的目光正斜视着右前方。顿时，仿佛有一股电流瞬间击穿了他的全身。但他很快就镇定住了。用眼角的余光扫视了一下周围，似乎一切照旧。二十二床正在听着耳机，眼睛微眯着，二十三床还在熟睡，紧靠着他的二十四床，刚才在吴彤进来的时候好像翻过一个身，现在面朝着他，似乎也仍在梦乡里。他悄悄把照片和信纸塞回信封，下床穿鞋，披上外套，拿着信，装作若无其事的样子走出了病房。

来到楼下大花园，秦凡找了个僻静处，仰头打量了一下头顶上的樟树树冠，坐到了树下木质长椅上，抽出信纸，打了开来。信纸有些年代了，上面的字迹是新近的，好像刻意写成歪歪扭扭的样子：

"秦凡大主任你好。见到这张照片后，限你在七天时间里将二十五万现金打进下面的账号。否则，我就将你这张照片发到网上面。你自己看着办吧。"

信下方写了一个银行账号和日期，当然没有署名。从日期上看是昨天的，也就是他住进医院的第二天。秦凡又抬头扫视了一下四周，正是下午三点多，大多数人都还待在室内，只有几个穿着工装的勤杂工匆匆从不远处草坪甬道上走过。他小心地又从信封里抽出那张照片。照片里的他，也就是他最近的模样，身边的那个女的，他实在是不认识。再细看房间的摆设，那是在一个类似便捷酒店的客房内。

秦凡轻轻倒吸了一口气。他应该是不会有这种事情的。虽说是四十多岁的单身，女朋友是谈过好几个，可都没到那个分上。平日里他也很检点，在男女问题上，正因为是单身，再说大小还是个处级，他更是小心翼翼。难道是他酒醉所为？他有点酒量，但比较浅，容易微醉，脑袋一晕乎，那张嘴就会有点管不住，不是爆粗口，而是喜欢掉书袋子，也就是卖弄卖弄学问，那就与他平时的那份谦和态度判若两人了。一次，他随分管街镇的邹副区长到外地考察学习，到了晚上，同事们自费吃夜宵。经不住邹区长的一番劝酒，他放松了。事后，邹区长半开玩笑地说，想不到秦主任还有这一面哪。打那以后，秦凡几乎就没再沾过酒。不论是有大小领导在场还是一般同事朋友。开始大家还有点不习惯，后来规矩做出来了，也就做出来了。这倒不是说他在乎自己的仕途，有这方面的因素，不过主要还是怕有损自己的人品，说话不知轻重，伤了人家，实在说不过去。不说领导，就是同事之间吧，平日里他可没少得到大家的帮衬，欠着人家的情哪，喝酒的时候，你冷不防来这么一下，人品到哪去了？"你是'心中有佛，满眼是佛'哪。"办公室程主任有次这样说他。都说机关里有这样那样的潜规则，他也不是没遇上过，不过，凭良心讲，他更多感受到的是浓浓的战友之情。

是呵，怎么会冒出这么张照片来？

蓦地，秦凡想起了一件事，浑身一阵燥热。

2

一个月前，秦凡和已失联三十多年的小学同学联系上了，大家相约聚一下。秦凡欣然允诺。这倒不全是他开始怀旧了，还有一个原因，上个月他所在的田家桥街道办结了最后一个老信访案件。二十多年前，田家桥还是一片棚户区，他们在全市率先拉开了旧区改造的帷幕，经过上下努力，旧貌换新颜，除了边边角角还剩余一些旧房外，一幢幢高楼拔地而起，变身为全市闻名的高端住宅社区。当然，作为先行先试，旧改中也产生了一些遗留问题，信访量很大。靠着上下努力，如今终于摘掉了信访重点户的帽子，怎不让人振奋。市综合治理办公室已组织力量整理他们的经验，分管维稳的副书记田华敏作为头号功臣,他的先进事迹也已报国家相关部门。该庆贺呵!于是小伙伴相逢,那就是喜上加喜了。那天,秦凡喝醉了。小伙伴们不放心让他一人回家,几个哥们就在锦江之星安排了两间标房,陪着他过了一夜。第二天上午,他就径直去了单位。难道就在那天晚上出了幺蛾子?

这些相逢的同学,虽然职业不一,但人品都是没的说。上小学时趣味相投的十个哥们(当时号称"十兄弟")全部到齐,原来的几个颇为调皮的男同学如今也变得相当稳重、有内涵,有几个还事业有成。女同学们更是展现了国际大都市女性的范儿,淑静的淑静,时尚的时尚,都拿捏得当,很有分寸感。如要猜疑到他们,实在是老大不敬。然而在他记忆中,除了这一晚,其他的日子他都有百分之百的把握。

秦凡踌躇了一会儿,还是拨通了小学时的班长吴磊的电话。吴磊算得上是个成功人士,待人接物还是像小时候一样十分靠谱。电话那头,吴磊很认真地告诉他,是他一直同他住在同一间房里。原本他想让秦凡睡得安稳些,自己到隔壁明宝他们房间去挤一挤。还是明宝说的,让他继续陪着秦凡,倒不是提防有什么不三不四的女人来骚扰,这里的治安管得很严,还不曾发生过此类事,而是万一秦凡有个什么情况,他可以及时地帮一把。

秦凡犹豫了片刻,悄悄把照片的事告诉了吴磊。吴磊听说后,似乎并不意外。他说,这是敲诈,你别理他。我的副手也遇到过这种事。那种照片是PS过的,也就是把你的头像拼接到他们设计好的照片上。当然,如果自己干过这类事的人,他们保不准会惊慌的,有的还真的会被敲上一笔。你是肯定不会有这类事的。我相信你。

"那怎么来鉴别呢?"秦凡人有点放松了下来。

"有专门应用软件的。比如查看照片的属性什么的。反正有办法的。"

"哦——"

"兄弟啊,你作为街道主任、公职人员,我倒希望你这件事要防扩散。以讹传讹,到时候越描越黑。把照片烧掉,不理他!"班长还是像个大哥一般替他着想。

"谢谢了,班长。那就我们两个人知道。"秦凡感动地说道,收起了手机。

3

秦凡还是坐在那棵大樟树底下,心里头寻思开了。对他这样一种身份的人来说,恐怕把这张照片一烧了之不见得是上策。万一对方真的把这张照片发到网上,组织上肯定会来调查。他只能如实汇报。组织上就会很自然地问,你为什么事先不主动来反映呢。可是,如果对方只是吓唬吓唬,并不来真的,那岂不是自找麻烦?尤其现在这样的敏感时候。他举棋不定,思来想去,觉得还是得跟街道闫书记通个电话。

闫书记是从空军某部副师职岗位上转业到地方来的。来到地方后接到的第一项任务,就是按照市区两级党委部署,带领一批本区优秀青年干部到井冈山集中培训,作为带班领导,他用心用情,成效显著,得到了当地和市里的高度肯定,回来后就来到田家桥街道任党工委书记。作为军队的政工干部出身,他一面创新工作,一面狠抓队伍建设,特别擅长宽严相济,团结人,凝聚人,街道的各项工作都更上了一层楼。他倡导的"会所文化"更是在全市赢得了声誉。秦凡从学校出来后一直待在区机关和经济部门,对社区不熟悉,两年前来到街道任主任,跟着闫书记学到了不少东西,特别在体恤民情这一块,他更是感到了自己的不足。他是个典型的"两门干部",学校门对着单位门,因此,对他而言,闫书记不仅是个好班长,也是位值得信赖的好兄长。

闫书记听了后,有点意外,沉吟了片刻,说:"这样吧,你简要写个情况,附上照片和那封信让程主任交给我。我会安排人去鉴定,等鉴定下来,我再去向区委汇报。你把材料报到我这里,你就算履行了程序。"临了,闫书记不忘关照道,"你弄个信封把它们封好,目前也不要对其他人提起。"

秦凡道了谢,对闫书记的做法很是感谢。在起身去写情况之前,他好像突然想起了什么,又取出照片,拿出手机,切换到放大镜,对着照片仔细地查看起来。放大镜下移到照片上自己头像的左侧嘴角处时,那一块几天前因发疱疹而留下的结痂隐约可辨。他的心怦怦跳动起来。他又将手机切换到拍照模式,贴近再放大,镜头慢慢聚焦,变得愈发清晰,确定无疑了!他一边摸着嘴角边还残留着的结痂,一边在心里说道,这张头像就是这几天里拍的!他又取出那封信,把它抚平,放在膝盖上,用手机连拍了几张。

秦凡打电话让程主任晚饭后来医院一趟。此刻他没有急于回病房,他需要搜索一下记忆,要捋一捋这几天会在哪些场合可能给人抓拍到这个头像。找到了这些场合,就要弄清楚当时有些什么人在那里。圈定了那些人,那就得排摸哪些人可能会对他下手。为了节省时间,他首先把前天起住进医院的这两天排除掉了。医院里他没碰到过一个眼熟的,同病房的三位也是素昧平生,大家都客客气气。因为第二天一早测空腹血糖发现了问题,他就一直待在病房里干着急,也没心思到别处遛弯,应该不会给人什么机会。再往前推两天,一天参加区府工作会议,围着会议桌而坐,都是头头脑脑,如要拍,还会等到那一天吗?还有一天,他和田副书记一整天待在闫书记办公室里一起修改上报的有关信访经验总结材料。再往前推呢,倒真的走访过几个企业和到几个施工工地检查安全,不过,那时他的嘴角刚起泡,还没结痂呢。那么,没有机会。

太阳已经西沉了,虽说天光还很亮,薄暮的气息似已在四下里隐隐约约弥散开来。秦凡得回去写那份情况说明了。他把信收拾好,塞进外套内插袋,又把袋口的小纽扣扣好,起身往回走。从树丛里出来,走在如茵的草坪上,蓦地,他眼角的余光似乎感觉到了面朝花园的住院部大楼有扇窗户里闪过一道太阳的反光,接着又是一下,他不做反应,继续往前走,然后突然一仰脖子,做了个舒展身体的动作,抬起了的脑袋就顺势朝向了那个窗户,不是窗户玻璃的反光,是里面的一双眼镜片,五楼,从右数起,正好第六个窗口。

4

秦凡控制住了自己的情绪,没有直接回病房,在底楼大厅里转悠,心里头思索着。自己病房里的那道目光,不会是偶尔相交,因为那个人一直在注视着他,直到他仰起头注意到了,那道目光才急忙躲避开。关键就在躲避开了,如果没有什么用意,应该会迎着他打招呼才对。那么会是哪一个呢?

病房里的其他三人不巧都戴眼镜。那么有些什么蛛丝马迹可循?二十二床华元,五十来岁,是江西来的电台播音员,对谁都是客客气气,也不主动与人搭讪,大多数时间是半躺着,眯着眼听耳机。他在申江市有亲戚,爱人这次一起陪过来的,因为还没轮到动手术,她这几天都是晚上过来一次,送来洗过的替换衣裤,拿走换下的。两人都是知识分子,话语不多,多用眼神交流,临走时不忘与几位病友点一下头,算是道过了晚安。

二十三床鲍福华,四十多岁,四天前做了截肠,很成功,开始有点低热,这两天好了。再观察个一两天就准备出院了,当地人,住H区,好像是个做小本生意的。老婆打扮得蛮时髦,就是嗓门有点大,有时一旁的病友在休息,她开始还注意压低点嗓门,但过一会儿就全忘了,惹得隔壁病房也会过来敲敲门,或者直接把护士给喊了来。做啥,像真的一样。她又压低了声音,忍不住还是要嘟哝一句,画着眼影的眼睛扫视一下大家,仿佛要寻求什么支持似的。一般情况下,华元仍继续眯着眼,似乎身边没发生什么情况。二十四床,则会朝着他们会意地点点头,一副默默力挺他们的样子。

二十四床魏小弟,五十上下,当地人,职业不明,和华元一样也准备做截肠手术。据说前几天他家属天天过来,从前天开始,因为忙就没再来过。秦凡刚住进来的时候,魏小弟似乎对他比较冷漠。秦凡同大家打招呼,另两人都会点头回应,唯独他只是略略咧咧嘴角,似笑非笑的模样。

昨天下午两点多,秦凡出病房,在消防楼道口接电话,恰巧吴彤拿着个剥好了的橘子经过,见四下无人,掰了半个橘子塞到秦凡手里,悄悄跟他说,他住进来的前一天,魏小弟见二十五床空出来了,找过她,要求把自己换过去。吴彤问他理由,他支支吾吾了好一阵,才说,"二十四"这个数字不太吉利,"来要死"。吴彤批评他,从来没这一说,心里还想,再说了你只顾着自己,不管别人,也太自私了吧。就没有答应。为此,他老婆还专门到她办公室浪里浪三。吴彤让他心里有个数。秦凡告诉吴彤,现在他对他客气多了。是哦?但愿哦。吴彤说。

是的,昨天一早,魏小弟对他的态度变了,起床洗漱的时候,还主动让秦凡先来。两人交谈不多,不过在病友们一起闲聊的时候,遇到秦凡在说话,他也会扭过脸看看,不时点头认同。特别是两人都有糖尿病,吃的也是相同的药。魏小弟总不忘提醒他按时服药。秦凡觉得大概是换床的那件事闹得一开始有点不开心,现在时过境迁了,再说大家这几天相处下来,是个什么样的人,彼此都有数了。

那还会有谁呢?——吴彤?

作为一个身心健康的单身男人,对单身的女人终难免会有点敏感,何况还是一个大美人。吴彤三十多岁,面容姣好,身材颀长,待人温和,说话轻声细语,但也始终给人一种距离感。那她怎么会突然对秦凡做出略显亲昵的举止呢?秦凡以为主要是源于他进医院头一天的那个善举。

这次体检查出他大肠内有一个 3.5×2.2 cm 的粗蒂息肉,且局部已经病变,急需手术。难度在于做这个手术,得同时准备两套方案,一套是常规的镜下切除,但如果息肉过大且肠壁已严重感染,为稳妥起见,那就要截肠了。这样的手术确实需要请高手来做。程主任帮他找到了申华医院全国知名的专家郭教授。问题是郭教授不久就要出国做学术交流访问,出访前的手术都已排满,经过再三协商,郭教授答应再另外加个班。时间急,这天住进医院,就给他空腹验血,做心电图,测血压等,做好随时上手术台的准备。

　　来给秦凡抽血的是位小护士,看得出她神情有些紧张。秦凡就鼓励她胆大一些,他不怕疼。没想到,小姑娘反而更紧张了,针眼抖抖索索就是扎不准,换了个手臂,还是不行。秦凡疼得不行,(其实他平时还晕血呢)他强忍着,依旧微笑着鼓励对方。小姑娘自己忍受不了了,撂下家什去搬救兵。吴彤进来了,查看了一下秦凡的两条手臂,眉毛耸动了一下,欲自己上手。秦凡说,还是让小姑娘来,一定要让她越过这个坎。吴彤抬起眼睛,定定地看了他一会儿,侧过脸,朝站在身旁的小护士颔首示意。小姑娘又扎了三下,总算扎对了。待小护士收拾好器械,推着手推车离开时,吴彤拉下口罩上端,看着秦凡,轻轻说道:"谢谢你,二十五床。"

　　吴彤也是戴眼镜的,会不会她在关注他?秦凡可不愿轻易去否定。特别是"橘子事件",一直让他怦然心动。然而,他要查找的可是这张照片的幕后人,而这个幕后人是要狠狠敲他一笔的。难道会是吴彤吗?

5

　　会不会有病人以为我动手术加塞而对我产生反感和抵触呢?秦凡脑际闪过这个念头。这种事情是不好加塞的,特别是郭教授还正赶着出国,你把人家挤掉了,那可是缺德的。程主任再三保证郭教授不打乱原来的安排,是额外自己再加个班,帮他做这个手术。不过在现实生活中,也难保都是这样的。于是,他决定找吴彤去探探底。

　　到了护士室,几位护士都在做案头活,吴彤在接电话。秦凡站在门口,带着笑意望着她。进来说吧。几位护士发现了他,都笑着招呼道。秦凡的那番善举早在医生护士中传开了。秦凡含笑摆了摆手,又朝吴彤努了努嘴。有姑娘跟吴彤打招呼了。吴彤扭过身,看到了秦凡,点了点头,又继续她的电话。秦凡退到门外一侧,静静地等候着,不想再打搅里面。不一会儿,吴彤探出头,抬了抬眉毛,轻轻问他:"找我吗?"秦凡点了点头。"那你进来说吧。"吴彤道。秦凡尴尬地笑了笑。吴彤领会了他的意思,犹豫了一下,回过头跟里面关照了句什么,就跟着走了出来。

"打扰你了。"秦凡客气道。

吴彤抿了一下嘴,又抬腕看了看表,走了几步就停住了。

"我们到过道窗口那边吧。"秦凡道。

吴彤顿了顿,微微点了点头。

到了窗口旁,秦凡把打开的窗户关上了一些,悄悄说道:"向你打听件事,对我蛮要紧的。"

吴彤抬眼看了看他,轻轻道:"不知你想问什么。"

"我想了解,我这次安排的手术是不是加塞的?"

吴彤微仰起脸,镜片后面的那双眼睛一动不动地凝视着他:"你——想再往前面排?"没等秦凡回答,她就断然说道,"这是不可能的。"说着,脸上掠过一丝略显失望的神情。

"不不,你误会了。"秦凡连忙说,"我就生怕挤掉别人。这就太不道德了。"

吴彤似乎松了口气,眼睛望着别处,告诉他,鉴于你的病情比较急,也很复杂,确实需要有足够临床经验的医生来执刀。郭教授是个很正直的人,他不会容许让谁加塞的。所以郭教授是在选一个相对轻松一点的手术做完后,他再带着几个弟子,加个班,把你这台做掉。本来今天下午再晚些就有机会,没想到今天一早你的空腹血糖还是这么高,怎么做呢?明天是肯定不行的了,都是大手术。后天看看。问题是你的血糖降不下来的话,谁也不敢给你开刀。一个礼拜后,郭教授就要动身了。他担心没时间帮你做了。今天上午他在帮你联系其他专家,想提前帮你做个预备方案。结果人家也都排满了。

"那么说还有七天左右时间。"秦凡顾不得照片那件事了,脑门上沁出了细细的汗珠。

"哪里!还要给他时间观察你术后情况呢。如果你动的是大手术,他怎么敢帮你一开好就一走了之呢?至少得给他三天时间观察啊。"

"那——后天是最后一搏了。"秦凡故作镇定,苦涩地笑了笑。

吴彤觉察出些什么了,不无同情地望着他:"要不,你再找其他医院看看?"接着跟了一句,"我也在托人找呢。最好你能把血糖控制住。"

"唉,在家一直蛮正常的。"秦凡轻轻叹息了一声,准备告辞。

"刚来的那一天测试还蛮正常的。"吴彤的镜片在夕阳映照下一闪一闪,"不习惯这里的伙食,晚上自己又吃东西了?"

"没有。饿是有点饿,但没吃。"

"怪了,二十四床也是从昨天开始空腹血糖突然就上去了。药还都是你们原来的药。早上各给你们加了一粒'诺和龙',到了午饭前你们又都低血糖了。这倒真没碰到过。"吴彤有点无奈。

体味得出对方掩饰着的关切和担忧,秦凡有点感动,不由略带伤感地冒出了一句:"听天由命吧。"

6

三位病友神情都没什么异样,吴彤的那番交底,让他心思变得更加沉重,他也懒得去查那张照片的事了。

上个月单位组织体检,他原本不想去,一来那块边角料的改造是否可行,他要亲自再做调研,班子里有两种截然不同的意见;二来他有点怕查出点什么来,这方面他有点患得患失,再说现在区里这一阵情势变化,他也不希望自己的健康出点什么状况。

凭他分析再加上一些传言,这两年他在街道的锻炼应该是可以交账的,接下来区里要换届,那些区重点部门的一把手都要提前到位,一番人事变动不可避免。区发改委党组书记兼主任老万已快要到龄。区里有几次开比较重要的经济会议，都叫上了他。理由是他这个街道近几年集聚了不少龙头企业，他们创造的税收在十三个街镇已经占了不小的份额，他的观点或许有一定的代表性。会议讨论时，秦凡开始还是识趣的，装作埋头做笔记，避免视线和人接触。不过，区委秦书记和郭区长都会点他的卯。"那个坐在角落头的啥人，谈谈你的想法。"老秦在会议桌的那头用笔点点他。秦凡就装作迷茫的样子，张大嘴，用手中的笔指指自己，意思是"不会是指我吧？""就是你。"郭区长笑着说。秦凡不好推辞，就用一种谦和的语调说开了，都听得出，他是很用心的。习惯成自然，后来遇到这种会，他都会在几个主要部门发完言后就发表自己的看法，不用领导再点名了，否则他就觉得自己太矫情了，这可不是他的性格。还有那么几次，秦书记或郭区长都私下里或者很小范围里把他叫去，同他交流区里一些重大社会、经济发展问题。他当然出了不少好主意，从领导脸色看得出，他们蛮满意的。在区政府这边，发改委可是第一委呵。

  近来闫书记的表现也有点让人捉摸不透。在田家渡边角料要否改造这桩事上，闫书记原来可是"主战派"。大半年前，秦凡提出将这块地腾出来建街道文化中心，以弥补现在文化设施硬件不足，同时又能用政府的财力帮助十来户居民解困。虽然这种模式过去没有实行过，但按理这绝对是件好事。闫书记当即力挺。那个地块就剩下了十来户旧平房，周边都已建成了高端商品房，一些老旧的公共设施很难再做专门改造，像换个罐装煤气、倒个马桶什么的都不方便。这么小的一块地，也没法商业开发，若能采用这种方式，着实是件两全其美的事。他和老闫在多个场合游说，终于得到了领导一句话，"你们先搞个方案上来"。秦凡抽调了五个居委会书记主任，他们原来可都是旧改的骨干，建立工作组，由他带队先是挨家挨户搞调研，后又走访市、区相关部门，形成了一个初步可行性报告。结论是：是个对各方都有利的好项目，政策上又有创新的可能。就是居民想法不一，弄不好会大幅提高费用成本，甚至还会冒出新的上访户。

就在这个时候,区里的人事变动风声渐紧,老闫有点犹疑了。特别是听到派出所刘所长来汇报,那块边角料近来迁入户口的突然增多,老闫干脆暂时叫停了这项工作。秦凡心里也变得矛盾起来,这项工作真的一铺开,一时三刻,他是脱不了身的,就是组织上让他走,他也不好意思,那要背负骂名的。不干吧,看着这些老百姓,心里不好受,好不容易得到领导理解,让他们先试试,机会难得呵。

也就在这时,秦凡被查出了毛病。就像前面提到的,他是个热爱生活的人,有时候好像还太热爱了一点,怕体检就是个证明。他工作上很勤勉,个人生活也是不马虎的。早在房产还没被炒起来之前,他就搞按揭贷款了,是区处级里面最早的那几个。老母亲听说他贷了三十万,吓得天天吃榨菜,晚上电灯都舍不得开,老父亲有晚饭后看报的习惯,老太就叫他到外面路灯下去看,还嘟哝一句伤人的话:"老都老了,还看啥报纸,看了也白看。"把老头气得不行。改革开放给老百姓带来了实实在在的福利。不消五六年,债就都还了,现在回头看看,这房价涨了多少?秦凡再忙也要把家收拾得干干净净,他的观点是,古人曰修身、齐家、治国、平天下。在条件许可的情况下,一个家都弄不好的,怎么能干好事业呢。据说有一个他蛮中意的姑娘,就是来到他家,发现屋子被侍弄得这么精致,就认定他身后有个不便露面的相好,头也不回地跟他掰了。弄得他哭笑不得。

拿到体检报告到了母亲家,懂点医术的娘舅被唤了来。老娘舅年轻时是厂医,工厂歇业后,就没再干老本行。可能是比较关心自己的外甥吧,他分析得有点严重了,老母亲又陷入了煎熬。趁着儿子在阳台上接听电话的当口,老太实在憋不住,哭开了:"阿拉毛头罪过哦,人还没有做过,就,就要——当年帮伊介绍过的臧素芳人多好,现在人家一对双胞胎,看到我,就叫'阿奶''阿奶'额。罪过啊,罪过。人要呒没做了。"与秦凡双胞胎的姐姐说话了:"老娘,侬做啥啊,侬在咒毛头啊。又不一定是癌喽。再讲,伊跟那个小姑娘结婚,就不会生这个毛病啦?不搭界的事。相信医学好哦。"老太迁怒女儿:"侬迪个小娘勿好额。毛头对你们多少好。没有良心的东西!"娘舅就连忙打圆场,说:"对对,相信医学。不过要快点治疗,拖不起,拖不起。"

唉,这个要命的血糖!

7

晚上七点半不到,程主任来了,还带来了一位陌生人。秦凡心里有点不痛快。事先都说好的,除了向区里告了个假,街道只有闫书记和他程文彪知道。

程主任很精干,穿的也是山清水秀。似乎觉察到了秦凡微妙的情绪变化,便边介绍边解释道:"秦主任,这位是雷总。就是今年才引进的恒天集团老总。怪我说漏了嘴,他就一定要来看看你。"

秦凡立即堆起了笑容,下了床,热情地伸出双手,"雷总您好!您这么忙,还让您过来。真不好意思。"又看着程主任,"程主任啊,你这属于骚扰企业。我要批评你。"

"接受批评,接受批评。"程主任谦恭地说。

雷总身材魁伟,一边自来熟地示意秦凡坐回去躺着,别累了,一边自己也坐到了床沿边,露出一副关切的神情:"这边有什么问题吗?"

秦凡还是拉着对方的手,说:"谢谢,都安排好了。"然后示意程主任倒茶。

雷总连忙摆手,说:"不用了,坐坐就走,不影响你休息。"

秦凡道:"你们公司一进来,一下子就交了一亿多税收。可给我们街道长脸了。"

"应该的,应该的。"雷总说。

"路上雷总说了下半年他们还会再交几个亿呢。"程主任说道,亲热地拍了拍雷总的肩膀。

"至少再交三点五六个亿吧。小公司,小公司。还得感谢你们哪,把我们几个业务骨干的小孩读书问题都解决了。听说你和闫书记还亲自去跑的。"雷总说。

"服务好企业,是市委、区委一再要求的。我们区教育、卫生、文化、建设等各个部门服务企业的意识也都很强的。以后遇到困难,尽管说。我们是一家人。"程主任热情地说。

雷总微微侧过脸,说道:"太谢谢你们了。"又对秦凡说道,"申江市是改革开放的前沿,政府各个部门都很努力,包括像你们街道也这么积极,营商环境真不错。集团正在考虑是不是要把海外的那块结算也一起放进来。那一块可不小。"

秦凡不由地又握住了雷总的手:"太感谢您了。我们一定做好服务。"

"双赢的,双赢的。"雷总笑着,悄悄从裤兜里摸出一样东西攥在手里,然后不为人注意地塞进了秦凡的枕头底下。

秦凡悄悄扯住了对方的手肘,低声说:"雷总,心意领了,那捧鲜花我留下,这个给了,我也要上交的,真的没必要。谢谢了。"

雷总有点尴尬地笑了笑,表示了理解。

秦凡和程主任一起把客人送走后,就回到病房,拿起了那捧捧花,端详了一阵,称赞道:"蛮吃价钿的。走,我们把它送给外面服务台吧。"

"放在这里蛮好的,养眼哪!"程主任说。

秦凡轻声道:"二十三床花粉过敏。"

在过道上,恰巧迎面遇上穿着一袭素雅套装的吴彤。天赐良机哦!秦凡心里一喜,目光就迎了上去。不料,吴彤两眼直视着前方,旁若无人地与他擦身而过。秦凡暗自庆幸自己反应灵敏,没有当众出丑。他依旧保持着原有的神态,一直走到病区服务台,对着正站在服务台后面的两位护士说,"我们506房送捧鲜花给你们。你们辛苦了!"那两位平时见到他都会笑脸相迎的姑娘,这回互相望望,一脸的尴尬。怪了,出什么事了?秦凡心里一咯噔,"好,就放这里了。"他把捧花竖着放到了台面上,就拉着程主任往外面走,心里有点不是滋味。

走出病区。程主任咕哝道,"这里的护士全是怪人。医患关系能不紧张嘛!"

"他们比较谨慎,工作还是不错的。"秦凡说道,把封好的信交给了程主任,"亲手直接交到老闫手里,不要转。"

程主任掂了掂手里的信,点了点头,支支吾吾起来。

"有事吗?"

"这个时候还麻烦你,不好意思。"

"说吧。我们之间还客气什么?"

程主任告诉他,雷总来看他,一是看望他,真心想帮上一点忙;二来想托一件事。就是最近街道配合商务委改建了一个大型菜市场,雷总有个亲戚想要一个摊位。不巧摊位太热门,已经没有了。想到雷总对区和街道的贡献,回绝人家,实在于心不忍。分管经济的曹副主任想到了一个主意,那就是把预留给潘旺才儿子的那个摊位先给雷总,他们的以后再想办法。反正潘老头他们还不知道这件事。

秦凡刚才被吴彤和那几个护士搅得有点心神不宁,现在又冒出这件事,心里有点窝火。但兹事体大,他没有立马表态。他喃喃自语着:

"潘旺才——"

8

潘旺才,曾是潘家宅拆违的最后一个"钉子户"。他原名叫潘旺财,年过七十了,居然有一天到派出所去闹着要改名。民警们跟居民们都很熟悉,开玩笑说,怎么你不想发财了?

"嗻,黄土都没到头颈了,还发什么财哦!"他说。

民警告诉他改个名字这里很容易,问题是你还有其他什么法律文件上都得要做说明,很麻烦的。

"我有什么法律文件哪。"他执意要改。

"那你把自己孩子叫来,证明一下你脑子还是清醒的。"民警说。

他把头更凑近柜台的窗口,又伸出一只手护在嘴边,压低嗓门说:"阿拉小虎要结婚,媳妇嫌我名字俗气,怕伊拉娘家人会不同意。"

民警笑了:"不搭界的事嘛!"

"嘻,你不晓得。小鬼头第一次上门掼浪头了,讲屋里是有文化的,知识分子。"

"那潘小虎也真是的,这有啥好瞎吹的。"民警说。

"也不能全说他吹。伊拉娘曾经当过老师额。"

"啊,潘大妈当过老师的?我怎么没听说过?"

"侬迪个辰光还没有养出来了。伊代过课。"

"啥课啦?"

"学工。教学生拆棉纱。"

"拆棉纱?"

"就是每人发几块碎布,然后你一根一根把织上去的棉纱拆出来。也就是把布头变纱头。哦哟,那小青年,跟那讲也是白讲。"

"这不是在瞎折腾吗?"

"唉,那个辰光就这么个样子。还发过学校工作证呢。小鬼头就是拿着这张工作证去卖样的。也不知道啥地方被伊寻到额。"

潘旺才的儿子潘小虎曾是出了名的闯祸胚,几年前还因斗殴吃过官司,现在能够结婚,收收他的心,倒也是件好事。民警一面收过递上来的材料查看着,一面问道:"媳妇啥地方的啦?"

"就是阿拉小店里的甜妹。谈了有一阵了。你别说,潘小虎谈了朋友后,人识相多了,好像有点怕老婆嗳。"

民警抬起眼,意味深长地看了看潘旺才。

"哦,我晓得侬在想什么?没有的事。陶老板动过伊脑筋,甜妹不从。小虎跟伊谈了朋友,陶老板就不敢了。他晓得阿拉小虎的脾气。再下个月小店跟陶老板租期到了,甜妹跟小虎嘀咕,他们准备自己做了。我也赞

255

同。迪个陶老板,烦也烦死了。小虎有了归属,我死了,也闭眼了,也算对得起他死去的老娘了。"

潘旺才的名字改过来了,未来的丈母娘家好像也认可了,不过,潘小虎的婚结不了了。

街道要在潘家宅创建"无违"里弄,虽然区里没这个要求,但秦凡觉得就差一口气了。潘家宅是田家桥街道硕果仅存的一个旧里集中的地方,潘旺才的旺旺杂货店也是唯一一个遗留下来的违章建筑,且不说承租的陶老板还不时动些歪脑筋,糕点吃坏了人家小孩肚子的,电器插座差点没让人家孤老发生意外的。潘旺才也是个好面子的,时不时登门跟人家赔不是,但想想每年到底还有小几万块钱的收入,也就得过且过了。潘小虎谈了朋友后,他更怕小店一关,甜妹走人,潘小虎又要故态复萌了。

可秦凡想的是,旺旺这个点一拔除,等于整个街道就没有一处违章了,这可实在不是哪个街镇说办就能办到的啊!再说了,旺旺让它留下来,那这几年好不容易被拆除的违章都得死灰复燃,有不少人眼睛都在盯着呢。谁家没有特殊情况?秦凡对闫书记说,我先冲在前面,万一弄砸了,还有你来收场。据说那些天潘旺才天天身上系着三个啤酒瓶,里面灌满了淡黄色的可疑液体,扬言:"我不得过,你们也不要过。勒妈妈的。"

秦凡心里窝着火,但没有贸然行事,他把拆违后的后续安排计划都敲落实:给潘旺才吃低保,在政策范围内给他撑足。潘小虎给他安排工作,先给他介绍到区保安公司,还能解决四金,结果人家不敢要。安排到街道引进的企业去,凭他的面子,应该不大会有问题,月薪三四千,这回是他自己不敢,怕这个刺头仰仗街道弄点乱子出来,影响街道的营商环境。最后找了自己大学同学,同学开了家不小的科技公司,安排他去当保安(不是门卫)。像潘小虎这样的人求职如此难,他事先倒还真没料到过。那个甜妹,他也考虑到了,安排到街道敬老院当护工。这些方案他亲自逐一敲定,确保万无一失。

都准备妥当,秦凡出手了。这天上午九点,趁着大多数居民上班的上班,上学的上学,他带着居委干部和里弄骨干(主要负责做好安抚)、市容执法队(凭着法院核准文书,主要承担拆违)、工商所(取缔无证经营)、公安(维持秩序)到了现场联合执法。他让大家站在屋外,自己只身一人走了进去。

9

　　屋里灯光昏暗,不大的客堂里,靠着一张吃饭桌,坐着一男一女,墙上挂着一个木质相框,里面是张黑白头像,一个笑容有点尴尬的老太。倚着墙斜坐着的那个男的,眉眼有点像老太,四十多了,也斜着眼,看来几年的铁窗生涯让他长了点记性。桌子的另一边是个又瘦又小的姑娘,衣着有点寒酸,一看就是偏远地方来的,但收拾得很整洁,一头有点枯黄的头发被梳成了个马尾辫。她正默默地盯着来人,眼睛里流露出一种胆怯而又警觉的神情,这种眼神让秦凡不由地想到了母亲家养着的那只叫"阿丽"的宠物兔,"阿丽"一见到陌生人就是这副模样。与客堂连通的就是那个违章建筑——旺旺杂货店。潘旺才先是坐在那里,一见到秦凡,就忽地一下站了起来,身上用麻绳系在皮带上的三个啤酒瓶立即晃动起来,使劲地瞪着一双充血的眼睛,开始急促地喘起了气。

　　秦凡心里涌起一股说不出的滋味。他朝三位拱了拱手,怒气消减了一大半。他掏出事先打印好并签上了自己姓名的一份材料,把它放在了吃饭桌上,尽量用一种和缓的语调说道:"前几天已经告知你们的街道给你们的后续安排都写在了上面,哪一条没做到,你们可以去告我们,保证你们赢。该说的都说了。现在我就和您潘老伯待在一起。"说着,一步一步走近潘旺才。

　　"不要过来!"潘旺才举起了打火机。

　　"你们离远一点。你们还年轻。"秦凡扭过脸朝着那两位说,"记着你们老爹的好吧。"又转回脸,对着老头,"我不会碰你的。"走到柜台旁打开一扇窗户,朝外面的人群大声喊道,"请再给潘大爷一点时间,我们要相信他老人家。"

整个拆违过程,潘旺才一家三人就像木雕一般站在那里,一声不吭,一动不动。

田家桥拆违成效很快见诸媒体,反响热烈。秦凡舍身一搏在同事里面也引起一番议论,褒扬似更多一点。

这天,秦凡正在整理文件,做进医院动手术前的准备。闫书记推门进来了。"秦主任,在忙哪。"说着递过来一支烟。

"闫书记,请坐。"秦凡伸手接过烟,拿起桌上的打火机,先帮闫书记点上。秦凡一般不太抽烟,他有慢性支气管炎,但老闫递过来的,他一般都不会谢绝,他敬重这位师长。

闫书记在一边的沙发上落座,一边深吸了一口:"有个事要听听你的意见。"

"闫书记,听你的。"

闫书记告诉他,旺旺杂货店一仗打得相当好,不仅把原来潜在的那股想翻烧饼的意图遏制住了,也提振了兄弟街道的士气。不过,据老闫让居委跟踪了解到的情况来看,潘家并不太平。

"嗯?我问过了,民政的钱已发放到位,我同学已通知他潘小虎去上班,敬老院也已经把岗位腾出来了。怎么,他们要反悔了?"秦凡很是意外,继而又有点愤懑。

闫书记笑了笑,抬了抬手:"老头子憋不住了,今天一大早找潘家宅书记唐阿姨说出实情了。甜妹他们原来想接下来自己开菜店。她老家西南地区盛产各种菌菇,还有他们的土猪土鸡都想进申江市,小姑娘还凑了一笔钱加盟了一个电商平台,准备线上线下一起做。第一批货他们都付了定金了。这些钱大都是向家乡亲戚朋友借的。这回店开不成了,还得背上一大笔债。"

"那他们事先为何不说?"

"唐阿姨也是这么责怪他们。甜妹说她一开始谁也没告诉,包括潘老爹和小虎。他们这一家拿不出什么钱,又要面子。如果让一个没过门的穷媳妇自己掏钱开店,他们是死也不肯的,别看小虎到处惹祸,也是个蛮要自尊的人。她想抓紧把结婚证开了,一家人了,还计较什么呢。现在店开不了了,她也只能回老家,想办法去还钱了。"

"现在盘个店面是蛮难的。"秦凡说。

"还有更要命的呢!"闫书记说。

秦凡瞪大眼睛,望着老闫。

"小姑娘肚皮里已经有了。不结婚了,还会养出来吗?潘老头是真急了,什么都说出来了。潘小虎原来谈过几个朋友,没有成功,一是家境,二是人品,还有一样。"闫书记吸了口烟,谨慎地瞧了瞧门口,"他曾和一个西北姑娘都到了谈婚论嫁程度,女方逼着他去做体检,怕他过去的事会留下什么后遗症。倒还真没有,就是查出他生育方面会有点问题,不太乐观。就吹了。这次好不容易潘家有香火可续了,他们能不急吗?"

这倒是大事。潘家老大是个女儿。

"我突然想到了商务委。"老闫说,"前一阵我们配合他们完成了玉蓉菜场的综合改造,碰到他们杨主任,他还一个劲感谢我们。我刚才和他通了电话,希望能提供个摊位,他表示理解,说马上去了解一下有没有可能。据说摊位很抢手的。"

"闫书记,太谢谢你了!"秦凡感动地说,"我真的在你身上学到了太多东西。"

10

商务委杨主任好不容易匀出了一个摊位,而且位置也不错。闫书记说他得再去把潘旺才家的情况核实一遍。早先有好几户被拆违的家庭来找过街道,也提出过这方面的诉求,因为没有类似资源,都被婉言回绝了。

那几个都好说话,当时蛮配合的。现在可不要给人一种"会哭的孩子有奶吃"的错觉。"

秦凡觉得有道理,自己也去了次区民政局,了解区对口边远地区扶贫的情况。民政局张局长亲自接待。听说了甜妹的设想,觉得可以一试。在菜市场设置一个对口扶贫专柜,把"授人以鱼"提升为"授人以渔",又能帮助我们这里的低保户自食其力,甚至发财致富都不是没可能的。而且那个自治州还正巧和他们S区是对口的呢。

闫书记听说了,宽慰道:"这条理由摆得上台面。"

"这件事后来怎么没办哪?"秦凡坐在住院部底楼大厅金属长椅上问程主任。

"嗐,都怪我。闫书记原来关照我抓紧落实潘旺才这件事。我就建议,看看你手术的情况。如果是小手术,就等你回来,由你来操办。如果是大手术,那就不等你了。闫书记同意了。这事就被我一直压着呢。"

"你呀,这种好事越早办越好,还等我干什么。真是的。"

"唉,有些事你不清楚,领导。"

"什么事?"秦凡有点意外,见程主任支支吾吾,说道,"就尽管说吧。我这个人的脾气你又不是不知道。"

"社区里有些老百姓说你对拆违有点、有点心急。哦,这都是瞎说,你别在意。"程主任偷偷瞄了秦凡几眼。

"你别说,和闫书记一对比,我的群众观念是差了一大截。包括潘旺才这件事,拆违是必须的,但怎么同时把老百姓的损失降到最低,或者能否有个变通办法,我考虑得不细不深不全。"

"所以,想让你来成全这件事,多少挽回些误会。"

"这真是你的主意?"

"你呀,行!实话实说了吧,是老闫的意思。但是你别跟别人说呵。"

"嗨,这是干什么呢。"其实秦凡心里已经明白老闫的一番良苦用心。

"现在不正是你的敏感时期吗?"程主任胆子有点大了。

"哪里的事！你们都神经过敏了。"

"没想到现在插出来这档子事。"

"雷总怎么知道的呢？"

"曹主任管经济的，跟商务委关系密切，他怎么会不知道。怪我事先没想到这一点，忘了给他打预防针。怪我，怪我。"

"那老闫什么意见？"

"他说先听听你的意见。"

"当时向商务委求援的时候说是给帮困的，现在挪作他用，说不过去哪！"秦凡沉吟道，"可是雷总又是第一次亲自开口，而且还正靠他把他们集团海外那一大块结过来呢。那一块如果过来，少说也得超过他们现在的三亿多吧。弄不好，我们年底在十三个街道税收可以冲第一呢。"

"是呵，是呵，所以老曹也急了。可是——"

"也不能怪他。他不了解潘旺才的情况。"

这时，程主任的手机响了，是曹主任的。秦凡示意他接通，然后伸手要过手机。"曹主任哪，我是秦凡。明天上午八点半我让文彪联系你，看看明天中午有没有可能，你们陪我去拜访雷总。玉蓉菜场的事，我跟你先打个招呼——什么你已经听说了？是啊，看来只能向雷总表示歉意了。对对，我家里有点事，这几天辛苦你们各位啦。谢谢。"

秦凡把手机递还给程主任，关照道："明天一早看我的空腹血糖，还是高的话，中午我溜出来，让你和曹主任陪我到雷总的单位去，我当面和他做解释，请他理解我们的难处。"

"我一个人去吧。这事我没办好。"

"给我一次表达诚意的机会吧。"顿了顿，秦凡又道，"你回去向闫书记汇报一下，就说我这个手术要费点时间的，明天下午你们就把潘旺才的事办了吧。不用管明天中午能不能和雷总打得上招呼。来不及的话，等我出院补。"

"你这血糖怎么回事？郭教授也跟我那位朋友打了招呼，说有可能他帮不上忙了。我那位朋友提出要么帮你再转个医院?"

"这里面好像有点蹊跷。你刚才看到护士的表情了。原来我们关系都很好的。还——还有我们出来时迎面碰到的那位——"

"哦,那位美女?"

"她是护士长。下午我们还在一起交流我的情况,她也蛮为我着急的。怎么一下子态度就变了?"

"她,老姑——单身?"

"这,你别乱想。"

"要不,我来帮你查查,会不会有人在做手脚?"

"用不着。我似乎已经找到突破口了。"

"不要烦了,明天早上你血糖再高,我就帮你转医院吧。"

"不。我倒非得把这件事弄清楚不可。否则在这里留下个不好的名声。一辈子的事。"

"你是指美女护士的事吧。可惜是有点可惜。本来说不定你还真有机会呢。"

"不要瞎说。我觉得那两件怪事好像有联系。"秦凡其实心里头更多的是想到了那张照片。

11

天还没见一丝亮光,二十二床已经窸窸窣窣起来过不下三四次,有一次拉开过房门,大概发现外面过道上临时加了几个移动病床,他退进了病房内的卫生间,掩上门,打起了电话。

秦凡依旧早就醒了。他没有动弹,不想影响别人,也不想让二十二床以为是他起床吵醒了他。这几天,每天一早的空腹测血给了秦凡很大的压力。今天虽说郭教授没可能将他安排进去,不过如果血糖下来了,那明天就可期待了。昨天晚饭前,二十四床依旧盯着他一起把药给吃了。秦凡有个习惯,吃饭前都要去洗个手,有一次回来擦好手后,拿起饭盒就要吃,幸好二十四床及时提醒了他,以后这就变成了二十四床的一个标配动作。

六点一刻,护士进来测血糖了。不是平时那个秦凡帮过她忙的小柳,而是面孔稍微有点板的小王姑娘。她先给二十四床测了一下,看着测试仪,皱起了眉头:"唉,还是不行。""是吗?"二十四床可能还没反应过来。"本来下午要安排你的。"小姑娘说。

接着,小姑娘走到秦凡这边,飞快地睃了他一眼,"如果你今天血糖正常了,你就可以顶他的了。没吃过东西吧?""没有。昨晚上米饭也只吃了几口,饭后我还出去快走了几圈。"秦凡说。伸出的手指像被蜜蜂蜇了一下,秦凡不无紧张地悄悄注视着小姑娘,不知怎的,他的眼角似乎也扫到了白衣身后二十四床略显慌张的脸。"再给你测一个吧。"小姑娘说。"伊多少?"白衣身后传来二十四床的声音。小姑娘没有回答,继续着手里的活。结果也让人失望。"唉,你们两个人啊!"小姑娘叹了口气。"我们两个,是一对难兄难弟。"二十四床说道,把被子重新往胸口上拉了拉。秦凡也重新眯上了眼睛。

不一会儿,吴彤带着几个护士又进来了。她们在二十二床前停住了。"二十二床,家属到了吗?"她问道。

"前面通过电话,说她已经出来了。现在电话过去,没人接。真急人。"二十二床以往淡定的脸上此刻布满焦虑,灯光下,他白皙的额头似乎还沁出了细汗。

吴彤抬腕看了看手表,望着二十二床,却是对着其他几位一起说的,"你们三位弄不好今天都没有戏。"

蓦地,一阵《天边》旋律响起,那是二十二床的手机。"什么?你人要紧吗?哦,哦。他们都八十多岁的人了,还是不要来了。你堂姐呢?要下午才返回。那我就和医院商量再往后拖一天吧,等你堂姐来了再说。你不用操心了,你自己在医院多躺几天,好好全面检查一遍,千万不要有什么后遗症。"

二十二床告诉吴彤,他妻子刚才在赶过来的路上被一辆小车撞了一下,现人在医院,需要继续观察。他希望能否将手术再往后延一天,他亲戚明天可以过来。

大家都表示希望他爱人没有其他的损伤,至于他延后手术,吴彤表示她要去和郭教授商量,都排得很满,把后面的排上来,要看手术情况,如果来不及准备的,不会匆忙上。

二十二床远道而来就是冲着郭教授这把刀的。他露出了失望之极的神情,无助地望了望大家,哀叹道:"我这个人哪,总是不顺!"

这是个不擅表露自己内心的谨慎之人,平时大家闲聊时,他大多是随声附和,从不表达自己的看法。今天,他有点失态了。一个念头在秦凡的脑际闪过。他下了床,走了过来。

"华老师,如果你信得过我,我代替你家属,来做你的手术受托人吧。"他拉起二十二床的手,盯着对方的眼睛,说道。

"这——"二十二床瞪大眼睛,又把目光转向吴彤。

"看来,郭教授这边,我是排不上了。这两天我正好没事,就帮帮你吧。"秦凡说着,朝吴彤望去。

吴彤眼睛仍望着二十二床,没有吱声。

"护士长,就这么定了。我放弃动手术了。过两天等联系好了就转医院。"秦凡继续凝视着吴彤。

"我、我们这边没联系到。"吴彤避开他的目光。

"我单位已经在给我联系了。这两天我正好空着没什么事。"他又转向二十四床,"我腾出来,你老兄就更有可能让郭教授赶在出国前帮你开掉。"

"模子!"二十三床半躺着,伸出了大拇指。

二十四床有点尴尬地咧了咧嘴。

"好吧。要是你同意的话,我去跟领导汇报一下。"吴彤望着二十二床,询问道。

"那太感谢你了,老——秦主任!"二十二床一把拉住秦凡的手,激动地说。

12

坐在手术室外面的家属等候区,吴彤早上在病房里乍一听到二十二床唤他"秦主任"时刹那间所表现出的惊诧,此刻一直在秦凡的脑子里挥之不去。

他在思忖,吴彤应该在什么事情上对他产生了很大的误解,而这种误解似乎又不便启齿,但又不得不提醒她的下属们,特别是这种误解与她早上才了解到的他的身份是不相称的。那么,他做了什么事,会让她产生这么大的误会呢?如果没有的话,那么就是有外力介入了,也就是程文彪讲的"有人做手脚"?还有刚才他陪二十二床来手术室的路上,二十二床拉住他的手,说了句"早看出来,你是个好心肠的人"。看来有人在他背后曾议论过他。为了做二十二床的受托人,秦凡已经取消了中午与雷总的碰面,这可是有丢失一大块税源风险的。当然,二十二床是不清楚这件事的。他是悄悄走出病房去打的电话。二十二床的"早看出来",应该是前几天的事,还有知晓他主任的身份。他们一直在悄悄观察着他哩!

墙上的显示屏显示,二十二床还在等待手术中。秦凡拿出了手机,翻看起微信里的信息。这时,吴彤从过道那头走了过来。秦凡的心怦怦跳动起来,机会来了!但有个声音告诉他,沉住气吧。是呵,得沉住气,可不能再失分了。他依旧盯着手上的手机,不时用手指翻动一下页面。吴彤来到电视屏前,站了一会儿,感觉她将目光移向了他。秦凡在一个信息后面的留言区里写着留言,说着些永远正确的话。脚步慢慢移到了他跟前。秦凡抬起了头,朝对方礼貌地点了点头。"跟我来一下。"吴彤轻轻对他说,随即转过身,朝右边一个拐角走去。秦凡起身,跟了过去。那边应该能清楚地看见这里的动静,但又少人干扰。

"……"等他站定,吴彤依旧两眼紧紧直视着他,是在审视还是在犹疑?是在审视。那双好看的眼睛里有着一种凛然之气。

秦凡也将目光勇敢地迎了上去,坦坦荡荡。

吴彤垂下了眼睑,从衣袋里取出一张 A4 纸,递给了他:"应该不是你写的。"

这是用电脑打印的,下面署着他秦凡的姓名,是写给吴彤的求爱信,语言粗鄙猥琐,令人作呕。

"卑鄙!"秦凡眯起了眼睛,冷冷地低声说道。他把照片的事告诉了吴彤。

吴彤惊愕地瞪大眼睛,镜架都快要从她鼻梁上滑落下来,她用手推了推。

"还有那个药。我担心有人动了手脚。"秦凡说道。

"我调过昨天下午的录像了,你们病房里有人在下午四点三刻来过我们办公室,当时我跟你在过道那边谈你的事。"吴彤朝着他手中的信略略抬了抬下巴颏,"这封信塞在了其他的信件中。"大概吴彤没料到秦凡遇到这类事会这么镇静,目光里含着一丝赞佩,就更大胆了些。

"是谁?"

"先不告诉你。今天晚饭前我还会让护士把药片发给你的,你仍旧把它们放在你的床头柜上。"

秦凡盯着吴彤的眼睛,点了点头,一脸的平静。

"因为你心理素质好,我才现在就告诉你。希望明天你还有机会动手术。"吴彤回望着他,说道。

13

二十二床华元的手术虽然时间长了点,但是很成功。秦凡及时把情况告诉了住在另外一家医院的华元的妻子,他的妻子连声道谢,并让他转告,她除了腰部有点硬伤,其他没什么,她的堂姐会过来看他的。秦凡就建议在华元不太好动弹的这几天是不是给他请一个全程陪护的护工,更专业一点。华元妻子表示赞同,又一次感谢了他。

护工请好了,秦凡也没有消停,需要翻个身、上个厕所什么的,都是他主动帮忙。遇到要用便壶,华元还蛮封建的,也要秦凡来帮忙,他可是"大姑娘上花轿——头一回"。好在有护工一旁指导。秦凡开玩笑对两位病友说,要是我转院了,你们可得接好班哪。二十三床和他时髦的女人也不时过来搭把手,二十四床后来也加入了进来,整个病房洋溢着一种亲情。有护士就说506可以评模范病房了。

下午四点多,程主任打来电话,说潘旺才的事明天上午街道班子开个会,在会上通一下,也算是集体的决定。还有两件好事。一是帮他基本敲定转到另一家三甲医院,就是这一两天的事了;二是曹主任自己单独去拜访了雷总。雷总听说了那件事后,连连责怪曹主任没把他当兄弟,说"雪中送炭"和"锦上添花"相比,当然是"雪中送炭"更重要了,还说潘小虎将来如果不适应当小老板,可以到他集团来上班。雷总还让曹主任转告你,他们集团那块海外业务,他与董事长已经沟通好了,接下来开始走程序。

刚收起手机,闫书记来电话了,还让他到外面去接。秦凡心里一紧,难道那张照片有什么问题?过道里又新增了好几个临时病床,加上有陪护家属,显得有点拥挤。秦凡走出了病区。

在底楼大厅的后门,人少了不少,秦凡拨通了闫书记电话。闫书记告诉他,那张照片鉴定出来了,确实是张合成的。他刚才向区委秦书记做了汇报。老秦意思如果那张照片在网上发出来,组织上会采取措施保护他的声誉。如果仅仅是吓唬他,组织上也会结合网信工作一并做调查的。让他相信组织。秦凡表示感谢。闫书记又说道:"听说你血糖不正常?我在想,这两件事会不会有什么联系?我建议你今晚吃自己家里的药再看看。单位的事,你就不用操心了。潘旺才的事明天上午我们班子开会时我再通一下,那就不是我们两人私下决定的了。上午潘家宅书记来电,说潘旺才一家经过居委会反复开导,情绪稳定了不少。老头在动员儿子快去你朋友的单位报到,甜妹暂时留在本市找工作,想薪水再高一点,好慢慢还债。据说借了二十五六万。我们敬老院有规定,只能给这么点。我原来还担心他们会闹。如果一闹,我们再给他们摊位,那就会引起别人误解了。在班子还没有正式讨论同意之前,我们又不能先透露些什么。看来潘旺才还是有点觉悟的。"

"是呵。潘老头越是配合,我们就越是要关心他们。闫书记,真的要谢谢你,你给我上了一课。"

"嗨,秦主任,你还跟我客套什么。"

回到病区,在过道上,秦凡瞥见了吴彤的身影,他立马想到要把照片的结果尽快告诉她。才走了两步,就又收住了脚。这是干什么?你这样急于向她表白,什么意思?是呵,如果说一开始,他秦凡对吴彤产生了好感,而这种好感随着他们接触的加深,或许会有更美妙的结果,但如今遇上了这么一场误会,他怎么还好意思往那方面去想呢?他只能与她保持纯洁的友情方能证明他人格的清白了。嗐,一桩好事,还没开始就这么结束了。

走回病房,二十四床正拿着一张照片给另外两人看。那两人正边好奇地端详着照片,边议论着,"现在的高科技啊!"他们见到了秦凡,异口同声道:"你快来看,二十四床和M国总统在掰手腕呢!"

秦凡走到二十二床边,凑过去看那张彩照,照片上魏小弟正半蹲在一张小方桌边与对面坐在一只小矮凳上、穿着一件老头衫的男人掰手腕。那男人顶着一头标志性的金黄头发,再一细看,哟,不就是电视上经常露面的那位人物吗?

14

秦凡抑制住自己的情绪,做出一副也很好奇的样子,伸过头去。"二十四床,你原来是个大人物啊!"他对照片的主人说道,捕捉到了对方脸上闪过的一阵紧张。

魏小弟"嘿嘿"笑了两声,眼睛望着躺着的二十二床:"看不出来是拼接的吧?他们把我和邻居拗手劲的照片拿过去,把老M的头贴了上去。"

"嚯,像真的一样。你不说,一点也看不出来。"二十三床说,"将来打起官司来,看来照片是不作数了。"

"法庭可以鉴定的。就是一般懂点这方面的人用App也能办到。"说这话的时候,魏小弟眼睛还是看着二十二床,仿佛二十二床也有着这么张照片似的。

秦凡没再吭声,脸上挂着微笑,朝自己的病床走去。谜底似乎已经揭开了,这个魏小弟啊!不过他到底跟我有什么深仇大恨呢?而且为什么现在又故意把破解的方法主动说出来呢?内心在苦苦思索着,外表还是那么淡定,这点本事,他秦凡还是有的。

护士敲了敲门,进来了,依次给二十二、二十三、二十四床发完口服药片,来到秦凡床边,和他核对了一遍姓名,在他刚打开的PP塑料保鲜饭盒的盒盖上,依旧放了一大一小两片扁圆形药片。晚饭前一刻钟吃掉哦。她关照道。秦凡道了谢,然后进了靠门的卫生间。这次,他在里面故意磨蹭了好一阵,直到房门外传来送餐车轮子的吱呀声和金属盛器磕碰声,他才慢悠悠地出来。二十二床眯着眼在听音乐,他今天还只能输营养液,另两位出去拿饭了。秦凡把药片放进了衣袋里,拿着饭盒走了出去。

秦凡拿着盛好了饭菜的不锈钢餐盘和装着小一半蛋花汤的饭盒进来时,他兜里的手机响了,是事先约好了的吴彤打过来的。他把手上的东西搁在床头柜的柜面上,自言自语道,"出去接个电话。"

"你药呢?吃了吗?"二十四床口里含着饭,突然问道。

"谢谢,吃了。"秦凡朝二十四床微笑着点了点头,掏出手机,边看边走了出去。

在四楼消防楼梯拐角处,秦凡把两片药交给了等候在那里的吴彤。吴彤接过药,仔细端详了一阵,低语道:"欸,好像没动过?"

"是吗?"秦凡颇为意外。

"我带回去化验一下吧。"吴彤说罢,将两片药装进了随身带来的一个食指粗细的玻璃管里,又掏出一个小纸袋,递给秦凡,"你把这袋里的药吃了。"

"好,我带回去吃。"

"就在这里吃吧。免得等会儿忘了。"吴彤说着,从另一个衣袋里取出一瓶小瓶装的矿泉水。

真细心哪!秦凡心头涌起一阵暖意。此时此刻,他真想把照片的结果告诉她。话都到了嘴边了,他最终还是把它强咽了回去。"真的谢谢你哦,护士长!"他朝她拱了拱手。吴彤一动不动地望着他,眼镜片一闪一闪的。

"那就这样了。你乘电梯,我走上去。"秦凡说着,转过身,连跨了两级台阶,他怕自己会变卦,逼着自己立马抽身逃离。

秦凡饭还没吃完,吴彤发来一条短信:"药没动过。"

15

第二天一早,失眠了整整一个晚上的秦凡迷糊着刚要睡过去,吴彤带着一位小护士进来了。

他们先给二十四床测血糖。"还是高啊!"吴彤皱起了眉头,"今天你不能做的话,那只能另请别的医生来做了。你看呢?郭教授就排到今天,明天他肯定不能再做了。"

二十四床眨了眨眼睛,"看来也就只能这样了。"他做出副无可奈何的样子。

二十二床抬起了头,朝这边望了望。二十三床与二十二床对视了一下,然后识趣地躺了下去。

"叫你爱人今天来一趟,我们要重新给你做个方案。"吴彤说。

"今天她不一定赶得过来。"二十四床嘟哝道。

"不行,一定要家属到场的。你也是要抓紧动手术的。已经过去几天了,轮到别人,早就该急死了。"吴彤说。

"唉,我也急的呀!"

"二十四床,实际上你是你们几位里面最重的一位。可不能再拖了。今天你家属一定要来。爱人过不来,叫兄弟姐妹或你信任的亲属都可以。就这么说好了哦。"

"我知道,我知道,查出来后医生就告诉我了。所以我才挑你们这样的好医院呀!"二十四床似乎被说急了,"我马上联系,马上就联系。"

吴彤看了二十四床两眼,移向秦凡。小护士捏住他的右手食指,用酒精棉在他食指的指腹上擦拭了几下,又用手扇了几下风,开始测试。吴彤在一旁神情自若地关注着。

"六点零。"小护士将测试仪抬高了一些,给吴彤看。

"再换个手测一下。"吴彤不动声色道。

"还是六点零。"小护士又测了一下,说道。

二十四床将身子靠到了床头上,其他两位几乎异口同声道:"祝贺喽,二十五床。"

吴彤望着秦凡的眼睛:"准备下午动手术吧。"

秦凡侧过脸,望着二十四床:"兄弟,你怎么回事?"

"命哦!"二十四床挤出一丝笑,说道。

秦凡给胞姐打了电话。胞姐在电话里连连说:"喔哟,好人有好报!"

秦凡在做准备前,上了趟厕所。在里面,他给吴彤发了条短信:"如果我手术快的话,有无可能争取帮二十四床的手术一起做掉。"

"知道的。"吴彤回复道。

中午十一点不到,吴彤带着小护士来,又给二十四床测了一次血糖,满意地点了点头,又给了他一粒格华止,看着他服下去,叮嘱道:"等会会给你输点液,午饭不吃了。"又回头对小护士道,"也给他做准备吧。"

"咦,二十五床还没开了?"二十四床疑惑了,朝旁边已经空着的二十五床瞅了瞅。秦凡早上八点左右就进了手术等候区了。

"如果他只是镜下手术,那么你就可能排得上。看你运气了。"吴彤说,依旧神态平静。

16

秦凡的息肉在镜下就摘除了。

魏小弟也赶在同一天动了手术,是截肠,花费了较长时间。据说手术做完后,郭教授腰都快要弯不下来了,是被人搀扶着下了手术台。大家都说,郭教授是"拼了"。

秦凡恢复得很快。这天临近中午的时候,化验报告出来了,是良性。他一块石头落了地。说来有点怪,听到这个消息,他发现自己并没有想象中那么激动。按照小护士的指点,他在住院部底楼的财务科找到了吴彤。吴彤在里面办完事后,把他带到了通向花园的大门一侧,那边人少一点。

"我想今天就出院了。谢谢你们哦。"秦凡感情有点复杂。

吴彤说,"再捱个天把,索性把你的胃也一起检查一下,你不是说老是胃胀吗?"

"病床蛮紧张的,不好意思再待下去了。"

"这一阵不太紧张。"吴彤抬眼望着他,眼睛里有一丝只可意会的笑意。

"单位事也有点放不下。"语气里,似乎有还想再聊几句的意味。

"几个区领导一起来看望,我还头一次遇到。"

"他们不想多打扰其他病人,所以一起来了。"顿了顿,秦凡又道,"消息还对外保密着。否则,来的人一多,其他病人会抱怨的。"

吴彤略略抬了抬眉毛。

"哦,我不是说我人缘有多么好,不是这个意思。"

吴彤抿了抿嘴。

"做一个无痛的胃镜再走吧。现在给你去登记。刚才问过了,我们住院部还能安排一两个。明天做完,要是没什么,后天走人,不耽误别人。"

"不了。以后再找机会吧。谢谢你了。"秦凡想了想,鼓足勇气说道,"你的微信我留着,不怕我打扰你吧?"他的心怦怦直跳,眼睛望着别处。

"没什么,留着吧。以后有什么不舒服,尽管来电话。"

只有不舒服才能来电话吗?秦凡还正想这么问,可他没这个胆量了。他不由想起了吴彤对他生气时的那张冷冰冰的脸,这滋味可真不好受。虽然这是场误会。算了,算了,留着这份美好的回忆吧。他心里对自己说。

两人相对无言了。

"好吧,那就明天给你办出院。"吴彤不为人觉察地轻轻叹了口气,说道。

"谢谢!"秦凡的喉咙有点干涩。

吴彤已经转过身去了,突然又转了回来,镜片后面那双好看的眼睛望着他,说道:"秦凡,你是个善良的人。"说完,没等他反应过来,便走开了。

秦凡愣在了那里。难道她知道了那件事?

昨天晚上,程主任来看望他。因为能下床了,程主任就请秦凡到楼下大厅去坐坐。程主任悄悄告诉他一件令他大为吃惊的事:二十四床魏小弟就是潘旺才的女婿!秦凡动手术的那天下午,程主任去潘旺才家告知上午街道班子讨论通过的意见。潘旺才,他女儿春花、儿子小虎和甜妹恰好都在,他们听到了这一好消息,都连连道谢。当程主任告诉他们,他秦主任是如何为他们多方联系张罗时(这是闫书记让他这么说的),潘春花双手合十,迭声道"祝秦主任手术成功"。然后意识到自己说漏了嘴,很是尴尬。潘旺才他们忙忙问,秦主任住院啦?春花忙推脱道"听说的,听说的"。程主任当时就全明白了,不过他佯装糊涂,故意把话岔开了,没有当众捅破这层纸。

"怪不得魏小弟这几天都是他几个堂兄弟来陪他。是担心让我们看破呢。"秦凡醒悟过来。

"可是怪了。"程主任道,"你动手术在前,他们知道给摊位的事在后啊?"

秦凡凝眉思索了片刻,突然握住了程主任的手,抑制着激动,说道:"我明白了。"接着,他关照道,"明天上午麻烦你来帮我办出院手续,顺带把我留下的东西一同带回去。"

"你这是干什么?"程主任有点愕然。

"区委秦书记明天一早要出差,我要赶到机场找到他,我们的那块边角料改造一定要上马。"

秦原和六十个亿

1

关上手机,秦原的心一沉。他没有马上踅回会议室,而是走到廊道玻璃窗前,朝着外面的天空呆呆地张望着。

一般说来,类似今天这样的地区书记月度工作例会,他不会轻易中途离开会场打什么电话,最多悄悄发条短信回复已经是了不得的事儿了。可刚才郭区长的短信,着实让他如坐针毡,他要立马做最后一次努力,看看还有没有一丝希望扭转局面。

郭区长是知道老秦上午在市委开重要会议的,如不是特别紧急的事,他也不会打扰他。先是拨了老秦的手机,随即大概意识到了什么,跟着就发了条短信过来。"老秦,中大信息孟宇董事长还是坚持要把六十亿放在我们这边,而且希望越快越好。您能否再与他沟通一下。"这显然是在搬救兵了。与郭区共事这么些年,好像这还是破天荒的头一遭吧。

地区书记例会是圆桌型的,十二个区县书记再加上相关市委办局把手坐成了三排。秦原会上被安排做交流发言,就与市委甘书记仅仅隔着一张会议桌。他发完言后,还有两个区要做交流。他用请示的目光朝甘书记望过去。甘书记觉察到了,朝他抬了抬眉毛。他悄悄露了露握着的手机。甘书记似乎明白了什么,踌躇了一下,还是略略点了点头。

2

六十亿,是一笔税款。作为市下属的一个行政区,按照现有的财政体制,花落谁家都是件大好事。怎么就会让S区两个当家的犯难了呢,而且还不是一般的犯难?

这六十亿税款,是由入驻在S区的中大信息科技有限公司要计划一次性缴纳的个人调节税。六十亿对S区意味着什么?去年S区全年完成综合税收四百多亿,其中区级的一百二十多亿。今年计划综合税收四百五十亿,同比增10%,其中区级一百二十七亿,同比增6%,(主要考虑到实行营改增,而且S区过往营业税占比过高,区级收入影响会更大一些)那么,这笔六十亿个税,按照中央、市和区的分成,区可得十三亿。很显然,如这笔税款真能落地S区,那相当于占今年计划中综合税收的14%左右,区级的10%。再则,从今年第一季度情况来看,S区税收增幅在6%。这六十亿的意义,不言而喻了。

因此,从今年初得到这一消息,区里就高度重视。中大在各地都有机构,这笔税款最终落在哪里,还是有变数的,不过,秦原心里多多少少有那么一点底。

中大董事长孟宇十年前大学毕业,揣着七拼八凑借来的五十万元,来到S区市级多媒体产业孵化基地——景河多媒体产业园创业,试水B2C、B2B,曲曲折折,幸得时任区委书记老闵的关照,在经营业务领域拓展、财务管理、人力资源支持、法律服务等方方面面给予了实实在在的帮助。用老闵的话说,理论是灰色的,而生活之树长青。信息时代,企业创新,我们要允许他们大胆试、大胆闯,我们跟着不断帮助他们及时总结经验教训,在实践中完善规则制度。如果一味用现成的条条框框去套,哪里还会有新业态出来?后来就有一批批IT创新型小企业蜂拥而来。这类企业立住了脚跟,跟着而来的就是资金瓶颈。又是老闵率先建立了S区创新型科技中小企业财政担保基金,接着又制定政策,吸引国内外天使基金、VC、PE等前来对接,把他们推向市场经济的大海。这些做法后来在全市得以推广。

老闵升任后,秦原来接班。老闵只把秦原带到了景河多媒体产业园,把孟宇等一众IT新锐召集起来,与新来的书记见了个面。老闵动情地说,信息时代的未来就在他们身上。我们要拥抱未来,就要真心诚意地拥抱他们!老闵比较好激动。作为一个堂堂的书记,就这一点而言,大家私下里也是见仁见智,不过这帮年轻创业者们认可他。老闵说完这番激动人心的话,秦原正想同大家一起鼓掌,怪了,这帮刚才还对自己的愿景慷慨陈词的热血男女竟然没有一点动静,他们只是默默地把目光投向了新来的一把手,然而这些人的目光里却涌动着岩浆一般的灼热。秦原毕竟不是吃素的,他看得出来。

接任一个月后,秦原就结结实实地"拥抱"了中大一把。

一天,多媒体产业园董事长夏可悄悄找到秦原,汇报说有人举报中大涉嫌商业行贿五百万。市相关部门已展开调查。现在正逢年底税务大检查,夏董已将这一情况告诉了区税务分局陈局长,希望税务也能结合例行检查帮助彻查,把情况弄清楚。如果确有其事,一定要依法依规严肃处理。如果是由于业务操作上的失误,那也得实事求是给予纠正处理,切忌一棍子把人打死。

秦原表示赞同,特别强调了三点:一是千万不能干预相关部门的正常调查,这是前提;二是请区税务局指派精兵强将,口径就是例行年终税务检查;三是相关部门正式结论没出来之前,目前注意严格保密,既要全力配合相关部门的调查,又要充分考虑企业的社会影响。

私下里,秦原叫来了区科委主任卫康,向他详细了解孟宇这个人。卫康二十多年前曾被评为申江市优秀青年企业家,从政后对企业总有着一份特殊的亲情。当年他三上中关村,将一批北京各大院校新冒出来的电脑公司引进S区,形成景河路电子一条街,引领各区。多媒体产业园,区科委是业务主管单位。那帮年轻的创业者都亲昵地称呼他"卫哥",后来担心这一称呼和那款药搞混,加之他年岁也上去了,就改称为"卫叔"。

看得出卫康已知这个案子,只不过没有声张。他相信孟宇不会有大事。孟宇当年就是找到他,才入驻多媒体园的。这个产业边界十分模糊的"四不像"企业能否进驻,还有过一番争议。他找了闵书记,老闵一语定乾坤。最后他对秦原说:"秦书记,退一万步讲,即使中大确有其事,那也是下面的人瞒着孟宇干的。"秦原没吱声,心里确有点同感。

其间孟宇两次提出要和秦原见个面,办公室都借故推掉了。秦原得知这一情况后,说请孟董来一次,我请他吃个中饭。孟宇带着COO艾丽战战兢兢地来了。秦原就装作什么事都没发生,与他们热情地握了手,然后把他们带到了机关食堂吃客饭。"太简单了,吃不惯吧。"秦原笑着说。"哪里!"艾丽说,"我们有时就几块饼干,一包熟泡面。""你们创业,不容易啊!"秦原有点动情。艾丽眼泪就进出来了。可能是因为周围人多,孟宇只是谈了企业的发展情况,绝口没提那件案子。秦原更多时间是在倾听,对他们取得的业绩和设想给予鼓励。临分别时,秦原拉着孟宇的手,语重心长地说:"我虽然来的时间不长,但闵书记和不少同志都介绍了你们的情况。我们的企业家身上要流淌着道德的血液,就能行稳致远。为你们加油!"

一个多月后,税务那边查清了。

3

接近年底业绩喜人,中大董事会决定对一众营销人员嘉奖一块,除了工资奖金外,从业务经费中又给他们买了一批交通卡,鼓励他们多往市场跑。财务制了表,每位营销员签名领卡,不知什么原因,这张签领表一开始并没有做进账册里。举报信里所指的行贿就是这一笔。税务局陈局为慎重起见专门向市局做了汇报,认定下来,此事属错列成本,这笔费用应视作奖金,从税后公益金里支付。处理意见:补缴企业所得税和个人所得税,再给予相应罚款。

市相关部门的调查也进入纵深。他们来区里找科委等部门谈话了解。秦原得知后主动提出他也愿意和他们见个面,理由是他是景河多媒体产业园的定点联系人。早在闵书记在的时候,区里制定了一个局级领导定点联系重点企业制度。所谓重点企业主要是纳税大户,也列入了一些发展潜力看好的科技创新企业和产业园。闵书记指定自己联系多媒体产业园。秦原接班后,有同志建议给他换几个纳税过亿的总部型企业。秦原说:"如果我在这个时候调换联系点,那帮创业的年轻人会怎么想?"

秦原正苦于如何将税务部门的调查结果符合规范地提供给调查部门,这个机会怎么能放过? 郭区劝道:"老秦,这事让我来办吧。你是书记,这件事介入得太深,会引起不必要的误解的。"秦原说:"如果我不是他们的联络员,倒还真有点名不正言不顺。幸亏我是联络员。最近外面有了风言风语,企业压力蛮大的。我们不希望调查走弯路。"

秦原在自己的办公室热情地接待了调查组的同志,里面原来还有一位北京来的同志。秦原向他们提供了区里有关局级领导定点联系重点企业的制度文件和定点联系企业安排表,又让税务陈局长将他们税务检查报告一并呈上。

北京来的同志神色平静地问:"秦书记有什么想法吗?"

秦原微微笑了笑:"我只是把我们了解到的一些情况提供给你们。这类事只能重证据和客观事实。我对我们提供的情况负责。"最后那句,秦原加重了点语气。

调查组的同志对此表示感谢,然后就告辞了。

调查结论还未出来,但区里有几个部门的一些人却开始以各种形式去骚扰中大。孟宇身边有几个骨干提出了辞职,企业人心不稳。

借着一次区月度经济分析会,秦原动肝火了。他对着下面各委办局和街镇的头儿们说道:"中大问题一切听调查组的。在调查组没有做出正式结论之前,一切传言都不作数。如果有谁还要擅自借此去骚扰企业,那就让他们从我秦原身上踩过去!我今天把话放在这里。"

秦原的脸色一如平常,嗓门也不是很大,但声调里分明含着隐隐的颤音。

一个平时并不怎么情绪化的领导,而且才刚来不久,居然为一个民营企业竟如此激动,让大家颇感意外。有的暗自钦佩,有的心生狐疑。

调查结论出来了,与税务部门的一致。

4

吃一堑长一智,中大自此更加注重内部规范化管理,同时在业务上不断开拓创新。随着互联网经济的飞速发展,他们的业务也向C2B第三方社交平台延伸,收入年均增长500%以上。四年前在海外成功上市,市值达三百亿美元。国内巨大的市场潜力和营商环境的不断优化,让中大感觉到他们需要深耕的市场首先在国内,在国内做成功的再复制到国外,就更容易为世界各地不同文化背景的人们所接受。于是去年初,他们启动了回归A股的战略大调整,很顺利地推进实施了公司私有化、拆除VIE架构、在国内寻机借壳上市三部曲。

也就在这期间,中大产生了高达六十亿人民币的个调税。这笔一次性税款如不及时缴纳,股东身份就没法转换,那回归的进程就戛然而止。中大国内各个机构所在地都眼睁睁地盯着这笔巨款。其中北海省似有志在必得之势,因为当地已将与中大的合作写入政府工作报告,举行了隆重的签约仪式,都上了央视新闻。中大几个大股东对这笔税款落在哪里意见不一。孟宇显然站在S区一边,而其他几位则基本倾向于北海省。孟宇便不惜以辞职、退股相要挟,吃相很难看了。

科委卫康主任火急火燎地找上秦原,啰里啰嗦绕了很大一个圈子,还是没敢点到正题。他心里明白老秦是很反感各区、各地之间互拉税源这类事。老秦在多个场合讲过这样的观点:像我们这样的行政区发展经济,首要是服务服从于申江市和全国的发展大局。有利于这一条的,我们就做,不利于这一条的,哪怕我们地方上会得天大的好处,都坚决不干!记得市委甘书记轻车简从来S区做过一次小范围调研。那是因为S区的税收增幅连续两年在中心城区名列第一,想来了解一下其中秘笈。秦原也讲了上述观点。甘书记很是赞同,他说,坚持大局观,又脚踏实地做好自己的事,从长远来看一定是双赢和多赢的。他对S区"服务发展、服务经济、服务企业"的"三服务"做法给予了高度评价。回去后在市委办公厅的专题简报上批了字:"'三服务'好,希望好好总结,在各区县推广。"

望着卫康扭扭捏捏的神态,秦原早就猜透了他的意图。秦原感慨地说:"我们的企业家也不都是纯粹的经济动物,他们也是人,有血有肉,有情有义。这件事上,关键看怎么做对企业更有利。孟宇为此而辞职,这是万万不行的。"

其实,早在前年下半年,孟宇跟秦原打过一个电话,告知回归A股的设想,并提及过会有一笔高额税款落在S区。秦原当然很高兴,这几年S区税收完成的基数太高,接下来还要为企业减负,又加上"营改增"全面铺开,区里完成全年计划还是有压力的。特别是旧改这一块,也缺钱。一条顺义路,隔着两个旧小区,按照区现有的财政安排,只能先完成一个。在征询意见时,两个小区各不相让。开区人代会时,成了代表们讨论的热点。这笔税款若真能进来,那两个旧小区就一起上了,老百姓开心,我们也能在全市率先完成全区旧改任务,而且完成年底财政目标也更有底气了。皆大欢喜啊!可是,他料得到,这块香饽饽毕竟不会那么容易吃到口的,当然他也没想到他们股东之间分歧会这么大。原本这几天他想过给孟宇通个电话,S区就要被授予国家级互联网+生活服务试点区的牌子,如何发挥好一众互联网企业不可替代的作用,是项重要议题。他让孟宇先有个思考。过一阵区里开专题会,企业家们的意见很重要。现在让卫康这么一说,他倒觉得这个敏感时刻给孟宇打这么个电话,会不会让对方产生误解,给对方增加压力,最后导致谁都不愿看到的后果呢?

"卫主任,我看这样吧,我们不主动去争这一块。当然,我们现在保持沉默,人家还以为我们在静观他们的表现呢。这也等于在给他们压力。"秦原沉吟着。

"那您给孟宇去个电话,表示一下我们不让他们为难。"卫康建议道。

"我去说,会不会有点'此地无银三百两'?"秦原望着卫康。

卫康寻思了一下,倒还真有那么一点。

"你去说。你要结合其他事顺带提起来,就说我说的,一切以有利于企业发展为前提,不管你们做出什么选择,我们都支持你们。记住,是'支持',而不仅仅是'理解'。"

"那——好吧!"卫康说道,有点心有不甘。

"呵呵!"秦原前倾身子,伸手拍了拍下属的肩膀,"我理解你的心情。也很感谢你。"

"嗐,想当初,在关键的时刻,您也是冒着风险的。"卫康嘟哝道。

"嗳,不好这么说的。我们也是坚持实事求是的原则。怎么能图回报呢。哦,还有,过个把月我们那块互联网+生活服务试点区的牌子要下来了——"

"好啊!"卫康兴奋起来,"我们也能给他们平台了!"

"我要提醒你的,就是这个。"秦原点了点他,"千万千万不要把这块牌子当作与别人争税收的砝码。这个事先保密着。最好他们董事会定下来后再告诉他们。郭区长已经让经贸委在做方案,中大作为行业龙头老大,一定要在里面发挥重要作用的。卫康啊,说得绝对一点,让企业发自内心地感觉到政府与他们是心贴心的,这要远远比拉进一块税收更为重要。"

5

秦原没有在廊道里立马与孟宇通电话,从郭区的电话里,他了解到中大董事会已定了。他要想再说服孟宇,可不是三言两语就能解决得了的,再说也不能耽误开会。他权衡下来,决定开完会顺道到中大去一次,能面谈最好,人不在,再电话联系。他不想事先让人去预约。孟宇很尊重他,以往约过会面,孟宇几乎都说有空。后来区委办张主任告诉他,那几次其实孟董都是设法从外地赶回来的,除非他人在国外。秦原心里很过意不去,因此,他后来更多的是电话沟通。这次当然最好能面谈。

返回会议室,M区曹书记发言快到尾声了。他讲的是如何营造综合营商环境,特别是整合社区资源,为企业排忧解难。区委书记在书记例会上专门谈社区如何在全区营造一流的营商环境中积极作为,好像还不多见。市委办预先通知秦原做交流发言时,给的题目是旧区改造。今年第二季度统计出来,S区税收增幅又重回全市第一。这主要得力于一批总部型企业发力了。通过走访,了解到这一趋势还会继续保持下去。区委区府形成共识,将顺义路两侧仅存的两块旧小区一起列入了今年的旧改计划,从而在全市率先完成辖区内的全部旧改任务。

甘书记在做最后讲话时,用了不少篇幅谈了全市上下努力打造一流的营商环境,对发展经济、建设"五个中心"的重要意义,特别对各区县提了明确要求。区县的书记们感觉到了肩上的分量。

会议结束后,甘书记把秦原叫到一边,说:"看了市财政提供的数据,你们不错啊。希望你们继续在各区县带个好头。"秦原笑了笑,点了点头。甘书记望着他,笑着说:"听几个部门说你都快成经济专家了。"秦原连忙说:"哪里哪里,都是郭区长他们在干。"甘书记嘉许地拍了拍他的肩膀,再接再厉哦!

书记的赞许并没有给秦原带来欣喜,反而给了他沉重的压力。

六月头上,入驻S区的重点企业就不断有好消息传来。郭区长会同财政、税务、工商、经贸委等部门做了调研,区委书记办公会专门听了汇报,从企业那边反馈过来的信息,这一波增长是有着一定基础的。上半年区里的招商引资势头也好,存量和增量叠加,往后几年财政增幅都在10%

以上,保住全市各区县的前三,是大概率的事情。

那次书记办公会后,财政林局长找过秦原,跟他算了一笔账,结论是:中大的那笔一次性税款最好不要再结进来。"否则的话,今年底综合税收增幅会高达28%,区级的增幅也要达17%。这种一次性的,以后也不大会有这么多的。再说,中大借壳上市后,常规税收仍留在原来的各个地方上,总部只不过是汇总报表而已。有这么高的基数,明后几年我们的增幅还想在全市保持前三,那几乎是不可能的了。更严重的是,弄不好我们还会出现负增长,这就太难看了。我了解了几个兄弟区,我们如能完成年初的预定指标,大概也已经能保住前二了。"

"人家给你送钱,你都不要。你这个财政局长当的。"秦原当时半开玩笑道。其实,他心里已经有本账,只是没跟任何人说罢了。他已经悄悄关照过科委卫康让他给孟宇递个信息,S区税收情况相当好,让他们在决定那笔税款落在哪里这个问题上真的千万不要为难。话只能讲到这里了,不可太过直白的。这么大的数额,企业会有自己的考量,你政府直接干预企业正常的经营行为,哪怕你以为对他们有利,也不能这么做。如果因为要考虑各区县的税收排名,所以你要强制企业这么做,那就更摆不上台面了。企业依照税法缴纳税款,你地方政府可不能干预的。否则,还有什么良好营商环境可言?再说,上次也已托卫康捎话过去,孟宇千万不要因为那笔税款的事而感情用事,意图也已经摆在那里了。

可是又冒出来的一件事,却让秦原真的哭笑不得了。

6

这天上午,中大COO艾丽突然来到了区委,见秦书记正在开会,就不声不响地待在消防通道的楼梯口静候。艾丽有海外留学背景,可也深谙国内的行事规则。区委办张主任正好有事从会议室出来,撞见了。听说要见书记有要事汇报,就把她请进了旁边空着的会客室。

会间小憩时,秦原本来要和统战部长商量个事的,只能与部长打招呼,叫上郭区长,一同去见艾丽。

艾丽告诉两位区领导,中大原定做股权置换的上市公司——盛隆科技突发变故,无法如期借壳上市。而孟董已与股东们签过对赌协议,如果不能按期上市,那就要涉及巨额赔偿,还会牵涉一系列法律责任。时间十分紧迫,孟董就想到了S区新河镇的本土上市公司金花服饰股份有限公司。这家公司区里的几家企业控着股。看看有无可能性。孟董也正从国外赶回来。

在酝酿彩虹经济园区借壳上市的时候,区里就曾动过金花的脑筋。金花的主业太过传统,需要注入新动能。只是鉴于金花股东结构复杂,等到新河镇最后撤镇后一并解决为妥,就作罢了。现在让金花来救中大的燃眉之急,那区和镇就要立刻组建专门班子帮他们一把。还有,金花董事长金菊花是什么态度?当时谈及与彩虹园合作时,金董就有些勉强。现在要她和一家全新的互联网公司合作,难度可想而知。

秦原知道这事得先听听郭区长的意见。

一向豪爽的郭区呵呵笑着,没有马上表态。

"你们希望什么时候给答复?"秦原问道。

"那当然越快越好。"艾丽说。

"最晚什么时候?"郭区问。

——艾丽望着两人,一时语塞。

"给个时间吧。"秦原笑着说。

"今、今天?不、不好意思。给领导为难了。"

郭区用征询的目光望着秦原。

秦原说:"今天下班前给你们答复。怎么样?"

"谢谢,谢谢!我马上向孟董汇报。"艾丽看了看腕上的手表,"他现在还在飞机上,没法通话。那我就先回去了。"

一旁的张主任冷不丁插进来一句话:"你们那笔六十亿千万不要和这

件事挂钩哦!"

——艾丽一时蒙圈,她这个看看,那个瞅瞅。

"就是,一码归一码,两者没有因果关系。"张主任又进一步解释道。

"哦——没关联,一定没关联。"似乎明白过来了,艾丽连连点头。

下午区里就开了个紧急会议,达成了共识。接着秦原亲自去找金董面谈。金董到底是个识大体又重情义的人,还有什么好说的。"区委一声令下,我金菊花绝没有二话。我马上去做股东工作。"金董说道。

区成立的工作班子与金董、新河镇密切配合,以令人难以想象的速度走完了所有程序,与中大完美对接上了。

今天早上,欣喜不已的孟董在董事会会议一结束,就将好消息告诉给了郭区长:全体股东一致同意,将那笔六十亿的税款缴在S区,并已向税务部门预申报了。

原来艾丽误会了张主任当时的意思,以为区里是为了不让孟董为难,以免在企业关键的敏感时刻让投资者和管理层内部引起混乱,从而错失企业的战略发展机遇,所以一再强调两者不要挂钩。事情就这样给弄拧了。

高架上到了中午还这么堵,秦原心里有点焦急。这时宣传部长查万宏来电,说是《申江日报》要连续三天报道S区"三服务"的典型经验,已组稿完毕。

秦原不由得头上冒出了汗,果断地说:"稿子让我看一看再说。"

"秦书记,结合现在的时间节点,这两三天内就要见报的。拖不得啊!所有材料都核对过了,没任何问题。"查部长说。这类稿子以往一般由他这个常委最后把关就可以了。今天是怎么了?

一股无名火蓦地从心头蹿起,秦原强压住了。秦原对班子里的同事,从来都是和颜悦色的,虽然有时分歧很大,而他又不肯退让。

"查部长,还是等一下吧。我下午三点之前把稿子看完,你看呢?"他咧了咧嘴,说道,仿佛查部长此刻就坐在他对面似的。

来到多媒体产业园,秦原就进电梯到了十二楼。中大做大后,已有不少下属公司和机构遍布国内外,但其总部还一直在原来创业的老地方。孟宇是个怀旧的人。书记的突然到访,令艾丽他们很吃惊。听说孟董不在,秦原打算找个僻静的地方与他通个电话。艾丽已经接通了孟董。还没等秦原开口,孟宇就说下午三点多如果书记有空的话,他去他办公室,有好事汇报。秦原心里明白,孟董猜得出他的到来一定是有事。下午原来安排的事可以调整,他们就约定了。

坐回车上,秦原接到了区委办张主任发过来的一个链接。打开一看,是一个小有名气的财经网站,发了一个热帖《孟宇在躲避谁?》。他一激灵,往下看了起来。文章的大致意思:黑河公司虽然做空中大没能成功,反而令后者的市值大涨,但后者为何又匆匆回归国内主板?会否真有隐情怕被揭露?

黑河是家境外的匿名研究机构,靠做空境外上市公司谋利。前年他们看上了中大,一番较量,黑河败北。但从此事上也可看出国外股民对互联网企业的认知远不及国内,这也是黑河之所以能搅浑一池水的缘由。接下来中大将在互联网+生活服务领域发力,重点主战场就在国内。他们的回归就自然成了题中应有之义。现在有些人不敢说他们受雇于谁,但好蹭热度、博眼球,说三道四,不负责任,却让无辜者有时被弄得一地鸡毛。

秦原合上了手机,蓦地,一个念头闪过他的脑际。这笔六十亿税款的来回折腾,会不会又被好事的大V拿来说事呢?中大的回归,一直被议论纷纷,可不能再添乱了。

歌曲《为了谁》的旋律响起,女儿雯雯来电话了。女儿问他,托他的事办好了没。

7

女儿是个内敛而懂事的孩子,从小外婆和奶奶就夸她"小大人"。小时候还会缠着秦原撒撒娇,上小学后就变得矜持起来,再加上秦原更忙了,一天下来说不上几句话。高雁也在那个时候由教学改做行政,为的是能更多地照料患病的父母,这样,小孩很早就独立了,成绩虽说不上拔尖,但也没落下。夫妻俩尝试过请家教或去课外辅导,不知怎么小孩都不太乐意,他们也就没再勉强。随着年龄渐长,家里家外都由她来操持了,一个名副其实的"小大人"。别人家的孩子课余还学这学那的,她一无所长,似乎也不见抱怨。上小学前,给她买过一把琵琶,她很起劲地学了几天,就作罢了。不是她的原因,是大人没时间陪她去培训班。几次家里大扫除,秦原想把这把东西处理掉,女儿都不让,说以后还想学。每每想到这里,夫妻俩就愧疚得不行。这次女儿高考,热度发到四十度,不巧老外婆生病住院,奶奶爷爷住在北方大儿子家。她自己瞒着,不跟任何人提起,硬撑着去了考场。高考成绩出来了,到底是受了影响。算了算,只能读个二本。高雁意思再复读一年,女儿说二本读得好一点,再考研吧。高雁抱住女儿哭了。秦原也是两眼潮红。他们欠女儿的实在太多了。

这次说好了,一家人安排一次国内游,好好补偿一下女儿。依着女儿的意愿,去海南岛寻访苏东坡足迹。秦原破天荒地请出了两天假,再加上两个周末。老外婆硬是自己住到老姊妹家去了,帮高雁腾出了身。十多年来首次一家三口结伴出游。女儿表面上看不出什么,但从她悄悄里外张罗的忙乎劲,她的开心可见一斑。

可是,秦原去不成了,他被安排即将去北京党校学习两个月。高雁悄悄与女儿商量可否调整一下时间,女儿先是愣了好一阵,接着就恢复了恬淡的神情,那就我们两人去吧。为了弥补这一缺憾,秦原主动提出帮她们母女俩安排一个高人陪她们一路拜访五公祠、东坡书院等名胜古迹,还要给女儿专门安排讲座。女儿听说此人就是年轻的国学大师梅姑,顿时一改往日的持重,笑容绽放,从自己卧室拿来一本《苏东坡传》,指着作者的名字,就是她吗?女儿喜欢看一些名人传记,她对苏东坡、王阳明等这些体恤苍生而又傲骨铮铮的人情有独钟。秦原得意地点了点头。太好了!

女儿两眼放光,一下子抱住了父亲。秦原感动得喉头竟有点哽咽。

可是事情似乎又横生枝节了。今天一早去市委开会的路上,梅姑给他来了电话。说程一帆那几天也恰巧在海南有公事,到时非常乐意与弟妹和侄女在那里会个面。他刚从下面的临海市委书记岗位上调任北海省政府副秘书长。进步真快呀!秦原嘴上这么说,心里咯噔了一下。而梅姑接下来的话,则更让他浮想联翩了。梅姑说,秘书长说了,让我在自己的家里烧几个拿手菜,他要好好款待款待她们。说还得好好谢谢你呢。问他什么好事,他说到时候就知道了。还一再关照我不要把他来海南的事事先透露给你。你们这些油腻男就是花头多。

会有什么好事呢?调动岗位了,也不说一声。倘若那六十亿结在北海,那倒也没什么。可现在的状况,尴尬。莫不是老兄所说的感谢真是这件事呢。又是签约,又是上央视,据说孟宇的CFO就是北海人。看来是八九不离十了。

秦原本来就想要打个电话给梅姑,兑现对女儿的允诺。上次梅姑很高兴接下任务后,顺带告诉他她的新作《新编王阳明传》已付梓,正好放松放松。女儿昨晚让高雁捎话,这次去海南,能不能让梅姑送她几本样书,最好能签上名,她的两个要好同学也是梅姑的粉丝。女儿在班里成绩一般般,也不是什么班干部,也就这两个要好的。秦原当即表示没问题,还到女儿房间,殷勤地表示把那两个同学的名字告诉他,他请梅姑阿姨给她们每人写段励志的话。好的。女儿说,掩饰不住内心的喜悦。眼见得女儿那颗受伤的心多少得到了些抚慰,唉,偏偏又——

"雯雯啊,爸爸上午忙着开会,下午跟你联系,好吗?"

"嗯,好的。下午再联系。"女儿还是那么平静地挂了电话。

也许,闺女憋不住想把这件好事尽快告诉好朋友,所以急于想知道梅姑那边的态度。或许,她已经告诉了她们呢。唉!

早上通电话时,听说了老兄弟的事,秦原把样书的事压下了。母女俩去海南的事,他得再掂量掂量。不过,如果这次真的去不成,那对女儿的愧疚可就太大了!

8

下午一点半刚上班,艾丽就打进电话来了。她告诉秦原,最近网上关于中大的议论比较多,有不少纯属凭空捏造,望书记不要介意。说着转发了两条,一条张主任已发过,另一条倒引起了他的警觉。是一个不知名的公众号,题目是《巨额税款咋成了烫手山芋?》。文章说,中大有一笔近百亿的税款要一次性缴纳,按理这块香饽饽谁都会眼红,可最有可能收入囊中的北海省突然主动放弃了,而为中大回归救过急的申江市S区,也在推三挡四。香饽饽咋就成了烫手山芋?中大到底有什么秘密,竟让政府避之唯恐不及?!

"我们怎么就'避之唯恐不及'了?"秦原笑着问。

"是啊!我也奇了怪了。当然税务跟我们说过,这么大的一笔,也需要一次性缴纳。如果我们资金紧张的话,可延缓到本月底。既然董事会已做了决定,我们正在抓紧回笼资金,因为我们也急着在工商办妥股东变更手续。"

"好!我会让税务陈局关心你们的。"

挂了电话,秦原的决心已定。他要到郭区长那边去一次,亲自做做工作。

郭区长的办公室里正坐着好几位,财政林局长、税务陈局长、科委卫康,还有发改委主任、经贸委主任、工商局长。他们的神色和郭区长一样尴尬。见到书记进来了,他们都站了起来。郭区也起身,把自己的座位往旁边移了移,把一个空椅子往正中挪了挪。"秦书记,你打个电话,我上来嘛。"他挤出一丝笑,说道。

"你们在开会?打扰了。"秦原也朝大家笑了笑,"我等会儿再来。"

"我们没什么急事,大家稍等一下。"郭区跟大家打了声招呼,跟着秦原走出会议室。

进到郭区办公室,秦原把自己的手机点开,递到郭区面前。郭区眯起眼睛看了一眼,苦笑道:"我们也正在议论这件事呢。"郭区告诉秦原,他们也都看到了这类帖子。"大家觉得,在企业敏感时刻尽量不要给他们再增添不必要的麻烦。中大把六十亿结进来,确实会给我们后几年的财税增长率带来很大压力。可人家依法纳税,你怎么能干预呢?当然,我们刚才估算了一下,按照现在的发展趋势,这块新增的基数基本没法一下子消化,增长率会有两年的负增长,报表上会很难看的。我们会把压力变动力,不过经济有其自身规律的。"

"你们的意见呢?"秦原问。

"也正想要跟你汇报呢。"郭区说。

"你的意见?"

"尊重企业的意愿。我们准备承受舆论的压力。"

"我同意。"秦原说。

"就是——"郭区欲言又止。

"市委肯定会支持我们的。"秦原有把握地说。

"这我知道。就是最近媒体蛮看好我们。有些报道要不要先……"郭区没有再说下去。

"是的。"秦原说,"我还正要听听你的意见呢。"中午回机关,他让办公室给他打了份客饭,在自己办公室边吃边审阅起查部长送来的《申江日报》清样。总体来说叙述客观,归纳精练,确能真实反映S区贯彻市委部署,积极作为的工作情况。唯一不足的,就是在讲成效时,太过偏重地方上财税收入大幅增长这一块了。当然从记者角度,这是基本的套路,但从政府角度看,就像秦原一贯主张的,这有失偏颇。没有六十亿这个因素,他也会不赞同这样写的,更何况现在了。他的意见是如要发这篇稿子的话,得把财税这一块淡化,把S区发展的可持续性和服务全局凸显出来,要不,就不发了。

郭区表示同意。

秦原跟着郭区又回到会议室,笑着朝大家拱拱手,说道:"请各位变压力为动力。拜托了!"

大家纷纷点头。财政林局做出一副较真的神情说:"领导,您说过的,考核工作看结果,考核干部还得兼顾工作态度和过程哦。"

"我们没这么做吗?"秦原笑着问。

"林局自己算算下届换届他还想再进步一下呢。"程局长开玩笑道。

林局用手点了点他:"你这家伙,不地道。我是在为你们这班小年轻代言呢。我都快退休啦。真拎不清。"

大家一阵哄笑。

9

与郭区统一了思想后,秦原拨通了查部长的电话。听了秦原的意见,查部长说:"好的,听书记的。不过我再补充汇报两句。"他的意思,吸引日报关注的就是S区这几年亮眼的税收增幅,还有就是一直在做的"三服务"。"三服务"的成效就体现在了税收增长上,读者一看就明了。再说,随着全市进一步打造更优良的综合营商环境,各区县的积极作为也更显重要。在这个时候,适时推出S区的经验,不仅是肯定S区的成绩,更是对各区县的一种引导。媒体感兴趣的也是这一点。

"服务经济的成效不能只局限在一个地方近期的财税收入上。"秦原又重复了这一点。

"是的,是的。"查部长接过话,"可总得有点量化指标吧。一个地方财政收入多了,就能为老百姓办更多的事。老百姓就看这个。"

"对,可不是全部。大河涨了,小河才能满。咱们老百姓也懂这个道理。"

"书记,这次你去北京党校学习,听说还让你当班长?"查部长突然转了话题。

"嗨,那是为大家做好服务。"

"市委党校让我们为你准备些全市的经济发展情况,说你会用得着。我还正想了解一下你有什么具体要求呢。"

"谢谢。我和你们吉副部长说了,明天我给她一个清单。要辛苦你们了。"

"应该的。"查部长有点兴奋起来。

最近有点传言,把几件事捏合起来,仿佛有鼻子有眼似的。正常的党校学习,也让大家敏感起来了。当然,在这节骨眼上,他秦原真的没一点想法?现在,他当然不会接口。

查部长点到为止,又将话题转了回来:"我们往后这几年税收指标不会差的,记者也做了调查,你尽可放宽心。"

查部长无意中的这句话突然就刺痛了秦原的哪个地方。他蹙起了眉头,顿了片刻,抑制住了自己的情绪,用平缓的语气说道:"查部长,就这么定了。辛苦你同报社的同志沟通一下吧。你可以直接说,是我的意见。好,谢谢。"没等对方回话,他便挂了电话。

哪来这么大的火?内心里有一个声音在问。

我——秦原默默无言以对。

到底戳到了你什么痛处?那个声音继续诘问。

秦原一阵羞愧,幸好办公室里没其他人。他拿起手机,给查部长发了条短信:"万宏部长,烦请代我向记者表示诚挚的感谢,也请他们能理解我们的想法。我还要感谢你的辛勤付出。"

查部长立马就回复了一个握手的符号。

孟宇行色匆匆地赶来了。他告诉秦原,北海省政府找了他,说中大与北海省合作开展的"中大农庄"项目将在整个省域内的贫困地区提前正式铺开。两年前,中大尝试运用自己强大的线上线下销售网络和他们与各科研院所合作的农业科研机构的专业力量,与北海若干个贫困县、村共建"中大农庄",形成从育种到销售乃至品牌打造的全供应链紧密合作。通过两年的试点,刚通过专家评审并获得高度赞赏,现在政府决定作为脱贫攻坚和接下来振兴乡村建设的重要抓手,已制订了专项实施方案。

孟宇还告诉秦原,关于那笔税款的事,他也与省领导打了招呼。没想到,省领导完全支持,还夸奖中大知道感恩,企业文化建设得好。省领导说,我们看重你们的,主要是用你们全新的商业模式来促进提升我省的农业结构和能级,同时也帮助我们攻下脱贫帮困的堡垒,为后续新农村建设探索一条新路。

秦原向孟宇表示了祝贺,同时也对中大对S区的支持表示感谢。接着就和他谈了互联网＋生活服务试点区的事。他还和孟宇探讨了试点区与扶贫项目互相对接的可能性。定点帮助贫困地区一直是中央和市委要求的,通过政府和市场两只手来推进这项工作,意义重大。孟宇听了很是兴奋。

送走孟宇,秦原拨通了程一帆的手机。

10

对方手机响了好一阵后,被摁掉了,再拨,没响几下,又被摁掉了。

小子,有情绪啊！

秦原很少吃闭门羹的。这倒不是因为他的这个职位,而是他乃识趣之人。要请人帮忙,他会反复估摸可能性,没有七成以上把握,一般不开口,更何况遇上私人的事。

五年前秦原和程一帆做过中央党校的同学,又都喜好中国古典文学。那次梅姑应邀来讲课,程一帆忙前忙后很是殷勤。论接待,那也是学校的事,或者班干部也罢了,实在是轮不到作为普通学员的程书记什么事。有几个同学都悄悄地用异样的目光打量他。秦原有点为程同学着急,思想斗争了好一阵,还是把他拉到无人处,提醒了他一下。仰慕学者无可厚非,但得注意"得体"二字,更何况人家还是位美丽的女士。程同学一听,哈哈大笑,原来他和梅姑是大学同学！这下倒把秦原弄得不好意思了。诤友,诤友啊！程同学使劲拍了拍秦原的肩膀,感动地说。两人由此就成了莫逆。两人相隔千里,没再见过几次面,但一直保持着联系。因事不能马上回电的话,至少先发一条短信过来。

这回,过了一刻钟,还是没回复。秦原有点着急了。如果女儿去不了海南,又没有足够理由支撑,梅姑算是白忙乎了一阵,依着她的脾气,你不要说让她屈尊签名题词,书都不一定拿得到。女儿兴许早就跟两个好朋友透露了消息。像这次这样急吼吼等消息的样子,在这个丫头可还真的是头一次。千万千万不能让她再伤心了。

秦原又拿起了手机,正待发短信过去,那边来短信了,忙不及点开,一个字:"忙",连标点都没点。

秦原无奈地摇了摇头,有点颓伤地把手机搁到了一边。他想给女儿打个电话,再让她原谅作父亲的一次,想了想,还是不忍心。打给高雁吧。妻子嘴上肯定会嘀咕,可终究会站在他一边的,这么多年的夫妻了,他心里有底。拿起手机,又踌躇了起来。这几天,高雁心心念念在想方设法让女儿开心。作为出了名的孝女,这是头一次为了女儿的事,听凭患病的老母亲暂住别处。不容易的。都是我惹下的事,还是让我老着脸皮再跟程一帆联系一下吧。这小子也真是,什么境界啊！他没有拨电话,发了条短信(发微信他不一定会立马注意到的):"怎么?!"就这两个字,再加两个符号。有点激将的意味。

果然,回复了:"正汇报工作。"

秦原把手机放在一个玻璃盖上,这样,手机振动时动静能更大一些,然后拿过一叠文件审阅起来。

过了半个多小时,玻璃盖一阵颤动,来电了。

不是程一帆,是市委高秘书长。

"老秦,打扰你了吧。"高秘书长问道。

"没有。在看文件。秘书长有指示吧。"秦原说道。

"哪有什么指示。想跟你沟通一个情况。"高秘书长笑着说,"《申江日报》总编给我来了个电话,让我再做做你的工作。"

原来是那篇稿子的事。秘书长的意思,他也看了稿子,应该说S区的经验对各区县是很有借鉴意义的。他也同意在突出成效方面去掉财税增幅第一的说法,但势头看好还是可以讲的。"你们各区县自己有个每月财税完成表,这虽然是非官方的,但你们自我加压,精神可嘉。当然也不能成为自己的束缚。老甘一直讲我们要跳出申江看申江,就是强调大局意识、全局意识。你们都做得不错。上次丹赫总裁拜访老甘时还特地表扬了你。"

秦原正想在这个时刻把六十亿税款的事告诉秘书长,转念又一想,不妥!这岂不等于要领导为你以后的财税增幅变负背书吗?这种境界可不是我秦原应该有的吧。他换了个说法:"秘书长,我主要担心的是,《申江日报》是市里的机关报,万一以后S区的财税增幅有变数,我们没法交代。"

"哈哈。老秦,你多虑了。还是那句话,老百姓评价我们的工作是看我们社会经济的综合发展,不会仅仅局限于一两个即期的具体指标的。唔,这样,我来帮你改一下。我把这句'S区的财税高速增长',改为'在注重服务大局、融入大局的进程中,S区的综合经济实力也得到了明显增强',怎么样?"

秘书长都说到这个份上了,还能怎么样?老郭说得对,我们还是要变压力为动力。于是,他说道:"就听秘书长的。"

"哈哈,谢谢秦书记为我们提供宝贵经验呀!"秘书长说道。

11

秦原刚把与秘书长的通话转告给郭区长和查部长,程一帆电话跟着进来了。

程一帆先是打招呼,说刚才正向省长汇报工作,没法回电。他已调到省政府来了。之所以没尽早告诉秦原,是因为自己还没干出什么成绩,有点不好意思。

秦原单刀直入,问他中大的事知道吗。

"中大?哪个中大?"对方问,口气显得有点好奇。

装吧,你!秦原心里在说。以往,程一帆打听什么事,总是做出一副漫不经心的样子,仿佛他早就知晓了,只不过再跟你确认一下罢了。秦原简略地把中大推进"中大庄园"的事说了一遍,又把那笔税款的事也提了一下。

"哦,税款的事恰好说明企业有感恩之心,我们充分理解。还有,我们与中大的合作,更看重的是提升我省农业能级和脱贫的大事。"

"士别三日当刮目相看啊。"秦原故作喟叹道。

"什么意思?"

"呵呵,不说了。"

"反正,你记得欠我一杯酒,书记同志!"那边虽然没有挑明,心情应该是好多了。程一帆就是这么个人。

秦原笑了笑,说,我记住了。接着他把母女俩因故不能去海南但又想向梅姑索要几本书的事说了,想请对方帮忙说项。

"且慢!"程一帆说道,口气又变了,"因故,因什么故?你知道,为了弟妹和侄女的海南中华文化寻访之旅,梅姑费了多少心思吗?她说没想到现在还有年轻人喜欢这些老古董,着实让她感动。因故?该不会是你老弟又多想了吧?一句话,你要是还相信咱俩的友谊,那你就放行。"

"那,那我回去再和她们商量商量。"

"还用得着回去商量?就你这点小心思,我还不了解,那就枉做了你三个月的同学了。"

"好,听你的。哦,上次你途经申江为什么不跟我打声招呼?"

"上次我是转机,又跟着一帮人,哪有时间哪!下次来,肯定要找你算账。你还欠我一杯酒呢!"

"一言为定!"秦原朗声道。

老秦和他的商界朋友们

1

很是出人意料，区委秦书记从北京党校回来后，竟挤出一个上午的时间，只带着区委办张主任，去了趟东旭科技公司。

东旭公司是一家科技创新型小企业，主攻软件开发，为企业提供系统解决方案，一年营收一个亿左右，年创税收两百多万。创始人章旭三十多岁，技术男，虽为区政协常委，却很少见他出头露面，每年区开"两会"，他即使发言，也不像有的委员，语不惊人死不休，谈的都是些业务技术方面的事，大家反响平平。

就这么一家可以说是寂寂无闻的小企业，何以就引起书记大人的如此关注？景河多媒体产业园、科委等部门的头儿们闻讯后都问要不要他们前来陪同，张主任说秦书记说了，不打扰大家了。

老秦在北京学习时该不会有大人物托过他什么了？底下人这样猜度。

章旭似乎早有准备，带着一位助手，等候在兆华大楼的底楼，接到书记后，就带着书记一行挤进了拥挤的电梯厢内，低声打招呼，正是上班高峰，不好意思了。老秦笑着说，没关系，本来想赶在九点前到的，被事情拖住了。章旭说,领导一回来就让你来我们小公司,实在不好意思。张主任用手指竖在嘴唇当中,朝他示意。章旭会意地点了点头,不作声了。

坐进会议室,秦书记详细地了解了东旭公司的业务发展情况。章旭汇报到东旭如何在S区成为国家级互联网应用示范区万物互联方面找准自己的定位时,老秦神情更加专注了,还不时打断对方,插问了不少问题。

章旭汇报告一段落,老秦立马单刀直入地问了个问题:"中大的孟宇要溢价收购你?"

章旭正端起茶杯欲喝口茶,登时顿住了:"唔——"

"我知道,这是你们的商业秘密。"老秦笑了笑,想把气氛调节一下,"孟宇跟我打了不下三次电话,要让我说服你。"

"是。承蒙孟大哥看得起我。我,我还在犹豫当中。我们几个创始人意见还不一致呢。"章旭说道,"孟大哥的市值已破一万亿了,今年以来一直在收购上下游关联企业。他跟我谈起过您,说您在他们遭诬陷和回归A股的关键时刻帮过他们大忙。"

"哪是我帮忙啊!都是政府应该做的。"老秦朝椅背上靠了靠,"我们区能拿到互联网示范区这块国家级的牌子,很重要的一个原因,就是我们集聚了一大批已经能构建起产业链的企业集群,不仅仅是有中大这样的互联网大牌,还包括像你们这样细分领域的专、精、特、新的公司。"

"秦书记的意思?"章旭望着老秦说,"中大开出的条件蛮诱人的,特别是明确会继续加大对我们这块的投资力度,不排除将来再单独包装上市。"

老秦微微点了点头:"这次党校专门给我们安排了关于全球互联网发展的讲座,听了很有启发。总的感觉,互联网正在全面融入经济社会生产和生活的各个领域,正在创造人类生活新空间,成为影响和加速人类历史发展进程的重要因素。我们搞互联网应用示范区,根本目的是要把我们'数字S区'发展战略向更高层次推进,我们的目标不会仅仅局限于一个产业和经济领域。"

老秦说这番话的时候,微仰着头,似乎在自言自语,见章旭他们有点茫然的样子,又补充道:"我的意思,互联网的发展离不开你们市场主体,政府要为你们创造良好的外部发展环境。这个环境就包括要形成一种良性的生态系统。"

章旭似有所悟:"是的,我们感觉我们未来的发展空间很大。"

老秦目光炯炯望着章旭:"所以,你们要不要被中大并购,还真得好好再想一想。"

听了老秦最后这句话,连张主任都有点愕然。

2

市里都知道,互联网巨头中大科技的发展,S区政府可是功不可没,这其中作为区的一把手老秦,在关键时刻力排众议,亲自担责,那更是被传为美谈。一次市委甘书记来视察彩虹经济园区时,悄悄跟老秦说:"中大的孟董说在他的圈子里不少老总都很认可你呵。"老秦说:"哪里!都是市委市政府领导得好,我们跟着学。"甘书记拍了拍老秦的肩膀,笑了笑。

开回区里的路上,张主任等着老秦听听他对这桩收购案的看法。张主任在城建和经济口都当过把手,业余时间还在攻读MBA课程。过往,遇到一些事,老秦都会非正式地同他聊聊。今天这一路上,老秦微眯着眼睛,不知在休憩还是在思考,张主任也不便先开口。不过,他内心是蛮看好这桩事的。刚才,章旭在谈到所面临的困难时提到了资金短缺问题。像他们这种轻质型的软件公司,除了人脑值钱外,也拿不出什么可抵押的东西。区财政中小企业担保基金已经为他们担保过好几笔贷款,连章旭都不好意思再开口了,面对区里那么多中小企业,区财政担保基金毕竟也不是为你一家开的,再说他们头上也悬着坏账率考核这把剑呢。有几家风投找过他们,条件谈不拢。章旭感觉他们更多的是考虑把东旭公司当作能快速高额回报的工具。没有足够的资金支撑,人才招不进,留不住,巨大的市场摆在那里,你无力去开拓,机遇可不等你。如今,能傍上中大,资金是不成问题了,他们的专业也更有用武之地了。章旭自己也说了,孟宇承诺让他继续负责这一摊,将来这一块继续由他当法定代表人,还会另外给他的团队一些集团的干股。将来这一块独立上市,他们都是自然的股东。事业、财富都有了,绝对多赢的。

当然,也不能尽想着好事。张主任寻思着,彩虹园区的佳禾公司,原来做高端进口食品,势头多么好。那家邻省的电商来收购它,协议上都写得好好的,没想到收购后就把佳禾雪藏了起来,等于在市场上消灭了一个潜在的竞争对手。不过,中大收购东旭,可不一样呵。它们不存在竞争关系,是互补。中大不断扩大互联网应用领域,需要不断开发拥有自己知识产权的技术架构。东旭有强大的资金支持,又有广阔的市场需求,它本身也会越做越强。再说了,孟宇是个讲情义的人,还有,老秦的面子还在呢。思来想去的,实在是桩好买卖。

后座上悄无声息,领导没有想开口的意思。

小车拐进了区委大院,临下车前,老秦睁开了眼睛,对张主任说道:"志远,你让新申集团马董中午吃好饭后到我这里来一下。"

"好的。"张主任应道,心里却不由打起了鼓,让新申来收购东旭?

3

新申集团是S区区属国有企业的老大,主营房产开发,多年位列申江市房产企业前三十强,近十年来,随着S区产业结构转向高科技、总部型,新申在帮助区政府吸引这类企业集聚方面,着实立下了汗马功劳。他们把自己建造好的高品质商办楼拿出来,以明显低于市场价的租金出租给这些企业,并建立专门机构为这些企业提供从政策服务到后勤保障一条龙保姆式服务。董事长马洪的说法是,我们不是一般的物业管理,是一流综合营商环境的经营者。有的人开始还弄不明白老马在捣鼓些什么。全市第一家跨国公司总部——科隆中国总部入驻他们的联创大厦,半年不到,其在海外最大的研发中心也进来了。跟着就是一家家跨国公司鱼贯而入。连续七八年S区跨国公司每年的引进数和跨国公司企业数都稳居全市总数的15%以上。老秦也不怠慢,他说我们也不能让老马吃亏。发改委、国资委、科委、经贸委和财政马上就拿出了鼓励方案,一是改变了对新申业绩的考核指标,把引进高质量企业也列入重要考核,同时结合新申引进企业对区财政的贡献,调整对他们国资保值增值要求,还对他们参与招商引资给予财政奖励等。

老马在一开始操作的时候,主要考虑国企应尽的责任,再说当时他的盈利状况又相当好。当然出租和出售相比,集团的利润,还有大家的奖金是没的比的。集团里也有人嘀咕,老马怕不会要当副区长去了,所以才这么干的吧。确实,市里曾有过这种考虑,据说老秦还极力推荐过。老马得到风声后悄悄来区委找了老秦。后来就再没听谁说起这档事。集团总经理老邹和老马是老搭档,一个观点。底下的人也没辙。自然,随着房地产市场竞争加剧和集团向多元化转型,老马的这种集聚产业的做法也开始面临诸如业绩考核、资金流等问题。区里这项政策的出台,对他们无疑是雪中送炭。

有了区里政策的支持,老马底气更足了。在科委卫康主任的鼓动下,他又拿出两幢大楼搞了景河多媒体产业园,与市、区科委等联手注重培育科技型小企业,还引进风投、财务、人力资源以及婚介等配套企业,着力打造一个适合小微企业成长的生态环境。后来果然飞出了像中大这样的巨无霸和七家主板上市的科技企业,更有一批科技小企业成长起来。在S区初步形成了以信息服务业为主体的企业集群。连续八年他们的信息服务业营收一直占据全市的20%以上。

这次,老秦把老马叫来,该不会又要让他再出把力?

张主任也不是没考虑到这一点,只是他觉得并不太妥当。他是比较相信靠市场来驱动。当年在讨论景河多媒体园区引进的那些财务,乃至婚介公司要不要也给他们享受办公房租金补贴,他是力主给予补贴,因为这也是产业生态系统的一个要素。后来几家小老板办婚庆,他还拖着多媒体园区的夏可董事长一同去捧过场呢。有他们站台,那几个原先暗暗不太待见自己女婿的丈人、丈母娘,多少打消了一点疑虑,至少在当时的场面上还是给了那几个小老板一点面子。几年后,那几家公司都今非昔比了,那些已实现财务自由的小老板一直都还记着他呢。

由新申出手帮东旭解决当下的融资难问题,作为个案,不是不可以,关键是有一批像东旭这样成长性看好的企业都面临这一瓶颈,都由你政府大包大揽,那不又回到计划经济老路上去了吗?再说了,你政府兜得了吗?或许,做做中大工作,不要通吃,还是让章旭控股。老秦这点面子孟宇应该会给的。

张主任正这么想着,新申集团董事长马洪进来了。

人如其名,马洪身高马大,嗓门洪亮。一进门,他就嚷道:"秦书记,我可是阳春面吃到一半就赶过来了。什么事那么急啊!"

老秦从里间走到小会议室,手里捧着两袋苏打饼干,笑着说:"知道你急性子,将就着充充饥吧。"

老马还真接了过去,一面说着谢谢,一面小心地拆开了一包,抽出两块往嘴里一塞。张主任递过去一瓶矿泉水,说道:"马董,坐下慢慢吃。"老马朝他笑了笑。老马又吃了三四块,就搁在了一边。张主任心里清楚,老马并不太饿,他这么做主要是想把气氛搞得轻松些。每每遇到一些重要时刻,老马总会这么做,他这是在暗暗帮领导减压呢。S区委办局里有一批这样的干部。他们和领导的关系,首先自然是上下级关系,但还有一层,就是战友情谊。S区区域面积才三十多一点平方公里,排在中心城区的倒数第三,开发得早了一些,论楼宇的品质不能跟东边那些后开发的区比,论可供开发的土地,又远远不及西部几个区,也说不出有什么特别的地方,然而,S区的社会经济发展都能走在各区县的前列,常年财政收入稳居中心城区前二,凭什么?因素当然很多,但这支队伍的精气神不容小觑。从老书记老闵开始,历届区委区府领导对自己的下属从严要求,但又爱兵如子,长此以往,便也就铸造出了这么批骨干。

果然,老秦就是这么个意思。当然,为了说动老马,他把孟宇对东旭公司的前景分析说给了老马听。他说:孟宇是一门心思想要收购。有一天半夜十二点了还给我打电话。我开始还以为他喝醉了呢。没有,脑子清醒得很。我跟他说,你白天才跟我说过这事,怎么又这么着急。孟宇说,秦书记,我可是志在必得。听说有一家公司也在跟他谈呢,开出的条件是"中大+",也就是中大给什么条件,他们也给什么条件,另外再加一块。你说,我能不急吗?孟宇跟我分析了东旭的未来。这是家软件公司,他们为企业提供一揽子系统解决方案,累计获得著作权在同类企业里排名靠前,更厉害的是他们多领域出击,有不少已被列为多个行业的标准。不少基金都想投,章旭担心被他们操控,一直没开口子。当下互联网正面临新一波腾飞的机遇,他如果因为资金问题束缚住了手脚,那他就会被彻底淘汰。这次,他的另两个创始人一起逼宫,他算是松了口,说是谈谈看。

听罢老秦的述说,老马微微笑了笑,呷了一口茶,说道:"秦书记,你要我说真心话吗?"

"那当然喽!"老秦故意沉了一下脸。

"那我说了,新申出手,不是最佳方案。"老马望着老秦,一字一顿地说道。

4

马董的观点与张主任不谋而合。"你出面做做孟宇工作,占个49%,下一步合作愉快了,再看。当然,我们听领导的,这点钱我们拿得出。关键是,章旭内心是否愿意和我们国企合作,哪怕我们不控股。"马董对老秦说道。

"控股不控股的问题,"老秦沉吟着,"孟宇是没松口。你们出手,当然不能控股,否则会引起误解,还以为我们国企在乘人之危呢。你讲的也有道理。我们毕竟有个保值增值的要求,几个亿下去,可不敢折腾。最好还是用社会资本,它们有这个天性。天软基金在景河先后也投了不下十几个项目,开始都不怎么见好。我遇见他们时起初还有点不太好意思,他们反而安慰我说,有5%的成功就OK了。果然一个中大就让他们赚得盆满钵满。"

"秦书记,我想起了,前些天经贸委的方主任说起过,在北京试点的新三板好像要在全国铺开,门槛比较低。他还让我推荐几家新投资的科技企业。我们那家中药科技准备去试试。我感觉,东旭应该没什么大问题。"马董说道。

老秦眼睛一亮,他侧过头,对张主任说道:"要不,把小方叫来?"

张主任已经点开了方主任的微信号,按下音频通话,接上了。

方主任进来,手里拿着一份文件。他告诉领导,市里几个部门刚联合发了个文,要在全市各区经贸委设立上市办,专门帮助企业上市,其中重点自然是即将铺开的新三板。接着他又较为详细地介绍了新三板的内容。还说他会同发改委、科委等已经初步圈了一份拟推荐的企业名单。

"这是个好消息。"老秦舒了一口气,"有东旭公司吗?"

"少不了它。"方主任道,"只是他们好像不太起劲。"

"嗯?"几个人都凝神专注起来。是啊,这次老秦去,他们也没提起过这事。

"好像是几个创始人分歧蛮大的。"方主任说,"有的希望直接被收购,一步到位。章旭倒对新三板有点兴趣。但考虑到它的流通性和融资能力,还是吃不太准。他们需要的资金数额大,时间又紧。"

"新三板第一批上大概在什么时候?"老秦问。

方主任看了看老秦,不知领导是什么意思。

"我是说最快在什么时候。"老秦说道。

"这个系统是成熟的。市里让我们区带个头。手头有三家条件过硬,企业积极性也高。我们计划是用两个月。这个事不赶在第一,就没先发效应了。"方主任说。

马董颇为赞同地点了点头。

"好,两个月。东旭那边我再去做做工作,你们也给他们预留一个名额。"老秦说。

方主任悄悄用探究的目光瞥了一眼领导,点了点头。

送走马董和方主任后,老秦叫张主任一起再坐一下。张主任先给老秦续了点热水,然后在一侧的沙发上坐了下来。

"你知道我为什么不太赞成让中大去收购东旭吗?"老秦端起茶杯,掀开盖子,稍稍吹着杯子里的热气,问道。

"没想明白。不过,我比较认同马董的观点。"张主任笑了笑说。

"孟宇不控股,打死他也不会去收购。"老秦呷了一口茶,或许有了新三板的救驾,他感觉有点轻松了,再说,私下里跟张主任交谈,他还是比较放松的。张主任是局级后备,老秦就想着尽量让他多了解一些经济方面较深层次的事,特别是非公经济这一块。

"为什么?"张主任往前探了探身子。

老秦瞟了瞟门口。张主任知道接下来领导的话是要绝对保密的了。老秦把嗓音稍许压低了一点,更多应该是象征意义吧。他说道:"另一家买家是中大的竞争对手,在北方,实力不在中大之下。谁收购了东旭,谁就在线上线下应用拓展方面抢得先机。万物互联,人工智能,智造强国,城市建设管理,智能家居,哦,不是家具,是居家生活,等等,都离不开系统集成的开发应用。东旭自己还不一定清楚自己所处的优势地位和真正的价值所在,他们毕竟还是个纯技术型小公司,市场上资本都把它快研究透了。"

"都是孟宇说的?"张主任问道。他有点好奇领导怎么党校一回来就变成互联网专家了。

"哪里!他不会跟我交底的。他那天深夜跟我打电话一副急不可待的样子,倒激起了我的兴趣。反正那里也没有杂七杂八事,我就研究起这事来。"老秦叹了口气,"你还记得彩虹园区佳禾的事吗?"

"那好像不完全一样。"张主任道。

"本质上是一样的。"

张主任有点不以为然地咂了咂嘴。

"资本的逐利性。"老秦说道,"如果东旭被这两家公司收购,他们就会按自己企业的发展需要来规划东旭的业务开发领域。有些软件系统即便市场有需求,但如果与中大他们业务发展关联不大,他们也不会去支持开发。还有为了遏制对手的发展,有些对手急需的系统他们抢先开发出来,拿到著作权后按兵不动,搞技术垄断,等等。这些都是有可能的。你也不能说中大他们不地道,股东们会对他们这样要求。我研究过了,东旭公司在接下来互联网领域有很大的用武之地,如为一家企业所控制并仅仅把它作为辅助自己发展主业的工具,东旭就会失去一次站到风口上的机会,而且对互联网发展也不利。"

"你是担心会影响我们国家级互联网+生活服务示范区的推进?"张主任问道。

"不全是。我们区像东旭这样成长性看好的公司可不少,这些年的艰苦创业,到今天都会面临东旭这样的难题。我就在想,我们在这方面能不能搞点突破,看看政府能不能有进一步的作为,这对中央提倡的'双创'也是有意义的。"

"这似乎也是我们政府打造产业生态环境的题中之义。"张主任思索道。

"东旭这件事我们不妨试试。你在本周帮我再安排出两三个小时,我再去东旭一趟。时间上他们也等不起。"老秦说道。

5

临下班时,老秦叫住了张主任。他低声问道:"音频平台上也能刷流量？"

张主任略微迟疑了一下,回答道:"能的。"

"哦。我再待一会儿,处理些个人的事。你就不用等着了,先回吧。"老秦说道。

张主任没再留,但还是悄悄关照机要处袁副主任陪着。

回到家,张主任又去了电话,问袁主任老秦怎么样。袁主任回话说进去过几次,里面办公室门关着,不见什么动静。奇了怪了。这种情况倒真的不多见。

吃饭的时候,张主任还在琢磨这事。音频平台？什么意思？喔,他突然想起老秦女儿雯雯。

小姑娘这次进了本市的一个二本。他曾建议老秦动员女儿再复读一年。老秦开始好像听进去了,但后来还是尊重了女儿的意愿。老秦女儿平时成绩还是可以的,只是高考那阵发高烧,老秦太忙,高老师又赶上她老母生病住院,他女儿就瞒住了自己的病情,硬撑着参加完考试,成绩不理想。做父母的为弥补亏欠,就安排了全家海南游,结果老秦要上党校,没去成。他女儿从海南旅游回来后对当业余音频主播发生了兴趣。在海南的国学大师梅姑同意把她的新作《新编王阳明传》交给雯雯。上周小姑娘在乐听FM互联网电台上开播了。

当时还在北京的老秦打电话过来,把女儿开播的事悄悄告诉了张主任,还一再叮嘱千万不要同其他人讲。看领导的神情似乎有点如释重负的意味。张主任是这样想的,领导觉得在这次高考中亏欠女儿太多,通过复读想做些弥补,毕竟这是人生的一大关口。可雯雯没有听从,去选了二本,会不会是撒气和破罐破摔呢？这当然会引起做父母的担忧和焦虑了。如今雯雯喜欢上了主播,而且又偏好古代经典,这怎么不让老秦暗中欣喜呢!

张主任听了几次,小姑娘的语调初一听上去很平静,但你再用心品味,那声气里蕴含着感情的,就像平静的海面下涌动着暖流一般。听老秦说起过小姑娘这次与梅姑相处了一周后已变成了铁杆"梅粉",看来她是读懂了这本书,而且在这方面颇有潜质。不过,播放量也就在两三百人左右,两人免费订阅,没人评分。主要可能是这类题材不太适合当下吧。他和妻子也各订阅了一份,雯雯的这一爱好应该鼓励。

"当心,饭要吃到鼻头上了。"妻子卢敏提醒道。

张主任这才发觉自己净顾着扒拉碗里的饭,几个菜碰都没碰。他带着歉意笑了笑,搛了一块清蒸带鱼。卢敏笑嗔道:"儿子不在家,你就不'率先垂范'了。"白了他一眼,给他碗里又搛了块红烧牛肉。

吃罢饭,张主任张罗着要洗碗,妻子说你去想你的事,我来洗吧。

张主任进了书房,打开手机,点开乐听FM,在搜索历史栏找到了《新编王阳明传》,点开,不禁吃了一惊,播放量已达十万,订阅量四人没变,也没人评论。看了看主播署名,没错,"细雨霏霏"。就这么几天哪!他立刻联想到了下班时老秦的问话,不由深深吸了口气。

说起来,老秦还是他和卢敏的"月老"呢。三年前,单身的他参加市委党校中青班学习。一次听大课,几个班合在一起,他恰巧坐在另一个班的卢敏旁边,手机没电了,录不了音,卢敏借给他一个充电宝。中途卢敏被班主任叫出去有事,就留给他一个手机号。一来二往,他对卢敏有了好感,可又不敢贸然捅破这层纸。眼看着学习快要结束了,他心里干着急。周四下午党校规定放假,学员们可回单位处理些事。他回来列席区委常委会。会后,老秦把他叫到自己办公室,笑着说:"志远,怎么今天好像有点魂不守舍哦。"望着老秦大哥一般的目光,他把自己的心事说了出来。老秦善解人意地又笑了笑,让他一起坐下来,跟他讲了他和妻子高雁"一锤定终身"的浪漫史。

那是二十多年前的事了,他是在市民政干部学校参加市乡镇长和街道主任第三十五期培训班。学校在远郊,住读。老秦好读书,吃罢晚饭就一头扎进图书馆,一直到晚上十点半关门,他才和工作人员一起出来。校图书馆工作人员里就有高雁。在阅览室里,老秦不久就感觉得到那双美丽的眼睛时不时会瞄向他,他暗暗激动,王老五这回该摘帽了吧。但他是个内向的人,不会轻易显露出来,再说一个街道主任也不能表现得太轻浮吧。高雁呢,也是个很内向的姑娘。老秦有几次鼓足勇气上前问她些图书的事,姑娘装作神情坦然地回复他,似乎根本没什么事,令他一阵阵失望,甚至怀疑姑娘瞟过来的目光会不会是他自作多情。有两天他都不好意思再去图书馆了,可那里藏书真不少啊!第三天他又硬着头皮去了,借好书,识趣地找了个背人处,可注意力还是不时被服务台那边所吸引过去。他背诵起弗朗西斯·培根的话来:"一切真正伟大的人物,没有一个因爱情而发狂;因为伟大的事业抑制了这种软弱的感情。"好多了。可在临近学期结束、第二天就要离开的那天夜晚,在校图书馆里,他又感觉到了那目光。他终于承认自己成不了伟人,拿起书,径直朝服务台走去。一路走,一路却又不由担忧:人家会不会已经结婚了呢,或已经有男朋友了呢?我会不会被人责骂在耍流氓?那,那可就麻烦大了。他多想此刻能有个熟人拦住他说话。阅览室里读者就他一个了,服务台后面除了她,还有一个阿姨模样的人。算了,算了吧。可脚还在往那边迈动。到了,谢天谢地,那阿姨拿着扫帚出了边门。高雁的那双眼睛一直注视着他,靠近了,才发觉那里面满是羞涩和期盼。他一激动,把夹在书里的那张纸抽出来,塞进她放在柜面上的手里,等待着判决。高雁把纸攥在手里,收回了目光,垂下长长的眼睫毛,微微低了低头。三个月后他们就结婚了。

幸福要靠自己去争取。不成功,向人家赔个礼就是了,我又没造成你什么伤害。这就是我当时最后的王牌。老秦说完自己不为人知的浪漫史,鼓励他道,你还已经了解到人家是单身也没对象,比我那时风险小多了。

第二天,张主任还是鼓不起勇气来。学习班结束后,还是老秦找到姑娘所在单位的上级领导,帮他们撮合成了。有次开玩笑,老秦对张主任说,为了你们的事,我亏大了。他知道老秦是指向他透露了追高老师的情事。他当然会守口如瓶的,否则也太不仗义了。

老秦关照他不要同别人提起雯雯当主播的事,现在看来,老秦的敏感似乎有点道理。

6

依张主任对老秦的了解,这位领导办事果敢,可对自己个人的私事却十分谨慎和敏感,属于比较珍惜自己羽毛的一类。他的爱人高老师也如出一辙。印象中,老秦烟酒不沾,有一次却破了例。那是在"八项规定"发布之前,东南航空华东总部正式入驻彩虹园区的那一天,他和郭区长请企业老总在园区食堂吃了顿饭,席间竟主动要求喝酒,而且后来舌头都有点大了。张主任心里明白,东南航空的入驻,意味着国内前五大航空公司的总部或地区总部齐崭崭地集聚在了Ｓ区,这为打造航空产业基地夯实了基础,确实意义非凡。

张主任把领导送到家正待离开,高老师坚持要把他送出门。在楼道门口,瞅着四下没人,高老师对张主任说道:志远,老秦在家经常提到你对他的照顾,我在这里向你表示深深的感谢。我把你当作自家弟弟来看了哦。其实吧,他这个人胆子很小,他最怕喝酒误事。第一次上我家,他被我父亲给灌醉了,第二天醒来后,紧张得不行,反复问我他是不是失态了,得到我的再三保证后,他才算稍微放下了心。从此他就再也没有碰过酒,哪怕结婚酒席上,都是我替他喝的。今天他一定是太高兴了。不过,高老师我还是想拜托你这位弟弟,以后请你一定帮我看住他。张主任满口答应了下来。高老师又一次道了谢,临转身时,又朝他苦笑了一下,说,今晚他醒来,肯定又要担忧死了。这个人哪!

雯雯张主任接触也不是太多,但也是和她父母一个模子里刻出来的。记得小姑娘上初三吧,一次下课后来机关吃晚饭。父亲会议延长了,张主任就叫办公室同事先安排她去食堂。去食堂的路上,那同事遇到一个人要交代一桩什么事,就把手中的饭卡交给小姑娘,让她自己去打饭。等到这位同事交代完毕赶到食堂,只见打饭的窗口前正围着一些人。食堂负责人正神色严厉地呵斥雯雯,小姑娘一手捏着饭卡,一手端着个空托盘,低垂着头,面孔涨得通红。原来人家见她很腼腆怯生,饭卡上又打着书记大人的名字,以为她是来捡漏的,问她,她嗫嗫嚅嚅,引起了误解。解了围,那同事生怕雯雯使性子,拂袖离去。没有,小姑娘点了一份熏鱼,一份青菜,一盅蛋花汤,要了几勺米饭,小心翼翼地端着走到一个偏僻处,脸上的红潮还没褪去。那位食堂负责人觉得不好意思,端了一份白斩鸡过来。小姑娘先是坚持着要刷卡付费,食堂负责人反复说这是他自己付费买的,你不吃可就浪费了。那同事也在一旁作证,这位叔叔是自己刷的卡。小姑娘这才道了声谢谢。就是这么一家人。有时张主任想,老秦对自己和家人谨小慎微,固然有领导干部严于自律,但如果他是个平头百姓,大概也会如此。这家人的生性就是如此吧。

这次雯雯的演播遭遇了冰火两重天,看来是有点蹊跷。捧场的人很能把握住分寸,人气上去了,雯雯个人并不会有实际收入,经济上不会有瑕疵。自然日后变成了人气主播,那就另当别论了。那么会是谁在偷偷帮着刷流量呢?他们这一家不会有可能。他们的亲戚朋友?如果是的话,应该在第一时间,而且还会送上很多赞美的话。从一开始的情况看,他们并没有告诉其他人,包括小姑娘的那几个好朋友。是啊,这也正是引起老秦警觉的地方。

首先是要找到有谁可能会获知这一信息。张主任又打开手机,找到"主播介绍"框,有两人加了关注,介绍内容三行字:"醉心于那段逝去的历史,追怀那份真实的情感。若你有心,那就一起分享。"

看不出什么名堂的。张主任竭力回忆起自己是不是无意中说漏过嘴。别说,还真想起来了。前几天一次午休时,他正打开手机在听雯雯的演播,中大的COO艾丽电话进来了,她去电北京的老秦,老秦没接,她想请张主任能不能联系得上领导,让领导有空给她回个电话。他答应帮忙联系,快挂电话时,他不经意间了句,像你们这些企业家对古代的王阳明是不是不感兴趣？艾丽顿了顿，回道，是研究哲学的吧？唉，没时间哪。他也没多说什么，就挂了。这位白骨精精明得很哪！莫不是——有可能！可怎么去打探呢？又怎么去制止呢？

7

老秦和章旭又谈了一次话，接着就安排张主任和经贸委方主任、科委卫康一起去东旭公司，同东旭的三位创始人同时见了面。

方主任详细介绍了相关情况，经贸委已组建了一个工作班子为几家条件比较过硬的候选企业提供全程服务。你们也是其中一家，争取第一批获批。有很多投资方正关注着。方主任对三位创始人这个望望，那个瞅瞅，说道。

方主任这张嘴是没的说，张主任听着心里也是痒痒的。

听完方主任介绍，东旭掌门人章旭用征询的目光望了望两位伙伴。其中一位姓钱的小伙子似乎被说动了。他说道："我们都是搞技术出身，也想着有一番作为。过早当个食利阶层，不是我的追求。"

另一位胖胖的彭姓中年人则不然。他朝三位来客客气地笑了笑，他首先对政府能给予这么大的帮助表示感谢，接着他显露出十分为难的神情："我有朋友在北京接触过新三板，当然那时还不叫新三板，确实不错，解决了不少小微企业的融资难。可是，我们这家企业是已经站在风口上了，就差一笔五个亿左右的资金，立马就能腾飞。新三板第一次大概筹集不到这么多，而中大则完全不一样了。"

卫康插话道："可中大是要全盘收购你们。你们即使将来有点股份，也做不了主了。"

"听市场的。只要有需求，大老板就得听我们的，放着钱他不赚？"彭先生说道，他们和卫康都比较熟悉，说话就比较随便。

"资本有时也会扭曲市场。"方主任读过商学院 MBA，他微笑着说，尽量显得委婉,"这类事例并不少见。呵呵。"

彭先生依旧打着眉结,微微地摇了摇头,没搭话。

"那我们再想想吧。"章旭说道。

"我个人建议,"卫康说道,"你们一边权衡,一边启动新三板申请程序。前期也不需要什么资金,就是费点精力。好在方主任这边安排了人手,对你们正常业务影响也不会很大。万一你们还是选择中大收购,最多人力上有点浪费。这样吧,方主任,我这边也安排业务科黄科长过来,她对企业相当熟悉。章旭这边也可以节省些人力。"

"哦哟,这太不好意思了。"章旭咧了咧嘴,说道,又飞快瞥了瞥两位伙伴。

钱先生朝卫康做了个拱手致谢的姿势。

彭先生抬起了头,朝几位打量了一下,微笑着说:"我们确实感受到了S区良好的投资营商环境。"

事情就这么定了,两手准备。

回来的路上,方主任说:"三个创始人搞企业的目的不尽一致。"

卫康说:"很正常的。从长远看,上新三板有利,但风险是如果一下子募集不到这么多资金,那他们可能就失去一次宝贵的机遇,从此也就被淘汰出局。中大收购,可以解决眼前问题,但长远来看,章旭还能不能按市场化需要去发展,变数很大。"

"嗳,随便说说哦。"方主任朝前后坐着的两位主任笑了笑,"企业的这些具体问题,我们是不是介入得太深了?市场自有其优胜劣汰的机制,我们政府只管宏观的环境。对非公经济我们不一定管得这么细,也管不了,说白了。"说罢,他朝坐在身旁的卫康抬了抬眉毛。

"唔——怎么说呢,"卫康沉吟着,"从理论上讲,我们要让市场在资源配置中起决定性作用,但也要发挥好政府的作用。从我们区、街镇层面,我们要配合好国家抓好宏观,但我们又与企业接触更密切,企业在经营发展中遇到了共性的疑难,而市场一时又解决不了,作为基层政府有没有主动作为的空间呢?"

张主任在副驾座位扭过头,朝着他俩点了点头,表示他也蛮感兴趣的。

卫康说道:"记得当初搞多媒体孵化器时,我们也有过争论。社会上已经有各种天使投资、VC、PE什么的,你政府还用得着为那些小微企业做孵化培育吗?可天软基金一拨人却找到我们,鼓动我们政府出面搭建这样的平台,他们极希望通过这样的平台与企业接触。"

"这帮投资客是想让政府为他们背书吧。"方主任说。

"不尽然。"卫康说,"他们是想通过和政府互补来提高他们的胜率。当然,你也可以说他们是在借力。但这种借力,一来把小微企业激活了,会有越来越多的企业成长壮大。二来投资客们获得了回报,就更增加了投资的意愿。三来市场主体有了活力,政府就能创造更多的就业机会,就能获得更多的财政收入,从而推动社会和经济发展。多赢的。后来区委就定下来要搞。我们区是最早和市科委签合作建设多媒体孵化器协议的。现在来看,还是走对了。"

"政府既不能越位,也不能缺位。既不能缺位,也不能越位。这就考验我们的能力了。"张主任说道。

"到底是局级后备。水平就是不一样。"方主任拍了一下张主任的后肩,打趣道。

"嘲我的哦,兄弟?"

大家都呵呵笑了。

"这个章旭好像也是个技术男。秦书记从北京回来就马不停蹄地到他那里去了,还费这么大的心血。我们区有潜力的企业多了去了。"方主任故作沉思,说罢,朝张主任那边望了望。

"中大孟宇盯得紧。"张主任说。

"那动员他上新三板,这不是在帮倒忙了?"方主任道,"孟宇是很认秦书记的。"

"是呵,让老秦为难了。"卫康道。

"领导深谋远虑,我们跟不上。呵呵。"方主任说道。

8

中大艾丽中午打过来一个电话,下午快要下班时,张主任又接到了东旭章旭打来的电话,说中大告诉他他们决定放弃收购东旭了。他现在一门心思押在新三板上了。

把这两个电话一联系起来,张主任的担心多于庆幸。

中午从东旭那里回来,在食堂匆匆吃了午饭,他就回办公室,想跟老秦汇报一下上午的情况。等了一会儿,没见老秦进办公室,便作罢了,想着让领导中午休憩一下,下午还有个重要会议等着领导。他刚在沙发上坐下,艾丽电话进来了。

"张主任,不好意思哦,打扰你休息了。"艾丽带着歉意先打起了招呼。

"没事。我们之间还客气什么。"张主任笑着说道。

"噢。我就想问一下,乐听上《新编王阳明传》主播是谁啊?嗓音真好。我和几个闺蜜一听就黏上了。"

嚯,机会来了。张主任正斟酌着用词,对方又说上了:"怎么昨天晚上突然停播了?"

张主任一愣:"我也不太清楚。有机会我替你去问问。你怎么想到会问我的?呵呵。"

"你忘啦!上次是你跟我提起这本书的。"

"哦,对对。我那天正巧在书店里看到。"

"书店?哪家书店?我派人去了好几家,都没找到。问店里,他们回答说没有进货。作者梅姑是谁的笔名吧?"

"哟,这我就不知道了。我也是随便问问。"

"喔——那我就不打扰了。有空来坐坐哦。向书记问好。"

艾丽挂了电话。张主任点开手机上的乐听FM,果然在《新编王阳明传》第十二集有个括弧,写道:由于个人业务调整,此书演播中止。向各位听友深表歉意。再次感谢各位听友的厚爱!评论区里也突然冒出来一百多条评论,有责备的,但更多是赞赏、惋惜和祝福。看来那两三百人是真实的听众。如果正常演播下去,说不定听众会越来越多的。真的有点可惜。

可问题是,谁让停播的?

老秦?对,应该是他。那天,他问了音频能否刷流量后,脸色就阴沉了下来,还一个人留在了办公室。这应该就是他一番深思熟虑后做出的决断。这符合他一贯的作风。只是在这节骨眼上会否让艾丽他们产生什么想法?中大的停止收购会不会与此有关?

突然,他想到了一件事,立刻拨通了章旭的电话。刚打了个招呼,一下子又不知该怎么说了。原来他是担心北方的那家互联网大佬会不会乘虚而入,如若真的这样,那对中大的打击就太大了,也有违老秦的初衷啊。潜意识里,他这一突兀的举动就是想向章旭表明一下这一担忧,可又突然想起刚才章旭已表态他押在了新三板上,这是不是就暗示他也不会接受北方大佬的要求呢?我现在再提,合适吗?他嗫嚅着。

对方开口了:"经贸委方主任已经派人过来对接了,效率相当高。"

"好。那我们就按照你的说法,心无旁骛,一门心思帮你们尽快在新三板上挂头牌。"张主任说道,在"心无旁骛"和"一门心思"上加重了语气。

"OK,谢谢哦!"

"我打这个电话,就是说你遇到问题可以二十四小时随时随地联系我。千万不要见外。这是秦书记特地关照我的。"

"谢谢,谢谢!"

那边挂了电话。张主任那颗心总还有点放不下来。

下午会议结束后,老秦又和郭区长留在会议室商量事。也就在这个时候,张主任接到了章旭打来的第一个电话。他坐在会议室对面的机要室里,两边的门都开着,他可以观察到会议室里的动静。和章旭通了第二次电话后,他要向老秦汇报的心情更急迫了,主要是预感到中大会有什么负面的反应。

会议室里的商谈结束了,张主任站起身,候在会议室门口。

"嗨,我刚才还在找你呢。"老秦见到张主任,说道,"郭区长说,数字货币要放在我们申江市先试,首选我们S区。好消息啊。你们上午谈得怎样?"

"我正要跟你汇报呢。刚才章旭来电话,说中大明确放弃收购计划。"

老秦望了望张主任,点了点头,看不出是什么表情。

9

进了老秦办公室,张主任把跟章旭的两次通话汇报了一下,接着把刚才自己深思熟虑后新冒出来的担忧也一并说了出来:"或许中大的对手会趁机提出更加优惠的收购条件来达到自己的目的。不排除针对我们的担心,让我们吃颗定心丸。"

"有这种可能。"老秦坐进沙发里,依旧面无表情。

"融到的资金会远超新三板的,而且让章旭拥有自主权。只要控股权在他们手里,以后慢慢再下手,是绝对有可能的。至少目前能阻挡住中大扩张的步子。"张主任说道。

"如果对方真的这么做,那等于把我们推到了一个很尴尬的境地,变成是我们让他们和中大之间互相压价,搞恶意竞争,从而为东旭谋取更大的利益。这,不行。"老秦示意张主任一起坐下,接着说道,"章旭跟你说他一门心思押在新三板上,可没明确说会拒绝那家竞争对手。我们是从道义上来判断,章旭不会那么做,可他们也是企业,再说,即便他拒绝,那另外两位要是意见一致呢?那位钱工是技术上的核心人物,他可以带走一批技术骨干,留下个空壳。"

"那，我去单独跟章旭谈谈。"张主任说。

老秦抬了抬手："不妥。我们也只能做到这一步了。再过，就越界了。方主任那边希望他能抓抓紧。孟宇有误解，也只能有误解了。他们早晚会体会到政府的一片苦心，而且，我们还要对整个市场负责。"

"喔，上午中大艾丽来电话问起乐听上的《新编王阳明传》怎么停播了，还问作者和主播是谁。我说不知道，她也就没再问。他们是不是猜出点什么来了？"张主任道。

老秦脸上的肌肉瞬间僵硬了，随即嘴角抽搐了几下，人蓦地站立起来，几步走到窗前，一言不发。

张主任呆住了，这可是从未遇见过的。望着老秦的背影，能觉得出他很激动，但又在竭力控制着自己。他不能再吱声了，静静地坐在那里。

看来，被他猜对了，而且领导家里很可能还掀起了一场轩然大波。张主任思忖着。他很为老秦一家难过。或许，放在一般普通的家庭，雯雯也不必停播，有一批朋友愿意捧场，很正常的。流量经济，这种事例还少吗？可领导干部的子女，不一样了。

"志远，要不你先忙你的。我再想想。"老秦依旧背对着他，用和缓的语气说道，鼻子似乎有点瓮。

张主任退了出来。回到自己办公室，他还是放不下，该怎么劝慰一下领导呢？记忆当中，只有在中大遭诬陷而有个别人前去骚扰企业时，在一次干部会上老秦是动了感情的。平时，有时他也偶尔会喉咙响一点，但那多半是一种造势。刚才，他是动了真感情的。还是跟高老师通个电话问问情况吧。

高老师原来在民政学校教政经，后来这类课程少了，她到图书馆帮了一阵忙，遇到老母患病，老秦又更忙了，便申请调到行政岗位上去了。

刚接到张主任的电话，她还难掩一丝紧张，以为有什么事了，听他问起了这件事，她松了口气，似乎有点不太相信老秦会失态。"在家里我跟他说起这件事没见他有什么表示呀！见到女儿回来，也就像往常那样拍拍她的头,敷衍两句,就进自己的书房了。只是回到卧室里,他跟我淡淡地感叹了一句:做我们这些人的孩子,不自觉的,给你惹点事。懂事的呢,保不定有时还要吃点亏。雯雯是个好孩子。你代我多疼疼她吧。"

雯雯演播节目的人气飙升,高老师也是自己偶然发现的,这么多年跟老秦一起生活,养成了她敏感的心性。她悄悄跟老秦提起过她的担心。老秦说,是呵,我也很纠结。不能说一定跟我没一点关系。但你也没把握说一定是由于我的因素。小姑娘已经蛮自觉了,免费听,免费订阅,连她要好的两个小伙伴都没有告诉。她就这么点再正常不过的爱好了。我也想了好久,实在对她开不了口。还是你找个适当的时机同她聊聊我的难处吧。

高老师还没张口,没想到小姑娘自己悄悄停播了。高老师说,那天趁她父亲还没有回家,她轻描淡写地跟我说,妈,我把那个演播节目停掉了。我对梅姑阿姨的书还没理解透,等我读懂了再说。还关照,老爸不问起,你不要主动跟他说哦。我拉过丫头的手,能说什么呢,我感觉得到她的手有点微微颤抖。唉,懂事的孩子!

挂了电话,张主任感觉自己的眼角有点潮润,他抽出纸巾揩去了。

10

有了科委黄科长的加持,东旭新三板申请工作明显加速。黄带上东旭的具体工作人员在最短的时间里把需要国家、市、区相关部门提供的证明材料一下子办齐了,章旭感动得不得了。中大竞争对手还在悄悄与东旭另两位合伙人在谈判桌上讨价还价(他们得悉中大放弃了收购,对东旭的态度变得有点微妙了),负责全市新三板的市中小企业办已经收进了东旭的全部申报材料,章旭的腰板更硬了。

东旭这边好消息不断,可中大那边情势不妙。

虹宁街道党工委书记找到老秦,说是区消保委要约谈中大,理由是接到投诉,中大在社区团购市场中搞不正当价格行为。现在网上已经出现了不好的苗头,中大的竞争对手正虎视眈眈寻机搞臭中大。希望老秦出个面,可否暂缓约谈。

社区团购是新兴起的植根于社区居民团体内通过互联网进行线上线下购物消费的一种新零售模式。虹宁街道开始针对辖区里一些老年群体行动不便,鼓励一些有条件的社区居民当起了团长,帮老人解决买菜、购物难的问题。优惠的价格、便捷的供货,结果在其他居民中也迅速铺开了。不少电商嗅到了商机,纷纷插足。很快这种新零售模式便呈星火燎原之势。

中大得益于业已拓展的C2M第三方社交平台和在北海省等地推广"中大庄园"所积累的优势,很快在这片快成红海的领域抢得主动。

这些老秦都清楚,他觉得这是互联网在向民生领域渗透和发展,他乐观其成。不过听虹宁街道的书记这么一说,开始他有点不太相信孟宇会搞这类不当行为。当然,如果真的搞了,消保委乃至政府管理部门肯定是不能坐视不管的。

"现在首先要弄清楚中大有没有这么做。"老秦对街道书记说。

中大下属的第三方平台注册在虹宁街道,服务好自己辖区内的企业,也是街道一项重要工作,更何况中大在支持虹宁街道试水社区团购上出过大力,街道书记的心情完全可以理解。

"不过,我们服务好企业,并不等同于无原则的娇惯,这样反而会害了企业。"老秦拍了拍街道书记的肩膀,说道,"我会派人去尽快了解清楚,然后看下一步怎么做。"

老秦让张主任直接去找艾丽,因为这阵孟宇不在国内。

张主任有点犹豫。他说:"这事来得还真不是时候。我直接去,他们一定会猜出来这是您的意思。目前他们对您已经有点误会了。他们了解到竞争对手在悄悄与章旭谈收购的事,而我们政府这边也没见阻挠。据说他们管理层很有想法,孟董也很尴尬。现在您再直接插手调查这件事,人家会不会以为您是不是跟孟宇结下了什么梁子？我的意思,是不是先让经贸委去,它是行业管理部门,去了解企业发展,对新商业模式进行探讨,是很正常的事。也不要让市场监督局去,因为它是执法部门,容易在社会上引起误解。网络上的舆论是很有杀伤力的。"

"你讲得不是没有道理。问题是,时间上等不及。消保委接到投诉,是要在规定的时限内做出反应的。否则,人家告你不作为。"老秦说,"我想在明天上午消保委约谈之前搞清楚这件事。"

"好吧,我去。"张主任道,他意识到老秦在走一步险棋。如果了解下来中大没这回事,他会果断叫停明天的约谈。网络时代,标题党们只要写上一句"中大被消保委约谈,详情不明",就够中大喝一壶的了。他们写错了吗？没有。但如果确有其事,他会阻止消保委的约谈吗？肯定不会。那老秦就直接把自己顶在杠头上了。依着张主任原来的想法,先让其他业务部门去,就是依规处置,得罪了中大,老秦也可以先装作不知情,事后再做些回旋,那中大也不会直接归罪于他。当然,这样做需要时间。而时间上看来是来不及了。

张主任也不是个没原则的人,他之所以现在很在意与中大的关系,除了收购东旭外,还有一件事,他斟酌了老半天都没敢向老秦透漏一点点。前几天,一位好朋友私下里告诉他一个不啻石破天惊的秘密：中大正悄悄在几个区找地建集团总部。今年上半年中大把回归A股的六十亿个调税缴进来了。开始看到报表,不少区打电话来问情况。听说是一次性的税收,都松了口气。不可持续,而且会给明年的财税增长带来压力。这应该是他们的潜台词。事实也是如此。S区没有这笔收入,其税收总量和增幅也已名列中心城区的前茅了。今年基数搞大了,明年增幅压力山大,这是明摆着的了。一次张主任遇到郭区长,问起对明年财税增幅的展望,郭区朝他眨了下眼,低声说：吃力。

唉,这件投诉案如果处理不当,那可就为渊驱鱼,为林驱鸟了。张主任感到落地玻璃窗外的大太阳都有点暗淡下来。

11

艾丽也不是很清楚压价销售的具体情况，看到张主任亲自来了，便急急叫来第三方平台负责营销的副总。副总姓赵，三十出头，说起话来，眼睛滴溜溜转。提到这事，他还有点气呼呼的。

上星期他们发现一批扎堆在社区团购里的电商以各种促销方式搞低价销售，比如以大大低于进价的价格或通过各种补贴、奖励等名义，与他们抢夺客源，蚕食了中大不小的份额。他们再设法挖下去，查到有不少这类企业后面有好几家大电商的影子，他们有的是资金优势。于是营运团队决定以牙还牙，他们选择胡萝卜、洋葱这两类品种小试锋芒，其价格不仅更低，菜品又从中大庄园里直接收来，当中没有任何中转环节，既快捷又新鲜。初战告捷，他们正准备扩大品种。接到消保委通知，他们很不服气，始作俑者不是他们，倾销的力度也数他们最小，为什么偏偏要找上他们。

"这事上过集团总裁会议吗？"艾丽问。

"这个，我们营运团队历来有权制定促销方案的。"赵副总感到有点奇怪，说。

"这是低价倾销，会涉及国家的《价格法》。"艾丽说道，"这事要惹麻烦了。那几家多狡猾，让他们的替身出面，一举两得。"

"那么多电商在干，没人处理，这不公平啊！"赵副总有点叫屈。

"嗨，谁叫我们是大企业呢。"艾丽叹了口气，瞥了张主任一眼。

话里有话。张主任品得出来。他开口说道："相信相关部门会出手的。这种低价倾销的目的，就是要挤掉对手，垄断市场，然后再抬高物价，牟取垄断利润，最后搞乱市场，坑害老百姓。我已经得悉，区消保委在约谈你们的同时，已经把这一情况向上做了紧急汇报。"他顿了顿，又说道，"两位啊，请你们转告一下孟董，我个人意见，你们明天还是如约去消保委。我还建议你们立即停止这种不正当行为。按理,我也没有权力直接干预你们,但我和秦书记都是你们企业的联络员,为你们服务好也是我的责任。及时给你们提个醒,这也算是一种服务吧。"

赵副总朝艾丽瞟了瞟,没吭气。

艾丽低垂着眼睑,没有作声。

一阵尴尬的静默。

张主任也没再开口做什么解释和劝说。刚才临出来前,方主任给他打了个电话,请他晚饭后与他一起去拜访一位方主任大学时的同学。这位同学今晚抵达申江市,他是随总行领导来落实数字人民币试点的事。开始张主任觉得自己手是不是伸得有点长,方主任神秘地说,这是我给你的撒手锏。你来就是了。撒手锏?什么撒手锏?哦,对了!S区是数字人民币首批试点区,有不少大企业正盯着这块香喷喷的蛋糕呢!这其中就有孟宇。区里小范围商议过,觉得中大持大股的互联网银行——中大商业银行可否争取成为首批参与公测试点的商业银行。为此,郭区长还陪同市相关部门领导去过好几趟北京,总的感觉似乎不是没可能的。当然离正式往上申报还得走一段复杂的程序。倘若中大离开了S区,那就是另一回事了。再说,涉及国家法律法规的事,谁都没有铁券丹书。万一你在这低价倾销上真的栽了大跟头,那以后倒还真难办了呢。

"这样,张主任,"艾丽抬起了眼睛,很真诚地说,"我马上和孟董电话汇报,争取今天就叫停这种活动。明天的约谈,可否暂时缓一缓。你也知道,这事要是一传出去,那就被竞争对手拿住了把柄,我们的市值肯定会大跌,损失太大了。"

张主任明白她的苦衷。那些网络喷子和竞争对手肯定不会放过这种机会的。可你确有其事,且已收到投诉(或许这投诉就是对手的招数),按照《消保法实施条例》,消保委必须出面。赶在约谈前企业自觉停止不当行为,多少可以更主动一些,目前这对企业而言是上上策了。他把这层意思跟两人说了。

"反正,我还是这么个建议。请张主任回去能跟秦书记汇报一下。望能体谅我们企业的难处。"艾丽站起了身,有点送客的意思。

"如果你们叫停了,跟我挂个电话。打扰你们了。"张主任也站了起来。

艾丽让赵副总先走一步,没外人了,艾丽凑近张主任,低声问:"我们中大有什么事让秦书记不开心了吧?说出来,我们一定改。"

"哪里!没有的事。"张主任故意做出惊愕的样子,"老秦还在想着怎么争取让你们的中大商业银行能参加首批数字人民币公测试点呢。"

"这我们都万分感激。"艾丽说,"张主任,我可把你当作哥们,你千万不能见外哦!"

12

晚饭后,张主任没跟方主任去成。快下班时,老秦接到Z区区委钟书记的电话,说他和他们区的田区长开完会后前来拜访一下老秦和郭区。老秦先说欢迎欢迎,接着问有什么急事吗。对方说,占用时间不会多,来了就知道了。

郭区也留下来一起吃了晚饭。两位领导猜不出会是什么事。一个区的党政一把手突然联袂来拜访,倒是很少见的。其实两位晚上都有安排的,但看人家这么急,一定是大事,也就不忍心回绝了。

一直等到晚上七点,Z区两位领导带着两办主任急匆匆地赶了过来。请进会议室,郭区让工作人员端来了准备好的菜肉包子、番茄汤和酸奶,一定要客人吃了再说。好好,客随主便。钟书记招呼同伴不要客气,带头咬了一口包子,一面咀嚼,一面称赞道,哟,老田,郭区的包子馅多哦!呵呵,田区长笑了笑。

不消一会儿,桌面上重新收拾干净。钟书记一脸真诚地说道:秦书记、郭区长,今天我和老田特地过来,向你们表示真诚的谢意!高风亮节啊!他伸了伸大拇指。

田区长也颇有同感地点着头。

老秦和郭区对望了一眼,似乎猜到了什么。

钟书记说道:市委甘书记告诉我们,说你们向他提出,在核定中大税收基数时要把中大一次性缴纳的那笔个调税给扣除掉。坦率说,中大这么个大电商能迁来我区,我们很感谢你们,不仅仅它每年能带来十多个亿的税收,而且更会把我们春申江北岸的品位再提升上去。当然,我们也有个担心,如果那六十亿的一次性税收也要算在每年转给你们的基数里,那我们的压力可就太大了。我本来想和老秦私下里聊聊,能否有个变通办法。老田不同意。他说,老秦、郭区已经够大度了,我们开不了口的。真没想到你们主动为我们解决了大难题。

一次性的税收要算进转给我区的基数里,我们也开不了这个口的。再说,你们在北岸投了那么多,财政压力已经够大了。郭区说道。

老秦说道:前天中大孟宇董事长跟我打了电话,说他们已经投标你们那块地了。我表示支持。我和郭区的观点一致。他们在我们Ｓ区寻寻觅觅快有一年多了。我们哪里还有两百亩的整幅土地。也不能让他们在我们这里给憋死吧。孟董又说中大若真的要离开Ｓ区,他会一次性捐款五个亿给区教育基金会。我说,心意领了。但你们资金压力也蛮大的,最多每年来捐一点,表示没忘记这块生你养你的土地。

田区长说,钟书记也替你们说了几句。意思是这个一次性进来的税收,在财政做统计报表时也不应该作为Ｓ区财政考核的基数。否则,Ｓ区有点亏。甘书记说,这张财税统计表,是你们区县自我加压,搞比学赶帮超,请财政帮你们做的,不具有官方性质。我们很难发话,当然,在具体考核时,我们会实事求是的。

谢谢你们。老秦说,理是这么个理。我和郭区努力把压力变动力。最近,我们准备在全区开一个招商安商的表彰大会,来一次全区上下再发动。

送走客人,在电梯厢里,老秦对郭区说,其实我内心也是蛮感激钟书记的。一个多月前,他就打我电话,说中大在他们那里找地,问中大是不是与我们闹不愉快。我说,没有,但我们实在没地了。有利于企业发展,有利于经济发展,我们服从大局。还好他早跟我们透露了这一动态,让我们在思想上早做准备。

郭区说,是啊,现在各街镇、各部门都铆足了劲。财政增幅力争后年转负为正。

老秦说,"功成不必在我,功成必定有我"。这可真不是说说的。

13

还好,中大听从了区消保委蓝副主任的建议,在约谈后当即在自己的官网上发布了一则消息:中大已于日前自觉停止两款菜品的低价倾销,今日已向消保委递交整改方案。S区有线电视在午间插播了一条新闻,中大派员指导全区各菜场摊点共同参与社区团购,使关乎民生的菜篮子工程增添了生力军。还配发了小摊贩夸赞这一善举的现场采访。

一场蓄势待发的网络舆论攻击,无疾而终。

没过几天,国家监管部门对社区团购领域里一批违反《价格法》,搞不正当价格行为的企业给予了顶格处罚,整个社区团购市场混乱局面被扭转了过来。中大因为情节轻微且预先已做整改,处罚程度较轻,争取到了主动。

拜访老同学的第二天一早,方主任就打电话给了张主任,说谈得很好。老同学说因为有纪律,他不能多说什么,但了解了申江市和S区两级政府对数字人民币如此高度重视,更增加了他们进行试点的信心。临了,方主任有点不无得意地说,最关键的是,我跟他留了句话,S区多多少少要有点发言权的。

这话什么意思?张主任让对方可否再说得明朗一点。

到时再说。方主任卖了个关子。

方主任看似文弱书生,却也是个雷厉风行的人。第三天一早,他就带着一位神秘的客人来拜会老秦和郭区长。张主任原来安排在201贵宾接待室,老秦、郭区在底楼大堂恭候。方主任一概谢绝。他带着客人径直来到老秦的办公室。

这个神秘的人物不是别人,是当下声名显赫的互联网教父级人物——侯凡。侯先生五十不到,身材魁梧,国字脸,一袭黑色唐装,脚蹬圆口皂色布鞋,谦逊的外表下难掩一股咄咄逼人的锐气。

啊,久仰,久仰!老秦和郭区都热情地迎了过去。

久闻秦书记、郭区长大名。今日有幸相会,不胜荣幸之至!侯先生双手合十,欠了欠身,然后趋步上前,同样热情地与两位区领导紧紧握了握手。

在会客室沙发上落座后,侯先生双膝并拢在一起,身子微微前倾,微笑着说道:昆仑兄每每提起秦书记,都好像矮了半个头似的。

昆仑兄?老秦愣了愣。

房昆仑。侯先生道。

噢——昆仑主任!还没祝贺他高升呢。老秦忆起来了。

其实他早就享部级了,这次职务上再给个说法。侯先生像议论自家兄弟似的。您这次在党校交流发言,他听了后对我说,不得了,看来我要让贤了。您可把他吓得不轻啊!

大家都笑了。

其实,我跟贵区早有缘分。侯先生呷了一口茶,嗓音略显低沉地说道,我的养母就住在贵区。我三岁那年,父母离异,谁都不要我,是邻居潘宝芬阿姨收留了我,一直把我抚养到七岁,我的舅公才来把我接走。宝芬阿姨后来回了申江市,现在就住在你们区的第二养老院里。老人一直拒绝我的报答。这次我有设想把我的金融板块放到申江来,也是想做一点回报。再说,申江是国家倾力打造的国际金融中心,很适合我的发展。

两位区领导微微颔首。

老人家还好吗?老秦问。

昨晚一下飞机,我就直接去探望了。养老院照顾得相当好,老人身体硬朗,精神矍铄,实在出乎我的意料啊。都九十三岁高龄了,一切都能自理。拉着我的手,一个劲夸赞养老院。是秦书记、郭区长领导有方,也为我卸下了一个沉重的心理负担。真的要谢谢你们。侯先生说着站了起来,朝两位领导毕恭毕敬地鞠了一躬。

应该的,应该的。做得不够,尽管提出来。两位领导跟着起身,说道。

侯先生接下来就想在我们区转转,想选个合适的办公地方。我会全程陪同,及时向领导汇报进展。方主任也站了起来,说道。

大家都重新落座后,郭区说,感谢侯先生看好我们区,我们会全力做好服务的。

这一点,我也已经感受到了。侯先生笑了笑,眼睛看向方主任,方主任这一周来一直跟我的秘书保持着联系,把你们的情况和政策都跟我们说了。热情,专业,是我们对他的第一印象。有什么样的干部,就会有什么样的营商环境。来申江,我首选你们S区。

谢谢,谢谢!两位领导说道,并都向方主任投以赞许的目光。

方主任谦逊地咧了咧嘴,那神情仿佛在说,这都是应该的,不足挂齿。大概准备看哪几个地方?郭区长关切地问。

主要是景河商务区几栋5A级写字楼。方主任说道,侯董第一步只要三四千平方米,接下来会再到彩虹园拿一栋楼。

做互联网金融,关键看信息基础和宏观政策环境能否跟上。彩虹园我之前悄悄去过几次,那里会是我最后落脚点。侯先生说道。

嚄,我们一点都不知道。郭区长说道。

谨慎一点。不想引起外界猜测。侯先生解释道。"数字S区"如雷贯耳,我也是心仪已久。唯愿此番能够合作成功。

小方啊,如果侯先生一时没看中那几栋楼,不妨带侯先生再去看看我们新申集团自己的兆华大厦,好几个五百强在里面。新申自己的几个公司也占着几个层面。不行的话,就让新申自己的公司腾出来。郭区说道,朝老秦望了望。

老秦赞同地点了点头。

侯先生感动地望了望两位领导,似有很多的感慨一时无以言表。

好的。方主任回道。

互联网金融已经是全球互联网经济的新的制高点,云尚集团蓄势久矣,该借助S区这块宝地再度腾飞了。侯先生面容平静地缓缓道来。

"好!"大家忍不住叫道。

陪着领导,在送客人的时候,方主任拖后了几步,悄悄与张主任咬了一下耳朵:每年至少缴税四十五个亿。

14

侯先生选址出乎意料地顺利。第一站东金大厦,走进A幢底楼大堂,他飞快地扫视了一下迎面墙上一组企业铭牌,低声问方主任,捷虎就是老美的那家汽车公司?得到肯定回答后,他喃喃自语道,这家对场地很挑剔的。

十一二楼,正好有一家企业迁出,一层半,两千多点平方米。大厦招商经理介绍,再过个半年十二楼的余下部分合同到期,也可以匀给他们。侯先生笑了笑,抢滩哪,先找个立足之地。方主任对经理说,你们价格上优惠点。云尚来了,那有多大品牌效应。一定,一定。经理应道。侯先生摆了摆手,小企业,小企业,不能和你们那些五百强比。

就这么定了,其他地方都不去看了。侯先生还得踩着点去拜会市金融部门的领导。上车前,侯先生拉住方主任的手,微笑着说,方主任,今晚上我请你吃个便饭,肯赏光吗?

晚上我来您宾馆喝个茶吧。方主任接口道。

好的。理解,理解。吃饭以后有机会。侯先生点了点头。

下午三点多回到机关,两位区领导都在外面。方主任分别给两位发了短消息,接着又拨通了张主任的电话。

张主任正陪着老秦在几个街道搞养老设施建设的调研。他边压低声音跟方主任说着话,边从会议室里悄悄走了出来。哇,效率高。他赞叹道,既可理解为对侯先生作风的肯定,也可理解为对方主任办事效率的赞赏。

晚上侯董约我喝茶,我估摸着有实质性东西要先跟我提一下。我想请你和我一起去。方主任热情地说。

我就不去了吧。师出无名。张主任推辞道。

张主任,你听我说哦。一来,对你来说,能与这些大佬多接触接触,丰富你的经历,对不对?二来,我在想,你能出面,多多少少是不是有点代表秦书记的意思,那就体现了区最高领导对这件事的重视啊。

说实话,张主任内心还是蛮想与这样的企业多有接触,他毕竟也是搞经济出身,对这一块有感情。还有,这个项目若能成功,也能在一定程度上扭转一点明年S区在财政增长上的尴尬局面。开始方主任向他发出邀请,他以为是人家客气客气,方主任说出了后面两条理由,至少说明人家是真心诚意的了。怎么说呢,方主任这个人,脑瓜灵,办法多,有扑劲,这点大家都认可。当然对他也有点议论,说他做起事来有点喜欢出风头,不太顾及旁人的感受。张主任的观点,只要把握好一个度,应该是一种积极因素。总之,今晚去,一定注意不要抢了他方主任的风头。

张主任答应了。

晚上九点,张主任和方主任准时到了江东凯豪大酒店。在挑空的大堂,侯董的秘书裘刚已坐在大沙发上等候着。见到他们进了旋转门,他立刻迎了上来,热情地对两位说道:欢迎欢迎,二位辛苦你们了。我们先到咖吧坐,我马上请侯董下来。

下午约好张主任后,方主任就和裘秘书通了个电话,说了他邀请区委办张主任一起来的事。张主任是局级后备,都在《申江日报》上公示过的。朋友么,多多益善。他这么说,一则出于礼貌,二则也是表示一种近乎。

咖吧很清静。在一个半封闭的包间,核桃木的茶几上铺着亚麻色的桌布,上面放着一大盘十分醒目的暗紫色车厘子,颗粒饱满,泛着光泽。

这是侯董特地从北京带过来的,请尝尝鲜。裘秘书招呼着两人落座。

这么大颗粒的,市面上很少见。方主任说。

"香山红果",侯董自己种的。裘秘书说。

嚯,香山樱桃!方主任赞叹道。

呵,还有点距离。借个名头。香山——向善、向上。呵呵。裘秘书笑道。

不一会儿,侯先生进了咖吧,一件白色中式立领长袖衬衫,一条白色宽松中式长裤,一双浅灰色圆口布鞋。目光相遇,他老远就拱起双手,笑吟吟的。

15

分管经济的副区长岑果从市党校学习回来了。他建议请老秦和郭区长一同听一下昨晚张主任、方主任与侯先生交谈的情况。老秦的意思是,分管领导回来了,就请两位区长直接关心吧。岑果表示,涉及金融创新这一块,最好一把手也听听。政府这边既要积极鼓励,也要谨慎小心。金融安全是国家安全的十分重要环节。老秦听出点味儿来了,便腾出了时间。

方主任首先汇报。他显得沉着、平静,但在某些用词上还是悟得出一点倾向性的。比如,说到云尚集团准备把金融板块整体移到S区来,重点聚焦为小微企业提供普惠的金融支持,为互联网企业的交易提供金融担保等,其数额都在千亿级以上。他说,这样数量级的资金,不正为我们一直焦虑的破解一批科技创新型小企业融资难打开了一片新天地?还有,从招商引资角度看,海量级企业的数据掌控在他们手里,我们与他们合作,这些就能成为我们优质的招商资源。我觉得,这样的招商,才真正可称得上是择优招商了。

侯先生对我们政府这边有哪些具体要求呢？郭区长问道。

方主任说道，三条。一、通过我们区上市办争取市、国家层面给予支持，他们将分散在集团各处的涉及金融的业务全部整合起来，申设一个独立法人的金融科技创新公司，上科创板。二、他们的云上银行被列入首批数字人民币公测试点的银行。三、请区出面，争取市政府与他们签一个战略合作备忘录。

岑副区长咳嗽了一下，这是他想说话前的一个习惯性动作。

方主任似乎没听到，他咽了口口水，接着往下说，上市的事，我昨晚就跟市上市办一位领导通了个电话，简要地说了一下，他蛮感兴趣，表示这几天他来一下，详细再谈一谈。数字人民币公测试点，我也了解了一下，如果条件不比中大差，不是没可能。唔，我的意思，中大就要走了，我们好不容易也出了好大力才争取得来的资源不能白白浪费掉。云尚如果比中大条件更硬，为什么就不能置换一下呢！实事求是嘛！第三个，与市政府签战略合作备忘录，我们可以把内容写得原则性一点，再说是备忘录，也不是严格意义上的法律文件。

看得出，领导们都在用心听和思考，一时间都没作反应。

张主任，你也是百忙中一起去的。看看我哪里汇报得不全，你来纠正。方主任见没什么反响，有点意外，便对张主任说道。

基本上就是这些。我么，感觉，这三条里面，头一条是关键。张主任说道。他昨晚回来一路上一直没吱声，他有一种直觉，似乎与一同回来的显得蛮兴奋的方主任心情不尽一样。

岑副区长点了点头。

为什么非得上科创板呢？它对企业的科技含量是有很高要求的。郭区长喃喃道，得打开来看看。光是市场前景好、盈利状况好，没有一定的科技支撑，要上是有难度的。还有啊，他看着方主任，关于数字人民币的事，你没对侯先生做什么许诺吧？

没有。我是个别与我的大学同学聊起过。方主任道。

你大学同学？三位领导都带着疑惑望向方主任。

方主任跟我说起过。他这位同学这次随总行领导来申江。本来说好我同方主任一起去拜会他的,后来因为要临时接待Z区的领导,就让方主任去了。主要是向他介绍了我们区积极支持数字人民币试点的情况。别的方主任也没多说什么。张主任说道。

方主任不住地微微点着头。

我同意郭区的意见。数字人民币试点的事,要慎重。上面基本定了中大,千万不要因为我们区的因素而再更改。这不仅仅是全局观的问题。老秦朝方主任看了看,目光里含着善意的提醒。

方主任似有不解,但还是点了点头。

看看,是不是请岑区带上方主任、发改委、科委的同志再与侯先生对接一下,主要了解一下企业在金融这一块的情况。区政府在决策前,心里得有个底,希望侯先生能理解。郭区长说道。

岑区说,好的。方主任,麻烦你抓紧联系一下吧。我这几天就把这件事放在最头里了。

老秦点了点头,我同意。

16

中大的孟宇一回国就要拜会老秦。这几天老秦都在市里开会。张主任和老秦通了个电话,建议领导哪天中午抽个时间赶回来和孟宇见个面。老秦同意了,并提出就当天中午。请他们一起在机关食堂吃个便饭,边吃边聊。老秦又补充道。

定下时间后,区教委党工委书记池立也打来了电话,告诉张主任孟宇此番拜访可能会谈及他们捐款给区教育基金的事。张主任说听老秦说起过,老秦意思至多每年教师节欢迎他们稍微贡献一点,数额不要多,表示尽一点社会责任和不忘S区的意思就可以了。池书记说,不是哦,他们要一次捐五个亿。我也不知道什么背景,说要跟领导汇报。他们说,不要对外声张。这我就更不敢轻易答应了。这事被我一直拖着呢。张主任说,那你今天中午一起过来吃饭,不管怎么着,当面向他们这番好意表示感谢。池书记回答好的。

就像约好了似的,老秦的小车刚在食堂门口停下,孟宇的那辆黑色别克就尾随而至。老秦也早就认得这辆老别克,他下了车就趔到别克左侧后车门,面带微笑等候着。车门一开,孟宇急不可待地钻出来,人还没伸直腰,便伸出双手,紧紧握住老秦伸过来的手,连连说,秦书记,打扰了,打扰了。老秦打量着他,笑着说道,还是那么朝气蓬勃,一点没变。艾丽推开副驾座车门出来了,笑盈盈地向老秦问好。老秦也热情地同她握了握手,然后,他把与张主任站在一起的池立介绍给了他们。

喔,今天终于见到了我们中大员工孩子们的教父了!孟宇紧紧拉着池立的手。

中大成立的近二十年,一批开创者们在S区度过了灼灼韶华,也在这块土地上置家、生子。S区长期坚持教育优质均衡,从幼儿园到高中,其教育水准都不错,为他们着实解决了不少后顾之忧。因此,从这个角度来看,要迁离这块土地了,他们要表达一下感恩之情,也多少可以理解。不过,老秦考虑到的是,捐款数额太大,又恰逢企业要迁移,太容易让人产生联想了,社会影响不能不顾及。坦率讲,孟宇就真的没有那方面的考虑?大家不必都点破的。不点破,是一种尊重。老秦还是希望与中大继续保持这么种"亲"和"清"的关系。

看到一拨人在临窗的一张饭桌前坐下了,郭区长和岑副区长也端着盛好饭菜的不锈钢餐盘凑了过来。

孟董,我们的饭菜可没什么改进哪!秦书记是不是太抠了一点啊?郭区打趣道。

孟宇打量了一下张主任和几个工作人员帮忙端上来的盛满饭菜的餐盘,笑着说,不错了,不错了。

艾丽接着说,将来人类把吃饱和解馋会区分开来。一天几粒营养丸,既保证你一天营养的摄入量,还不会饿,至于解馋么,那就归娱乐享受一类去了。

大家都笑了起来。

孟宇一边跟着笑,一边不为人觉察地偷偷瞄了老秦一眼。

饭桌上,孟宇果然谈了捐款的事。老秦说,真的十分感谢你们。池书记跟我说了,每年教师节你们都要贡献一点的,已经坚持了十余年。你们已经做得很好了。一下子捐那么多,会给其他企业带来压力。细水长流吧。

你们每年上缴那么多税收,这就是在为社会作贡献。池书记说,你们可是排在我区前几位的创税大户啊!

教育是立国之本。九年制义务教育更是国家财政的刚性支出。老秦接过话头说道。社会捐赠,主要是倡导一种尊重教育的良好风气。

话说到这份上,孟宇也不好再说什么了。见气氛有点尴尬,老秦又主动问起企业发展情况。艾丽滔滔不绝地讲开了。确实是个精明的女子,大家只有倾听的份了,避免了不必要的冷场。

临了,郭区和老秦悄悄交换了个眼色,然后对孟宇说道:我们还要预先感谢你为数字人民币试点做出贡献哪!

孟宇微笑着瞪大了眼睛。

总行基本定下了你们作为公测试点单位之一。S区是"互联网＋生活服务示范区",被要求要率先提供更多领域的应用场景。我们继续一如既往地合作下去哦!

孟宇激动地站了起来,和几位领导一一握手,依旧挂着谦逊的微笑,但还是看得出他脸上的肌肉在微微颤抖。

17

这天,老秦有点尴尬地告诉张主任,区民政局韦局长告诉他,昨天一天云尚集团侯董悄悄向区内十一家公办养老院各捐了二十万。他们事先没同民政打过招呼，还坚持不要对外声张。加起来毕竟也是一笔不小的数字呢。

要不让有线台报道一下？张主任建议道，那几件事都没做成，不表扬一下，还真有点不好意思呢。

是呵，总得要有所表示。老秦沉吟道。

围绕侯先生提出的希望S区能给予支持的那三件事，区里着实忙碌了一阵。包括老秦、郭区长、岑副区长也都分头拜访了相关领导和部门。

关于签合作备忘录一事，上面蛮支持的，就是建议等到申江市新编制的关于深化智慧城市建设规划方案正式颁布时再安排，这样内容更具针对性。当然这要到明年年初了。关于公测试点的事情，相关方面表示，就目前而言，试点单位基本框定，都是经过慎重考虑，不宜再扩容。好在面上铺开后，那些管理规范的大电商都会被接入的，以后的前景会越来越好。

老秦他们也知道，上面两项不是侯先生最关注的，关键是新设立的金融公司尽快上科创板的事。这件事花去了他们不少精力。

那天一大早，经贸委方主任就来老秦办公室，说是领导约好他的。老秦还没到，他就先在张主任这边坐一下。张主任心里纳闷，按照日程，今天上午老秦要去几个学校调研的。他此刻就在等候他。行程改了，他怎么不知道这事？当然他不会显露出来。

秦书记今天一清早打我电话，也不知什么急事。看来方主任还是觉察到了，他装作不经意地说道。

坐，先喝口水。早饭吃了吗？张主任沏了一杯茶递过去，问道。

吃了。方主任接过茶杯，坐了下来。云尚金融这块能过来，那我们完全就可以补上中大的缺口，而且还绰绰有余。他面露喜色，憧憬道。不过，说这话时，目光有点游移，两只手绞在一起，好像不怎么放得开。

区委书记一大早就亲自直接打电话找他个别谈话，是个什么样的心情,张主任能够体悟到的。他没有和别人一同揣摩领导的习惯,于是就找了个另外的话题。他说,丹赫化工总裁来访的事,他们行程定下来,你马上通知我,我来帮老秦安排出时间。

好,谢谢。方主任客气道。

这时,老秦到了。小方,让你等了一会吧?他用略带抱歉的口吻对方主任说道,接着又转向张主任,昨晚池立打电话来,说是今天上午国家教委的同志在市里的座谈会结束后,争取挤出时间到我区来看看几个学校。原定的调研索性另改时间吧。上午我和方主任说点事。

方主任口里说着我才到,我才到,一面跟着领导走进里面的办公室。稍顷,方主任又从里面出来,拿起茶几上的茶杯,朝张主任咧嘴笑了笑,折了进去。个别谈话,不便打扰。张主任在心里说。

趁着领导在找人谈话,张主任忙自己的其他事去了。

过了一个多小时,方主任打电话给张主任,问他晚上是否有空陪他一起再去拜访一下侯先生。侯先生再待几天就要回去了。张主任明白这是老秦的意思。如果作为工作,他以区委办主任身份去直接参与商务洽谈,有点不太合适,但沿袭上次口径,作为一个朋友去拜访,那就显得彼此蛮亲近的。可以非正式地向对方表明区里的意思,等到区领导再与其正式会面时,有了思想准备,不致太难堪。不过,原来说好是岑副区长先去拜访侯先生的,现在改为方主任。这会是什么意思呢?

张主任先是一口答应了下来,还答应下午抽出点时间与方主任先对对口径。

回到办公室,他又到老秦那里去转了转。老秦正在看文件,见他进来,就打招呼道:晚上要辛苦你了。张主任说,没什么,是次难得的锻炼机会。老秦说,反正我们的意思,你也参加昨天的会的,应该清楚的。我刚才与小方也一再强调了,我们鼓励创新,包括鼓励金融创新,但我们各级政府都有责任共同维护好国家的金融安全。希望他们能严格按照国家相关金融管理的法规来运营。如果他们仍然愿意把新公司放在我们区,我们愿意积极配合相关部门为他们更规范的运营出力。我们又是国家级互联网＋生活服务示范区,他们的空间还是很大的。当然他们另有考虑,我们也千万不要勉强。不注册在我们区,我们照样可以很好地合作。让他们不要有什么顾虑。说着,老秦站了起来,说道,昨晚很晚了,我和两个金融界的朋友通了电话,把我们白天的想法和他们说了一下。他们都赞成我们的观点。我理解几个关键点:一是企业主要盈利点在哪里,二是企业主要资金来源。他们拟成立的公司科技含量不高,其主要盈利就来自放贷,而且资本杠杆已经过高,未偿还的一万多亿贷款总额中97％以上属于银行承销或证券化的。如果通过科创板上市,后果严重。还有,老秦皱了皱眉,说道,我和郭区、岑果议论过,互联网上的海量私人等数据被资本完全掌控,我们没有一点制约的话,十分危险!

张主任点了点头。

唔,老秦说着,拉开抽屉,取出一本薄薄的新书,我想把这本书赠送给我女儿。

张主任没接,伸过头瞅了瞅:《科学发声和嗓音的塑造》。他立刻明白了,好主意! 他赞道。

写句什么话在上面呢? 老秦问道,你和年轻人接触多。替我想一句。

您先想几句,我来选。张主任道。

老秦从这本新书里取出夹着的半张 A4 纸,说道,就想了一句,太老派了。

如果您用年轻人的口气写,倒显得不够庄重。张主任道,我写我心。他借用了一本书的书名。

老秦把半张纸条拿到眼前,一字一顿地念道:"追寻先哲们的踪迹,与自己的心灵对话。赠女儿雯雯。父亲:秦原。"

就这一句了! 张主任说道,不要再改了。越改越显雕琢。

好,那就这一句。老秦说道。

18

区民政局举办一个中型的智慧养老座谈会,安排在机关大楼202会议室,那是可容纳四百多人的会场。偌大的一个挑高空间,只在中央摆放了一圈呈长方形的会议桌椅,雪白桌布,绛红色桌裙,座椅上全部套上了与桌裙同一色系的椅套,看上去很是庄重。

会议邀请了市、区相关职能部门、社区和辖区内的部分养老机构负责人与会。随着社会老龄化的加深,养老事业业已成为政府高度重视的一项民生工程,区委书记秦原和区长郭坤也双双出席。

会议还邀请了云尚集团创始人侯凡做一个主旨演讲。会上,老秦和郭区还为侯先生颁发了捐款证书。

会后,两位区领导又在会客室与侯先生进行会谈。

平素一贯显得云淡风轻的侯先生难掩一丝感慨之情。显然,他不会是因为地市一级的领导为他颁发了捐赠两百万元善款证书这么一件事。更大的场面他都见惯了的。

他告诉两位区领导,他们团队高度重视区里的意见,回去后会认真研究,对科技金融这一块对标国家有关法规,逐项分析,一方面要在市场的大海里不断开拓创新,另一方面也要绷紧依法合规这根弦。

郭区长表示,将来若条件成熟,还是一如既往地欢迎侯先生来发展。

老秦说,作为国家级互联网+生活服务示范区,我们向全球企业张开双臂,绝不会只盯着注册在我区的企业。比如在智慧养老、智慧社区、城市智慧管理等方面就已经完全可以合作了。

郭区长连连点头,赞同道,对,对。随时欢迎。

送客人到电梯口,老秦再一次紧紧握着侯先生的手,接着伸出胳臂和对方来了一个拥抱。

相逢不是梦

1

一看就不像是在大城市里长大的,虽然头发梳理得很服帖,一套藏青色西服也蛮整齐。

ICU门外,在魏姓交警的介绍下,周丽第一眼见到这个姓郭的年轻人时,立刻就想到,这种人难搞的。

作为寰球广告曾经的总编助理、现为创意一部的CW(文案撰稿人),周丽今天是头一次担纲国内时装品牌"ZE"新款女装的视频广告方案设计。因为两度易人,时间已很紧迫。据说是执行创意总监岑一峰亲自点的将。周丽表面上一副云淡风轻的样子,其实暗地里就像被打了鸡血一般。

就在她满血复活、暗暗使劲时,母亲被车撞了的消息一下子打乱了她的全部计划。"蒂娜,还有什么比这更大的事呢!"岑总不容她分说,让她马上去处理家事,还给了她三天假期。一路上,她既焦急又感动,接着便是深深的抱憾,最后化成了一腔愤怒。这一腔愤怒自然是冲着那个可诅咒的肇事者。

魏警官告诉周丽,她母亲人还在昏迷之中,应无生命危险,几个科的医生都在给她会诊。她母亲是在过斑马线的时候,被郭先生的车不幸撞倒了。现在的问题是,她母亲在过马路时,人行道的交通信号灯是红的还是绿的,几个目击者说法不一,监控视频也因天下大雨难以辨别。事故责任目前尚难确定。

"我母亲是特级教师,一贯严于律己,怎么会乱闯红灯?"周丽没好声气地说道,眼睛直视着魏警官。

"因为我是小转弯,所以也没注意头上的信号灯。"姓郭的在一旁用低沉的声音说道,显得很无辜。

周丽瞥了对方一眼,对方露出歉意的苦笑。

"我们还正在对视频做分析,都是定时调节的,应该能推断出。"魏警官说,"现在就希望老人没什么大问题。"

"我转弯一般车速都不快的。"姓郭的又小声嘀咕了一句,看似在自言自语,实际上她和魏警官都是听得见的,虽然周边也并不怎么安静。

这时,一位系着暗色领带、身着白大褂的中年男子步履匆匆地朝他们这边走来。

"郭局,我刚才电话里都安排好了。"中年男子径直来到姓郭的身旁,先朝另两位礼貌性地点了点头,接着扶着姓郭的肩头,朝一边挪了几步,"电话里说可能就是右髋骨骨折,其他好像没什么。现在就看老人有没有其他基础性疾病。"他又凑近姓郭的低声耳语了几句。

"那太谢谢了!"姓郭的握了握中年男子的手。

中年男子轻轻拍了拍对方的手背,似乎是示意不要声张,转身踅进了ICU。

轻轻吁了一口气,姓郭的朝他们这边转过了身:"刚才那位是S区中心医院的姜副院长,他说初步看下来是老人右髋骨骨折,其他还没发现什么。昏迷主要是大脑短暂性缺血所致,现在已苏醒过来。医生们还在做进一步检查,以便尽早决定治疗方案。"

"不幸中的大幸。就是老人要吃点苦头了。"魏警官说道。

周丽也算是一块石头落了地,但是母亲右髋骨骨折也不是小事。母亲有心脏病、高血压和骨质疏松症。动手术,老人吃得消吗?保守治疗,"伤筋动骨一百天",老人也得受罪。还有会不会有什么后遗症?自家楼下203室的好婆去年被一个小伙子不小心绊倒了,老人一开始没觉得什么,就放过了人家,结果当天晚上就因脑溢血昏厥,虽经抢救人活了过来,却变成了植物人,一家人至今叫苦不迭。老人跌不起。现在关键的关键是要确定责任方。是自己的,只能自己吃进,再苦再累自己扛。如果是对方的,那我们也不会这么好讲话的。"郭局",郭局长?看来确实是个当官的。他要想抵赖?哼!也不会那么容易的。

想到这里,周丽不由又抬眼看了姓郭的一眼。

姓郭的正用一种异样的目光暗暗凝视着她,见到她看过来,慌忙把目光移开了。

周丽心头不由一紧。

2

全面检查下来,确定只有右髋骨骨折,还有就是左肘部有些擦伤。是动手术还是保守治疗,即回家躺着静养,这要听周母这边的意见。

周母要求回去静养。因为事故责任尚未最后明确,周丽有点两难。姓郭的小心翼翼地建议,虽说周母有那些基础性疾病,身体还是蛮硬朗的,动手术最好。姜副院长是骨科专家。他刚才特地从外面赶过来,就是想如果老人需要动手术,就由他来主刀。

如果医生全面评估下来觉得能动手术,而母亲本人也同意,那她周丽也没意见,从她内心来讲,今天刚接手的这个CASE是她显露一手的绝佳机会,实在不甘错过。只是面前这个姓郭的,他竭力撺掇,怕是想早点脱身。可不能轻易放过他。

正僵持着,魏警官收到了短信。

"分析出来了。"魏警官眼睛盯着手机,念道,"根据时间推断,周母是在绿灯变红灯的瞬间跨上斑马线的,属于两可之间。如要严格讲,可以算闯红灯了——"

"怎么可能?"周丽气恼地打断了魏警官的话,"你们仅仅靠时间上的推断来确认,不靠谱。要以你们的录像为准。"说着,她装作不经意地靠近姓郭的。姓郭的似乎避让了一下,但不明显。

"不是跟你说了吗,那时正巧雨势太大,信号灯辨不太清。老人眼睛花,兴许只看见颜色,没看清楚那闪动的数字,就下脚了。"魏警官忍住火气,分析道。

周丽这时故意在姓郭的眼皮底下吸了吸鼻子,两道犀利的目光便朝姓郭的射去。

"不争了。"姓郭的说道,"责任由公安定,老人的医疗费用我来出。"

"那如果需要护理,护理费谁出?"周丽追问道。

"你们自己能协商,这最好。我看,郭先生已经蛮有姿态了。你也不能得寸进尺吧!"魏警官说。

"你给句话吧!"周丽依旧盯着姓郭的。

姓郭的眯起了眼睛,微微摇了摇头:"好吧,我来。"

"那营养费和我的误工费呢?"周丽又进一步。

一丝愠色从姓郭的脸上掠过,他睇睨着她,一声不吭。

"过分了!"魏警官再也看不下去了,"看侬卖相蛮好,做人真的有问题。"

"啥人做人有问题?"周丽被激怒了,嗓门不觉高了起来,周围有不少人朝这边看过来,有几个还凑了过来。

"我就讲你有问题——"魏警官道。

"不说了。"姓郭的拉了拉魏警官的衣袖,"救人要紧。快让她拿方案吧。毕竟是我撞了老人。营养费、误工费你给个数吧。我们还是快把方案定下来。"姓郭的似乎平静下来,对周丽说道。

"这两项就不用了。"周丽低声说。

"护工全程护理,不耽误你上班。"姓郭的说道。

3

骨科专家又是副院长,说话的权威性自然不言而喻了。周母改变了主意,周丽也没办法,其实她也正好顺坡下驴。于是,人推进了手术室,开始了手术前的各项准备。

魏警官趁着这当口迅速办妥了事故处置手续,两人也都在相关材料上签了字。魏警官准备离开时,望着姓郭的,说他也可以走了。姓郭的好像就在等这句话,闻声立即换了副神情,便对周丽说都留了联系电话,有事随时联系。是不是现在就在手机上先转给她一笔钱,或者以后统一结账。本来周丽对眼前这两人"眼不见为净",可见到姓郭的一副急于想开溜的样子,又想到自己为此在职场上很有可能会失去一次好机会,不禁又怒从心起,"他不能走!万一手术中出现变故,我一个人怎么行。"

两人都愣了下。魏警官这个望望,那个瞅瞅,感觉自己不便多话。

姓郭的微微涨红了脸,咧了咧嘴,说道:"那我也得跟单位通个电话。如果那边事脱不开,也只好请你原谅了。"他和魏警官握了握手,算作道别,然后走到一边打电话去了。

气出过了,周丽就等着姓郭的过来跟她打招呼,他单位有急事等着他,他只能请她原谅了。她自然会放人的。这些套路,她见多了。

不一会,姓郭的过来了,对她说道:"说好了,事情往后推一下,至多到明天上午。"抬手看了看手腕上的表,"好在这个手术也不会很长。我现在就去联系护工。"

这时,一辆救护车鸣着警笛在急诊室大门外戛然而止,伴随着一个女子的哭声和人群的扰攘声,一副移动担架载着一个左腿血肉模糊的青年在几个白大褂和农民工模样的人簇拥下拥进了急诊室,后面一个年轻女子哭号着,被人架着跟了进来,看衣着应是工地上打杂的,半旧的衣裤上沾满了泥浆和碎石末子。

　　姓郭的站住了，默默地望着那群人。他朝手术室挪动了脚步。姜副院长被医生从里面叫了出来。姓郭的突然几个大步蹿了上去，凝神地谛听着他们的对话。姜院长扭过脸和姓郭的说了几句什么，他的眼光又投向周丽这边。只见姓郭的轻轻推了推姜院长的肩头，说了句什么。姜院长感激地点了点头，奔向了旁边另一间手术室。

　　姓郭的走回来了，神色凝重。

　　"刚才送进来的那个农民工左腿难保。一家老小就靠着他了。姜院长意思想跟你商量，他想去救那人一把。我替你答应了。你母亲还没上手术台，他们会安排一位副主任医师代他，医术也很高。你尽管放心。"

　　道德绑架！周丽在心里想，有种人就喜欢玩阴的。他是在报复我，还让我有苦说不出。

　　"我要跟你再一次确认的是，"周丽摆出了一副和颜悦色的神色，"你要对我母亲的这次治疗承担责任的。你在事故处理意见书上承诺我母亲的医疗费由你承担，就是证明了这一点。这不是什么施舍，是你的义务和责任。我希望你记住就好。"说罢，她别过脸，不再理会他了。

　　"我们找个避风处坐坐吧。如有事广播会叫的。"姓郭的说道，朝能瞧见手术情况显示屏的一排长椅走去。周丽随着他过去，但选了个离他有段距离的位子坐了下来。

　　显示屏刚刚显示母亲开始进行手术。为安全起见，母亲是全麻，她肯定不知道临阵换了手术医生。当然，即便她事先知道了，就她的那副菩萨心肠，再加上这个姓郭的那张嘴巴，估计也就是这么回事了。但愿手术成功，老人少受点苦。

　　周丽刚开始回味这次岑总的突然之举对她意味着什么，但见一位医生领着刚才哭泣的女子寻了过来，发现了坐在第二排最右侧的那个姓郭的，医生跟那女的低声说了句什么，那女的疾步来到姓郭的面前，蓦地双腿下跪，朝着他磕了个响头，带着哭腔说道：活菩萨，你是活菩萨！姓郭的开始有点吃惊,但很快恢复了常态,他站起身,拉起了女子,顺势不为人注意地捋了捋自己有点散乱的额发,然后扬起头,朝四周粗粗地张望了一遍,似在找什么人,没找见,重又对着女子说道:"不用谢我,医院安排的,医院安排的。"那位医生也在一旁向旁人介绍姜院长临时调换来抢救年轻人的事由。"哟,良心好额。""好人有好报。"众人说,有的还拿起手机"咔嚓"。

看着姓郭的那番故作自然的表演,周丽愤愤地在心里骂道:真会唱戏!

手术很成功,人安排进了病房。等全部安顿好,已是次日上午了。姓郭的又去张罗护工去了。

母亲睡着了,周丽坐在一旁守护着。

病房门被悄悄推开,岑总带着助理进来了。周丽很是意外,她激动地站了起来。助理把一捧寓意早日康复平安的康乃馨捧花搁在了床头柜上。岑总关切地询问了老人的情况,又略略俯身观察了一番老人的脸色,略感放心地点了点头。

"岑总,我过两天就可以上班。护工都落实好了。"周丽有点急切地说。

岑总微笑着抬起手,正待说什么,姓郭的带着一位精瘦的、五十上下的妇女走了进来,看见有客人,略微迟疑了片刻,欲回避。岑总发现了,纯钛镜框的眼镜片一闪。

"哦,他是肇——"周丽一时找不到合适的用词。

"当事人吧?"岑总招呼道,目光仍停留在对方身上。

"对,对,当事人。"周丽说。

"你们好!"姓郭的朝两位访客颔首致意,接着目光转向周丽,神色平淡,"周小姐,我把护工请来了。全护理。"

"老人年岁大了,在医院多待一阵吧。"助理说。

姓郭的似乎没听见。

"看手术后情况再说了。"周丽道,又望向岑总,"谢谢老板,时间不早了,您先回吧。我等母亲醒来,再看情况。"

"好吧。这几天你也不用急着上班。老人身体要紧。"岑总说,"那我们就先走一步了。"

姓郭的带着护工在一旁站立着,面无表情,见岑总要动身离开,便侧了侧身。其实通道很宽畅,他的侧身避让更多是一种礼貌。

岑总离开后不久,给周丽发来一条短信:

此人似非等闲之辈,当心点!有事即联系我。岑。

周母醒来后,除了动手术的地方有隐隐的疼痛感外,没什么其他不适。姓郭的问候了几句,准备告辞。

出了病房门,姓郭的发了一条微信给周丽,让她出去一下,他有事跟她商量。有什么不可以在里面说的?故意搞得这么神秘,什么意思?周丽没理睬。

"可否告知你的银行账号,我还是先打一笔款给你。"短信又发来了。

周丽踌躇了片刻,发了个账号过去。

不一会儿,有短消息提醒账户里进了两万,接着又一条短信:先支付第一笔。有情况请联系。晚安。

看看母亲没什么异常情况,自己也折腾了一夜未睡,她和护工程阿姨交代一番后也回家了。

到了晚上,手机铃声突然响起。程阿姨打来的,说是周母突发高烧,服了退烧药不见效。请她速去。周丽首先想到的是得打电话给那个姓郭的。

电话过去,居然关机!他这么个人怎么会关手机?难道还不怕领导有急事找他?看来他的手机不止一部。时间不容耽搁,她起身穿好衣服,匆匆赶往医院。

到了住院部,老远就瞥见姓郭的和值班医生在母亲病房门外嘀咕着什么。见到了她,姓郭的就不说了。

"应该没什么。"值班医生说道,"手术后,体质弱一点的会有些热度。"

"那为什么药片压不下去?"周丽顾及病人们的休息,压低声音说,但口气很生硬。

"哪有那么快,而且还会有反复。"医生说,似乎没在意对方的态度,"我们在观察你母亲的血压、心脏等情况。有点异常。明天一早搞个会诊。我刚才跟郭——先生说了。"

"谢谢你,医生。"姓郭的谢过医生。医生回值班室去了。

"我守在这里吧。"姓郭的对周丽说道,"我会一直等到明天中午。你回去休息。明天你不是想要上班吗?"

周丽没搭理他,轻轻推开门走了进去。床头灯调得很暗,勉强能看到母亲脸的轮廓。床头柜上的生命监测仪各种信号在闪烁,不时发出"嘀"的提示音,令室内更显寂静。另三张病床旁有家属趴在床沿打着瞌睡。母亲闭着眼睛,呼吸有点急促。她伸手探了探母亲的额头,还是有点烫。四周张望了一下,没见护工程阿姨的身影。

她返身走出了病房。姓郭的斜靠在过道金属长椅上,微眯着眼睛,身上披着件夹克衫,旁边一只鼓囊囊的双肩包。周丽正犹豫着要不要叫醒他,他开口说话了,声音压得低低的,但足够听得清楚。这倒把周丽吓了一跳。

"你回去吧。我待会儿就进去。应该没事。我一位同事的父亲动手术后断断续续高烧发了两天。这跟体质有关。你母亲的几个常规参数有点偏高,是常见的术后反应。明早医生会来会诊。在医院不用太担心,这里比家里要照顾得好。你每天来看望一次就可以了。"

"程阿姨怎么不在我母亲身边?"周丽没接他的话,问道。

"我刚才让她休息去了。白天她要照顾好你母亲,晚上不歇歇不行的。"

"你给我的电话怎么老是打不通?"

"我给了你一个不常用的。"

"那你也得开着啊!有事了,怎么联系你?"

"白天是肯定开着的。"

这次车祸怕是他想瞒着家里人。也许他家里还有个泼妇般的老婆呢。周丽寻思着。

"嗯,我在医院里留的是我办公用的电话。你放心好了。"

姓郭的见周丽还在犹疑着,站起了身,提起一旁的双肩包,说道:"回去吧。我进去了。明天白天你也不用过来。下午我会安排人来接替我的。有情况会及时联系你。"

这个人看来还是有点肩胛的,与医院也熟,母亲应该不会有大问题。是他叫我回去的,这就意味着他客观上把责任担过去了。

回去的路上,她加了一笔奖励费,才有一辆网约车开过来。坐进车,她倏地闪过一个念头:把母亲交给这么个人,万一母亲病情变化了,他会瞒着我吗?正进退两难,司机不高兴了,快点好哦!她坐下,拉上了车门。掏出手机,给护工程阿姨拨了电话。

程阿姨蛮警醒的,立马接了电话,答应每过一小时去看一次,有事会马上联系她。"我看出来了,郭先生不是你们家里的人。我有数了。"

"谢谢侬噢。"周丽说道,心里略微宽慰了一些,仿佛总算招募到了一个潜伏者似的。

5

这几天周丽一直奔波在医院,好在有护工阿姨照顾,母亲手术后的疼痛感日渐减缓,胃口也上来了。周丽欣喜之余,想着:我明天还是要想法去上班,看看那个文案还插得上手哦。

第二天上午十点半左右,姓郭的给周丽发了条短信:

医生会诊下来,你母亲恢复得很好,目前已无大碍,就是心脏病的药要做调整。服用新药后再观察一阵看效果。是留院还是回家由你们定。

今天一上班,岑总便让周丽继续原来的计划,今天晚上要过会的。她很感激老板的善解人意。

怎么说呢,上个月创意一到四部搞团建。晚上喝酒的时候,她隔着西餐桌坐在岑总的对面。岑总身边挨着创意二部的雪莉,雪莉和她是闺蜜。在其他人都纷纷向老板单独再敬酒的时候,雪莉脸上不动声色,桌子底下那双脚却几次轻轻踢她的鞋,示意她快别落下。她本来心气就有点高傲,再看见个别人那副献媚的样子,很不舒服,不愿在这当口去"同流合污"。闺蜜那边催得急,她嫌烦,寻了个机会,踩住了又伸过来的脚,雪莉没有抽回,只是无奈地白了她几眼。就这样大概有那么十来分钟,桌面上依旧煞是热闹,岑总来者不拒,面不改色,稳如泰山。雪莉放下手中的酒杯,要去接个手机,直到她站起身来挪开座椅,周丽才意识到那只脚还被自己稳稳地踩着呢。——那会是谁的呀?老板的另一边坐着创意一部总监大卫,大卫正手捂着嘴凑在老板耳边说着什么,瞧他这副坐姿,让他把脚再伸过来,那是个高难度动作了。还会是谁的呢?她猛地惊出一身冷汗,慌忙收回了脚,快速瞥了一眼老板,老板依然一脸坦然,好像那脚也不是他的。整个余下来的时间老板都没什么异常反应。为了缓解难堪,她顾不得什么了,两次起身给老板敬酒,自己每次都是满满的一杯黑啤,老板朝她微微点头,还关照她不要喝得那么快。雪莉见她前后判若两人,还以为她"魂灵生进了"呢。

这次团建活动后,周丽几次想找机会向老板做个解释,可让她怎么说呢?说雪莉示意她给老板敬酒,她不愿意,就想踩住对方的脚阻止她?那不是找抽吗?说她看不惯个别人的谄媚相,所以想过会儿再敬他酒?那么谁谄媚了呢?难道老板是个喜好阿谀奉承的人吗?你有意怠慢领导,还有道理喽?那就干脆不说。不说?你在桌子底下悄悄踩老板的脚,而这个老板偏偏还是个男的,什么意思你?更糟!以往她在老板面前还是比较放松的,时不时还开上几句玩笑。现在,她处处显出一副谨慎甚至敬畏的模样,以为这种态度多少会弥补一点她的冒失吧。可有时却又细想极恐,她的这种多变会不会更像她对老板心怀鬼胎?真真左右不是人哪!

这些天来,她就是处于这样一种尴尬的心境中,也许卖力干活才是唯一的选项吧!

周丽给姓郭的回了条短信:

郭先生好。鉴于我母亲的体质和那些基础性疾病,还是请你想办法让我母亲多住几天医院。

她的语气客气了些,一则这个事故责任的认定是有点软档的;二则人家也是个见过世面的人,不跟你太计较,在经济上多承担了一点,实际上他还搭进去了不少精力,而时间对这种人来讲有时恐怕比金钱更宝贵;三则现在医院病床紧张,能早点出院就让你早点出院了。幸亏靠在了他身上。

对方回复:

那我再去争取一下。另外,居家护工也替你们找好了,是个有星级的,费用仍由我来出。

"请让我母亲再在医院待几天吧。"她回复,没有写招呼语,也没写什么"谢谢"之类的。觉得出姓郭的意图是让她母亲在医院规定的住院期限到后出院。如果她有个一周左右时间,那就能从头到尾参加整个"ZE"广告的制作过程。她怎么能再度失去这么一次大展身手的机会呢。对姓郭的这种人,看来不能太客气,否则会得寸进尺。

对方没有再回复。

中午吃饭的时候,岑总把周丽叫到办公室,问了问她母亲的情况,听说老人没大碍,只是还在争取再在医院待上一周左右时间,便说好,这样你可以全程参与了。

周丽有点夸张地朝老板鞠了一躬,谢谢老板。

岑总在老板台那边朝她笑了笑。

6

母亲提出要回家。姓郭的忙不迭把住家护工带到医院里和老人见了面。也是个和善的中年妇女,在和老人说话的当口,顺手把老人放在脸盆里的湿毛巾晾在了挂在床沿边的衣架上。周丽以母亲在医院照顾得好并可以做康复训练为由,劝老人再多住几天。姓郭的就没再说什么。临走时,他对老人和周丽说,他这几天要出差,会有一个朋友来替他关心的,有什么事尽可以同他商量。

母亲那里没什么事,周丽这里忙开了,她只是一天打去几个电话问候一下。广告制作进入关键时刻,周丽准备晚上都不回家了。

中午时候,姓郭的朋友胡先生打来电话,说她母亲已转到特需病房去了,一切都安排妥当,让她放心。说完就挂了电话。特需病房?谁安排的?她知道特需病房花费蛮贵的,而且还不能进医保。虽然说好了这笔费用不用她出,但总得知道一下是谁的主意。她去电问了母亲。母亲也是一头雾水。只要不是我们这方提出来的就好。医院未经同意也不会随便让病人搬来搬去的。应该是姓郭的。普通病房床位紧张,硬是赖在这里,影响不好。特需病房就没这个限制了,只要你肯付钱。想到姓郭的与院长熟悉,他经济上大概也不大会增加大的负担吧。

她记起来,前些天她在医院病房过道听到两个小护士在议论姓郭的,说他在去年医院改扩建时给他们增加了一栋教学楼的建筑额度指标,明年医院冲三甲应该没大问题了。护士长关照一定要把38床的老太照顾好。她母亲就是38床。想到这里,她就更加心安了。

又连加了几天班,终于赶在时装节期间,"ZE"新款女装视频广告片面世了,效果出奇的好。这天傍晚六点多,周丽匆匆收拾了一下办公桌,准备去医院探望下被她冷落了的母亲,同时也考虑该让母亲回家了,毕竟在特需病房已经待了五天。她的座机响了。岑总打来的,让她现在过去一趟,有件事要同她商量。

那次踩脚事件后,岑总已经好久没在下班没人的时候找过她了。是怕她难堪吗?现在没事了,她用自己出色的业绩洗白了自己,不是吗?

7

岑总办公室旁的一个侧间房门大开着,秘书安妮还没走。路过门口,周丽在门上轻轻叩了叩,朝里面张望了一下。还在里面不知忙什么的安妮抬头看过来,嫣然一笑:"岑总在等你呢!"周丽朝她做了个OK的手势。

岑总见周丽进来了,起身让座,在走到门口欲阖上房门时,瞥见了什么,便对着安妮那边关照道,安妮,早点回吧。那边应了一声。岑总推上房门,顺手从门边的立式冷藏柜里取出一罐摩卡,走到周丽坐着的沙发前,把它放在了她面前的玻璃茶几上,随后走回自己办公桌前拿过茶杯,端着坐到了周丽对面的沙发上。

"这阵真的把你忙坏了。母亲那边还好吧。"

"谢谢!母亲恢复得不错。想要接她回家了。"

"嗯,你也正好给自己放几天假。"

"已经找好了住家护工,应该没我什么事。这里放着一摊子事呢。"

"一张一弛,制胜之道。要学会忙里偷闲哪!"岑总把自己的茶杯搁到茶几上,拿过那罐摩卡,拉开顶盖,放到她前面,"有件事要跟你打个招呼呢。"

"谢谢!"周丽拿过摩卡呷了一口。

岑总靠回沙发靠背上,面带微笑,"你母亲转到特需病房是我安排的。"

周丽惊诧地抬起了头。

"主要考虑你要忙着这个CASE不宜被干扰,对你这实在是个好机会;二来,我们都知道,医院里普通病房不让住得太长。所以事先也没跟你商量。那部分增加的费用,我们来支付。"岑总说着扭过身,从身后的办公桌上拿过一个有点鼓的牛皮纸文件袋,轻轻地放到了她面前。

周丽望着岑总有点发呆。

"就算作我另外给你发的红包。"

这是怎么回事?难道跟踩脚事件有什么关联?我如果接受了,那意味着什么?

"谢谢岑总。不过这我不好拿的。"

"收起来吧。客气什么。将来你做得好,我们还会考虑给你干股呢。像雪莉那几个骨干我们都给了。你有这个潜力。我不会看错人的。"

看来,现在只有把那场事故处理的真相说出来,才是婉拒这番好意的最好理由了。

听完周丽的一番讲述,岑总说:"转特需事先这位郭先生应该不知情吧。在这种情况下,一下子让他增加好几万元负担,这在情理和法理上都说不过去。"

"那我自己来付。"

"这就陷我于不义喽。"

"转特需您全是为了我好。单位有本事的人多了,缺我一人,活动照样会搞得很成功。是您给我这么个机会,我感激您都来不及呢。"

"好了。"岑总抬腕看了看表,"时间不早了,就这样了。"说着,他拿过周丽的包,把文件袋塞了进去,然后把包递到她手里,"抓紧去看看你母亲吧。再晚,医院要不让进了。代我向老人家问好。"岑总站起身,做出了送客的样子。

现在再说什么就显得不合时宜了。"那我去跟郭先生说说看。"周丽还是留了一手。

去医院的路上,周丽一直在琢磨岑总的真实意图。是我那次无意中踩住了他的脚,让他误会了我的意思?他这是在向我暗示什么,让我再做进一步的表示?可想想岑总好像不是这样的人。

岑总有才,帅气,善解人意,特别是对女性,那绝对是个护花使者。追慕他的人确实不少。可作为一个已有妻室的人,他守得住底线。记得有过一阵,安妮暗暗爱上了他,许是初涉情场,对方的漠然以对,反倒让女孩情感的火焰愈来愈炽烈,以至到了魂不守舍的境地。周围的人开始还以为她家里遇到了什么变故,后来渐渐大家从女孩的眼神里咂摸出了什么。看到总监依然一副若无其事的样子,大家都不好议论什么。

安妮痛苦万分,就找上了她觉得唯一可以倾诉的人——周丽。其实两人平时除了工作,不怎么来往。安妮性格内向,也不怎么喜欢看书,两人的品位不一样。找上周丽,大概是她太需要一个倾诉的对象了。这个时候若不出手相助,小姑娘说不定会出点什么事呢。那天两人约在泰兴路上的一个酒吧,那是个年轻人的打卡地,装饰朴拙,氛围亲和。主要还是安妮一个人在说,无非是那种思恋之苦。内心里,周丽越听越觉得他俩不般配。末了,她问了一句:"假如岑总是个滥情的人,你会这样不计名分地献身给他吗?"小姑娘瞪大了文过眼线的眼睛,"那我不成傻帽了?"

"那么一个搞婚外恋的人会止步你一个人吗?如果他是这样的人,你有可能是他的第一个,但我不能保证你也会是他最后一个。"

"……"

"我刚才听出来了,你之所以喜欢他,有一个重要原因,他纯情。那么,如果他抛弃与他相濡以沫的发妻,接纳你,他还算纯情吗?"

安妮忽闪着眼睛:"姐,你分析得这么透,敢情你早就知道我的事了?"

"妹妹,岂止我一个人哦!大家都在为你俩担心呢!"周丽说着伸过手,扶着对方瘦削的肩膀,"摊到一个好的领导,不容易的。珍惜哦!"

这次夜谈后,安妮休假一个礼拜,回来上班时重新恢复到了刚报到时的那副模样。

岑总依旧一副什么都没发生过的样子。据说,曾有人撺掇岑总趁机辞掉安妮,省得烦心。岑总没采纳。就是这样一个老板!那他到底是什么意图呢?

8

　　S区中心医院的特需病房,周丽是头一次来,里面的环境设施相当不错,她的匆匆步履也不知不觉放慢了,放轻了。

　　母亲半躺在病床上,气色不错,见到女儿来了,便挺了挺身子。"你可算是来了。"颇有点急不可耐的样子。

　　"不好意思哦,这些天都没顾得上你。"周丽歉意地说道。

　　"我身体没什么了,倒是不好意思再住下去了。明天你无论如何把我接回家。"母亲用眼神示意女儿凑近些。

　　周丽靠过去,俯下了身。

　　"我跟你说,郭先生事先不知道我转特需病房的事。我猜是那个胡先生自说自话。"单人病房里并没有其他外人,母亲还是压低着嗓音,"今天下午郭先生从外地回来,跟我简单地打了个招呼后,就把刚好也从外面赶过来的胡先生叫到了门外,说了好一阵话。两人再进来时,脸色都不大好看。我发现那个郭先生平时带点笑容的,可不开心时,脸色会变得铁青。这种人,侬要当心额!我在想,这笔增加出来的费用,我们自己来出吧。传出去,我这只老面孔吭没地方摆了。"

　　"姓郭的——"

　　"叫郭先生!姓郭的,姓郭的,像啥?"母亲小声责备道。

　　"——郭先生后来跟你讲了啥?"

　　"伊就问我还有啥不舒服的。我讲没什么大问题了,抓紧出院吧。伊讲伊要跟侬再商量一下。问我侬今朝还会来吗。我讲讲不准。我讲我做主了,明天就出院。伊面色好看点了,拍了拍我的手背,没有再说什么。"母亲望着周丽道,"丽丽,我看明天就出院吧。我们自己把账结了。"

　　"做啥?本来就说好他出的。"周丽感觉姓郭的态度有问题,嘴上还是一副不依不饶的样子,她要让母亲知道自己的强硬态度,不可轻易松口。

"不作兴呃。周家门从来不做这种事呃。你爷活着,肯定跟我一样态度。我也不要你出。我有。"

"道理不是这样讲的。"周丽正说着,病房门推开了,胡先生在门口张望了一下,周丽冲他点了点头,心想这位仁兄大概一直在医院候着她吧。电话里怕讲不清楚。

"你好,你好。这么晚了,还来打扰你,不好意思哦。"胡先生走了进来,带着尴尬的微笑。

"胡先生,你坐吧。这几天也辛苦你了。"母亲堆着笑容,招呼道。

"我们明天出院。"周丽用一种平静的口吻说道。

"好好,明天我一早过来办。接周妈妈的车子我来安排。看看,还有什么要我做的?"胡先生望望周丽,又瞅瞅周母,目光停留在了老人脸上,"周妈妈身体健呃,恢复得相当好。家庭护工明朝叫她一道跟过来。"

"好,那就这样吧。"周丽说道。

胡先生把周母脚后跟滑落在床沿边的被子一角往床上掖了掖,似乎在等着两人再说些什么。

"那就这样吧。明天见。"周丽侧过脸对他说道。

"唔——有个事,我个人想和你——们二位商量商量,只代表我个人,不代表郭主——郭先生。"胡先生说道,很谦恭。

"什么事?"

"就是费用结算——"

"不是原来就说好的,医疗费、护工费都由郭先生承担吗?"周丽做出诧异的样子。

"丽丽——"母亲在一旁欲插话,周丽捏住母亲的手。

"对,原则不变。就是,就是特需病房这块费用。也是怪我粗心。我一开始还以为你们和郭先生都已经说好了,那搬就搬吧。加上这几天我单位事多,没跟郭先生专门提到这件事。昨天晚上在和他通电话时,他说老人住的时间太久,怕影响后面病人入住,不好。如果身体状况符合出院条件了,做做工作,早点接回家。我跟他说特需病房床位不紧张的。他才听说转病房这事。后来我一打听,乖乖,费用要多出四万多了,自费的。"

"医院不给优惠?"周丽问道。

"可以打点折。但郭先生让他们按实结算。"胡先生犹豫了一会儿,望了望房门那边,然后低声说道,"按理说,稍微打点折,也不能说真的没一点余地。可瓜田李下哪。去年中心医院改扩建,为了要达到三甲医院的硬件要求,郭主任牵头好不容易为他们争取到了增加一幢教学楼的指标。他们是千恩万谢的。这些都是相当敏感的事。据说有人写举报信,说我们建交委和医院有什么私下利益交易,还点了郭主任的名呢。这种时候,要比以往更得火烛小心才是。"

"你们一开始没有对转特需提出过异议,事到如今,就视作认可了。"周丽说。

周母悄悄拉了拉女儿的手臂。

"嗐,都怪我。"胡先生叹了口气,"我看你们也是知书识礼的人家。我稍微透露点郭主任的私人情况。他是个处级干部,工资是有一点的,问题是家里负担重啊!他的父母在农村老家长年卧病在床,没有其他劳力,看病、动手术、吃药、补营养、雇人照料、日常开销全都靠着他。前年、去年二老先后又都再次动了大手术,又是一大笔开销。他还得接济两个在农村的堂姐。这四万多块,对有些人来讲,不是什么事,但对他,实在不是一笔小数字。"望见周母一脸的同情,胡先生似乎来了信心,"这样,就我们三人知道,我也拿个一万出来。你们看呢?"

"哪能好拿你钱呢?"周母说道,抬眼望着女儿。

"明天我可以先垫付掉。但事情总要有个说法的。"周丽说道。

"这也是一个办法。那明天我不让他过来,免得节外生枝。请相信我,我一定会把这事处理好。我还有件事要办,就先告辞了。"胡先生说着,朝两人欠了欠身,离开了。

望着胡先生匆匆辞别的背影,一个念头闪过周丽脑际:这一切会不会是姓郭的一手策划的,先让我付钱把人接走,然后再跟我慢慢耗,这样一个听上去浑身长满本事的人,会让这四万块钱给憋死,谁相信?

9

第二天办理母亲出院手续时,姓郭的果然没出现。胡先生倒真的带来了一万元现金,用一个没有落款的信封装着,在递给周丽的时候,那神情好像是把万贯家财拱手相让一样,很是郑重,虽然他想装出一副云淡风轻的样子。估计在家也没什么实权的。周丽说还是我先垫着吧,和你们最后统一结算时再说。

到出院窗口结账时,她有点期待那位姜副院长能出现,不容分说硬要给打折,最后只是象征性地付一点。至于你姓郭的真实想法是什么,那是你们自己以后的事。我这里付得越少越好。付得少,不排除特需这块我来付,多余的还给老板,大家不用太为难。

窗口里拉出了长长的单据,台式显示器和着语音提示,显出了一个数字,周丽拿过单据,目光径直扫向单据末端几行,前期费用一万八,特需这块应付款、实付款,均为四万一。居然还真的不打一点折!好,姓郭的!周丽用信用卡付了账,把单据收了起来。

"单据要不让我复印一份?"胡先生在身后说道。

"不是没让你们郭主任知道吗?"

"对,他现在不知道。不过我们想以后万一问起来,可以证明我们没占医院便宜。"

嗤!不付钱还想为自己捞个好,想得倒美。周丽离开窗口,走到一边。胡先生拿出手机,跟在后面,低声说道,"那就让我拍张照吧。"

"不方便。你和你们郭主任说一声,特需的钱也是要他付的。一分不能少。按理在没谈清楚之前,我母亲不该离开这里。只是不想让你为难。我们就先垫付一下。相信你们郭主任有这个素质的吧!"

那好,先这样吧。胡先生说道。

住家护工还是蛮称职的,不影响周丽正常上班。只是姓郭的这番行径太过恶劣,让她气难平。这家伙摸透了母亲的脾性,所以他才敢如此。若换上个不讲理的,他敢试试。坦率讲,一开始听胡先生讲到这姓郭的家事,她多少是有点同情的。如果真像所讲的那样廉洁,倒还真让人敬佩。如果他在处理这件事上态度诚恳大气,由她来承担一部分费用,哪怕特需的全部费用,也不是没一点可能的。只是现在看下来,这家伙在耍滑头。那就别怪我不客气了。等护工离开时一起跟姓郭的算总账。不能便宜了这种人!

在单位,岑总碰上她,绝口不提这事。周丽还是找了个机会告诉老板,那个当事人出差在外,等回来再说,估计对方不大会让她付的。岑总说,他给你,你退给他就是了。这事就这么了了,我账也做掉了,再还给我,没法入账的。

回到家里,母亲把周丽叫进自己卧室,从床头柜抽屉里取出四沓银行封条都没拆的百元大钞,"拿着!否则,我真的要跟你不开心的。早晚也都是你的钱。"

"老妈,"周丽接过钱又放回了柜头上,"不是钱不钱的问题。要讲契约精神。都白纸黑字讲好的,怎么能赖呢?我不稀罕这点钱。道理不是这个道理。我们付,算啥名堂呢!"

老母还想说什么,周丽把钱重新放回抽屉里:"明天我再替你存进去。索性等到阿姨护理结束结账时再讲。"

母亲说:"先放着吧,过几天可能还要派用场呢。"

"派啥用场?"

母亲告诉她,前些日子广州那里来了一个女孩,给她看了介绍信,是一个国际教育机构,他们正在编印一套在全球同步发行的《21世纪国际教育名人录》,鉴于她过往的特级教师生涯,已决定把她收录在内,并已向她约了稿。因为出了这次车祸,耽误了些日子。这几天这个女孩会上门来取稿。

"从广州来上门取稿？发个邮件不就 OK 了吗？"

"还要付点材料费。她会当场开具发票的。"

"材料费？多少？"

"两千人民币。"

"钱是不多。不过也可以汇过去的。"

"她要跟我签书面协议的。"

"不要是诈骗哦！"

"勿要瞎三话四。我查过了,在香港注册,广州有办事处。"

反正是小数目,自己也忙得很,权当老人消遣吧。看来岑总的钱得趁早退回去了。

10

过了一天吧,姓郭的给周丽的银行账户打来了四万两千块钱,接着又在微信上附了详细的结算清单,末了加了一句话:住家护工费用容另行再结,代向老人家问好。

特需一块不是四万一吗？周丽心里疑惑,她把清单逐条看了下来。原来对方把前期所有费用一起统算了,共计五万九,另外再添了三千元给老人的营养费。连同上次打给她的两万,正好这个数。看来这个郭先生心蛮细的,一笔笔算到角分,怕是为以后讲得清楚。之所以拖了天把,可能去筹钱了。想到这里,周丽不由生起一丝恻隐之心。要不,特需费还是我来出。他的转账信息正好拿给岑总看,我也可以顺势把岑总的钱还给他。她和母亲通了电话,还把郭先生的家境透露给了她。母亲更是过意不去了。周丽算了算,四万一,营养费留下一千算作接受了人家的好意,从手机上又划回去了四万三,也发了条短信过去:郭先生好,现退回特需病房全部费用,营养费我们收一千,谢谢你的好意。母亲恢复得蛮好,护工阿姨很尽职。她又加了个括弧：别再转来转去的了，我不是银行 VIP 客户，要扣手续费的。

半个小时不到，四万三又打回来了。没有一句附言。

跟着胡先生的电话进来了。"周小姐你好。郭主任跟我说了，不能让你们付特需的钱。你没有跟他提起我说他手头比较紧的事吧？"得到了否定的回答后，他松了口气，"这就好。其实郭主任知道你母亲出院的日期，他是有意让你先去结，事后他再给你。"

"这是为什么？"周丽问，难道他想试探试探我的人品，这就不厚道了。她心里想。

"他担心如果他出面去结，怕姜院长给他打折，这个扣一点，那个扣一点，我们怎么分辨得清。"

"稍微优惠一点，也是人之常理。"

"你不知道，我上次跟你讲过，中心医院的事一定要小心再小心。就是那幢教学楼的事，人人眼睛都盯着呢。就怕讲不清楚哦。这钱你就收下吧，否则，他不会消停的。就这样，我还有急事。再见了。"

那就到时再说吧。周丽心里想，她还是觉得这个郭先生有点想探探她的意思。你完全可以事先讲明的。唉，算了。人和人有时就是为了一口气。大家退一步就海阔天空。她从办公桌抽屉里取出那个鼓鼓的文件袋放进包里，去了岑总办公室。

她给岑总看了郭先生的微信和银行的入账通知，把文件袋拿出来放到岑总的桌子上。岑总拿过几张报纸遮盖在了上面，微微蹙起了眉峰，"坐吧。"

望着岑总显出的为难神色，周丽心里嘀咕，这笔钱再入账就那么难吗？

"蒂娜，这事要请你帮忙了。"岑总坐到了周丽坐的沙发对面。

原来，寰球的一个合作伙伴——泛亚文创（集团）股份有限公司最近看中了Ｓ区一块占地八十亩的老厂房，想用来拓展其文化创意产业园。

原来的老厂申丰棉纺厂始建于二十世纪初,到本世纪初随着全市产业结构的调整已经外迁,因尚不具备二次开发的条件,近十几年来其上级纺控集团尝试过多次搞些临时性商业项目,都不成功。这次为贯彻市文化发展战略的实施,集团与S区政府初步达成合作意向,搞文化创意产业园,面向社会招标。应者踊跃,泛亚也在其中,胜算较大,它是全国最具影响力的文创产业园区运营商,他们的经营产业生态圈理念执当下文创产业园建设发展之牛耳,上市一年,市值连连攀升。

只是要搞这样一个文创园面临一个共同的政策瓶颈:按常规,这么大一块工业用地要转为其他用地,须转变用地性质,仅这项补偿费用就相当不菲,对大都资产轻质型的文化公司来说不啻一道跨不过去的坎。市里也发现了这类问题,正在酝酿一个旨在既保护好工业遗存又能鼓励文创产业发展的政策。S区的文创产业发展一直走在全市的前列,市里也有意先在S区搞搞试点。区建设口无疑承担起了这一重任。区建交委主任赴京学习一年,目前主持日常工作的是叫郭梁的副主任,也就是周丽称作为"姓郭的"这个人。让"坏事变成好事",通过这起交通事故的处理,与郭主任能建立起良好的关系,无疑对寰球也是极其有益的。如此看来,这项重任还真非周丽莫属。

"为什么不通过正常途径接触呢?泛亚的影响力放在这里。"周丽说道。

"当然主要走正常渠道。但若再有一层感情因素,岂不更好。泛亚在考虑让一部分股份给我们,使我们的关系更紧密。"岑总望着周丽,目光灼灼。

"那这——有点像行、行贿?"周丽小声问道。

"跟你说穿了吧,"岑总直起了腰,"是我个人的钱。我给你发红包,或者你家突遭意外,作为你的好朋友,我资助一点,有什么不可以的?你未经郭主任同意就把母亲搬进特需病房,你来支付这笔费用,天经地义。我们不需要他做任何承诺,完全走公开竞标的程序。而且花落谁手,主要还是纺控集团说了算。"

"那为什么还要找他呢?"

"能不能让市里把试点放在S区,能不能减免掉这笔补偿费,那就是S区的事了。具体操作就是建交委哪！你就找机会争取把他约出来,我们见个面,仅此而已。哦,对了,不管他肯不肯出来,与这笔钱都无关。我再次跟你明确这笔钱,是我个人,作为你的好朋友,给你母亲补营养的。你再拒绝我,那我就跟你拉下脸了。"岑总说着,拿过报纸底下的文件袋再次塞进周丽的包里,还不放心地把包的搭扣扣好。搭扣设计很新潮,岑总为了扣好它,侍弄了好一阵。还真难为了这个老男人。

11

看来这四万一只能由她周丽来出是最为妥当的了,对老板和那个郭先生都有好处。当然,老板交代的事最好能完成。她思索了一会儿,给郭先生发去了一条短信:郭先生你好！我母亲想见见你。你方便来一次吗?顿了顿,又附上了家庭地址。

整个一下午,郭先生都没回复。要不,再把款子打回去？这是不是有点显得急吼吼？这可不是我的风格。周丽有点后悔中午发出去的那条短信用词太过委婉,与以前给他们的印象反差太大,这连她自己都有点不好意思。不理他。过几天再把款子打回去。人家不想搭理你,你也犯不着硬贴上去。

下班后,她随几个同事一起去一家新开张的火锅店尝鲜。人刚坐下来,一条短信进来了。今天中午开始她对手机铃声和短信提示音特别敏感。拿起一看,他发来的。"今晚八点来你家看望老人家,太晚了吗？谢谢!"不知怎的,周丽心里一阵欣喜,但她没马上回复,要晾一晾。可万一他没接到回复改主意了呢？还没轮到她点一个推荐菜,她便回复了:OK!

也就吃了几口,周丽就坐不住了,她得把家再整理一下。平时都是母亲拾掇的。还有,这几个疯丫头肯定会灌她酒,喝多了,耽误老板的事可不好。

在伙伴们一片责骂声中,她脱身离开了。回到家,护工阿姨已经帮忙把家收拾了一下,虽说还不很顺眼,但出于礼貌,她也不便再动手,跟阿姨道了谢。回书房等候的时候,她还是穿着外出的衣服,在镜子前又稍稍补了补妆。然后坐在书桌前,打开笔记本电脑,一面装作看东西,一面在思考着如何与对方沟通。她并不奢望今天就把老板的事搞定,但至少两人关系要变得融洽起来。不由地,她的脑海里又闪现了那两道异样的目光。

郭先生几乎是踩着钟点叩门的。借着客厅暖色灯光,看得出他也不太年轻了,约莫四十上下,面容清癯,似乎刚刮过胡须。他提着两盒壮骨粉之类的礼盒,坚持要换上拖鞋。家里没备男士的,两双看着稍大一点的,在他脚下只塞进半个脚背,他只能尴尬地站在门口,等着她去拿盥洗室里的一次性拖鞋。"地板这么干净,其实赤脚也可以的。"穿上一次性拖鞋后,他笑了笑,说道。

一同走进母亲的卧室,母亲已半躺起等候着。彼此打了招呼,母亲让客人在近旁的一把椅子上落座,边悄悄把他上下打量一番,边吩咐阿姨上茶。

接着,母亲从自己枕头边拿起一个鼓囊囊的大信封,说道:"郭先生,这笔特需病房的费用是不能让你来出的。请你务必尊重我们家的规矩。谢谢你的理解。"

"我母亲把你请到我们家里来就是这件事。我们是非常认真的。"周丽说。

郭先生定定地望着老人,半晌没吱声,看得出他的脑瓜在飞速地旋转着。"不好意思,我出来得急,能借用一下卫生间吗?"得到允许后,他站起身去了卫生间。稍顷,他回来了,说道:"那我就尊重伯母的意愿。谢谢你们。不过,我有个建议。这次医院检查下来,伯母骨质疏松蛮厉害的,周小姐又比较忙。我有个朋友搞家庭装潢的,最近他接到一个小区适老化改造项目,正好让他把你们家一起捎带上,批量采购材料设备,价格很便宜。这笔费用就让我来出,也算作是我的一点小小心意。好吗?"

"不用不用。"母亲说,连连摆手。

周丽知道老人的心思。老人家喜静,爱整洁,她现在这副模样又不好意思开口住到亲戚家去。可母亲毕竟一天天老了,特别是卫生间装的是浴盆,老人洗澡很不方便。还有这也真是一次机会呀。钱么,到时我抢先付给工程队就是了。于是拦住了母亲的话头:"好的呀!我从媒体上看到过适老改造不错的。费用我们来付。"

"丽丽——"母亲先是唤了一声,望了望女儿,似乎觉察到一点什么,不再反对了。

"说好了,钱我来,真的没多少。你们就别再客气了。后天我把施工效果图带来给你们看看。"郭先生说着,站起了身,他的目光瞥见了母亲床头柜上的一本寰球公司的彩色宣传册子,不经心地问了句,"周小姐是搞文创的啊?"

"对,对。我在这家企业做。"周丽答道,心里希望就这个话题与对方再聊上几句。

"蛮好,蛮好。那就不打扰了。再见。"郭先生朝两位点了点头,又跟阿姨打过招呼,离开了。

12

第三天中午的时候,郭先生把施工效果图传给了周丽,除了卫生间几乎要重新来过,客厅的地砖也要换成防滑的,老人的卧室里还要安装一套智能感应系统,床也要换成最新款的老人多功能智能床,这种床不仅仅让老人起坐方便,更要紧的是人躺在床上,你身体的血压、血糖、心跳等主要健康参数会实时监测出来并传递到指定的信息终端,一头可连上指定监护人的手机,一头可连上护理中心。郭先生告诉周丽,她所在的辖区里正在选点试行智慧居家养老。牵头这个项目的燕姿科技公司落户在Ｓ区，不仅实力雄厚，女老板还是个慈善家。他已经和女老板说好了，把她家也列入第一批试点用户，人家一口答应了下来。郭先生还对周丽说，费用不多，统共加起来肯定不会超过特需病房的费用。

周丽虽说心里不怎么有底，但还是同意了，表示了感谢。昨晚送走客人后，母亲把她叫进自己卧室，问她对郭先生印象怎样。周丽知道母亲又要烦那件事了，说道没感觉。母亲说，护工阿姨偷偷告诉她，刚才这位郭先生站在门口等周丽去卫生间拿一次性拖鞋的时候，她发现他一直盯着矮柜上周丽的那张肖像照看，神情有点怪。"这种事，我同事也碰到过呃。伊拉女婿就这样子选中的。"母亲说。"哦哟，侬瞎七搭八点啥。"她连忙封住了母亲的口。

周丽读初二时候，父亲就病故了，母亲为了女儿一直没再找人。家里缺了一个顶梁柱的男人是什么滋味，她可是品尝了那么多年。刚才郭先生在同她做沟通的时候，有那么一刻，她的心里涌起了一股莫名的感觉，暖暖的，又有点酸涩。至今她还是以为郭先生的这番殷勤，就是为了弥补那四万块钱。可他真的就不会有别的意思吗？他的穿着相当整洁，可在让他换上一次性拖鞋时，她发现那双袜子的后跟是破的。该是一个单身吧？她不禁又想起了医院里那两道异样的目光。心又不由地一颤。

周丽听从了郭先生的建议，劝说母亲到姑姑家暂住半个月。母亲这次没怎么太反对，只是关照她要常回来盯盯工程进展，特别是要和郭先生多商量商量。

施工队进场后，郭先生每天都要来一次，大都在白天，如果晚上来的话，会预先跟她通个电话，问问方不方便。施工队晚上都要离开的，郭先生没同意让他们住下来，虽说两个卧室上了锁，客厅不小，可以将就，他意思周丽要回来休息的，不方便。郭先生来，一是看施工进度；二是很仔细地查看那些材料是不是正宗。郭先生向周丽介绍水管用了铜芯水管，更抗老化，坐便器换成了虹吸带直冲式，噪声小，冲力大，而且不易积污垢等等。周丽听了也白听,只是觉得这个人对她和母亲的心思摸得蛮透的。她倒是希望他能晚上多来来,这样就有机会跟他扯上老板托付的那件事了。前几次晚上她都没法早些回来。那个文件袋还在她办公桌抽屉里。现在还给老板,人家还以为这件事黄了呢。得等到郭先生答应了下来,她再还。

工程的进展要比预期的快,周丽的心有点着急起来了。这天中午她要赶回去,燕姿公司的智能床和其他的一些设备要送过来。她以这个理由打电话给郭先生,问他可否中午来一趟,请他对这些设备把把关。郭先生在电话里说质量肯定没任何问题,让她尽管放心。那你今天什么时候会来?她问。这些日子接触下来,她感觉对方对她不大像有什么别的意思,所以跟他说起话来也就不用顾忌太多了。对方说大概下午他会抽空来看一下。大概在什么时间段?她问。哦,有什么事吗?对方意识到了什么,问道。周丽这才感到自己有点露馅了。噢噢,有点小事想跟你当面商量商量。她半是掩饰半是逼自己上架。电话那头沉吟着,好像又跟谁大声说了什么,接着在电话里回复道,那就十一点半吧。

放下电话,周丽的心还在突突直跳,成败就在今天中午了。

13

就在周丽拿起包欲走出办公室的时候,安妮迎面叫住了她,说老板让她过去一趟。她只好硬着头皮跟了过去。岑总正等着她,满面春风的样子。

"蒂娜!"岑总朝她竖起了大拇指。

"老板,有什么要我做的吗?"她掩饰着焦躁。

"坐!"老板命令道,又想去拿柜子里的摩卡。

"别别。"她说道。

"有事?"

她做出不好意思的样子:"有点急事。"

"好,长话短说。你干得好!"岑总露出极为赞赏的眼神,"你算是把郭主任给搞了煞煞定了。"

周丽茫然地望着他。

"你是想给我一个惊喜对吗?"岑总微微笑着,问道,"你这个小鬼头。"

"……"

"好,你越来越成熟了。"岑总抱着双臂,"刚才,泛亚章总来电话了,郭主任愿意同他见个面,还说郭主任主动提出要让寰球的我和你一起来。蒂娜,我给你一个大大的赞。明天下午一起去喝下午茶,你一定要排出来的。据说,这个郭先生脚头很重的,请大不动。不容易啊!"

出租车进小区拐过花坛,周丽就瞧见了那个身影在大楼底下大门处等候着。她的心底霎时涌起一股暖流。

看见她从车上下来,他朝她矜持地笑了笑,示意她不用急。不好意思哦,迟到了几分钟。她打招呼道。没什么,设备还在路上,还要过刻把钟吧。他说。你来得及吗?我们先上楼吧。你不一定要等到他们来的。她说。

两人上了楼,进了屋。周丽说,冰箱里有饺子,我给你下点,不耽误你正事。对方明显地怔了怔,有一种异样的神情在那张脸上掠过。很快他恢复了常态,说道,不用了,不用了。我吃过了。

"谢谢你,给我们寰球面子了!"周丽望着眼前这张现在瞧上去并不太难看的脸,目光里流露出真诚和感动。

郭先生笑了笑,"就这事?我是让泛亚不要说是我提议的。"

周丽把寰球和泛亚两家企业的业务关系介绍了一下,特别提了下入股的事,她没提老板托她的事,怕这会坏了自己在他面前的形象。至于提了,会对两家公司更有利还是不利,她还吃不太准。

郭先生抬腕看了看表,跟她说起了申丰厂的事。

申丰厂距今有一百二十多年的历史,是早期民族工业的地标,不仅它的建筑糅合了东西方的风格,更是承载了历史沧桑和中华文化中的开放包容、自强不息的精髓。虽然它所处的位置很有商业开发价值,但其作为历史遗存所具有的不可复制的社会、文化价值,令决策者颇费踌躇。他本人是倾向于在保护好其历史风貌的前提下搞文创园区。当然不是没有风险。如果运营商品位不高,不一定能取得预期的效果。或者假借搞文创园的名义搞成商业地产,这种情况不是没有。

"所以选择好运营商太重要了。"周丽接上了话,又把泛亚过往业绩介绍了一遍,像《神州好声音》《舞林》《星光闪耀》这些几成现象级的文化项目都出自他们的园区,还有玄梦动画、一旗广告等这些在圈内正如日中天的新锐也都有泛亚的前期投资。

"据说,泛亚不是全靠租金来盈利的?"郭先生问道。

"对。对好的有潜力的企业,他们还减免租金呢。他们提出经营文创产业生态圈的理念,提供从帮助企业设立、投融资、财务管理、开拓市场、人才培训到搭建企业与政府的沟通桥梁等一条龙服务。他们的盈利模式是独创的,简单讲,就是企业好了,他们也好。"

"那请你转告他们,明天我们见面的时候,让他们多介绍些这方面的情况,最好能带点相关资料来。这很关键哦。"郭先生看似有点兴奋。

14

见面安排在景河商务区闹中取静的一家有着古典园林风格的茶室里。郭先生还带来了一位壮实的中年人,介绍说,这位诸葛耀华先生是景河商务区功能拓展办公室主任。景河办是S区区委区府直属职能部门,负责商务区形态、业态的前期规划管理和重大建设、招商项目的推进实施。申丰厂的转型,市和区相关部门意见不一,诸葛主任这个部门的态度很关键。

看来郭先生是个实诚人,也是真心想促成这件事。泛亚的章总几次朝周丽投来感激的目光。章总的准备相当充分,陈述起来又简明扼要。诸葛主任始终面带微笑,听到关键处,一双深邃的眼睛会大大方方地盯着说话方,似乎在说,这可是关键,请再说得清楚一点。于是章总就会再提炼一下刚才的说辞,再举上几个实例来加以佐证。关键的东西介绍完,郭先生又开始询问有关园区形态改造方面的问题。趁着这当口,诸葛主任翻阅起章总带过来的相关媒体宣传报道的复印件、几个大项目合同等资料,有些地方还看得十分仔细,不时小声问随章总一同来的同行几个问题,满意了,便点点头,还不清楚的,便请对方记下来抓紧回复他。郭先生那边在和章总谈到了规划容积率不能增加、老厂房结构的保护,建筑外立面的整体协调等专业性问题。周丽还是头一次与这些公职人员做如此深的工作交流,原来行行有门道、术业有专攻哪。

两个多小时一眨眼就过去了。章总意思索性留下来一起用个便餐。郭先生代诸葛主任婉拒了,说我们和你们约到茶室谈事已经有点那个了。只是区委和纺控集团等着我们的建议方案,这次就当作搞调研了。郭先生踌躇了一下,还是说了,你们的盈利模式我们还没有底,可能是你们的商业秘密吧。你们还是要做个准备,如果真的有需要,还得请你们做个必要的补充说明。

快下班时,周丽又带着包去了岑总办公室。她取出文件袋时,岑总愕然地望着她。

"人家坚持要他自己付那笔特需费。他说章总的事帮忙肯定帮忙。看来他把两件事联系起来了。他说这是多赢的事。谁也不欠谁。"周丽说道,把文件袋放到了办公桌上,顺势盖上一张报纸。

半小时前郭先生和她通过电话,意思是诸葛主任一直和他持同一个观点,只是拿不出有力的实例来支撑,今天的交流太及时了。周丽说章总想谢谢你呢。郭先生说多赢的,不谢。只是看中这块地的很多,竞争蛮激烈的。最终决定权在纺控,当然区里的意见他们也会尊重的,建筑审批在区里。让他们不要去托什么关系,这样反而会坏事。临了,他补了一句:

"我会尽力的。"

"他也太谨慎了。他肯出来和章总见上一面,就已经 OK 了。"岑总说,望着周丽,"你也真是,你坚持自己付特需费就是了嘛!不管怎么说,这是给你的,你给我收起来。"

"老板,你说我拿了这笔钱,那我还是我吗?"

"你啊,你!"岑总无奈地摇了摇头,蓦地,似乎又想到了什么,"他不会知道这笔钱的事吧?"

"哪能呢?否则的话岂不要坏了我们两家公司的名誉?"

岑总朝周丽竖了竖大拇指。

15

周丽才回到办公室坐下,母亲打电话过来了,让她下班到姑姑这边来一下,姑姑有个早期的学生想见见她。周丽问,女的还是男的?母亲回答男的。周丽说晚上要加班过不去呀。母亲说不是那事,有事要咨询你。你一定要来的。周丽答应了。

姑姑是她父母的红娘,同为教师,和嫂子很谈得来,兄长早逝,嫂子为了侄女,回绝了很多追求者,心里是既无奈又感动,这么些年来,两家一直走得很近。前些年表姐出国后,姑姑更是把周丽当作自己的女儿来对待。光给她介绍的男朋友就不下一打,趟趟被打回票,也不恼,还为她辩白:阿拉丽丽介优秀,小伙子是稍微坍板了一点,勿急,姑姑碰到合适的再介绍。姑姑和母亲性格正好相反,母亲是显得爽快、粗线条,姑姑呢,则总是一副心思缜密的样子,其实两人正好调个个儿。想想还真有点发噱。周丽和姑姑也很亲。

姑姑住在常德路祥云坊。祥云坊是几排新式里弄住宅,始建于二十世纪二十年代,一开始住的都是洋行里的中层,现在隔了一个世纪,住户就杂了。姑父家一直在 18 号,二十世纪八十年代初落实政策,三个楼面全部归还给了他们,表姐一走,显得有点空旷冷落。姑姑提出过将二楼三楼租出去,姑父没同意,说女儿他们回来探亲怎么办?其实女儿几年都回不来一趟,可女儿的房间还是按照她在的时候保持着原样,保姆每天还要开门进去打扫,不时地晾晒被褥。姑姑没有反驳,也就这样了。

这个时刻,姑姑一准在灶披间烧饭。周丽绕到后门进。果然,灶披间一扇揩得明晃晃的玻璃窗朝外推开着,一阵黄鱼鲞烧肉的香味扑鼻而来。周丽心里明白,虽然里面装了脱排,但老人怕炒菜声音太响听不清敲门声。据说从网上买的那只门铃时好时坏。周丽曾答应再帮他们买一只,因为忙,忘了。现在这种小物件,因为利薄,实体店买不大到。周丽把脸探到窗口处朝里面喊了一声:"嗳,姑姑!"好像有感应似的,周丽的招呼声未落,里面一声"哦,来了",门开了。

因为独户独用,八九平方米的灶披间侍弄得光洁明亮,南北两侧墙保留了老式黑色铸铁窗户,十分洋气。姑姑从柜面上一碗鱼鲞烤肉里搛起一小块肉,边吹着气往周丽嘴里送,边埋怨道:"老头子越来越懒了。叫伊买艾森的,伊也不看看清爽,拿到篮里就是菜。侬吃吃看,味道哪能?"周丽把嘴里的肉咀嚼了几下,"香呃!""不一样呃。"老人微微摇摇头,仍不大相信。

母亲躺在一楼后间,问候过了母亲后,周丽就悄悄问母亲,姑姑的学生要咨询什么。母亲说她也不是很清楚。听姑姑说,这个学生已经有十几年没联系了。过去倒是个读书尖子,按现在的说法就是学霸。据说他现在市面做得蛮大的。又是介绍朋友。周丽说。不是呃。母亲说,是人家打电话进来,跟你姑姑说了好一阵呢,你姑姑才答应下来。

吃晚饭时候,桌子上只有周丽和姑姑两个人,母亲躺在床上由护工照顾吃,姑父下午就被人接走了,说是参加一个什么学术活动,不回家吃饭。吃好饭,两人进母亲房间,边聊天边等客人。姑姑讲了这个叫吕大伟的很多趣事。母亲后来忍不住问了句:伊小囡大概老大了吧?姑姑打住话头,愣了愣,哦哟,这我倒忘记问了。周丽偷偷白了母亲一眼。

16

　　八点,客人准时到了。哇,是个帅哥!长得可真像被叫作"大妈迷"的那个影视剧明星,说话也是文绉绉的。他把两盒冬虫夏草礼盒和一个印有爱马仕花体英文字的纸质礼品袋一同轻轻放在进门的玄关处,然后双手作揖,朝姑姑恭恭敬敬鞠了一躬:"老师好!"

　　姑姑瞪大眼睛,把学生好好地端详了一番,喜滋滋地把客人引到大沙发边,保姆及时送上了毛峰。客人刚要落座时好像才发现周丽,忙直起腰又欠了欠身,伸出右手,热情地说道:"这位就是周小姐吧?幸会,幸会。打扰你了。不好意思。"姑姑又把双方的情况作了介绍。吕大伟对周丽说道:"那我以后叫你师妹吧。"

　　三人先是讲些客套话,接着吕大伟开始转入正题。

　　也是申丰厂的事。吕大伟所在的万源投资控股集团也看好这块土地,早就与S区的主要领导做过沟通,要把它打造成具有地标性质的现代商业街区,当然会凸显文化创意的主题。吕大伟拿出了他们的企业宣传画册,介绍了他们的实力。万源是个以投资房地产开发为主的企业,商品房居多,近些年才延伸到商业地产。

　　"你们还是以出租商铺为主喽?"周丽问道。

　　"可以这么理解,不过我们的租客群体主要是销售文化产品,和一般的商业还是有区别的。"

　　"那也是大文化的概念。"

　　吕大伟看着周丽,遇到了知音般,意味深长地点了点头。

　　"可投资回报率不会很高的。"

　　"看长远。这是块黄金地段。"吕大伟点到为止。

　　"那我——"

　　"S区建交委主任郭梁你熟。请你帮我们说说话。实际上让他只要听上面的就行,没有风险的。"

"领导定的事,他怎么敢顶?"

"嗐,师妹,你还对他不太了解。这个人有时一根筋。凭他的本事早就该升了,脾气不好,得罪了不少人呢。'识时务者为俊杰'哪!"吕大伟身子略略朝前倾了倾,低声道。

姑姑坐在一边面含微笑,既听大不懂,更插不上嘴。吕大伟侧过脸,谦恭地对老师说道:"老师,我们这些事都很枯燥。要不,我们不耽误您的事?""噢,你们谈,你们谈。我去忙我的。"姑姑站起了身,忽地又想到了什么,"阿伟,下次把你小孩一起带来哦。已经读几年级了?"吕大伟尴尬地抬了抬手,"惭愧,老师,我还没成家呢。""哟,怎么可能呢?这么优秀的一个人——"姑姑说着,又想坐下来了。吕大伟忙说,"老师,以后跟您专门汇报,专门汇报。"姑姑刚沾到沙发上的屁股又抬了起来:"好好,以后找个机会。老师我手上有一把——噢,正好有几个好的。"

剩下两个人了,周丽感觉到对方的目光朝她搁在膝盖上的一双手扫视过来,她大大方方地放在原处,一动不动。

"你是搞文创的,还好吗?"吕大伟的口吻里透着一种感觉很是得体的亲近。

"一般般吧。"周丽说道,微笑着望了望对方。

"我觉得,"吕大伟避开了目光,做沉思状,"从你刚才的几句问话里,你有一点投资理财的天赋。"

"哪里,我是'月光族'。"

"我是说管大钱。文创,呵呵,不一定是你的强项。如果你想在投行领域试试,我愿意出把力。这个圈子,我朋友还是蛮多的。"

"我跟郭主任不太熟。"周丽把话题转移了。

吕大伟笑着望着她:"找机会跟他提一句就可以了。不敢要你打包票。"

周丽勉强地笑了笑。

"不打扰你了。我跟老师打个招呼。"吕大伟和周丽同时站了起来。姑姑已经从后间走了出来,说了几句挽留的客气话,就提出让学生去见见周丽的母亲。哦,伯母也在啊!我失礼了。吕大伟几步上前,随着老师朝后间走去。问候了一阵,他扶着老师出来了,嘴里还在叨咕着,等伯母身子骨好了,带你们去参观参观我们投资的高端养老院。临告别时,吕大伟略带歉意地说,他来得匆忙没准备什么。两盒虫草是孝敬老师的,那条丝巾请师妹笑纳。伯母这边明天他会派人送来进口的壮骨口服液,效果相当不错。周丽本来想谢绝,但看到姑姑满面笑容,怕扫了她的兴,就没吱声。

送走客人,姑姑拉着周丽来到母亲的房间:"人哪能?"脸上显出神秘而又得意的神情。好像这场相亲是她预先就精心安排似的。

母亲微笑不语。

周丽明白母亲的心思。她中意的是姓郭的。母亲告诉过她,那天郭先生带着工程队的人来家踏看现场,正巧撞上了国际教育机构的那个女孩。开始郭先生没在意,后来那女孩一步步把收费价码抬高到了三万多,母亲碍于情面,一时难以拒绝,可又心疼这笔钱。他发觉了,放下手中的皮尺,坐了过来,就这么三言两语,把女孩说得一阵阵发窘,最后落荒而逃。"迪额郭先生来赛唉!"母亲笑眯眯的。

17

周丽快到自己家楼下时,意外发现郭先生和一个人正等在底楼大门外,她下意识地掏出手机,发现有好几个郭先生的未接电话,微信上也有他的很多留言。怎么回事?蓦地想起下午开会时,她把手机调到静音,会议结束后没及时恢复,一忙就彻底给忘了。她一面打招呼,一面快步走了过去。郭先生说估计你手机调静音了。没什么。另一个汉子借着灯光细细地把她打量了一番,没吭声。郭先生告诉她,他明天又要出差几天,他今天叫上施工队的茅经理过来,是想验一下傍晚运过来的这批地面砖是不是他要求的那种。没什么问题的话,明早就开工,一天做完。再晾个几天,老人就可以搬回来,算下来可以提前个四五天。母亲留恋熟悉的环境,虽跟姑姑很要好,但住在那里还是不习惯,多次问她施工什么时候好,对周丽向她介绍又添了哪些新项目不太感兴趣。嗯,这个人的眼睛蛮毒的哦。

开门进屋,那两人就直冲那堆已在一面墙边码放得整整齐齐的瓷砖而去。郭先生拿起最上面的一块,走到灯光最亮的地方,眯起眼睛,正面反面查看了几下,又凑近正面变换着不同的视角,细细地端详了一阵,接着走去放好,又从另一端拿起一块,如此这般复制一遍,然后对茅经理说,不好意思噢,一铺下去,再返工就烦了。老人摔不得。茅经理说,没关系。这可是我的一号工程啊。送货的是新来的,说不清楚。眼见为实,OK的。郭先生拿着一块地砖,对周丽说:这个深咖啡色与你们客厅家具酸枝木颜色比较配,地面更深一点,感觉会更踏实、稳重。这是同质防滑砖,不大会渗水渗色,容易清洁。他拿着两块地砖放到电视柜下面,让周丽看颜色搭配如何。周丽连连点头说好,心想这个男人不仅心细,还懂得蛮多的。

谢谢啦!郭先生握住茅经理的手。应该,应该。你郭主任看得起我。放心,一天拿下。这次适老项目,我是派了最好的师傅来的,给老人用,不能马虎。积德的事。看着郭先生还没有要走的意思,茅经理就先告辞了。

难道他知道我想跟他说些事?周丽心里想,这也太神了吧。

茅经理从外面拉上门后,郭先生低声说:你方便的话,让泛亚的章总给我算笔账,他们预估每年的租金至少是多少,几年可收回投资,第一轮十年租期,利润率是多少?我回去和诸葛碰了碰,他们得到的不多,为什么还有兴趣?

"他们还有入股回报等的收入呀!"周丽说。

"这块章总提到过,但语焉不详,或许是商业秘密。但现在看来,这笔账他们要算得过来,才会打消别人的顾虑。我们来个底线思维,先看他的租金这块主要来源。"

"你们有必要算得那么清吗？投资总有风险,他们自己负责。"

"现在好几家在互相压价。就算他们是诚心诚意要做文创,价格被压得太低,就怕到时做不下来,对大家都不好。下班前我们区委领导把我叫去了,问了我们申丰厂可行性建议方案的事。"

"领导说什么了吗？"

郭先生略感意外,顿了顿,说道:"市里定下来了,老厂房再利用试点就放在我区,第一个项目就是申丰厂。一定要做成功。所以,多赢是基本要求。"

"领导心里怎么想的,你们要先弄清楚。"

"可行性方案关键要综合各个方面,通过分析研究来形成结论。今天跟领导沟通下来,我们得出来的结论可能会跟领导的不太一致。所以,我们更要把理由说充分。"

"那你们的方案通得过吗？"

"呵呵,老秦很民主的。"

"老秦？老秦是谁？"

"我们的区委书记,老大。"

"噢,你饭吃了吗？我还是给你下几个饺子吧。"周丽估摸下来,他可能还没来得及吃晚饭,因为他的肚子刚才咕咕响了几下,另外吕大伟的事还没机会说呢。看来,他是不大会接受吕大伟的劝说的,但总得说一下的。离开姑姑家时,她和母亲都没有接受那条名牌围巾。

"那——就谢谢了。"郭先生说。

饺子上来了,满满一大盘,周丽还烧了个番茄蛋汤。"哦哟哟,这么多。吃不下的,丽丽——小姐,你也吃一点吧。"郭先生说。为了不使对方受窘,周丽拿来了一只小碗,给自己拨了几个。也许饺子的热气蒸到了他的眼睛,郭先生在埋下头咬第一口饺子时,他的眼睛眨动了好几下,还有点潮润。

都是那么的精明强干,可眼前的这个男人和吕大伟还是有点不一样哦。

直到郭先生吃完辞别,周丽都没跟他提一句吕大伟托付的那件事。

18

过了两天,周丽接到一个陌生电话。

"你是周丽小姐吧?"一个低沉的男低音。

"请问你是谁?"周丽莫名地升起一种不祥之感。

"你是周丽小姐吗?"对方依旧语气平缓。

"是的。我是周丽。"

"你好,打扰你了。我是S区纪律检查委员会的,姓陈。"对方略略提高了一点嗓门,"我们想找你了解一点情况。今天中午十二点,占用你一下午休时间,可以吗?"

周丽的心怦怦急跳起来,回道:"好的。"

对方给了一个会面的地址,末了,关照希望今天的会面不要跟任何人提起。

这是在一条僻静小马路边上的一个小办公室,在一间内室等着两个人。一位是面容和善的中年人,还有一位是女孩子,但显得很老成,嘴角也是微微向上翘着。一名工作人员端上咖啡后,陈同志便开门见山了:"今天请你来,主要想向你了解一下S区建交委副主任郭梁同志的一些事。希望你实事求是提供情况。"说着,陈同志抬起眼睛直视着她。听到郭梁这个名字,周丽的心都快要蹦出喉咙口了。她点了点头,表示听明白了。"好。"陈同志说道,"你先简要介绍一下自己好吗?"姓秦的女孩把她的自我介绍都记录了下来。

陈同志瞥了一眼一边女孩的记录纸,说道:"好,现在我问第一个问题。郭梁同志开车撞伤你母亲,既然是你母亲闯红灯,他应该不承担主责,那他为什么要承担你母亲的全部医疗费、护工费?"

"这——"

这时两位都把目光投射到了她的脸上。

"可能他看我母亲可怜。"周丽嗫嚅着,忽又改口道,"从监控录像看,我母亲是在指示灯绿灯变红灯的瞬间踏上斑马线的。两可之间,他想快点了结这事,就把费用承担了下来。我家里有交警当时处理的材料,可以提供给你们。"

陈同志抬了抬手:"我们已经有了。第二个问题——"他停住了,伸手从桌子上抽出几张面巾纸递给对面的周丽。周丽道声谢,接了过来,拭了拭额头。"第二个问题是,后来你母亲转到了特需病房,是谁提议的,这笔费用最后是谁出的?"

好险,还好没拿岑总的钱!她答道:"我的主意。钱也是我出的。我因为忙着一个项目,回家怕光一位护工照顾不过来。再说普通病房不能住得太长。"

"事先跟郭梁同志商量过吗?"

"没有。他出差回来才知道。"

"他什么态度?"

"他坚持要他来付。但我母亲坚决不同意。他就作罢了。"

陈同志和女孩对视了一眼。接着他问了第三个问题:"茅富贵你认识吗?"

"茅富贵?"

那两位又一起注视着她。

周丽身上一阵燥热。茅富贵?给她家施工的那个茅经理?难道郭梁没有支付工程款?哦,还有那个智慧养老?糟了!那可是涉嫌利用职务之便为私人谋利呀!看来,只有我来承担这两笔才能救他了!

"是帮我家施工的茅经理吧。认识的。大前天他们才完工,我还没验收,账还没有结。还有那个智慧养老,等我母亲回来试用一阵再决定要不要留用。钱我们都准备好了。"

陈同志不动声色地望着周丽,女孩子抬起了脸,扫了她好几眼。

"你已经同他说好了这两笔费用都由你来付?"陈同志问。

周丽额头上又沁出了一层细密的汗珠。她支吾了一下,说道:"没有。他要由他来付。这次我们是不会听他的。如果质量有保证,我们感谢他还来不及呢,怎么会再让他出钱。我们对这些一窍不通,也不知找谁来帮忙。"

"你觉得他这么为你们考虑,是为了什么?"陈同志问。

周丽想起了那两道目光和那天晚上郭梁吃饺子时的潮润眼睛。可这不能乱说的。她沉吟了一会儿,说道:"兴许他要补偿那笔特需病房的费用吧。"

"特需费四万一。这两笔加起来要四万六。"陈同志说道。

周丽无语。

"最后一个问题。"陈同志问道,"泛亚文创集团你熟悉吗?"

19

周丽浑身一阵痉挛。

郭梁是因为力荐泛亚才遭此调查的吗?周丽所在的寰球与泛亚有利益关联。支持泛亚就等于取悦于周丽。为什么要取悦于她呢?是因为在这场交通事故中他欠她的情。什么情?特需病房的四万一。可他不是通过适老改造项目给予补偿了吗?(而且还多出了几千)她又再次忆起了他曾经有过的几次异样的神情。那是为了博得她的好感?坦率说,凭着她女性的敏感,不是没这个可能。可他一直很节制,为了这份还没谱的感情,像他那样一个理智型的人,会去冒违拗区最高领导意愿的这个险吗?那么还有别的解释吗?所幸特需病房没有动用岑总的钱,也没让医院给予优惠。但是,倘若他利用职权,让那两个企业自己消化了那两笔费用呢？那就糟糕了！好在自己刚才灵机一动把这两笔费用揽了下来，这样就没他什么事了。

"周小姐！"陈同志唤了一声，眼睛直直地望着她。

"熟悉。是我们的合作单位。"周丽照直说了，包括郭梁与两家公司的头会面的事，她特别强调了这是一次调研，还把泛亚在文创产业园发展中的领头羊作用说得更透彻了一点。她没有把岑总托她联络郭梁这件事说出来。因为她觉得事实上他们后来的会面，并不是她直接促成的。那两位仔细地听着，没有打断她的话头，而稍早有几次周丽扯得稍微远一点的话，陈同志都会及时把她拉回到原来的话题。

"还有几个节点，我再跟你确认一下。"陈同志听完周丽不太短的陈述后，望着自己笔记本上刚才记下的文字，说道，"一是你家里那两个项目完工的时间。"

周丽说了确切的时间。

"二是你确认是你们老总通知你参加那次会面的时间早于郭梁同志告知你要会面的事？"

"是的。我确认。"

"好。今天就到这里。耽误你时间了。谢谢！"陈同志说着，让女孩把记录递给周丽，"请你再看一遍，如没问题的话，在每一页上签上你的名字。"

出了小办公室，才拐了一个弯，周丽就忙不迭给茅经理和燕姿公司的联系人打电话，要同他们立马结账，并且强调不要一分钱优惠，还让他们开税务机关统一印制的发票。钱她通过银行转账给他们。对方都很惊讶，说郭主任早在和他们签订合同时就当场把款子结清了，也是不让优惠一分钱，也是要他们开具发票，款子也是通过他私人银行卡支付的。是真的吗？周丽不相信。千真万确。对方都这么说。那你们把发票底根拍张照片发给我。没问题。对方都回答。我现在就等着要。周丽说。为了怕信号不好影响收到照片，她干脆找了个信号满格的地方等在那里。那地方有点尴尬,是在一个广场对面一条横马路的交通信号灯下面,没有行道树遮荫,天空中火辣辣的太阳当头照着她,有几个行人路过都有点好奇地打量她,她硬着头皮,佯装在等候什么人,还显出一副焦急的样子,不过心里是松缓了不少。

不一会儿,连同两张发票的图片传来的,还有两份合同以及费用明细清单的照片。发票上的付款人姓名:郭梁,日期也均与所签合同上的一致。周丽心里悬着的那块大石头终于落了下来,眼睛都有点潮润了。

20

周丽盼望着区纪委的同志再找她,她就可以把这些证据拿给他们看,人家早就把账给结了。这两天里她还忙着一件事,就是辗转找人把那两份明细清单的各个单价让同行比对,证明都在市场价格的范围之内。她更放心了。

她现在倒要回过头来检视一下自己对郭梁的感情问题了。把这件事的前前后后一联系,她似乎更坚定了自己的直觉。周丽从来不缺乏各色追求者。通过不显山露水的一番运作,让她内心先被深深感动,并形成在生活和情感上的依赖,越抑制,这份感情就越炽烈,就在她为此而痛苦得不能自持的时候,他便及时出手相救,既俘获了她的感情,还斩获了她满满的感激。对这种颇具心计的手法,她并不一概反感,关键是要看对方能否让她心甘情愿地入彀。可惜前几位,没眼缘,她也就只能当作笑话看了。那郭梁呢?由最初的反感,到新奇,到感激,到好感。对,仅仅是好感。如果,拿他和吕大伟做比较,她的情感天平可能还会向后者倾斜呢。这倒不仅仅是在生活中她更熟悉吕大伟这样的人,还有对城府太深的人,犹如在窥探一个大瀑布下的深潭,景致虽美,但深不可测,让人心里没有着落。她觉得郭梁就是这样一个人。她不是个出手阔绰的人,这次毫不犹豫破财救人,主要是个"义"字,而不是"情"字。她是这么认为的。

那么这两笔款什么时候打给他合适呢?现在打,会不会暴露了纪委找过她这件事?还有,如果他付清了这两笔款,就意味着他不欠她人情了。这为他洗清申丰厂问题上的嫌疑,是不是更有好处呢?还是先静观一阵再说。

又过去了两天,陈同志他们还是没有找她,但愿郭梁无事吧。

这天中午,周丽突然接到了一个陌生座机的电话。点开一听,是郭梁!

"你在办公室吗?"声音有点沙哑。

"在。"周丽脱口而出。

"我在你们大楼下的好运咖啡馆里等你。"说罢,便挂了。

周丽刚走出办公室门,迎面撞上了岑总。岑总用眼神示意她回她办公室。岑总跟了进来,掩上门,又朝四处望了望,低声说道:"章总刚打电话过来,说他们放弃申丰厂项目了。你听到点什么吗?"

周丽心一紧,"没有。"

"可能跟郭主任有关。章总不想受牵连。还好,我们那笔钱没有送出去。还真得感谢你哪!"

到底还是出事了!周丽蓦地心里一酸,但她忍住了:"哦。"

"好吧,一切就当没发生过。和郭主任你以后也少接触。保护好自己。"

"谢谢老板。我也正好出去办点私事。"周丽说着,同岑总一起走出了办公室。

正是午休时间,整个商务楼里人来人往。周丽在裙楼的好运咖啡厅找到了郭梁。郭梁在一个僻静的角落也望到了她,微微欠了欠身,又朝她招了招手。她一落座,侍者便端上了一杯焦糖玛奇朵。(周丽好像跟他无意中提起过一次,他居然就记住了)他自己面前的一杯清咖已快喝了一半了。

不太明亮的灯光下,是一张很是苍老的脸,胡须是刮过的,但似显潦草。郭梁挤出一丝笑意:"老人还满意吗?"

"都很好。谢谢。"周丽竭力控制住自己有点发颤的声音,不敢再去看对方的脸。

"使用中有什么问题,随时跟他们提出来。我都关照好了。请!"郭梁朝周丽面前的那杯咖啡略略抬了抬手,"你还没吃饭吧。就几分钟的事。"

周丽端起骨瓷杯子,轻轻呷了一口,目光仍停留在变了形状的咖啡图案上,那是一棵什么树。

"你现在能给泛亚的章总打个电话吗?就几句话。"

周丽迟疑地打开手机,点开通讯录,找到了章总。郭梁伸过手拦住了她,等等,他拿过自己手机翻到通话记录对了对两边的号码,眉峰耸动了一下,请吧。

电话通了,郭梁一把接过电话,用手半遮着嘴巴,用一种自然轻松的口气说道:"章总吗?你好,我是Ｓ区建交委的郭梁。对对,你好你好。我想问一下,前些天周丽小姐转告你的事,就是我还需要一份你们投资经营申丰厂十年的盈利测算,就租金这一块的。相当于你们的最保守预估。你们做好了吗?……什么!你们准备放弃了?为什么?要投资其他项目?还有什么项目能比申丰更好的呢?上面准备针对申丰这个试点出一个试行政策,效果好的话,在全市推。这多好的机会。将来对整个文创产业都是利好的。唔……唔……"他倾听着,脸色泛青了,嘴角微微战栗着。

周丽是在郭梁托她后的第二天就直接打电话给了章总的秘书,秘书一口答应了下来,她随即便发了条短信给郭梁。郭梁还回了个赞的表情包。后来出了以后的那些事,她也就淡忘了。这会儿,她不由自主地伸过手去捂住手机话筒,对郭梁说:"他们跟我们岑总也说了,他们决定放弃了。算了,算了。多一事,不如少一事啊!"

郭梁使劲瞪着周丽,还在听着章总的解释,握手机的手青筋凸显。接着,他用手再次更紧地护住嘴巴:"我再问一句,你们算过了,做得过来的,对吧?那么如果再加上你们运营产业环境的其他收益那就更没问题了,对不对?你,你先回答我,是不是这样?OK!那我明确告诉你,你们其他理由都不是理由!你们还得承担社会责任哪!让你们参与试点的竞标,不仅仅关系到你们自己一个企业的发展,更关系到整个文创产业发展的大局,你们这点眼界都没有吗?太让人失望了!——什么?嗳,你说,你说,我听得清。"刚才遮挡嘴巴的手现在捂住了另一只耳朵,又稍微侧了侧身。他谛听着,脸上露出了冷冷的笑意,又微微摇了摇头,"哦——说白了,你们是怕我拖累了你们!那我可以向你们发毒誓——要吗?在你们这件事上,我本人没有一点问题。我以我人格担保。哦,也许,在你们看来,人格不值钱。那我也没办法了。就这样吧!"他摁掉了电话,颤抖着手把手机还给了周丽,"对不起,耽误你时间了。"

周丽没有去接,抬起眼睛望着他:"你这是为了什么呢?"

郭梁看了她一眼,想说什么,顿了顿,微微摇了摇头,露出一丝苦笑:"我给你叫了份蛋挞,给你当午饭。不好意思了。"他站起了身,又说道,"护工的钱我已经提前给她了。你们不要再重复了。"拉开座椅,走了几步,又回过身来,定定地望着她,嗫嚅着。周丽的心剧烈地跳动起来。他似乎鼓足了勇气,说道:"可能会有人找你问我的事,你就照实说,千万千万照实说。"

周丽没忍住,抽泣了一下。

郭梁抬起了眼睛,目光里满含着深情,用一种十分陌生和温柔的口吻说道:"我没事。放心吧。"说着,转身离开了。

21

郭梁在泛亚这件事上如此执着,倒让周丽感到惘然,真心祈祷他太平无事,其他的她也没心思旁顾了。只不过在晚上和闺蜜发信息时,误点了郭梁,却意外收到了一条微信短信:"郭梁开启了朋友验收,你还不是他(她)朋友,请先发送朋友验证请求,对方验证通过后,才能聊天。"她有点遗憾。

几天后的一个下午,岑总把周丽叫了过去,有点兴奋地告诉她,上午S区开会通过了申丰厂改造的可行性建议方案,泛亚的那一块也在被推荐的三种保护利用模式之列。据说郭梁找了章总,不知怎么说动了他,拿到了一些关键性数据。这个人做起事来很顶真。

"不是说他有什么问题吗?"周丽不无关心地问。

"这还不清楚。据说上午刚开会时没有他,来了另一位副主任。他们区委书记到会后没发现他,就叫人通知他参会。会上,景河办的诸葛主任汇报了方案讨论稿,还是提到了泛亚,比较简略。他们秦书记当场让郭主任做补充。没想到他准备了厚厚一叠材料。有人叫他讲得简单点,他们秦书记不同意,要他放开讲,只是少讲大道理,多讲数据。那位副主任也力挺郭主任,会上的局势发生了微妙的变化。郭主任一直在据理力争。最后秦书记让郭主任把他补充发言整理成两页纸作为附件,方案就原则通过了。"

"那他们领导的态度?"

"看来是采纳了他的建议。"

"哦——"不知怎的,周丽竟大大舒了口气。

岑总抬了抬眉毛,没吱声。

以后的日子里,周丽忙于自己的工作,越干越顺手,个人的事也有了眉目。她似乎尝到了甜头,感情生活中有个坚强的臂膀依靠实在是件幸福的事。当然。她回绝了吕大伟,但找了和他同行业的,只是人品没话说。她至今还在疑心是这个姑姑的学生暗地里对郭梁使坏。郭梁呢,就像她星空中的一颗流星,划过一道美丽的弧线,便消逝了。

她还听说,通过竞标,纺控集团选中了泛亚,申丰厂项目进展很好,土建还没完工,一众文创名企就挤破了头要进驻,其中不乏国内外知名的企业,像汽车设计的巨头罗德中国中心、专做一线品牌的乔布广告、屡屡斩获国际大奖的本土动漫企业申颖影视等。又过了一阵,市里有关鼓励工业老厂房保护利用和集聚发展文创产业的试行意见也正式颁布了。

一年后的一天,已经淡忘了的一个人突然找到了周丽。他就是郭梁的朋友胡先生。胡先生还是那副模样,只是神色有点凝重。坐进周丽的办公室,简单地客套了一两句,就从皮包里取出一个笔记本,又从笔记本里取出一张照片,"麻烦请你看看,这是你吗?"

周丽疑惑地接过照片。这是张有点年份的彩照。二十五六岁的她正站在华东师范大学那用白色大理石砌成的高大门楼前,头戴黑蓝相间的硕士帽,身穿深蓝色硕士袍,在阳光下,笑容灿烂。

她凑近了仔细端详,那眉眼确实是她。可是,她毕业于外国语大学,怎么会在华师大拍毕业照呢?她能确定,如果这张照没有被P过,那照片里的人就不可能是她了。她查看了手中的照片,照片已经有点皱揉,质地发软,那个年代还没有PS技术。"照片是真的,人不是我。"她说道。

"那就是他的女朋友皇甫文丽。"胡先生拿过照片,看了看,很珍贵地重新夹进笔记本。看见周丽大惑不解的样子,他说道,"我是说,她应该就是郭梁的女朋友,烈士皇甫文丽。"

周丽瞪大了眼睛。

22

"你不会不知道郭梁已经因公殉职了吧?"胡先生抬起眼,有点凄惶地望着周丽。

"什么?!"周丽仿佛五雷轰顶,身体不禁摇晃了一下。

"上个月在青海青孜一次地震中,他为了救一个老人牺牲了。"

"他,在青海青孜?"

"你不知道他援边的事?"胡先生先是惊讶,继而露出责怪的神色。

是呵,毕竟他俩在生活中曾有过这样一段交集,不该完全像陌路人吧。这一年多来我是不是在刻意躲避着他呢?周丽面露愧色,说道:"不好意思,我一头扎在了工作上。"

胡先生大概感觉到了自己刚才的失态,缓和道:"没什么。不知你有时间听听他的事吗?"

"好的。"周丽连忙点头。她要给对方一个纾解内心悲痛的机会,同时她也想寄托一下对这位曾经的朋友的哀思。

去年九月,郭梁由组织安排去青海省青孜县挂职,任县委常委、常务副县长。哦,胡先生解释说,这是组织提拔他了,由副处级升为正处级,三年回来就会担任区一个部门的正职领导。临行前,郭梁专门约了胡先生出来喝酒。他告诉胡先生,区委秦书记原来向市里要了两个地方,一是青海青孜,还有一个是云南洱东。洱东是皇甫文丽两年前殉职的地方,也是她的家乡。秦书记是好意,建议他去洱东,一来通过为爱人的家乡做点贡献以告慰自己的爱人;二来也是想让他尽快走出悲痛的阴影。郭梁选择了青海,他给出的理由是他不敢保证身处爱人的家乡,自己会不会被更大的悲痛压垮。其实,他何尝不想去爱人的家乡,但他明白他的出现定会唤起丽丽父母对女儿的无尽思念("丽丽"是郭梁对皇甫文丽的爱称)。他不忍心。

郭梁和丽丽是大学和读研的同班同学。两人家境都很困难。丽丽担心在申请助学金时,他们班申请的人太多,会影响到郭梁,自己就悄悄撤回了申请,一连三年都是这样。后来学校辅导员不知怎么知道了此事,就找了丽丽,告知她只要符合条件,学校都会予以帮助的。郭梁从辅导员嘴里得知此事,他开始不敢相信是真的。这个衣着简朴但美丽高傲的女孩会如此关心他。他只能把这种感激化为更加发愤的学习,并尽可能在学业上帮助她。他接近她,也纯属一种报恩。当时追求丽丽的人一大把,什么富二代、官二代的都有,他这种条件和长相怎么配得上她呢!想不到,丽丽在众多倾慕者中主动选择了他。那是一段清贫而又富足的日子。

研究生毕业后,郭梁考取了公务员,丽丽被国企市电信公司录用。可是就在郭梁正式报到上班之后,丽丽给他留了一封长长的信,便不辞而别了。在信中,她讲其实她早就有了回家乡投身扶贫事业的念头,也曾想过动员他跟她一起回去。但想到他家庭的困难状况,她不忍心了。她希望他忘了她,好好工作,好好生活,把体弱多病的父母照顾好,娶一个不慕虚荣、肯吃苦、良心好的姑娘结婚成家。她会为他高兴的。

郭梁被打蒙了,还生了一场病。病还没完全好,他便拖着羸弱的身子赶去了她的家乡。丽丽躲开了他。回来后不久,他就收到丽丽寄过来的他写给她的所有信件和物品。两年前丽丽在一次抗洪中殉职,在整理她的遗物时,她的家人发现了一只被她用丝巾包裹得好好的玉镯。老人们记得女儿跟他们说起过他俩的事。他们寄还给了他。这只玉镯是当年读研时他们到豫园逛文庙时,他在地摊上花二十元给她买的。两年来,郭梁一直每月给丽丽父母寄上一笔生活费。那边回信说国家给他们有补助的,让他不用再寄了,他没听从。

要离开三年,郭梁心里放不下的还有申丰厂,他让胡先生要及时把试点的情况通报给他。胡先生说,你啊,幸亏遇上了秦书记这样的好领导。郭梁说,就是碰不上这样的好领导,我也会这样做的。因为假如丽丽还在的话,她肯定会要我这么做的。我,不能再辜负她了。

"这张照片是在废墟里扒出他的时候,在他贴身内衣口袋里发现的。"胡先生红着眼睛说。

送走客人,周丽掩上门,又轻轻地上了锁。此时,她的眼泪再也控制不住了,无声地、尽情地流淌了下来。

图书在版编目(CIP)数据

彩虹当空/吉夫著.—上海:文汇出版社,
2022.8
ISBN 978-7-5496-3822-2

Ⅰ.①彩… Ⅱ.①吉… Ⅲ.①短篇小说-小说集-中国-当代 Ⅳ.①I247.7

中国版本图书馆CIP数据核字(2022)第124745号

彩虹当空

著　　者　吉　夫
责任编辑　徐曙蕾
装帧设计　王　翔

出版发行　文汇出版社
　　　　　上海市威海路755号
　　　　　(邮政编码200041)

照　　排　南京理工出版信息技术有限公司
印刷装订　上海新文印刷厂有限公司
版　　次　2022年8月第1版
印　　次　2022年8月第1次印刷
开　　本　700×1000　1/16
字　　数　330千
印　　张　25

ISBN 978-7-5496-3822-2
定　　价　78.00元

新经典文化股份有限公司
www.readinglife.com
出 品

深时之旅

[英] 罗伯特·麦克法伦——著
王如菲——译

UNDERLAND
A Deep Time Journey

下面黑吗

譬如芫草丛生的发丝深处？

譬如无人问津的地下？

——海伦·亚当，《在黑暗中》，1952[1]

虚空浮上了表面……

——《地球物理学进展》，2016[2]

目录

Contents

—— 第一间石室 // 1

9　向下

第一部分　看见（英国）

21　埋藏

46　暗物质

72　下层林木

—— 第二间石室 // 99

第二部分　隐匿（欧洲）

109　看不见的城市

149　无星之河

181　空洞的土地

—— 第三间石室 // 209

第三部分　萦绕（北方）

217　红色舞者

249　边缘

282　时间之蓝

320　融水

345　隐藏之地

367　回到地面

371　致谢

379　注释

397　参考文献

419　索引

第一间石室

通往地下世界的入口,要从一棵老白蜡树开裂的树干穿过,才能到达。

夏末酷暑,空气凝滞。蜜蜂在草地上空漫不经心地飞舞。尚未收割的谷物金黄,一排排堆着的新鲜干草垛还泛着葱绿,留有残茬的地里,白嘴鸦落下点点乌黑。往下的某处低地有火在燃烧,不见火光,只见柱状的烟雾升起。一个孩子朝金属桶里接连扔着石头,叮,叮,叮。

沿小径穿过田野,越过小山向东而行。山丘上九个圆形古坟连成一排,仿佛脊椎上的椎骨。三匹马伫立在一片由飞蝇组成的闪烁云团中,看上去纹丝不动,只偶尔扫一扫尾巴,转一转头。

登上石灰岩阶梯，沿着小溪前行，便抵达一处灌木丛生的洼地。这里，古老的白蜡树拔地而起，树冠圆展阔大，向天空挥舞而去。低处的长枝旁逸斜出，根系则在地底向远方伸展。

燕子时而盘旋时而疾冲，羽毛一闪而过。圣马丁鸟错落飞行。高空中，一只天鹅朝南方飞去，羽翼作响。上方的世界如此美丽。

那棵白蜡树靠近根部的位置，树干裂开一道缝，宽度刚好可让一个人钻进中空的树干——那缝隙的边缘平滑光亮，早已有不少人来过，他们从这里进入了地下世界，黑暗的空间于此开启。

白蜡树底下，是一座迷宫。

树根之间，有一条坡度极陡的岩石通道探向深处。四下里颜色逐渐暗淡，只剩灰色、棕色和黑色。冷风贯穿而过。头顶是坚硬、质密的岩石，几乎已想不起地上世界的光景了。

走在通道中，迷宫渐渐铺展开。两侧的裂缝弯弯曲曲地延伸。保持方向感是件难事。空间变得很奇怪——时间也是。在地下，时间以不同的方式流逝，它变得浓稠，时而积聚，时而流动，时而疾，时而缓。

转过一个又一个弯，通道逐渐变窄，最终到达一个意想不到的空间——石室。声音热闹起来，回响四起。刚开始，石室墙壁上空无一物，接着惊人的事情发生了。地下世界的种种场景在石头上一一浮现。历史上，这些场景相隔甚远，此时却借由回声衔接在一起。

一个喀斯特陡坡上的岩洞里有个身影，左手按在洞壁上，五指分开，掌心贴着冰冷的岩石，他嘴里含着红色的赭土，用力吹向手背。赭土喷散开，再抬起手时，周围的岩壁染上了红色，留下了幽灵般的手印。他换了只手，又喷了些赭土，另一个浅浅的手印也留了下来。方解石会将这两个手印封存起来，让它们穿越三万五千多年的时间，保留至今。这手印意味着什么？喜悦，警告，艺术，抑或是黑暗中的生命？

大约六千年前，在北欧某地的浅层沙土中有一座坟墓，一个年轻女人的遗体正被缓缓放入墓穴。她死于难产，夭折的男婴将一同下葬。她身边放着一只白色的天鹅翅膀，死去的儿子安置在翅膀上，这样，他长眠后便拥有双重保护——天鹅的羽毛和母亲的怀抱。人们筑起圆形的坟堆，标记出这个埋葬之处：女人、孩子，以及洁白的天鹅之翼。

罗马帝国建立前三百年，地中海的某个小岛上，银匠刚刚设计好一枚银币。正面刻着方形的迷宫，唯一的入口位于银币上缘，一条复杂的小路通向中心。迷宫的墙壁和银币边缘一样微微凸起，抛光后闪闪发亮。迷宫的中心刻着弥诺陶洛斯牛头人身的形象，在黑暗中等待即将到来的一切。

六百年后,埃及。年轻女子端坐着,画师在为她画像。她盛装打扮,眉毛浓重,一双黑色的大眼睛。金属发带压住前额的头发梳向脑后,发带顶端镶着一枚金珠,她系着金色的围巾、戴着胸针。画师作画用到了热蜂蜡、金叶子和各色颜料,这些东西被一层层涂覆在木板上。这幅肖像供女子死后使用。那时她将被制成木乃伊,这幅画则会放在脸的位置,一起包在裹尸布里。被裹尸布重重缠绕的尸身会腐朽,但画像经久不衰。遗像要早些画,才能留下一个人正青春时,容光焕发的容颜。沙漠低地的入口处,有一座为逝去之人建造的城市,墓地城。女子的遗体将被安置在墓地城里一个石灰岩墓室中,为了阻挡盗墓者,墓室会用石英石板封起来。不远处还有一些地窖,放着上百万只被制成木乃伊的朱鹮。

十九世纪晚期,在非洲南部某处高原的地下,矿工们在数英里[①]长的狭窄矿道中躬身爬行,艰难地把金矿从凹陷的矿床中拖出来。这是当时人们能到达的最深处。成千上万的移民来此地谋生,矿工只是其中的一部分。他们中的一些将死于塌方或其他意外,更多人则将因为长年吸入灰尘,患上矽肺病,在沉重的黑暗中缓慢走向死亡。在经营这些矿场的公司及其背后的市场看来,这些人的躯体可任意处置:不过是种没什么技术

---

① 1英里约为1.61千米。(全书脚注若无特殊说明,均为编注)

含量，也不重要的挖掘工具，一旦磨损或不称手，便可以替换掉。矿工们挖出来的矿石被磨碎、提炼，由此产生的财富充实了遥远异国的投资者的腰包。

印巴分治后不久，在印度境内喜马拉雅山脉丘陵地区的一个山洞里，一个妙龄女子正在进行为期七十五天、每天十六小时的冥想。冥想时，她像石头似的一动不动地坐着，只有嘴巴翕动，念诵祷文。她更常在晚上走出山洞。晴朗无云时，可以看到山峰之上，银河横贯天空。想喝水，就伸手在圣河中掬一捧；需要果腹，则采些浆果和水果。祷文、独处和黑暗给了她全新的觉知，她感到视野发生了深刻的变化。当修行终于完成时，她觉得自己如天空一般广袤，如群山一般古老，如星光一般无形。

三十年前，在离开住所前，一对父子用锤子撬开了房子里的一块地板。他们用果酱瓶做了一个时光胶囊。男孩在里面放了些小东西和纸条：金属制的轰炸机模型；在白纸上用红墨水描出的自己左手的轮廓；一段写给将来发现瓶子的人的自我介绍——跟同龄人比我个子很高，发色很浅，几乎是白的。最害怕的事情，核战争——这段话用铅笔写在笔记本的一页上；还有一块停止的手表，指针和表盘是夜光的，他喜欢用手拢在表盘上看那些发光的数字。男孩往瓶子里放了一把用来防潮的大米，拧紧黄铜盖子，把瓶子藏到地板下。最后，他把地板钉了回去。

在死火山的深处,一个叫作"鬼舞断层"的地壳断层上方,人们建了一个隧道网。进入后要先穿过倾斜的地层,之后才会走上水平的通道,最终到达存储区域。此处的空间建得像走廊一样,以便放置高放射性核废料。那些具有放射性的铀芯块,先用铁封好,再用铜封好,最后埋在鬼舞断层上方,等待此后数百万年的时间慢慢耗尽它剩余的活力。这样的时间尺度,让埋藏废料的人面临一个问题:如何将此处的风险传递给遥远的未来?风险存在的时间,不仅长于隧道网的建造者,或许还将长于整个人类。如何标记这个位置?如何警告这片遗弃之地的后来者:这石棺中埋藏的东西极度危险,毫无价值,不要轻举妄动。

有这样一座山,进入其岩洞系统后,距出口二点五英里的地方有一处泥泞的岩壁。十二个男孩和他们的足球教练被洪水困在了这里。他们在黑暗中坐着,尽量节省手机电量,日夜等待,观察水位的起落,也等着奇迹发生——有人会来救他们。随着他们的呼吸,洞室里的氧气含量在逐渐下降,二氧化碳则不断升高。山的上空,雨季的云不断聚拢,带来更多的降水威胁。山外,来自六个国家的数千位救援人员正在集结。一开始,他们不知道孩子们是否还活着。后来,在距洞口两英里处的洞室岩壁上发现了泥手印。有希望了。潜水员们潜入洪水涨满的通道，一点点深入。在进山九天后，孩子们听到岩壁边的河中传来一些声音，接着看到了水下的光。气泡翻涌，灯光升了起来。一个人破出水面，他的头灯晃得孩子们和教练睁不开眼。其中一个男孩冲他挥手，救援者也摇手回应。"你们有多少人？"他问。"十三人。"对面回答道。救援者说："还会有更多人来救你们的。"

这些发生在地下的故事，沿着石室墙壁徐徐展开画面。而这间不可思议的石室，就藏在那棵白蜡树下的迷宫里。

在不同时代、不同文化里，同样的三个任务反复出现：埋藏珍贵的东西、获取有价值的资源、处置有害物质。

埋藏（回忆、珍贵的物品、信息、脆弱的生命）。
获取（信息、财富、启示、矿石、洞见）。
处置（废弃物、创伤、毒物、秘密）。

地下世界长久地安置着我们所恐惧和想要丢弃的，也安置着我们所深爱和想要保存的。

向下

  我们对脚下的世界所知甚少。晴朗无云的夜晚，你仰头望天，可以看到数万亿英里外的星星发出的光芒，小行星在月球表面撞击出的陨石坑也清晰可见。而低下头，你看到的只有表层土、柏油路，和自己的脚指头。仅仅下到距地面十码①，我就觉得已远离人世间。这里，最初在古海洋大陆架上形成的石灰岩层闪闪发光，我看得入了迷，那感受实在罕有。

  地下世界牢牢保守着它的秘密。直到最近二十年，生态学家才追踪到林地土壤中的真菌网络。这些真菌将单独的树木连成了彼此联通的森林，这一活动已经持续了数亿年。二〇一三年，在中国重庆发现了一个拥有独立天气系统的洞穴网络：大团大团的水汽在巨大的中央洞穴中聚集，冰冷的尘雾如云层般在远离阳光的洞室中飘荡。在意大利北部一千英尺②的地下，我沿着绳索滑到了一个空旷的圆形石室，满地都是黑色的沙堆，地下河从中横贯而过。踩在沙堆上，就像穿行在

---

① 1 码等于 3 英尺，约为 0.91 米。
② 1 英尺约为 0.3 米。

漆黑星球上的无风沙漠中。

为什么要往地下去？这样做完全是反本能的，既违背理性的意愿，恐怕也少有人会心生向往。特意把一件东西埋入地下，大都出于某种隐蔽的目的。而从地下取回一件东西，无一例外是需要花费一番功夫的。正是由于进入地下的困难，长久以来，地下世界便成为一种象征，代表不可说、不可见的事物：失去、悲伤、深藏在头脑中的模糊想法，以及伊莱恩·斯卡利（Elaine Scarry）形容的肉体痛苦——一种"深埋于地下的事实"[1]。

在人类文化史中，人们似乎对地面以下的空间抱持着长久的憎恶。用科马克·麦卡锡（Cormac McCarthy）的话说，它总是和"世界深处的可怖黑暗"[2]联系在一起。说起地下世界，恐惧和厌恶是人们的惯常反应，泥土、死亡和残酷的劳动则是最主要的联想。幽闭恐惧显然是常见恐惧中最尖锐的。我注意到，即便只是转述，幽闭恐惧的共情反应依然会侵扰人心，这种影响比恐高要强得多。很多人一听说某人被禁闭在地下的故事，就会不安地转身、退后，或者朝有光线的地方看，好像语言本身就能把他们围困起来。

我依然能想起十岁时，在艾伦·加纳（Alan Garner）的小说《布里希加曼的怪石》（*The Weirdstone of Brisingamen*）中读到的情节。在英国柴郡的阿尔德利埃奇，外露的砂岩中有许多矿道，两个小孩为了躲避危险，顺着矿道走到了地下。走至深处，周围的岩石越收越紧，几乎把他们困住：

> 他们完全趴在地上，石壁、地面和头顶的石头像第二层皮肤一样紧贴着他们。他们的头扭向一边，否则嘴就会被挤到沙子里，没法呼吸。

要向前移动只有使劲用手指尖往前扒，用脚趾往前顶，然而他们的腿完全不能动，胳膊也不能弯，一弯就可能会挤到被压在身下的手臂。接着，科林的脚后跟被卡住了，他上不去，也下不来。石头硌着他的小腿，他疼得忍不住叫了出来，但他又动不了……[3]

这段描写让我感觉心揪在了一起，像肺里的空气被全部抽空了一样。现在重读，还会有同样的感受。另一方面，那种情景反倒对我形成了一股强大的叙述吸引力——如今也是。科林动弹不得，而我手不释卷。

很多时候，语言中埋藏着人们对地下世界的反感。许多比喻性的词句都会颂扬向上的高度、贬低向下的深度，而这些比喻已是我们语言中不可或缺的部分。比方说，"uplifted"（兴高采烈）要好过"depressed"（低落消沉）或"pulled down"（拉下，推倒），英语中"catastrophe"（灾难）的字面意思是"向下转"，而"cataclysm"（大灾难）则是"向下的暴力"。在传统的科学观察和描述中，也存在对深度的偏见。史蒂芬·格雷厄姆（Stephen Graham）在《垂直》(Vertical)一书中这样描述：在地理学和地图学中占主导的，是一种他称为"平面传统"[4]的习惯，它塑造了我们"水平的世界观"。要避开习以为常的"水平视角"对我们来说很困难，格雷厄姆认为这是一种政治上的失败，也是认知上的失败。因为它规训着我们，让我们安然忽略垂直的网络，却又不断攫取、利用地下世界来支持表面世界。

是的，因为种种原因，我们总想回避地面之下的事物。但是现在，我们比任何时候都更需要理解地下的世界。乔治·佩雷克（Georges Perec）在《空间物种》(Species of Spaces)中写道："努力让自己把目光放平吧。"⁵ 而我想反驳："努力让自己把目光投得更深吧。"无论对现实世界的物理结构来说，还是对我们的记忆、神话和隐喻来说，地下世界都至关重要。它涉及我们每天的关切和思考，也一天天地塑造着我们。然而，我们却被训导着用偏颇的方式理解它，或者以离谱的方式想象它。对于人类栖居的这个具有深度的世界，以及我们将要留下的深时遗产来说，"水平视野"是远远不够的。

我们目前处于人类世（Anthropocene），这个世代见证了全球范围的、令人恐惧的巨大变化，这种变化是星球级别的。"危机"不再是远在未来的灾难，而是持续发生的事件。越是脆弱的事物，遭受的影响越严重。时间已经彻底陷入混乱，空间也是。本应一直被埋藏的东西自行露出了地面，让我们无法再忽视，那种强烈的侵入感令人愕然。

在北极，古甲烷从永久冻土那融化开裂的"窗口"不断泄漏。驯鹿尸体原本埋在冻土下，现在却因温度升高而腐烂，散发出炭疽孢子。⁶ 在东西伯利亚的森林里，一个巨型坑洞在不断软化的土地上张开了血盆大口，它已经吞下数以万计的树木，坦露出已有二十万年历史的地层。当地的雅库特人称其为"地下世界入口"⁷。阿尔卑斯和喜马拉雅的冰川连年退行，露出数十年前被冰雪掩埋的尸体。在英国，近年来的酷暑使得古代建筑遗迹纷纷闯进人们的视野——罗马时期的观测塔、新石器时代的围墙……陆续被揭开面纱，就像大地上的麦田怪圈，从空中俯瞰即可辨认。干旱如同 X 射线，被土地封存的历史在它的辐射下显现了出来。在易北河流经捷克共和国的河段，近年来夏季的水位降得很低，露出了"饥饿石"——几个世纪以来，前人用这些巨大的石头来纪念历史上的旱灾，也警示由此造成的恶劣后果。其中一块饥饿石上刻着："Wenn du mich siehst, dann weine"⁸，意思是"如果你看到我,请哭泣吧。"格陵兰岛西北部,一个美国冷战时期的导弹基地在五十年前被封在冰盖下,如今它即将重见天日,里面储存着数十万加仑①的化学污染物。考古学家波拉·佩图尔斯多蒂尔(Þóra Pétursdóttir)写道:"问题不在于地层中埋藏着那些东西,而在于它们非常持久,比我们的寿命更久,而且有朝一日会裹挟着我们从未意识到的巨大力量卷土重来。它们就像是'沉睡的巨人'[9],从'深时'的睡眠中被唤醒。"[10]

"深时"(deep time)是地下世界的纪年②。深时就是地球那令人眩晕的漫长历史——时间从当下向前向后无尽延展。深时的计量方式让人类显得微不足道,它的计量单位是"世"和"宙",而不是"分"和"年"。它的载体是岩石、冰川、钟乳石、海床沉积物和漂移的地壳板块。深时通向过去也通往未来,五十亿年后,随着太阳能量的耗尽,地球也会落入黑暗。我们正踮着脚尖站在边缘处。

深时会带来一种暗藏危机的安慰,就像忘忧草对人的诱惑。以地质学的尺度来衡量,"智人"(Homo sapiens)眨眼间就会从地球消失,我们的行为又有什么意义呢?从沙漠或海洋的角度来看,人类的精神世界是荒谬的、无关紧要的,对价值的强调也是徒劳的。由此推演出本体论的观点:在最终的毁灭面前,一切生命都一样毫无价值。物种灭绝、生态破坏,对于这个星球不断循环的侵蚀和修复过程来说,微不足道。

---

① 1 英制加仑约为 4.55 升。
② 通常认为"深时"一词出自约翰·麦克菲(John McPhee)1981 年出版的《盆地与山脉》(*Basin and Range*)一书;1788 年 6 月,约翰·普莱费尔(John Playfair)和詹姆斯·赫顿(James Hutton)在西卡角探查岩层的不整合面时,写下"时间的深渊"(赫顿在此基础上提出了"均变说",是"深时"概念的起源)。——原注

我们要警惕这种逆来顺受的思维。实际上恰恰相反，深时应当是一种更加激进的视角，促使我们采取行动，而不是变得无动于衷。以深时尺度去思考问题，不是让我们逃避麻烦重重的当下，而是重新想象它，用那缓慢而古老的、关于创造与湮灭的故事，去抵抗现今急速运转的贪欲和骚动。理解了深时，就能意识到，我们本身归属于一张大网，那是已经持续数百万年、仍将持续数百万年的馈赠与传承，它敦促我们思考：自己眼下的所作所为，会给我们身后的生命乃至后世留下什么？

用深时的视角来看，我们原本认为恒久不变的东西便有了生命，新的使命在召唤他们。万物的欢乐跃入我们的眼睛和头脑，世界再一次变得丰富离奇、充满生机。冰川有了呼吸，岩层有了潮汐，山脉经历着蜷缩与伸展，石头有了跳动的脉搏。我们栖居的地球，生生不息。

⇌ ⇌

要听地下世界最古老的故事需要冒一定风险，要下到漆黑的"死亡之境"。创作于公元前二一〇〇年左右的苏美尔史诗《吉尔伽美什》（*Epic of Gilgamesh*）的某个版本中就记载了这样一次冒险：冒险者叫恩基，是苏美尔国王吉尔伽美什的仆人，他要下到冥府为吉尔伽美什取回失去之物。恩基驾船穿越冰雹风暴，那些冰雹像锤子一样砸下来，大浪像巨龟和狮子一样撞击着他的船，最终他抵达了冥府。然而，他一到冥府即被囚禁，后来年轻的武士乌图开了一个通到地面的洞，带着恩基乘着上升的轻风逃了出来，这才让他重获自由。阳光下，恩基和吉尔伽美什促膝长谈。恩基没能取回失去之物，却带回了已逝之人的宝贵消息。"你有没有见到我那没有出生、从不知道存在意义的孩子？"吉尔伽美什急切地问道。"我见到他们了。"恩基回答。[11]

类似的故事在世界各地的神话中一遍遍出现。古典文学里记录了很多类似的事件，希腊语称其为"katabasis"（退入地下世界）和"nekyia"（向鬼魂、神灵或逝者询问人世的未来）。比如，俄耳甫斯从冥王哈迪斯手中夺回挚爱欧律狄刻；埃涅阿斯在西比尔的引导和金枝的保护下远航，以向父亲的影子寻求建议。之前，将泰国足球队员们从深山洞穴营救出来，就是一次现代的"katabasis"，这个事件受到了全球关注，恐怕部分原因就是它具有某种神话的力量。

这些故事都暗示着某种悖论：黑暗可能带来洞察，下降之旅或许通向启示而不是丧失。常用动词"understand"（理解）就包含"从某物下方通过，从而获得更加全面的领悟"的意思。另一个动词"discover"（发现），则是"通过发掘而展现""向下挖掘并使某物现于日光之下""从深处取回"。这些释义都来自古老的联想。欧洲已知最早的洞穴艺术是西班牙洞穴中彩绘的阶梯，以及洞壁的斑点和手印。这些彩色的痕迹距今已有六万五千年，尼安德特艺术家留下了这些图像，比智人第一次从非洲来到欧洲还要早两万年。负责为这些艺术遗迹测定年代的一位考古学家写道，早在解剖学意义上的现代人来到如今的西班牙之前，"人们就已经开启了通向黑暗的旅行"[12]。

本书讲述的是黑暗之旅，是对地下的求知之行。我将从宇宙诞生之初形成的暗物质，讲到人类世即将到来的核前景，用一场深时之旅连接起这两个遥远的端点。一条叙述线在旅程中徐徐展开，即不断变化的当下；各个章节会追踪不同的主题，进而展开一张充满了呼应、图案和联结的地下网络。

十五年来，我一直在书写地理形态和人类心灵之间的关系。一开始，只是为了解答自己心中的谜题——青年时代的我，为什么对高山如此着迷，有时甚至甘冒生命危险在所不惜？后来，这种兴趣慢慢发展成了一个宏大的计划：我用五本书、大约两千页的内容，试图对世界进行更有深度的描绘。从冰雪覆盖的最高峰出发，一路下行，到达最底端的终点，开始地面之下的探索。"下沉是种召唤／正如上升也曾是种召唤。"[13] 威廉·卡洛斯·威廉姆斯（William Carlos Williams）在其晚年的一首诗中写道。直到人生的后半程，我才理解了威廉姆斯想表达的意思。在地下世界，我见到了一些希望自己永远铭记之物，也见到了一些宁愿从未目睹之事。意外的是，我本以为这本书是我所有作品中与人类最不相关的一本，事实上它却成了最具共通性的那本。如果说我之前的书呈现的核心形象是行路者抬起和放下的脚，那么这本书则是一只伸出去的手，以致意、共情和标记。

在萨米族传说中，地下世界像是人世的颠倒镜像，地面就是镜面，"生者直立，而逝者行走时上下颠倒，二者的脚彼此接触"[14]。很长一段时间里，那画面在我的脑中挥之不去。生者和逝者足底相抵，这亲密感十分触动我。当我看到来自马尔特拉维索、拉斯科、苏拉威西岛洞穴中的远古手印照片，我想象自己比对着那些轮廓，让手掌与无名创作者留下的手印贴合。我还想象，冰凉的岩石里伸来一只温暖的手，穿越时空跟我的手相触，指尖相对。

⇄ ⇄

在踏上本书记录的旅程前，我收到了两样东西，随之到来的，还有两个请求。这两样东西十分特殊，我不得不应允。

第一样东西，是个双重浇铸的铜匣子，天鹅蛋大小，放在手里沉甸甸的。这是个魔匣，里面装的东西非常危险。匣子的主人在纸上写下了他生命中的"魔鬼"：他的愤恨、恐惧和失落，他带给别人的痛苦，以及别人带给他的痛苦——他所有的恶。随后他烧掉了这张纸，将灰烬封进匣中。他对匣子进行二次浇铸，又包裹了一层铜，加强封存的力量。最外层的铜面凹凸不平，如同行星表面或其上空的天气。最后，他用四枚铁钉钉穿匣子的中心，切掉两端多余的部分，用锉刀锉平。这个匣子的制作过程有着极强的仪式感，它承载的能量可谓罕见。说它是过去两千五百年间任一时刻铸造的都合理可信，实际上它刚被制作出来不久。

给我匣子的人，希望将它放到我能到达的最深且最安全的地方——永远留在那儿，再也无法取回。

第二样东西，是用鲸鱼骨雕成的猫头鹰像。这是一枚护身符，它的故事也非常奇妙。一头已死亡的小须鲸被冲到了苏格兰赫布里底群岛的海岸上，它的一根肋骨被截成段，打磨抛光，每段的大小不到半英寸①厚、六英寸长。其中一块被雕成猫头鹰的形状，雕刻方式大胆粗犷：四刀下去，两刀雕出眼睛，两刀雕出翅膀线条。这小小的雕刻品异常美丽，有一种冰河时代造物的简洁之美。它的制作时间可以是过去两万年来的任何一个时刻，但它同样成品于不久前。

---

① 1 英寸约为 2.54 厘米。

送骨雕猫头鹰给我的人,希望我在地下之旅的全程都将它带在身上,它会帮助我在黑暗中视物。①

---

① 在苏格兰外赫布里底群岛的哈里斯岛上,雕刻家史蒂夫·迪尔沃斯(Steve Dilworth)制作了魔鬼铜匣子和鲸鱼骨雕猫头鹰,并将它们交给了我。我在另一本书(*The Old Ways*)的"片麻岩"章节中详述了史蒂夫非凡的生活和作品,他的雕刻及作品照片见:www.gallery-pangolin.com/artists/steve-dilworth。——原注

Part 1

第一部分

看见

- 英国 -

埋藏
（萨默塞特郡，门迪普）

　　黑暗中，一具幼童遗骨静静地躺在一处石灰岩崖架上，它已经超过一万年没见过日光了。在这漫长的时间里，方解石被逐渐溶蚀，像银漆一般在岩石周围流动，这具遗骨也随之结晶。

　　一七九七年一月的一天，两个年轻人在英国萨默塞特郡的门迪普丘陵抓野兔。他们顺着峡谷的山坡往下冲，一只兔子奔跑着躲进了巨石堆。两人饿坏了，很想抓到这只兔子，于是他们搬开一些石头——"令他们大吃一惊的是，石头下面竟然是一条地下通道。"[1] 顺着陡峭的通道，他们走至那个石灰岩崖架，进入了"一个又高又大的洞穴，顶部和侧壁都刻着极为奇异的花纹"。

　　冬日的阳光照进通道，点亮了洞穴。他们看出，这是一个藏骸所。地上以及左侧的石台上是散落的骨块和完整的骨骸，它们"四散遗落，几乎已经变成石头"。阳光为洞中方解石所反射、折射，让遗骨闪闪发光，有些骨头上落有红色的赭石灰。一个巨大的单体钟乳石从顶部垂下，轻敲一下，便会发出洪钟般的声音，响彻洞穴。钟乳石已经延伸到地面，开始吞并地上的骨骸，有枚头骨已嵌入其中，此外还有一根大腿骨和两颗牙齿——牙釉质还完好。

除了人骨，洞穴里还有动物的遗骸：棕熊的牙齿、赤鹿角制成的带刺的枪头，以及猞猁、狐狸、野猫、狼的骨头。一些献祭用品也被留在了这里：十六枚穿了孔的玉黍螺壳——如果串成项链，佩戴时螺壳尖会一致朝外；七枚菊石化石，螺身弯曲的弧线被磨得平滑发亮。

后来的研究证实，这些人类遗骸已有一万多年历史，其中既有大人，也有孩童和婴儿。他们的体格显示出长期营养不良的迹象。成年人身高只有五英尺多，小孩的臼齿几乎没有磨损。研究者们逐渐了解到，这个如今被称为"艾弗林山洞"的神秘洞穴，在遥远的中石器时代，曾有大约一个世纪被用作公墓。那时，世界上大部分水资源还封存在冰川里，海平面比现在低得多，如今的布里斯托尔海峡和北海的大部分水域还不存在。人们可以从门迪普往北经陆路走到威尔士，或者向东途经多格兰抵达法国和荷兰。

艾弗林山洞遗迹表明，一批采集狩猎者曾在门迪普区域居住繁衍了两三代，并将这个山洞作为他们的陵墓。这些人寿命很短，生活极其艰辛，长期面临食物和能量的匮乏。然而他们不辞辛苦，小心而仔细地把死去的同胞抬到这个位于山腰的洞穴里，安放妥当，在逝者身边留下重要的物品和动物骨头。每次他们都需要重新打开入口，完成埋葬后再次封闭。

游荡的、饥饿的人们，渴望一个稳妥的地方安葬死去的族人，希望这个地方允许他们一段时间后再次返回。在英国，此后四千年未再出现可以和这间墓室相提并论的墓地。

尽管活着的人才是最需要我们殷切关照的，但对待逝者，我们总是比生者更温柔。

彐彐

此地的居民肖恩·博罗代尔说："门迪普是采矿之国，也是洞穴之国，但最重要的是——墓葬之国。这片土地上有数百座青铜器时代留下的古坟，有的还和纪念碑、巨石柱等一同构成大规模的仪式性建筑群。考古学家兼牧师约翰·斯金纳（Reverend John Skinner）在其中一座古坟中发现了一枚琥珀，它困住了一只蜜蜂。这枚琥珀保存完好，连蜜蜂腿上的绒毛都清晰可见。"

早秋的傍晚，不合时节的炎热。空气在阳光下仿佛熠熠有光，车门滚烫，让人不敢触摸。博罗代尔夫妇的家却像储藏室一样凉快。他们的房子建在奈特尔布里奇峡谷侧翼的荫蔽处，十分安静。成堆的棋牌玩具摞在门廊，摇摇欲坠。门廊旁边，一盆盆薄荷、百里香、迷迭香开得正盛。大门台阶上嵌着一枚很大的菊石化石，多年的踩踏已将它打磨得发亮。花园里，有一根高耸的图腾木柱，向外伸展的两翼上挂着两件衣服，形似真人。

"那是我们的'洞穴装'。"肖恩一边说，一边朝那两件衣服摆了摆手，"严格说，它们是化学防护服，是我从东欧弄来的，对我们很有用，你一会儿就知道了。"

肖恩、简和他们的两个儿子在这个童话般的小屋里已经住了好几年。屋子的前主人常在这里举行降神会[①]，她深信自己能够跟死者对话。小屋西面是一片不太平坦的田野，沿着山坡向上延伸，最终止于山脊

[①] 由灵媒主持，一种试图和死者进行沟通的活动。

处的白蜡树林。一条小溪随着山势汩汩而下，绕过屋子流向远方。

我来到门迪普，是为了学习如何在黑暗中视物。肖恩对门迪普的地上和地下环境了如指掌。他是养蜂人、洞穴探险家、徒步爱好者，同时还是个才华横溢的诗人。他有一头黑色卷发，为人非常绅士。多年来他一直以门迪普地下世界为题材创作诗歌和文章，已经写了很多，有些诗甚至是在地下写的。他到过铅矿场、铁矿道、石灰岩采石场、墓穴遗址、冷战时期的地窖，还有绵延无尽的基岩上蜂窝般的天然洞穴和地道。神话中关于地下世界的动人故事令肖恩着迷——但丁（Dante Alighieri）和维吉尔（Publius Vergilius Maro）、珀耳塞福涅和德墨忒尔、欧律狄刻、俄耳甫斯和养蜂者阿里斯泰俄斯。和地底相关联的，那种视觉上的黑暗和失明体验同样冲击着他。他关于地下世界的诗作让我感到陌生又诡异。那些诗里，深时被赋予了发言权，泥土扰动，岩石出声。因为诗人的关注，逝者得以短暂复活。

门迪普丘陵位于布里斯托尔以南、巴斯以西。天气晴朗的时候，从门迪普的最南边望去，可以看到格拉斯顿伯里突岩耸立在水源丰富的萨默塞特平原上。丘陵绵延近三十英里，从西至东往海的方向逐渐缩窄，一直到布里斯托尔海峡附近。这里的地质状况比较复杂，但主要是石灰岩构成的山脉和陆地。用亚瑟·柯南·道尔（Arthur Conan Doyle）的话说："……这片大地之下是空的，倘若用一把巨锤敲击，它便会像鼓一样隆隆作响，或者彻底塌陷，露出一片巨大的地下海洋。"[2]

水溶性是石灰岩的第一特性。雨水吸收空气中的二氧化碳，从而具有弱酸性，会逐渐侵蚀石灰岩，慢慢加深石灰岩表面的孔洞、岩沟和石脊，也慢慢塑造着迷宫一般的裂缝和岩洞。流水也会改变岩石